Maik Piehler

# Kontraktgestaltung bei M&A-Transaktionen

GABLER EDITION WISSENSCHAFT

**Schriftenreihe der**
**HHL – Leipzig Graduate School of Management**

In dieser Schriftenreihe werden aktuelle Forschungsergebnisse aus dem Bereich Unternehmensführung präsentiert. Die einzelnen Beiträge spiegeln die wissenschaftliche Ausrichtung der HHL in Forschung und Lehre wider. Sie zeichnen sich vor allem durch eine ganzheitliche, integrative Perspektive aus und sind durch den Anspruch geprägt, Theorie und Praxis zu verbinden sowie in besonderem Maße internationale Aspekte einzubeziehen.

Maik Piehler

# Kontraktgestaltung bei M&A-Transaktionen

## Bedingte Zahlungsstrukturen zur Verbesserung des Einigungsbereiches

Mit einem Geleitwort von Prof. Dr. Bernhard Schwetzler

Deutscher Universitäts-Verlag

Bibliografische Information Der Deutschen Nationalbibliothek
Die Deutsche Nationalbibliothek verzeichnet diese Publikation in der
Deutschen Nationalbibliografie; detaillierte bibliografische Daten sind im Internet über
<http://dnb.ddb.de> abrufbar.

Dissertation HHL – Leipzig Graduate School of Management, 2007

1. Auflage Dezember 2007



Lektorat: Frauke Schindler / Stefanie Loyal

Der Deutsche Universitäts-Verlag ist ein Unternehmen von Springer Science+Business Media.
www.duv.de



Umschlaggestaltung: Regine Zimmer, Dipl.-Designerin, Frankfurt/Main
Gedruckt auf säurefreiem und chlorfrei gebleichtem Papier

ISBN 978-3-8350-0910-3

**Geleitwort**

Die asymmetrische Informationsverteilung zwischen Käufer und Verkäufer ist ein zentrales Problem bei Unternehmenstransaktionen: die beteiligten Parteien sind unterschiedlich gut über den „wahren" Wert des entsprechenden Unternehmens und/oder die Höhe gegebenenfalls erzielbarer Synergieeffekte informiert. Zugleich belegen spektakuläre Gerichtsprozesse, wie schwierig es nach der Realisierung der Transaktion ist, eine vorsätzliche Falschinformation vor der Transaktion durch die jeweils andere Vertragspartei justitiabel nachzuweisen.

Die Arbeit von Herrn Piehler beschäftigt sich mit dem Problem der asymmetrischen Informationsverteilung bei Unternehmenstransaktionen. Der Autor geht insbesondere der Frage nach, welche Vertragsklauseln bezüglich der Bezahlung des Transaktionspreises geeignet sind, das Zustandekommen der Transaktionen zu befördern. Dabei zeigt sich, dass Vertragsklauseln mit Optionscharakter einen positiven Beitrag zur Erreichung eines positiven Einigungsbereiches als Voraussetzung für eine Transaktion leisten können. Insbesondere wird die schlechter informierte Partei den Wert einer „downside protection" einer entsprechenden zusätzlich vereinbarten Option deutlich höher einschätzen als die besser informierte Partei. Ein positiver Einigungsbereich dieser zusätzlichen Vertragsvereinbarung ist deshalb in der Lage, einen negativen Einigungsbereich aus der Basistransaktion zu verringern oder gar zu kompensieren. Daneben werden in dieser Arbeit auch Earn-out-Vereinbarungen als Mittel zur Verringerung von Informationsasymmetrien diskutiert; die Analyse schließt dabei auch die mit diesen Vereinbarungen verbundenen Anreizwirkungen für den Arbeitseinsatz und die möglichen Verzerrungen der Erfolgsgröße ein.

Die Arbeit ist gründlich und umfassend. Die verwendeten Modelle sind an der Nahtstelle zwischen der Unternehmensbewertung und Modellen aus der Finanzierungstheorie, die sich mit den Wirkungen von Informationsasymmetrien auf Wertpapierpreise beschäftigen, angesiedelt. Ihre Lektüre ist allen zu empfehlen, die sich mit dem Thema Unternehmenstransaktionen und damit verbundenen Vertragsgestaltungen beschäftigen: Praktiker in M&A Abteilungen von Banken und großen Unternehmen, Studenten und Wissenschaftler.

Ich wünsche dieser Arbeit eine weite Verbreitung.

Bernhard Schwetzler

**Vorwort**

Die vorliegende Arbeit wurde an der HHL Handelshochschule Leipzig unter Betreuung von Prof. Dr. Bernhard Schwetzler angefertigt. Bei der Erstellung der Dissertation habe ich vielfältige Unterstützung erfahren, für die ich mich ganz herzlich bedanken möchte.

Meinem Doktorvater, Prof. Dr. Bernhard Schwetzler, danke ich für sein reges Interesse an der Arbeit und besonders für seine konstruktive Kritik mit fachlichen Anregungen, die die Arbeit inhaltlich weitergebracht haben. Dabei hat er mir immer den für das Gelingen einer wissenschaftlichen Arbeit erforderlichen Freiraum gewährt. Prof. Dr. Henning Zülch und Prof. Dr. Friedrich Thießen danke ich für die freundliche Übernahme des Zweit- beziehungsweise Drittgutachtens.

Für zahlreiche Diskussionen und wertvolle Anregungen danke ich den Mitarbeitern des Lehrstuhls Dr. Marc Steffen Rapp, Dr. Christian Lazar und Andreas Wilms sowie allen Teilnehmern des HHL-Doktorandenseminars, insbesondere Prof. Pierfrancesco La Mura (PhD) und Guido Olschewski. Zudem danke ich Carmen Gebhardt, Birgit Simmank und Kathrin Schmager für ihre freundliche Unterstützung.

Weiterhin danke ich Roland Berger Strategy Consultants für die Möglichkeit, die Dissertation im Rahmen des Promotionsprogramms anzufertigen. Mein besonderer Dank gilt dem Programmkoordinator Dr. Christian Krys und meinem Mentor Dr. Sascha Haghani. Zudem danke ich allen Teilnehmern des Doktorandenzirkels für hilfreiche Anregungen und Diskussionen, insbesondere Dr. Christa Barbara von Waldthausen, Dr. Andreas Moll und Rainer Bizenberger.

Einen großen Anteil am Gelingen dieser Arbeit hat meine Familie. Meine Frau Mandy und unsere Tochter Elisa haben mit der ihnen eigenen Dynamik für Motivation und Abwechslung gesorgt. Unser Sohn Linus hat die Fertigstellung der Dissertation nur pränatal miterlebt. Meine Eltern haben mich wie bei allen Vorhaben in meinem Leben motiviert und moralisch unterstützt. Dafür bedanke ich mich sehr.

Maik Piehler

**Inhaltsübersicht**

**Inhaltsverzeichnis**

**Abbildungsverzeichnis**

**Tabellenverzeichnis**

## Abkürzungsverzeichnis

| | |
|---|---|
| Abb. | Abbildung |
| adj. | adjustiert |
| AG | Aktiengesellschaft |
| AktG | Aktiengesetz |
| BGB | Bürgerliches Gesetzbuch |
| BGH | Bundesgerichtshof |
| bzgl. | bezüglich |
| CPU | Contingent Payment Unit |
| CVR | Contingent Value Right |
| DCF | Discounted Cashflow |
| d.h. | das heißt |
| Dr. | Doktor |
| EBIT | Earnings before Interest and Tax |
| EBITDA | Earnings before Interest, Tax, Depreciation, and Amortization |
| EUR | Euro |
| f. | folgende |
| ff. | fortfolgende |
| GmbH | Gesellschaft mit beschränkter Haftung |
| GmbHG | GmbH-Gesetz |
| HHL | Handelshochschule Leipzig |
| Hrsg. | Herausgeber |
| KG | Kommanditgesellschaft |
| LBO | Leveraged Buy-Out |
| M&A | Mergers & Acquisitions |
| MAC | Material Adverse Change |
| MBI | Management Buy-In |
| MBO | Management Buy-Out |
| Mio. | Million |
| Nr. | Nummer |
| oHG | offene Handelsgesellschaft |
| p.a. | per annum (pro Jahr) |
| Prof. | Professor |
| S. | Seite |
| Tab. | Tabelle |
| u.a. | unter anderem |
| US | United States |
| USA | United States of America |
| vgl. | vergleiche |
| vol. | volume (Jahrgang) |
| vs. | versus |
| WpHG | Wertpapierhandelsgesetz |
| WpPG | Wertpapierprospektgesetz |
| WpÜG | Wertpapiererwerbs- und Übernahmegesetz |
| z.B. | zum Beispiel |

**Symbolverzeichnis**

| | |
|---|---|
| = | ist gleich |
| > | ist größer als |
| ≥ | ist größer als oder gleich |
| < | ist kleiner als |
| ≤ | ist kleiner als oder gleich |
| → | geht gegen |
| ∈ | Element von |
| ∪ | Vereinigungsmenge |
| ∀ | für alle |
| ( ) | offenes Intervall |
| [ ] | geschlossenes Intervall |
| \| \| | absoluter Betrag |
| $\sqrt{\ }$ | Quadratwurzel |
| + | plus |
| - | minus |
| * | multipliziert mit |
| / | dividiert durch |
| % | Prozent |
| & | und |
| § | Paragraph |
| | |
| $A_K$ | Wert der Aktien für K |
| $A_V$ | Wert der Aktien für V |
| | |
| $\alpha$ | Anteil von V am fusionierten Unternehmen unter $\Omega_A$ |
| $\alpha_{BA}$ | Anteil von V am fusionierten Unternehmen unter $\Omega_{BA}$ |
| $\alpha_{BFA}$ | Anteil von V am fusionierten Unternehmen unter $\Omega_{BFA}$ |
| $\alpha_{FA}$ | Anteil von V am fusionierten Unternehmen unter $\Omega_{FA}$ |
| | |
| $B$ | Basispreis einer Earn-out-Vereinbarung |
| $B_K$ | Wert der Barzahlung für K |
| $B_V$ | Wert der Barzahlung für V |
| $BA_K$ | von K erwarteter Wert von Barzahlung und Aktien |
| $BA_V$ | von V erwarteter Wert von Barzahlung und Aktien |
| $BFA_K$ | von K erwarteter Wert von Fremdkapital, Aktien und Barzahlung |
| $BFA_V$ | von V erwarteter Wert von Fremdkapital, Aktien und Barzahlung |
| | |
| $\beta$ | verbleibender Anteil von V am Unternehmen U unter $\Omega_{EO}$ |
| | |
| $c_K$ | Verzerrungskosten für K |
| $c_V$ | Verzerrungskosten für V |
| $C_K$ | Wert der Call-Option unter $\Omega_C$ für K |

| | |
|---|---|
| $C_K^N$ | Wert einer Call-Option mit Ausübungspreis N für K |
| $C_V$ | Wert der Call-Option unter $\Omega_C$ für V |
| $C_V^N$ | Wert einer Call-Option mit Ausübungspreis N für V |
| $d_K$ | von V erwartete Verzerrungskosten für K |
| $d_V$ | von K erwartete Verzerrungskosten für V |
| $D^{\Omega}$ | Bewertungsdifferenz zwischen K und V bzgl. des Kontrakts $\Omega$ |
| $D^U$ | Bewertungsdifferenz zwischen K und V bzgl. des Unternehmens U |
| $D_{EO}^U$ | adj. Bewertungsdifferenz bzgl. des Unternehmens U unter $\Omega_{EO}$ |
| $D^X$ | Bewertungsdifferenz zwischen K und V bzgl. des Unternehmens X |
| $\Delta$ | von V erwartete Nettotransformation durch K |
| $e_K$ | Arbeitseinsatz von K |
| $e_K^{\beta}$ | optimaler Arbeitseinsatz von K unter einem Kontrakt $\Omega_{EO}$ |
| $e_K^e$ | durch V erwarteter Arbeitseinsatz von K unter $\Omega_{EO}$ |
| $e_K^*$ | optimaler Arbeitseinsatz von K ohne Partizipation von V |
| $e_V$ | Arbeitseinsatz von V |
| $e_V^{\beta}$ | optimaler Arbeitseinsatz von V unter einem Kontrakt $\Omega_{EO}$ |
| $e_V^e$ | durch K erwarteter Arbeitseinsatz von V unter $\Omega_{EO}$ |
| $e_V^*$ | optimaler Arbeitseinsatz von V ohne Partizipation von V |
| $E$ | erwartete (unsichere) Zahlungen aus dem Unternehmen U |
| $E^*$ | tatsächlich realisierte Zahlung aus dem Unternehmen U |
| $E_K^g$ | von K erwartete Zahlung von U im guten Zustand |
| $E_K^s$ | von K erwartete Zahlung von U im schlechten Zustand |
| $E_V^g$ | von V erwartete Zahlung von U im guten Zustand |
| $E_V^s$ | von V erwartete Zahlung von U im schlechten Zustand |
| $EB^U$ | Einigungsbereich zwischen K und V bzgl. des Unternehmens U |
| $EB^{\Omega}$ | Einigungsbereich zwischen K und V bzgl. des Kontrakts $\Omega$ |
| $EO_K$ | von K erwarteter Wert der Earn-out-Zahlungen |
| $EO_V$ | von V erwarteter Wert der Earn-out-Zahlungen |
| $f_K$ | Fähigkeiten von K |
| $f_V$ | Fähigkeiten von V |
| $F$ | Fixe Zahlungen aus dem Kontrakt $\Omega$ |
| $F_t^{\Omega}$ | Wert der sicheren Zahlungen unter dem Kontrakt $\Omega$ |
| $F_t^{K,\Omega}$ | Wert der sicheren Zahlungen unter dem Kontrakt $\Omega$ für K |
| $F_t^{V,\Omega}$ | Wert der sicheren Zahlungen unter dem Kontrakt $\Omega$ für V |
| $F_K$ | von K erwarteter Wert des Fremdkapitals |
| $F_V$ | von V erwarteter Wert des Fremdkapitals |
| $FA_K$ | von K erwarteter Wert von Fremdkapital und Aktien |

| | |
|---|---|
| $FA_V$ | von V erwarteter Wert von Fremdkapital und Aktien |
| $\Phi$ | von K erwartete Transformation durch externe Effekte |
| $g$ | guter Zustand |
| $G$ | erwartete (unsichere) Zahlungen aus dem Kontrakt $\Omega$ |
| $G_t^{K,\Omega}$ | Wert der unsicheren Zahlungen unter dem Kontrakt $\Omega$ für K |
| $G_t^{V,\Omega}$ | Wert der unsicheren Zahlungen unter dem Kontrakt $\Omega$ für V |
| $\gamma$ | Schätzparameter der Verzerrungskosten |
| $I$ | Verzerrung |
| $I^*$ | optimale Verzerrung durch den geschäftsführenden Akteur |
| $I^\gamma$ | extern erwartete Verzerrung durch den geschäftsführenden Akteur |
| $k_K$ | Risikokonversionskoeffizient von K |
| $k_V$ | Risikokonversionskoeffizient von V |
| $K$ | Käufer |
| min | Minimum von |
| max | Maximum von |
| $n_K$ | Nettoeffekt einer möglichen Berichtsverzerrung durch K |
| $n_R$ | Risikoteilungseffekt bei spezifischen Fähigkeiten von K und V |
| $n_{RK}$ | Risikoteilungseffekt bei spezifischen Fähigkeiten von K |
| $n_{RV}$ | Risikoteilungseffekt bei spezifischen Fähigkeiten von V |
| $n_V$ | Nettoeffekt einer möglichen Berichtsverzerrung durch V |
| $N$ | Nennwert des (ausfallbedrohten) Fremdkapitals |
| $OE_K$ | von K erwarteter Wert der Earn-out-Zahlungen auf Optionsbasis |
| $OE_V$ | von V erwarteter Wert der Earn-out-Zahlungen auf Optionsbasis |
| $\Omega$ | Kontrakt zum Unternehmensverkauf |
| $\Omega_A$ | Kontrakt mit Aktien |
| $\Omega_B$ | Kontrakt mit Barzahlung |
| $\Omega_{BA}$ | Kontrakt mit Barzahlung und Aktien |
| $\Omega_{BF}$ | Kontrakt mit Barzahlung und Fremdkapital |
| $\Omega_{BFA}$ | Kontrakt mit Barzahlung, Fremdkapital und Aktien |
| $\Omega_C$ | Kontrakt mit Call-Option |
| $\Omega_{CP}$ | Kontrakt mit Kombination von Call- und Put-Option |
| $\Omega_{EA}$ | Kontrakt mit Earn-out-Vereinbarung und Zahlung in Aktien |
| $\Omega_{EO}$ | Kontrakt mit Earn-out-Vereinbarung |
| $\Omega_F$ | Kontrakt mit Fremdkapital |
| $\Omega_{FA}$ | Kontrakt mit Fremdkapital und Aktien |

| | |
|---|---|
| $\Omega_{FF}$ | Kontrakt mit Fremdkapital des fusionierten Unternehmens |
| $\Omega_{OE}$ | Kontrakt mit Earn-out-Vereinbarung auf Optionsbasis |
| $\Omega_{P}$ | Kontrakt mit Put-Option |
| $\Omega^{K}$ | Bewertung des Kontrakts $\Omega$ durch K |
| $\Omega^{V}$ | Bewertung des Kontrakts $\Omega$ durch V |
| $p$ | von V erwartete Eintrittswahrscheinlichkeit für den guten Zustand |
| $P_K$ | Wert der Put-Option für K |
| $P_V$ | Wert der Put-Option für V |
| $\widetilde{\Theta}_K$ | von K erwartete Störgröße |
| $\widetilde{\Theta}_V$ | von V erwartete Störgröße |
| $q$ | von K erwartete Eintrittswahrscheinlichkeit für den guten Zustand |
| $r$ | Renditeforderung |
| $r_K$ | Risikoaversionskoeffizient des Käufers K |
| $r_V$ | Risikoaversionskoeffizient des Verkäufers V |
| $R$ | durch den geschäftsführenden Akteur berichtete Zahlung |
| $R_K$ | Risikoprämieneinheit des Käufers K |
| $R_V$ | Risikoprämieneinheit des Verkäufers V |
| $s$ | schlechter Zustand |
| $S_C$ | Ausübungspreis der Call-Option |
| $S_P$ | Ausübungspreis der Put-Option |
| $\sigma_K^2$ | vom Käufer K erwartete Varianz der Zahlungen von U |
| $\sigma_V^2$ | vom Verkäufer V erwartete Varianz der Zahlungen von U |
| $\sum$ | Summe |
| $t$ | Periode |
| $U$ | zu verkaufendes Unternehmen |
| $U_K$ | vom Käufer K erwarteter Wert des Unternehmens U |
| $U_V$ | vom Verkäufer V erwarteter Wert des Unternehmens U |
| $U_V^{\Delta}$ | von V erwarteter Wert von U nach Cashflow-Transformation |
| $V$ | Verkäufer |
| $w_K$ | Arbeitsleid des Käufers K |
| $w_V$ | Arbeitsleid des Verkäufers V |
| $X$ | übernehmendes Unternehmen |

| | |
|---|---|
| $X_K$ | vom Käufer K erwarteter Wert des Unternehmens X |
| $X_V$ | vom Verkäufer V erwarteter Wert des Unternehmens X |
| $X^*$ | tatsächlich realisierte Zahlung aus dem Unternehmen X |
| $X_K^g$ | von K erwartete Zahlung von X im guten Zustand |
| $X_K^s$ | von K erwartete Zahlung von X im schlechten Zustand |
| $X_V^g$ | von V erwartete Zahlung von X im guten Zustand |
| $X_V^s$ | von V erwartete Zahlung von X im schlechten Zustand |
| $z_V$ | Freizeitnutzen des Verkäufers V |

# 1 Einleitung

Herr Breithaupt öffnet die Tür. Er wird die Verhandlungspause nutzen, um noch einmal über die Gestaltung des geplanten Verkaufs seines Unternehmens nachzudenken. In den letzten Monaten hatte sich der potenzielle Käufer als Idealkandidat herausgestellt. Das Unternehmen könnte dessen Vertriebskraft nutzen und sich besser als in anderen Konstellationen entwickeln. Darüber sind sie sich einig. Allerdings beurteilt der Käufer nach umfangreichen Analysen das bisherige Geschäft deutlich skeptischer als Herr Breithaupt. Durch die folgende Preisdifferenz für Breithaupts Unternehmen könnte die Transaktion noch scheitern. Lässt sich diese Preisdifferenz überwinden?

Das obige fiktive Beispiel fasst die Zielrichtung dieser Arbeit zusammen. Aktivitäten im Bereich Mergers & Acquisitions (M&A) prägten Wirtschaftsleben und Wirtschaftspresse der letzten Jahre. Teilweise werden M&A-Verhandlungen aber abgebrochen. Der Kaufpreis des zu erwerbenden Unternehmens spielt dabei eine wichtige Rolle. Käufer und Verkäufer werden regelmäßig nicht über identische Informationen zum jeweiligen Unternehmen und dessen Wert verfügen. Ihre Bewertungen des Unternehmens werden voneinander abweichen. Sofern der Käufer dem Unternehmen einen Wert beimisst, der mindestens dem vom Verkäufer geforderten Preis entspricht, kann eine Einigung auf einen Kaufpreis erfolgen und die Transaktion kann stattfinden. Falls der Käufer das Unternehmen jedoch niedriger bewertet als der Verkäufer, wird keine Einigung auf einen Kaufpreis möglich. Der Einigungsbereich bezüglich des Unternehmenswertes ist negativ und die Transaktion würde scheitern. Hier setzt diese Arbeit an.

Anzahl und Volumen von M&A-Transaktionen sind in den letzten Jahren europa- und weltweit stark angestiegen (siehe Abbildung 1).[1] Aber auch in Deutschland nehmen M&A-Transaktionen zu. Die Gründe dafür sind vielfältig. Neben dem Aufbrechen bisheriger Unternehmensverflechtungen im Rahmen der sogenannten „Deutschland AG" ist auch die Globalisierung von Beschaffungs- und Absatzmärkten ein Treiber von M&A-Transaktionen. Diese Entwicklung wird durch erforderliche Unternehmensnachfolgen im Mittelstand, einen verstärkten Fokus angelsächsischer Finanzinvestoren auf Deutschland und anhaltend hohe Mittelzuflüsse bei Kapitalbeteiligungsgesellschaften verstärkt. M&A-Transaktionen werden daher auch künftig stattfinden. Dafür ist jedoch eine Einigung zwischen Käufer und Verkäufer erforderlich.

[1] Datenquelle ist die Thomson Financial SDC Platinum Datenbank für den Zeitraum 1.1.1980 bis 31.12.2006 gemäß Stand vom 9.10.2007

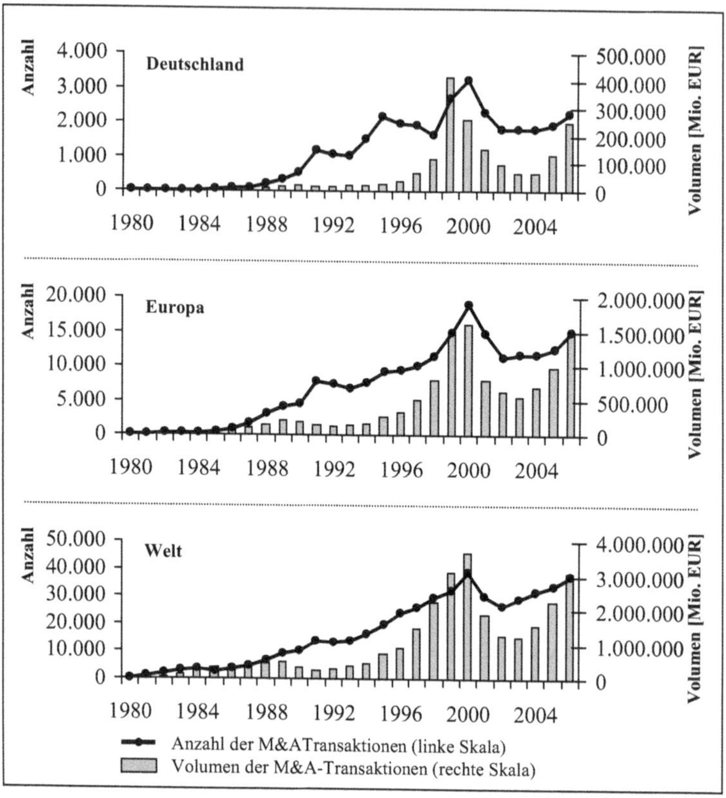


**Abb. 1:** Anzahl und Volumen von M&A-Transaktionen 1980-2006

Die Motivation für M&A-Transaktionen kann sehr vielfältig sein. Falls eine Transaktion jedoch an einer unterschiedlichen Bewertung des Unternehmens zu scheitern droht, obwohl Käufer und Verkäufer die Transaktion grundsätzlich befürworten, wird nach möglichen Lösungen gesucht. In den vergangenen Jahren wurden in mehreren Arbeiten mögliche Ansätze zur Vermeidung von Fehlbewertungen bei asymmetrischer Informationsverteilung untersucht. Allerdings wurden in diesen Untersuchungen keine Situationen betrachtet, in denen explizit ein negativer Einigungsbereich bezüglich des Unternehmenswertes besteht. Andererseits werden in der Literatur Finanzkontrakte mit bedingten Zahlungen wie Optionen oder Earn-out-Vereinbarungen beschrieben, die zur Überbrückung von Bewertungsdifferenzen eingesetzt werden können. Hier fehlt bisher jedoch eine konsequente Untersuchung, ob und wenn, unter welchen Bedingungen diese bedingten Zahlungsstrukturen eine Einigung ermöglichen können. Die Motivation dieser Arbeit wird somit aus zwei Quellen gespeist. Zum einen wird untersucht, inwieweit die in bisherigen Modellen betrachteten Standardinstrumente Barzahlung und Aktien zur Verbesserung des Einigungsbereiches beitragen können. Zum anderen wird untersucht, wie die bisher primär in Praxisberichten und empirischen Untersuchungen erscheinenden bedingten Zahlungsstrukturen wie Optionen oder Earn-out-Vereinbarungen zur Verbesserung des Einigungsbereiches geeignet sind.

Diese Arbeit konzentriert sich auf die Untersuchung von Kontrakten mit bedingten Zahlungsstrukturen im Rahmen eines formalen Modells (Kapitel 3). Dabei liegt der Schwerpunkt auf dem Problem asymmetrischer Informationsverteilung im Vorfeld einer M&A-Transaktion. Aus den gewonnenen Ergebnissen werden Implikationen und Gestaltungsempfehlungen für die Praxis abgeleitet und Ansätze zur empirischen Überprüfung von Modellergebnissen dargestellt (Kapitel 4). Den Abschluss der Arbeit bildet ein Fazit. Zunächst erfolgt jedoch eine Kurzbetrachtung der theoretischen Grundlagen (Kapitel 2).

# 2 M&A-Transaktionen und Einigungsbereiche

In diesem Kapitel werden wesentliche theoretische Grundlagen für die anschließende Analyse vorgestellt. Zunächst werden notwendige Grundbegriffe eingeführt. Es folgt eine Betrachtung wesentlicher Merkmale von M&A-Transaktionen. Nach einer Betrachtung von Einigungsbereichen bei M&A-Transaktionen und möglichen Ursachen negativer Einigungsbereiche werden ausgewählte bisherige Lösungsansätze bei asymmetrischer Informationsverteilung vorgestellt. In einem Zwischenfazit werden die Ergebnisse für die Arbeit zusammengefasst.

## 2.1 Begriffliche Grundlagen

Zur inhaltlichen Klarstellung werden zunächst die Begriffe Mergers & Acquisitions, Kontraktgestaltung, Einigungsbereich und bedingte Zahlungsstrukturen eingeführt.

Der Begriff Mergers & Acquisitions (M&A) entstammt der angelsächsischen Literatur und bezeichnet eine Vielzahl von Aktivitäten, die sich mit dem Kauf und Verkauf von Unternehmen beschäftigen.[2] Mergers & Acquisitions umfasst neben Übernahmen und Fusionen auch damit verbundene Aktivitäten der finanziellen Restrukturierung, Unternehmenskontrolle und Veränderungen der Eigentümerstruktur. Dabei bezeichnet Merger eine Fusion von zwei Unternehmen und Acquisition den Kauf eines Unternehmens ohne anschließende Fusion.[3] Eine Fusion ist die wirtschaftliche und gesellschaftsrechtliche Verschmelzung von Unternehmen.[4] Die Abgrenzung zwischen den Begriffen Merger und Acquisition ist in der deutschen Literatur jedoch nicht einheitlich.[5] Als M&A-Transaktion wird im Rahmen dieser Arbeit ein Übergang von Eigentumsrechten an einem Unternehmen oder einem Unternehmensteil mit Übergang von Leitungs- oder Kontrollbefugnissen bezeichnet.[6] Dabei wird in Anlehnung an die einfache Mehrheit ein Anteil von mindestens 50% des stimmberechtigten Eigenkapitals betrachtet.[7]

Der Begriff der Kontraktgestaltung bezeichnet die Gestaltung von Verträgen aus ökonomischer Sicht.[8] Ziel ist die Ermittlung optimaler Kontrakte zur Lösung ausgewählter Probleme.[9] In diesem Sinne wird die Kontraktgestaltung im Rahmen dieser Arbeit als die

---

2 Vgl. GAUGHAN, P. A. (1999), S. 7ff. und COPELAND, T./KOLLER, T./MURRIN, J. (2000), S. 111ff.

3 Vgl. BRESSMER, C./MOSER, A. C./SERTL, W. (1989), S. 5f. und JANSEN, S. A. (2001), S. 43.

4 Vgl. STRASSER, B. (2000), S. 5f.

5 Zur Diskussion des M&A-Begriffs siehe JANSEN, S. A. (2001), S. 43ff. oder BEITEL, D. (2004), S. 32ff. Zur Begriffsverwendung in der angelsächsischen Literatur vgl. BRUNER, R. F. (2004), S. 12.

6 Eine ähnliche Begriffsverwendung findet sich auch bei BEITEL, P. (2002), S. 7, BEITEL, D. (2004), S. 33, MEERKATT, H./ROOS, A./WIELAND, A. (2004), S. 3 und RICHTER, F. (2005a), S. 199.

7 Eine solche Abgrenzung nutzen auch STRASSER, B. (2000), S. 5 und RICHTER, F. (2005a), S. 200f.

8 Vgl. u.a. BOOT, A./THAKOR, A. V. (1993), S. 1349 und HART, O. (2001), S. 1079 die aufgrund der Ausrichtung auf Finanzinstrumente die Terme „security design“ bzw. „financial contracting“ wählen.

9 Vgl. beispielsweise die Arbeiten von BERKOVITCH, E./KIM, E. H. (1990), ADMATI, A. R./PFLEIDERER, P. (1994), BERGLÖF, E. (1994) und TRESTER, J. J. (1998), SAHLMAN, W. A. (2001) und REPULLO, R./SUAREZ, J. (2004) für optimale Finanzierungsverträge.

Gestaltung eines Vertrages über eine M&A-Transaktion aus ökonomischer Sicht betrachtet. Der Schwerpunkt liegt dabei auf der Überwindung von Bewertungsdifferenzen. Es soll und kann keine rechtliche Untersuchung einzelner Vertragsklauseln erfolgen. Ausgewählte Bereiche werden jedoch durch rechtliche Aspekte flankiert.

Als Einigungsbereich wird der Bereich bezeichnet, innerhalb dessen die Möglichkeit einer Einigung von Käufer und Verkäufer besteht. Teilweise auch als Einigungsspielraum, Verhandlungsspielraum, Arbitriumbereich oder Kontraktraum bezeichnet, charakterisiert er die Menge von Möglichkeiten (Kontrakten), die eine Einigung beider Akteure ermöglichen.[10] Zur Klarstellung wird folgende Begriffsverwendung definiert. Ein nichtnegativer Einigungsbereich liegt vor, wenn mindestens eine Möglichkeit für eine Einigung existiert. Bei einer Mengenbetrachtung entspricht das einer nichtleeren Menge. Sonst liegt ein negativer Einigungsbereich vor (leere Menge).[11] Als positiv wird ein Einigungsbereich bezeichnet, wenn er mehr als eine Möglichkeit zur Einigung enthält (mehrelementige Menge). Wenn maximal eine Möglichkeit zu einer Einigung besteht, ist der Einigungsbereich nichtpositiv (leere oder einelementige Menge).

Der Begriff der bedingten Zahlung stammt vom Begriff der „contingent payments" und bezieht sich auf Zahlungen, deren Realisierung vom Eintreten bestimmter Bedingungen abhängig ist.[12] Als bedingte Zahlungsstrukturen werden im Rahmen der Arbeit Finanzinstrumente oder Kontrakte bezeichnet, die bedingte Zahlungsversprechen enthalten. Ein Vertreter bedingter Zahlungsstrukturen ist eine Finanzoption. Bei Ausübung der Option wird eine Zahlung gemäß eines ex ante festgelegten Algorithmus ausgelöst. Bei Nichtausübung der Option findet keine Zahlung statt. Die Zahlung aus einer Option ist also insofern bedingt, als dass deren Realisierung durch das Ereignis der Ausübung verursacht wird und in ihrer Höhe vom zugrunde liegenden Basiswert abhängig ist. Weitere Beispiele für Kontrakte mit bedingten Zahlungsstrukturen neben Optionen sind ausfallbedrohtes Fremdkapital, Earn-out-Vereinbarungen und Aktien.[13]

---

[10] Vgl. WAGENHOFER, A. (1988a), S. 343, HINTZE, S. (1992), S. 2. GORNY, C. (2002), S. 12, LEITHNER, S./LIEBLER, H. (2003), S. 222, SCHULTZE, W. (2003), S. 18, LANDWEHRMANN, S./SIEGERT, T. (2004), S. 33 und MATSCHKE, M. J./BRÖSEL, G. (2005), S. 401f. Siehe auch Abschnitt 2.3.1.

[11] Im Einführungsbeispiel in Kapitel 1 besteht ein negativer Einigungsbereich.

[12] Vgl. zu einer Übersicht BRUNER, R. F. (2004), S. 609ff. Siehe auch BAUMS, T. (1993), S. 1273.

[13] Für eine nähere Beschreibung dieser und weiterer Instrumente siehe Abschnitt 2.4.1.

## 2.2 Merkmale von M&A-Transaktionen

In den folgenden Abschnitten werden wesentliche Merkmale von M&A-Transaktionen betrachtet. Nach einer Vorstellung der Akteure wird zunächst die Motivation für M&A-Transaktionen untersucht. Danach werden der typische Transaktionsablauf skizziert und die verschiedenen Transaktionen typisiert. Nach einer Kurzbetrachtung rechtlicher Rahmenbedingungen folgt eine Zusammenfassung.

### 2.2.1 Akteure bei M&A-Transaktionen

An M&A-Transaktionen sind mehrere Akteure beteiligt. Neben dem Unternehmen mit Management und Eigentümer sind dies zunächst potenzielle Käufer und eingeschaltete Intermediäre. Darüber hinaus können noch weitere Akteure beteiligt sein. Die folgenden Abschnitte geben einen Überblick zu den wesentlichen Akteuren.

#### 2.2.1.1 Unternehmen, Management und Eigentümer

Bezüglich des zu verkaufenden Unternehmens ist eine Unterscheidung in verschiedenen Dimensionen möglich. Zunächst sind verschiedene Rechtsformen möglich. In Deutschland wird ein Großteil der Unternehmen neben Einzelunternehmen in der Form von Kapitalgesellschaften geführt. Deren Hauptformen sind die Aktiengesellschaft (AG) und die Gesellschaft mit beschränkter Haftung (GmbH). Als Personengesellschaften treten vor allem Kommanditgesellschaften (KG) und offene Handelsgesellschaften (oHG) auf. Zudem können Mischformen wie Kommanditgesellschaften auf Aktien (KGaA) auftreten. Im Rahmen dieser Arbeit wird von Unternehmen als Kapitalgesellschaften, insbesondere in der Form der Aktiengesellschaft (AG), ausgegangen.[14]

Die Eigentümer des Unternehmens sind dessen Anteilseigner. Als Anteilseigner können natürliche Personen oder juristische Personen auftreten. Das Unternehmen wird vom Management geführt. Bei einer Aktiengesellschaft ist dies der Vorstand. Das bedeutet eine Trennung von Eigentums- und Verfügungsrechten. Falls Anteile des Unternehmens an einem organisierten Markt gehandelt werden (Börsennotierung), existiert häufig eine Vielzahl von teilweise nicht persönlich bekannten Anteilseignern. Die Trennung von Eigentums- (Anteilseigner) und Verfügungsrechten (Management) wird verstärkt.[15] Für die Vertretung der Eigentümerinteressen wird daher regelmäßig ein Aufsichtsorgan gebildet. Bei Aktiengesellschaften ist dies der Aufsichtsrat.

---

14 Die Ergebnisse sind weitgehend auf die anderen Rechtsformen übertragbar. Allerdings ist bei Personengesellschaften deren spezielle Haftungsstruktur zu berücksichtigen.

15 Vgl. FAMA, E. F./JENSEN, M. C. (1983a), S. 304ff. und GROSSMAN, S. J./HART, O. D. (1988), S. 175ff., JENSEN, M. C. (1994), S. 40ff. Eine klassische Analyse dieses Spannungsfelds im Rahmen von M&A-Transaktionen liefert JENSEN, M. C. (1986). Zu einer Anwendung auf die Kapitalstruktur des Unternehmens siehe AGHION, P./BOLTON, P. (1989), AGHION, P./BOLTON, P. (1992) und HART, O./MOORE, J. (1995). Zu einer modelltheoretischen Untersuchung und der grundsätzlichen Auswirkungen auf die Organisationsform siehe auch HART, O./MOORE, J. (1990).

#### 2.2.1.2 Potenzieller Käufer

Potenzielle Käufer von Unternehmen können als private, institutionelle oder industrielle Investoren kategorisiert werden.[16] Der Typ des Käufers wird Einfluss auf erzielbare Synergien haben. Industrielle Investoren mit ähnlichen Geschäftsfeldern werden möglicherweise höhere Synergien mit dem zu erwerbenden Unternehmen realisieren können als private oder institutionelle Investoren.[17] Ein weiterer wesentlicher Unterschied zwischen verschiedenen Investoren ist ihre Informationsausstattung. Dazu zählen Transaktionserfahrung, Branchenkenntnis und unternehmensspezifische Informationen.

Private Investoren werden häufig nur über öffentlich verfügbare Informationen verfügen und eine geringe Transaktionserfahrung aufweisen.[18] Bei institutionellen Investoren liegt der Schwerpunkt des Geschäftes auf dem Kauf und Verkauf von Unternehmen. Sie sind regelmäßig bei M&A-Transaktionen aktiv und haben eine ausgeprägte Transaktionserfahrung. Bei entsprechender Spezialisierung verfügen sie über umfangreiche Branchenkenntnisse. Zusätzlich können sie vor der M&A-Transaktion bereits Anteilseigner sein und über nicht-öffentliche Informationen verfügen.

Industrielle Investoren sind Unternehmen, deren Geschäft nicht primär durch den Kauf und Verkauf von Unternehmen geprägt ist. Ihre Transaktionserfahrung ist daher relativ gering. Die Informationsausstattung ist vor allem durch ihr Verhältnis zum zu erwerbenden Unternehmen geprägt.[19] Als Kunde, Lieferant oder Wettbewerber des Unternehmens werden industrielle Investoren über detaillierte Branchenkenntnisse und teilweise über nicht-öffentliche unternehmensspezifische Informationen verfügen.

#### 2.2.1.3 Intermediäre

Im Rahmen von M&A-Transaktionen treten neben Käufer und Verkäufer auch Intermediäre mit unterschiedlichen Betätigungsfeldern auf.[20] Je nach M&A-Transaktion kann deren

---

16 Vgl. STRASSER, B. (2000), S. 41ff.

17 Insbesondere institutionelle Investoren wie Private-Equity-Investoren können unter Umständen ebenfalls hohe Synergien mit verschiedenen Portfolio-Unternehmen realisieren.

18 Über relevante nichtöffentliche Informationen werden sie nur dann verfügen, wenn sie in einem engen Verhältnis zum Unternehmen stehen. Von solchen Situationen (z.B. im Rahmen eines Management Buy-Out gemäß Abschnitt 2.2.5) sei hier zunächst abgesehen.

19 Vgl. STRASSER, B. (2000), S. 52ff.

20 Zu einem Überblick der Betätigungsfelder siehe STRASSER, B. (2000), S. 99ff., BEITEL, D. (2004), S. 35ff. und WIRTZ, B. W./SCHILKE, O. (2006), S. 323ff.

Einbindung jedoch sehr unterschiedlich sein.[21] Wesentliche Gruppen sind Banken, Wirtschaftsprüfer, Anwälte, Steuerberater und Unternehmensberater.[22]

Banken, insbesondere Investmentbanken, treten als Mittler zwischen Unternehmen und Kapitalmarkt auf.[23] Sie werden aufgrund ihrer Transaktionserfahrung zur Steuerung des gesamten M&A-Prozesses, zur Gewinnung und Verbreitung von Informationen, Unterstützung bei der Unternehmensbewertung und Abschätzung von Synergien sowie zur Strukturierung der Transaktion und Unterstützung bei der Verhandlungsführung eingebunden.[24] Aufgrund ihrer Kapitalmarktnähe ist die Einbindung von Investmentbanken auch bei angestrebten Emissionen von Wertpapieren hilfreich. Außerdem können bei einem angestrebten Verkauf durch das anonyme Auftreten der Bank die Kosten eines offenen Verkaufssignals vermieden werden.[25]

Wirtschaftsprüfer können als Prüfer, Berater oder Gutachter aktiv sein und unterstützen bei der wirtschaftlichen Analyse des Unternehmens.[26] Neben Arbeiten im Rahmen einer Due Diligence erstellen sie Gutachten und unterstützen bei der Transaktionsgestaltung.[27]

Anwälte werden mit der rechtlichen Begleitung von M&A-Transaktionen beauftragt. Die Aufgaben erstrecken sich von der Erstellung von Geheimhaltungsverpflichtungen über die Unterstützung im Rahmen einer Due Diligence bis zur Kaufvertragsgestaltung und der Einhaltung regulatorischer Vorgaben sowie der rechtlichen Folgebetreuung.[28]

Steuerberater bieten bei M&A-Transaktionen steuerrechtliche Unterstützung an. Neben Aktivitäten im Rahmen einer Due Diligence können sie wesentlich bei der Strukturierung der

---

21 Zu Auswahl und Honorierung siehe GASTEYER, T. (2001), S. 118ff., CUMPELIK, C./WÖHLER, C. (2006), S. 461ff. und speziell für Investmentbanken siehe auch BEITEL, D. (2004), S. 42ff., 97ff.

22 Teilweise wird zudem auf Unternehmensmakler verwiesen, vgl. GASTEYER, T. (2001), S. 128f. Zu einer theoretischen Begründung der Existenz von Intermediären siehe LELAND, H. E./PYLE, D. H. (1977), S. 371ff., CAMPBELL, T./KRACAW, W. (1980), S. 863ff., CHAN, Y.-S. (1983), S. 1543ff., DIAMOND, D. W. (1984), S. 393ff., ALLEN, F. (1990), S. 3ff. und SEWARD, J. K. (1990), S. 354ff.

23 Vgl. ACHLEITNER, A.-K. (2002), S. 44ff. und DIBELIUS, A. (2005), S. 53ff. Für eine Darstellung der historischen Entwicklung von Investmentbanken siehe ACHLEITNER, A.-K. (2002), S. 103ff.

24 Vgl. GASTEYER, T. (2001), S. 127f. und ACHLEITNER, A.-K. (2002), S. 165ff. Mit der Rolle von Investmentbanken und deren Erfolgsbeitrag beschäftigt sich ausführlich BEITEL, D. (2004), S. 5ff.

25 Vgl. CAMPBELL, T. (1979), S. 913ff., STORCK, J. (1993), S. 106 , JANSEN, S. A. (2001), S. 18f.

26 Vgl. GASTEYER, T. (2001), S. 126f.

27 Vgl. STRASSER, B. (2000), S. 103ff., JANSEN, S. A. (2001), S. 17f. und SCHULTZE, W. (2003), S. 12ff.

28 Vgl. GASTEYER, T. (2001), S. 126 und zu einer detaillierten Darstellung der Rolle von Anwälten während des gesamten M&A-Prozesses HAARMANN, W./WILDBERGER, J. (2006), S. 181ff. Eine Analyse des Wertbeitrags von Anwälten bei M&A-Transaktionen siehe GILSON, R. J. (1984), S. 253ff. Für eine ausführliche Darstellung der rechtlichen Gestaltungsfelder des Unternehmenskaufvertrages siehe PICOT, G. (2005b), S. 121ff. und SEMLER, F.-J. (2005), S. 652ff. Zu besonderen Aspekten im Rahmen grenzüberschreitender M&A-Transaktionen siehe WETZLER, C. F. (2005), S. 1177ff. und WEBER-REY, D. (2006), S. 436ff.

Transaktion unterstützen.[29] Ausgewählte Tätigkeitsfelder sind der Umgang mit Veräußerungsgewinnen und die Gestaltung von Kapitalmaßnahmen.

Unternehmensberater unterstützen bei verschiedenen Themen. Die Bandbreite erstreckt sich von der Entwicklung einer Unternehmensstrategie und deren Übersetzung in die M&A-Strategie über die Abschätzung von Synergiepotenzialen und die Steuerung des M&A-Prozesses bis zur Umsetzung von Effizienzsteigerungsprogrammen.[30]

#### 2.2.1.4 Sonstige Akteure

An M&A-Transaktionen können neben Unternehmen, Management, Käufer, Verkäufer und Intermediären weitere Akteure beteiligt sein. Dazu zählen beispielsweise Kunden, Lieferanten und Mitarbeiter des Unternehmens.[31] Zudem können Minderheitsaktionäre oder Vertreter anderer Finanzierungsgruppen (z.B. Banken als Fremdkapitalgeber) an der Transaktion beteiligt sein.[32] Darüber hinaus ist auch eine Beteiligung des Staates oder sonstiger Organisationen möglich.[33]

### 2.2.2 Motivation für M&A-Transaktionen

In den beiden folgenden Abschnitten wird die Motivation für M&A-Transaktionen untersucht. Nach einer abstrakten Betrachtung von M&A-Transaktionen als Investitionsprojekte werden konkrete Transaktionsmotive vorgestellt.

#### 2.2.2.1 Die M&A-Transaktion als Investition

Eine M&A-Transaktion stellt für Käufer und Verkäufer eine Investitionsentscheidung dar.[34] Der Käufer entscheidet zwischen einer Investition in das zu erwerbende Unternehmen oder in andere Projekte.[35] Der Verkäufer entscheidet zwischen Fortsetzung und Beendigung der Investition im zu verkaufenden Unternehmen.[36]

---

29 Einen Überblick zu steuerrechtlichen Gestaltungsfeldern geben u.a. KÜPPERS, C. (2004), S. 399ff., EILERS, S. (2005), S. 72ff. und ZIEREN, W. (2005), S. 395ff.

30 Vgl. GASTEYER, T. (2001), S. 125f.

31 Deren Beteiligung wird insbesondere nach Transaktionsabschluss bedeutsam. Vgl. u.a. BARTELS, E./KOCH, T. (2005), S. 412ff. und WIRTZ, B. W./WECKER, R. M. (2006), S. 714ff.

32 Zur Rolle von Minderheitsaktionären insbesondere im rechtlichen Rahmen siehe Abschnitt 2.2.6.

33 Vgl. BRESSMER, C./MOSER, A. C./SERTL, W. (1989), S. 12f. Zu einer Betrachtung von Rating-Agenturen siehe KUHNER, C. (2001), S. 2ff., KOCH, W./WEGMANN, J. (2003), S. 227ff., FISCHER, J./HOLZKÄMPER, H. (2003), S. 146ff., KLEY, C. R. (2004), S. 515ff. und STRUNZ-HAPPE, A. (2005), S. 231ff.

34 Diese Investitionssicht findet sich bereits bei ANSOFF, H. I. (1966), S. 203ff.

35 Die Sichtweise als Investition ist auch in der strategischen Managementlehre erkennbar an Porters drei essenziellen Tests für Diversifikationen: Attraktivität, Eintrittskosten, Verbesserung. Vgl. PORTER, M. E. (1987), S. 46ff.

36 Vgl. DIBELIUS, A. (2005), S. 41.

Zur Beurteilung der Vorteilhaftigkeit von Investitionen wurden verschiedene Verfahren entwickelt.[37] Im Rahmen dieser Arbeit wird auf das Kapitalwertkalkül abgestellt.[38] Der Bruttokapitalwert eines Investitionsprojekts ist die Summe der diskontierten Nettoeinzahlungen. Der Bruttokapitalwert entspricht dem Betrag, der am Kapitalmarkt (oder in einer vergleichbaren Alternativanlage) investiert werden müsste, um gleiche Zahlungen wie das Investitionsprojekt zu generieren.[39] Der Nettokapitalwert ist die Differenz zwischen dem Bruttokapitalwert und dem erforderlichen Investitionsvolumen (dem Projektpreis). Eine Investition ist nach dem Kapitalwertkalkül dann vorteilhaft, wenn der Nettokapitalwert positiv ist.[40]

Bei Übertragung der skizzierten Investitionsentscheidung ist eine M&A-Transaktion vorteilhaft, wenn sie einen positiven Nettokapitalwert aufweist.[41] Die Motivation für M&A-Transaktionen liegt somit in ihrem Beitrag zu einer Wertmaximierung aus Käufer- oder Verkäufersicht.[42]

#### 2.2.2.2 Konkrete Transaktionsmotive

Aus einer abstrakten Motivation von M&A-Transaktionen durch eine Wertmaximierung von Käufer und Verkäufer lassen sich konkrete Transaktionsmotive ableiten. In der Literatur wird eine Vielzahl von Transaktionsmotiven angeführt.[43] Ein oft zitiertes Motiv ist die Erzielung von Synergien, die in ihrer Ausprägung sehr vielfältig sein können.[44] In Abbildung 2 wird eine Gliederung von M&A-Motiven aus strategischer Sicht des Käufers zur Maximierung des

37 Vgl. BIEG, H./KUßMAUL, H. (2000), S. 59ff. Eine Einführung in die Investitionsrechnung gibt auch KRUSCHWITZ, L. (2005). Zu weiteren Verfahren neben dem Kapitalwertverfahren siehe auch HAWAWINI, G./VIALLET, C. (2002), S. 221ff.

38 Siehe zu einer Begründung des Kapitalwertkalküls als Entscheidungskriterium u.a. BREALEY, R. A./MYERS, S. C. (2000), S. 93ff. und HAWAWINI, G./VIALLET, C. (2002), S. 185ff.

39 Das folgt aus der Annahme arbitragefreier Märkte.

40 Vgl. BIEG, H./KUßMAUL, H. (2000), S. 116ff. und RICHTER, F./TIMMRECK, C. (2003), S. 245.

41 Zur Bestimmung des Bruttokapitalwertes ist eine Bewertung des Unternehmens erforderlich. Siehe dazu später im Abschnitt 2.3.2.1.

42 Für eine Übersicht empirischer Untersuchungen zu Wertsteigerungen durch M&A-Transaktionen siehe LUBATKIN, M. (1988), S. 295ff. sowie aktueller JANSEN, S. A. (2001), S. 240ff. und BRUNER, R. F. (2002), S. 32ff. Vgl. auch BRADLEY, M./DESAI, A./KIM, E. H. A. (1988), S. 3ff. und für eine Betrachtung der letzten M&A-Welle 1998-2001 auch MOELLER, S. B./SCHLINGEMANN, F. B./STULZ, R. M. (2005), S. 757ff.

43 Zur historischen Entwicklung und einer theoretischen Betrachtung von M&A-Motiven vgl. JANSEN, S. A. (2001), S. 70ff. Siehe auch TRAUTWEIN, F. (1990), S. 284ff., BARK, C. B. (2002), S. 53ff. und BAUCH, C. (2004), S. 29ff. mit weiteren Literaturverweisen sowie BRÜHL, V. (2003), S. 23ff. Einen breiten Überblick liefert auch BRESSMER, C./MOSER, A. C./SERTL, W. (1989), S. 15ff. Eine durch Verfügungsrechte geleitete Betrachtung bieten GROSSMAN, S. J./HART, O. D. (1986), S. 691ff. Einen Überblick mit Betrachtungsschwerpunkt Banken gibt auch BEITEL, P. (2002), S. 14ff.

44 Zu einer Betrachtung des Synergiebegriffs und einer Klassifizierung von Synergien vgl. u.a. ANSOFF, H. I. (1966), S. 97ff. sowie aktueller JANSEN, S. A. (2001), S. 103ff. und BARK, C. B. (2002), S. 40ff. mit weiterführenden Literaturverweisen. Zu einer Kritik an einer „wertschaffenden" Interpretation positiver Synergien vgl. KÜRSTEN, W. (2003).

Eigenkapitalwertes dargestellt.[45] Insgesamt werden dabei vier verschiedene Typen unterschieden.

| | Management von Aktivitäten und Ressourcen | Management von Beziehungen und Abhängigkeiten |
|---|---|---|
| Effizienzziel | Skalen- und Verbundeffekte | Transaktions-kosten |
| Effektivitätsziel | Kernfähigkeiten | Marktmacht |

**Abb. 2:** Unternehmensstrategische Motive von M&A-Transaktionen

Effektivität verfolgt zunächst den grundlegenden Aufbau von Beziehungen und die Nutzung von Ressourcen, während Effizienz auf deren Optimierung zielt. Bei einer Motivation durch Skalen- und Verbundeffekte sollen bestehende Aktivitäten besser durchgeführt oder bestehende Ressourcen besser genutzt werden. Dies geschieht bei Skaleneffekten durch eine Erhöhung der Menge („economies of scale") und bei Verbundeffekten durch die verstärkte Nutzung von Gemeinsamkeiten. Bei einer Motivation durch Kernfähigkeiten stehen Aufbau und Nutzung von Erfolgspotenzialen im Vordergrund. Eine Motivation durch Transaktionskostensenkung liegt vor, wenn unternehmensintern eine effizientere Steuerung und Koordination von Aktivitäten und Ressourcen möglich ist als durch den Markt.[46] Eine M&A-Transaktion kann auch durch einen Ausbau der Marktmacht motiviert sein, um Preis- und Verhandlungsspielräume zu vergrößern.[47]

Neben strategischen Motiven aus Unternehmenssicht können weitere Motive für M&A-Transaktionen auftreten. Eine oft beschriebene persönliche Motivation ist die Sicherung der Unternehmensnachfolge.[48] Weiterhin kann das Management eines Unternehmens privaten Nutzen aus einer Unternehmensvergrößerung durch Zukäufe ziehen.[49] Schließlich treten auch

45 Vgl. für einen Überblick LINDSTÄDT, H. (2006), S. 62ff. und für eine ausführliche Darstellung LINDSTÄDT, H./HAUSER, R. (2004), S. 9ff. Die Abbildung 2 ist an LINDSTÄDT, H. (2006), S. 63 angelehnt. Insbesondere zum Shareholder-Value-Konzept siehe RAPPAPORT, A. (1998), S. 3ff. Zu einer klassischen Betrachtung von Unternehmenszielen siehe auch ANSOFF, H. I. (1966), S. 47ff.

46 Zur daraus folgenden Diskussion der optimalen Unternehmensgröße siehe WILLIAMSON, O. E. (1979), S. 233ff.

47 Siehe zu einer Betrachtung der Marktmacht als Motivation für horizontale bzw. vertikale Integration auch FRANCK, E./MEISTER, U. (2006), S. 87ff.

48 Zu einer Betrachtung möglicher Motive des Verkäufers vgl. ACHLEITNER, A.-K. (2002), S. 145f.

49 Zu den dafür verwendeten Begriffen „empire building" und „hubris hypothesis" vgl. u.a. ROLL, R. (1986), S. 197ff., TRAUTWEIN, F. (1990), S. 287f. und GAUGHAN, P. A. (1999), S. 158ff. Die Anreize des Managements für kurzfristige Erfolge behandelt NARAYANAN, M. P. (1985), S. 1471ff. Eine kritische Betrachtung von managermotivierten M&A-Transaktionen findet sich auch bei SHLEIFER, A./VISHNY, R. W. (1988), S. 7ff. und PORTER, M. E. (1987), S. 43ff.

steuerliche oder andere finanzielle Motive auf.[50] Die Motivation für M&A-Transaktionen kann somit vielfältig und mehrdimensional sein.[51]

Eine in der jüngeren Vergangenheit verstärkt untersuchte Motivation für M&A-Transaktionen ist eine ungenaue Bewertung von Unternehmen durch den Kapitalmarkt. Bei SHLEIFER, A./VISHNY, R. W. (2003) wird dazu ein Modell entwickelt, in dem eine asymmetrische Informationsverteilung zwischen Unternehmen und Kapitalmarkt besteht.[52] Es wird angenommen, dass der Kapitalmarkt die aktuellen Werte von übernehmendem und übernommenem Unternehmen nicht genau kennt. Im Verhältnis zu den tatsächlichen Vermögensgegenständen wird das übernehmende Unternehmen höher bewertet als das übernommene Unternehmen. Die Ursache dieser unterschiedlichen Bewertung wird unter anderem mit der Stimmung von Investoren begründet und nicht näher betrachtet. Bei einer Übernahme des relativ niedriger bewerteten Unternehmens bewertet der Kapitalmarkt das gemeinsame Unternehmen neu. Dabei wird ein (teilweiser) Transfer der höheren Bewertung auf das übernommene Unternehmen angenommen („Synergien"). In Abhängigkeit der Verhandlungsmacht können die Anteilseigner des übernehmenden Unternehmens an dieser Neubewertung partizipieren. Wenn der Kapitalmarkt an positive Effekte („Synergien") durch M&A-Transaktionen glaubt, werden solche M&A-Transaktionen zumindest kurzfristig durch den Kapitalmarkt belohnt. Wenn der Kapitalmarkt zudem langfristig alle Vermögensgegenstände relativ gleich bewertet, werden die Anteilseigner des relativ höher bewerteten Unternehmens einen Bewertungsrückgang erwarten. Durch die M&A-Transaktion mit einem niedriger bewerteten Unternehmen können sie erwartete Bewertungsrückgänge vermeiden oder zumindest reduzieren. Die Annahme einer künftigen Auflösung der Bewertungsunterschiede kann somit dazu führen, dass M&A-Transaktionen auch langfristig vorteilhaft für die Anteilseigner des übernehmenden Unternehmens sind. M&A-Transaktionen werden dann zumindest teilweise durch unterschiedliche Kapitalmarktbewertungen von Unternehmen motiviert.[53]

### 2.2.3 Asymmetrische Informationsverteilung

M&A-Transaktionen sind durch eine asymmetrische Verteilung von Informationen gekennzeichnet.[54] Der bisherige Eigentümer wird in der Regel besser über das Unternehmen informiert sein als ein potenzieller Käufer. Andererseits kann ein Käufer besser über erziel-

---

[50] Vgl. ACHLEITNER, A.-K. (2002), S. 144f.

[51] Die hier dargestellten Motive können und sollen keine abschließende Aufstellung bilden.

[52] Vgl. SHLEIFER, A./VISHNY, R. W. (2003), S. 295ff.

[53] Diese Modellergebnisse werden durch die empirischen Arbeiten von BOUWMAN, C./FULLER, K./NAIN, A. (2003), S. 10ff., MOELLER, S. B./SCHLINGEMANN, F. B./STULZ, R. M. (2005), S. 776f. und DONG, M./HIRSHLEIFER, D./RICHARDSON, S./TEOH, S. H. (2006), S. 737ff. (siehe auch Abschnitt 2.4.3.1) untermauert.

[54] Vgl. unter anderem GILSON, R. J. (1984), S. 263f., STRASSER, B. (2000), S. 36ff. und RICHTER, F. (2005a), S. 183ff., 201f.

bare Synergien informiert sein als der Verkäufer.[55] Einen theoretischen Rahmen zur Analyse asymmetrischer Informationsverteilung bietet die Principal-Agent-Theorie im Rahmen der neuen Institutionenökonomik.[56] Die besser informierte Partei wird regelmäßig als Agent und die schlechter informierte Partei als Principal bezeichnet. Es wird zwischen ex ante und ex post Informationsasymmetrien unterschieden.

#### 2.2.3.1 Asymmetrische ex ante Informationsverteilung

Wenn Informationsasymmetrie vor Vertragsabschluss besteht (ex ante), wird dies als Qualitätsunsicherheit („hidden characteristics") bezeichnet.[57] Der Principal ist unsicher bezüglich bestimmter wesentlicher Eigenschaften des Vertragsgegenstandes und kann nicht zwischen guten und schlechten Vertragsgegenständen unterscheiden. Der Agent kann sich opportunistisch verhalten und wird immer eine gute Qualität behaupten. Da der Principal jedoch Durchschnittsqualität unterstellt, kann dies zum Rückzug guter Vertragsgegenstände („adverse selection") bis zum Marktzusammenbruch führen.[58] Bei Übertragung auf M&A-Transaktionen wird der Verkäufer immer eine gute Qualität des zu verkaufenden Unternehmens vermitteln, während der Käufer von durchschnittlicher Qualität ausgehen wird.[59]

Durch allgemeine Lösungsansätze wie Signalling, Screening oder Selbstselektion kann die Qualitätsunsicherheit zumindest gemildert werden.[60] Beim Signalling ergreift der Agent eine Aktion, die dem Principal eine gute Qualität signalisiert. Die Qualitätsunsicherheit wird reduziert. Um Signalwirkung zu entfalten, muss die Aktion glaubwürdig sein. Das Signal muss bei Vertretern schlechterer Qualität höhere Kosten verursachen als bei Vertretern guter Qualität, so dass sich das Signal für einen Vertreter schlechterer Qualität nicht lohnt. Beim Screening ergreift der Principal Aktionen, um zusätzliche Informationen zu erhalten, mit deren Hilfe er die Qualität besser einschätzen kann. Selbstselektion ist eine Kombination von Signalling und Screening. Der Principal bietet dem Agent verschiedene Handlungsmöglichkeiten an. Durch Festlegung auf eine der angebotenen Handlungsmöglichkeiten sendet der Agent ein glaubwürdiges Signal, das durch den Principal interpretiert werden kann.[61] Durch Signalling, Screening und Selbstselektion werden jedoch Kosten verursacht. Die erzielbaren

---

55 Diese Annahme wird bei ECKBO, E./GIAMMARINO, R./HEINKEL, R. (1990), S. 655 getroffen.

56 Vgl. u.a. ALCHIAN, A. A./DEMSETZ, H. (1972), S. 777ff. und HARTMANN-WENDELS, T. (1989), S. 714f.

57 Vgl. u.a. RICHTER, R./FURUBOTN, E. (1996), S. 165, 236ff.

58 Dies wird in AKERLOF, G. A. (1970), S. 488ff. am Beispiel des Gebrauchtwagenmarktes gezeigt.

59 Mit asymmetrischer ex ante Informationsverteilung wird die Existenz von Intermediären u.a. bei LELAND, H. E./PYLE, D. H. (1977), S. 371ff., CHAN, Y.-S. (1983), S. 1543ff. und ALLEN, F. (1990), S. 3ff. begründet.

60 Vgl. STRASSER, B. (2000), S. 22ff. mit weiteren Literaturverweisen. Zu Signalling auf dem Arbeitsmarkt siehe SPENCE, M. (1973), S. 355ff. Zur Reputation als Signal siehe u.a. SPREMANN, K. (1988), DIAMOND, D. W. (1989) und DIAMOND, D. W. (1991).

61 Vgl. ROTHSCHILD, M./STIGLITZ, J. (1976), S. 629ff., SPREMANN, K. (1990), S. 579, ELSCHEN, R. (1991), S. 1005 und STRASSER, B. (2000), S. 23f.

Lösungen sind daher schlechter als die bei vollständiger Informationssymmetrie erreichbaren Lösungen.

### 2.2.3.2 Asymmetrische ex post Informationsverteilung

Wenn Informationsasymmetrie nach Vertragsabschluss (ex post) besteht, werden zunächst zwei Fälle unterschieden.[62] Falls nur der Agent bestimmte Informationen beobachten kann, liegt „hidden information" vor. Falls der Principal die Handlungen des Agenten nicht beobachten kann, liegt „hidden action" vor. Beide Fälle bieten Spielraum zu opportunistischem Handeln. Diese Verhaltensunsicherheit wird auch als moralisches Risiko („moral hazard") bezeichnet.[63] Bei Übertragung auf Unternehmen wird so im Allgemeinen die Beziehung zwischen Anteilseignern und Management charakterisiert.[64] Bei Übertragung auf M&A-Transaktionen wird dadurch zunächst die Beziehung von Käufer bzw. Verkäufer zu den jeweils beauftragten Intermediären charakterisiert.[65] In Abhängigkeit vom Kontrakt kann sich die Verhaltensunsicherheit jedoch auch auf die Beziehung zwischen Käufer und Verkäufer beziehen.[66]

Zur Milderung des Problems der Verhaltensunsicherheit stehen allgemeine Ansätze wie Monitoring, Bonding oder Anreizmechanismen zur Verfügung.[67] Beim Monitoring überwacht der Principal die Handlungen des Agenten. Beim Bonding werden Restriktionen für die Handlungsvollmacht des Agenten vereinbart. Anreizmechanismen zielen auf eine anreizkompatible Entlohnung des Agenten. Variable Vergütungskomponenten ermöglichen eine Annäherung von Agentenzielen und Agentenverhalten an die Ziele des Principals.[68] Monitoring, Bonding und Anreizmechanismen verursachen Kosten. Die unter einer asymmetrischen Informationsverteilung erzielbaren Lösungen sind daher schlechter als die bei vollständiger Informationssymmetrie erreichbaren Lösungen.[69]

---

62 Vgl. RICHTER, R./FURUBOTN, E. (1996), S. 163ff.

63 Grundlegende Arbeiten sind ROSS, S. A. (1973), S. 134ff., HOLMSTRÖM, B. (1979), S. 324ff. und GROSSMAN, S. J./HART, O. D. (1983), S. 7ff. Für weitere Literaturverweise siehe RICHTER, R./FURUBOTN, E. (1996), S. 268ff.

64 Vgl. u.a. JENSEN, M. C./MECKLING, W. H. (1976), S. 305ff., FAMA, E. F. (1980), S. 288ff., FAMA, E. F./JENSEN, M. C. (1983a), S. 301ff., FAMA, E. F./JENSEN, M. C. (1983b), S. 327ff.

65 Vgl. STRASSER, B. (2000), S. 109ff. Für eine modelltheoretische Betrachtung siehe BIGLAISER, G. (1993).

66 Ausgehend von einer ex post asymmetrischen Informationsverteilung haben u.a. DIAMOND, D. W. (1984), S. 393ff. und CAMPBELL, T./KRACAW, W. (1980), S. 863ff. die Existenz von Finanzintermediären abgeleitet.

67 Zum Monitoring siehe u.a. GOMPERS, P. A. (1995) und DIAMOND, D. W. (1991). Zum Bonding siehe u.a. SMITH, C. W./WARNER, J. B. (1979) und GOMPERS, P. A./LERNER, J. (1996). Zu Anreizmechanismen siehe u.a. HARRIS, M./RAVIV, A. (1979) und HOLMSTRÖM, B. (1979).

68 Vgl. HARTMANN-WENDELS, T. (1989), S. 716ff., SPREMANN, K. (1990), S. 514 und STRASSER, B. (2000), S. 32ff.

69 Vgl. JENSEN, M. C./MECKLING, W. H. (1976), S. 308, SCHMIDT, R. H. (1989), S. 495ff. und SPREMANN, K. (1990), S. 575f. Für eine kritische Bewertung des Konzepts der Agency-Kosten siehe KÜRSTEN, W. (1994), S. 179ff. und SCHNEIDER, D. (1989), S. 483ff.

### 2.2.4 Ablauf von M&A-Transaktionen

M&A-Transaktionen folgen keinem einheitlichen Ablauf. Grundsätzlich kann aber von einem Drei-Phasen-Modell ausgegangen werden (siehe Abbildung 3), das aus Sichtweise eines potenziellen Käuferunternehmens formuliert wird.[70] Dabei werden die Phasen nicht notwendigerweise in chronologischer Reihenfolge durchlaufen, sondern können sich überlappen.

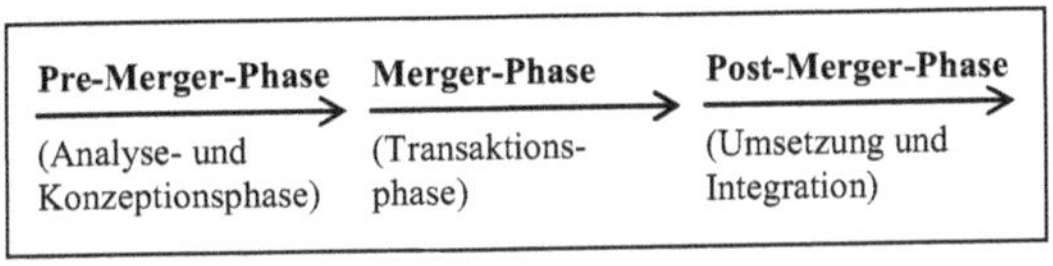


**Abb. 3:** Drei-Phasen-Modell von M&A-Transaktionen

In der Pre-Merger-Phase (Analyse- und Konzeptionsphase) wird eine M&A-Transaktion vorbereitet. Einzelne Bereiche umfassen die Analyse des Käuferunternehmens und seines Umfeldes sowie die Zielformulierung bis hin zur Konzeption der M&A-Strategie.

In der Merger-Phase (Transaktionsphase) wird die eigentliche M&A-Transaktion vereinbart. Dazu erfolgt zunächst die Vorauswahl potenzieller Zielunternehmen und die Kontaktaufnahme. Nach einer erfolgreichen Vorverhandlung rücken ein möglicher Kaufpreis und dessen Finanzierung in den Vordergrund. Die dafür erforderliche Unternehmensbewertung wird durch verschiedene Maßnahmen wie eine Due Diligence unterstützt.[71] Eine Due Diligence umfasst im Allgemeinen Analysen und Prüfungen zur Vorbereitung geschäftlicher Transaktionen, hier zur Vorbereitung einer M&A-Transaktion.[72] Das Ziel einer Due Diligence ist die Erhöhung der Entscheidungsqualität durch umfassende Informationsbeschaffung und -aufbereitung zum Zweck der Risiko- und Chancenerkennung.[73] Daran schließen sich Vertragsverhandlungen an, deren primäre Ziele die Preisbildung und Kontraktgestaltung sind.[74] Bei erfolgreichen Verhandlungen erfolgt zunächst der Vertragsschluss („Signing“) mit anschließender Übergabe des Unternehmens („Closing“).[75]

---

70 Vgl. JANSEN, S. A. (2001), S. 164ff., PICOT, G. (2005a), S. 18, 24ff., RICHTER, F. (2005a), S. 202ff. und MECKL, R. (2006), S. 408f. Eine ausführliche Betrachtung mit weiteren Literaturverweisen enthält STRASSER, B. (2000), S. 10ff.

71 Für eine umfangreiche Darstellung der Due Diligence als Instrument bei M&A-Transaktionen siehe BERENS, W./BRAUNER, H. U./STRAUCH, J. (HRSG.) (2005).

72 Für eine ausführliche Darstellung von Herkunft und Inhalt des Begriffes Due Diligence siehe BERENS, W./STRAUCH, J. (2005), S. 5ff.

73 Vgl. BERENS, W./STRAUCH, J. (2005), S. 12 und STRASSER, B. (2000), S. 84ff. sowie für eine empirische Untersuchung siehe BERENS, W./STRAUCH, J. (2002). Wesentliche modelltheoretische Betrachtungen der Informationsbereitstellung im Rahmen einer Verhandlung bzw. Due Diligence sind MILGROM, P. (1981), WAGENHOFER, A. (1990) und WAGENHOFER, A. (2000).

74 Eine wesentliche Rolle im Verhandlungsprozess spielen Argumentationspreise. Vgl. WAGENHOFER, A. (1988a), S. 341ff., WAGENHOFER, A. (1988b), S. 532ff. und GORNY, C. (2002), S. 116ff. für entsprechende modelltheoretische Betrachtungen.

75 Vgl. BAUMS, T. (1993), S. 1273, PICOT, G. (2004a), S. 94, 112, 210f., PICOT, G. (2005a), S. 30.

Nach erfolgreichen Verhandlungen erfolgt in der Post-Merger-Phase die Umsetzung der Transaktion bis hin zu einer Integration des erworbenen Unternehmens. Der Begriff der Integration bezeichnet den Prozess der Herstellung eines Ganzen und auch das Ergebnis dieses Prozesses.[76] In der Integrationsphase kommt der Steuerung des Prozesses eine besonders entscheidende Rolle zu.[77]

### 2.2.5 Arten von M&A-Transaktionen

Neben Fusionen als Verschmelzung zweier Unternehmen treten M&A-Transaktionen in weiteren Situationen und Formen auf.[78] Beim Erwerb eines Unternehmens ohne Verschmelzung mit einem anderen Unternehmen wird zunächst zwischen Akquisition und Beteiligungserwerb unterschieden. Während der Begriff der Akquisition häufig für einen 100-prozentigen Erwerb verwendet wird, wird bei einer geringeren Erwerbsquote der Begriff des Beteiligungserwerbs verwendet. Wenn Akquisitionen oder Beteiligungserwerbe gegen den Willen des Managements des Zielunternehmens durchgeführt werden, wird der Begriff der feindlichen Übernahme („hostile takeover") verwendet.[79] Feindliche Übernahmeangebote werden daher regelmäßig direkt an die Anteilseigner des Zielunternehmens gerichtet, während sogenannte freundliche Übernahmeangebote zunächst dem Management des Zielunternehmens zugeleitet werden. Mit Leveraged Buy-Out (LBO) werden M&A-Transaktionen bezeichnet, die mit einem hohen Anteil an Fremdkapital finanziert werden.[80] Häufig erfolgt nach Abschluss der LBO-Transaktion eine Verschmelzung des Zielunternehmens mit einem speziellen Finanzierungsunternehmen des Käufers. Die Fremdfinanzierung des Kaufpreises wird faktisch in das Zielunternehmen übertragen und durch dieses gezahlt.[81] Allgemein ist eine weitere Unterscheidung in nationale und grenzüberschreitende Transaktionen möglich.[82]

---

76 Eine umfangreiche Betrachtung des Integrationsbegriffes findet sich bei BAUCH, C. (2004), S. 42ff. mit weiteren Literaturverweisen.

77 Einen Überblick zum Integrationsmanagement geben JANSEN, S. A. (2005), S. 525ff. und WIRTZ, B. W./WECKER, R. M. (2006), S. 711ff. und CLEVER, H. (1993). Für einen umfangreichen Literaturüberblick, zu Misserfolgsursachen und zur Gestaltung von Integrationen vgl. BAUCH, C. (2004). Ein Praxisbuch mit Fallstudien ist GERDS, J./SCHEWE, G. (2006). Für eine Betrachtung des notwendigen Projektmanagements in den einzelnen Phasen vgl. MECKL, R. (2006), S. 413ff. Einer verhaltenstheoretischen Analyse des M&A-Prozesses widmet sich WAAS, M. (2005).

78 Vgl. BRESSMER, C./MOSER, A. C./SERTL, W. (1989), S. 63ff.

79 Zur feindlichen Übernahme und Abwehrtechniken vgl. JANSEN, S. A. (2001), S. 60ff.

80 Vgl. GAUGHAN, P. A. (1999), S. 291ff., JANSEN, S. A. (2001), S. 54, 57ff., BRUNER, R. F. (2004), S. 294ff. und HÖLTERS, W. (2005), S. 30.

81 Vgl. PICOT, G. (2004a), S. 214.

82 Zu besonderen Herausforderungen und Implikationen grenzüberschreitender M&A-Aktivitäten siehe BÖHRINGER, A./BUKOWSKY, I./EBERS, M./MAURER, I. (2006), S. 135ff., WEBER-REY, D. (2006), S. 436ff. Kulturellen Aspekten widmen sich REIMANN, M./BRETTEL, M./SCHILKE, O. (2006), S. 945ff. Zu rechtlichen Aspekten siehe auch SALGER, H.-C. (2004), S. 435ff. und WETZLER, C. F. (2005), S. 1177ff.

Wenn ein Erwerb des Unternehmens durch das Management erfolgt, werden zwei grundsätzliche Transaktionsarten unterschieden.[83] Als Management Buy-Out (MBO) wird der Erwerb des Unternehmens durch die bisherigen Manager bezeichnet. Management Buy-In (MBI) bezeichnet den Erwerb des Unternehmens oder eines Anteils durch bisher unternehmensfremde Manager. Neben diesen beiden Grundformen treten Mischformen auf, die hier jedoch nicht weiter betrachtet werden. Wenn das bisherige Management als Käufer auftritt (z.B. im Rahmen eines MBO), kann der Käufer über eine bessere Informationsausstattung verfügen als der Verkäufer. Das Management wird regelmäßig besser über das Unternehmen informiert sein als ein nicht im Management involvierter Anteilseigner. Eine ähnliche Situation liegt beim Herausdrängen von Minderheitsaktionären durch einen Hauptaktionär („Squeeze-out") vor.[84]

### 2.2.6 Rechtliche Rahmenbedingungen

M&A-Transaktionen finden nicht in rechtsfreien Räumen statt. Daher werden hier die rechtlichen Rahmenbedingungen für M&A-Transaktionen in Deutschland skizziert.[85] Bei M&A-Transaktionen sind zunächst die privatrechtlichen Regelungen zum Unternehmenskauf zu beachten. Ein Unternehmen ist jedoch weder eine Sache noch ein Recht, sondern stellt eine Menge von Sachen, Rechten, Ressourcen, Verträgen und Ähnlichem dar.[86] Eine Einordnung in das BGB ist daher nicht einfach.[87] Bei Ausgestaltung der M&A-Transaktion als „Asset Deal" werden die einzelnen Vermögensgegenstände des Zielunternehmens übertragen.[88] Entsprechend finden die Regelungen zum Sachkauf gemäß § 433 Absatz I, Satz 1 BGB Anwendung. Bei Ausgestaltung als „Share Deal" werden die Eigenkapitalanteile des Zielunternehmens übertragen.[89] Entsprechend sind die Vorschriften zum Rechtskauf nach § 453 BGB anzuwenden. Zudem sind Gewährleistungs- und Haftungsthemen zu berücksichtigen.[90] Zusätzlich finden gesellschaftsrechtliche Vorschriften Anwendung. Dazu zählen insbesondere das Aktiengesetz (AktG) und das GmbH-Gesetz (GmbHG). Darüber hinaus sind die Vorschriften des deutschen und europäischen Kartellrechts zu beachten.[91]

---

83 Vgl. JANSEN, S. A. (2001), S. 54, PICOT, G. (2004a), S. 213 und MERTENS, R. (2004), S. 83.

84 Siehe dazu näher Abschnitt 2.2.6.

85 Zwei Standardwerke sind PICOT, G. (HRSG.) (2004) und HÖLTERS, W. (HRSG.) (2005).

86 Zur fehlenden Definition des Unternehmensbegriffs siehe auch PICOT, G. (2004a), S. 22f., 112.

87 Vgl. HOLZAPFEL, H.-J./PÖLLATH, R. (2005), S. 109ff.

88 Vgl. PICOT, G. (2004a), S. 113, RITTMEISTER, M. (2004), S. 18f., 22ff., HOLZAPFEL, H.-J./PÖLLATH, R. (2005), S. 109, WIRTZ, B. W./SCHILKE, O. (2006), S. 331f.

89 Vgl. PICOT, G. (2004a), S. 113f. und RITTMEISTER, M. (2004), S. 20f., 25ff.

90 Vgl. TRIEBEL, V. (2004), S. 113ff. und HOLZAPFEL, H.-J./PÖLLATH, R. (2005), S. 327ff., 395ff. Eine ausführliche Betrachtung nach altem und neuem Schuldrecht leistet RITTMEISTER, M. (2004). Zu vorvertraglichen Haftung siehe auch STAWOWY, J. (2001), S. 51ff.

91 Für einen ausführlichen Überblick zum deutschen und europäischen Kartellrecht vgl. BERGMANN, H. (2005), S. 353ff., SEDEMUND, J. (2005), S. 751ff. und LANGE, K. W. (2006), S. 614ff.

Angeregt durch internationale Übernahmerichtlinien wurde 1995 durch die Börsensachverständigenkommission der Übernahmekodex verabschiedet.[92] Allerdings stellte der Übernahmekodex keine Verpflichtung dar, sondern sollte durch freiwillige Anerkennung wirken. Inhalte sind allgemeine Verfahrensgrundsätze, die Angebotsausgestaltung sowie Verhaltenspflichten für Bieter und Zielgesellschaft. Insbesondere soll die Zielgesellschaft Maßnahmen unterlassen, die den Interessen der Wertpapierinhaber entgegenstehen.[93] Zudem wurde erstmals im deutschen Recht ein Pflichtangebot eingeführt. Bei Überschreiten von 50% der Stimmrechte ist demnach ein Pflichtangebot an die restlichen Anteilseigner zu unterbreiten.[94] Die Freiwilligkeit des Übernahmekodexes bedeutet jedoch fehlende Sanktionsmechanismen bei Verstößen.

Zum 1. Januar 2002 ist das Wertpapiererwerbs- und Übernahme-Gesetz (WpÜG) in Kraft getreten.[95] Es definiert erstmals einen Rahmen für öffentliche Übernahmeangebote für Zielgesellschaften mit Sitz in Deutschland und Notierung von Wertpapieren an einem organisierten Markt (Börse) im europäischen Wirtschaftsraum.[96] Die wesentlichen Inhalte betreffen Verfahrensgrundsätze, Verhaltenspflichten und die Ausgestaltung eines Angebots. Grundsätzlich sind nach § 31 WpÜG die Barzahlung und die Zahlung in Aktien zugelassen.[97] Bei Überschreiten der 30%-Stimmrechtsgrenze ist nach §§ 32, 35 WpÜG die Unterbreitung eines Pflichtangebots an die restlichen Anteilseigner erforderlich, da nach § 29 WpÜG eine Kontrolle durch den Erwerber unterstellt wird.[98] Zudem sieht § 33 WpÜG eine Neutralitätspflicht und ein Behinderungsverbot vor. Das Zielunternehmen darf demnach keine Maßnahmen ergreifen, die den Erfolg des Übernahmeangebots beeinträchtigen können. Es werden jedoch Ausnahmen, insbesondere präventive Maßnahmen, zugelassen.[99] Mit Einführung des

92 Vgl. BÖRSENSACHVERSTÄNDIGENKOMMISSION (1995), S. 572ff. und SCHUSTER, S./ZSCHOCKE, C. O. (HRSG.) (2003), S. 4ff. Für die Regelungen in der Schweiz und in Großbritannien siehe auch SCHUSTER, S./ZSCHOCKE, C. O. (1996), S. 230ff., 292ff. sowie zu einem Überblick über die Entwicklung des Übernahmerechts auch in der Schweiz, in Großbritannien und den USA siehe SCHUSTER, S./ZSCHOCKE, C. O. (HRSG.) (2003), S. 15ff.

93 Zur Zulässigkeit von Abwehrmaßnahmen im deutschen Recht siehe JANSEN, S. A. (2001), S. 62ff.

94 Vgl. Artikel 16 und 17 des Übernahmekodex.

95 Vgl. SCHUSTER, S./ZSCHOCKE, C. O. (HRSG.) (2003), S. 8ff. Damit wurde der Übernahmekodex faktisch abgelöst. Siehe dazu BÖRSENSACHVERSTÄNDIGENKOMMISSION (2002).

96 Für einen umfassenden Überblick zum deutschen und europäischen Übernahmerecht vgl. BOUCHON, M./MÜLLER-MICHAELS, O. (2005), S. 970ff. und KÖNIG, S./OPPENHOFF, S. (2006), S. 648ff. Einen Kurzüberblick zum WpÜG bietet auch SCHRELL, T. (2004), S. 295ff.

97 Zur Kaufpreiszahlung mit Aktien siehe PICOT, G. (2004b), S. 283ff. und HOLZAPFEL, H.-J./PÖLLATH, R. (2005), S. 248ff. mit weiteren Literaturverweisen.

98 Zu Anwendungsproblemen siehe SÜßMANN, R. (2003), S. 1453ff.

99 Vgl. WIRTZ, B. W./SCHILKE, O. (2006), S. 329f. Die EU-Übernahmerichtlinie sieht in Artikel 11 eine Durchbrechungsregelung vor, durch die eine Vielzahl präventiver Maßnahmen im Rahmen eines Übernahmeangebots ihre Wirkung verlieren. Vgl. dazu KÖNIG, S./OPPENHOFF, S. (2006), S. 696ff. Für eine ausführliche rechtliche Betrachtung von Abwehrmaßnahmen siehe GEIBEL, S. (2004), S. 159ff. und BOUCHON, M./MÜLLER-MICHAELS, O. (2005), S. 1024ff. Für die Umsetzung der EU-Übernahmerichtlinie in nationales Recht siehe auch HEIDEL, T. (2006).

WpÜG wurde auch das Gesellschaftsrecht in §§ 327a ff. AktG erweitert. Damit wurde das Herausdrängen von Minderheitsaktionären (Squeeze-out) ermöglicht, wenn der Hauptaktionär mindestens 95% des Grundkapitals hält.[100] Bei Transaktionen im Rahmen organisierter Märkte sind die entsprechenden Vorschriften zusätzlich zu beachten.[101]

### 2.2.7 Zusammenfassung

M&A-Transaktionen sind komplexe Ereignisse. Verkäufer und Käufer können in verschiedenen Typen auftreten und unterschiedliche Motive für eine M&A-Transaktion haben. Allgemein liegt einer M&A-Transaktion jedoch eine Investitionsentscheidung zugrunde. Die konkreten Ausprägungen sind vielfältig und werden durch umfangreiche rechtliche Regelungen beeinflusst. Ein wesentliches Merkmal ist die asymmetrische Verteilung wertrelevanter Informationen. Der Käufer wird regelmäßig schlechtere Informationen über das Unternehmen haben als der Verkäufer oder das Unternehmen selbst. Andererseits kann ein Käufer besser über erzielbare Synergien Informiert sein als der Verkäufer Zudem besteht Informationsasymmetrie zum Management und zu möglicherweise beauftragten Intermediären. Intermediäre nehmen bei M&A-Transaktionen eine Vielzahl von Aufgaben wahr und sind regelmäßig in den M&A-Prozess eingebunden. Idealtypisch besteht der M&A-Prozess aus drei Hauptphasen. Diese Arbeit beschäftigt sich mit der Kontraktgestaltung bzw. dem Vertragsabschluss, womit die zweite Phase des M&A-Prozesses, die Transaktionsphase, abgeschlossen wird.

---

[100] Zur ausführlichen rechtlichen Betrachtung des Squeeze-Out-Verfahrens siehe GIEBELER, R. (2003), S. 391ff., Vgl. SCHUSTER, S./ZSCHOCKE, C. O. (HRSG.) (2003), S. 247ff. und BOUCHON, M./MÜLLER-MICHAELS, O. (2005), S. 1045ff. Zur Angemessenheit der Barabfindung siehe GREVE, M./HALBERKAMP, T. (2002), S. 580ff. und RITZER-ANGERER, P. (2004), S. 285ff. und POPP, M. (2006), S. 436ff. Zwei empirische Untersuchungen zu Squeeze-Outs in Deutschland sind MOSER, U./PRÜHER, M. (2002) und RATHAUSKY, U. (2004).

[101] Dazu zählen neben Wertpapierhandelsgesetz (WpHG) und Wertpapierprospektgesetz (WpPG) auch die jeweiligen Börsenordnungen.

## 2.3 Einigungsbereiche bei M&A-Transaktionen

Um sich mit einer Verbesserung von Einigungsbereichen zu beschäftigen, ist zunächst ein bestehender Einigungsbereich bei M&A-Transaktionen zu betrachten. Im folgenden Abschnitt werden daher Grenzpreise, Argumentationspreise und deren Bedeutung für den Einigungsbereich untersucht. Nach einer Betrachtung der Grenzpreisermittlung werden Ursachen abweichender Grenzpreise vorgestellt.

### 2.3.1 Grenzpreise, Argumentationspreise und Einigungsbereich

Bei Betrachtung einer M&A-Transaktion als Investition werden Käufer und Verkäufer jeweils Grenzpreise ermitteln.[102] Der Grenzpreis des Käufers stellt dessen maximale Zahlungsbereitschaft dar. Bis zu diesem Grenzpreis ist die M&A-Transaktion aus Sicht des Käufers vorteilhaft. Einen Preis oberhalb seines Grenzpreises wird der Käufer nicht akzeptieren. Entsprechend stellt die minimale Zahlungserwartung des Verkäufers dessen Grenzpreis dar. Einen Preis unterhalb seines Grenzpreises wird der Verkäufer nicht akzeptieren. Eine Einigung ist nur dann möglich, wenn der Grenzpreis des Käufers mindestens dem Grenzpreis des Verkäufers entspricht. Dann liegt ein nichtnegativer Einigungsbereich vor.[103] Falls der Grenzpreis des Käufers jedoch unterhalb des Verkäufergrenzpreises liegt, besteht ein negativer Einigungsbereich (siehe Abbildung 4).

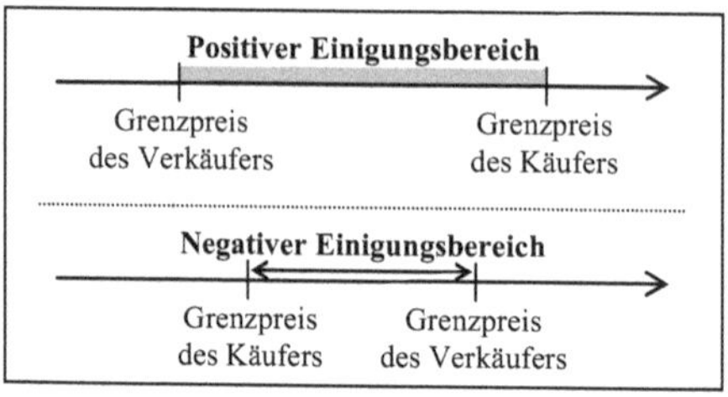


**Abb. 4:** Grenzpreise und Einigungsbereich

In einer Verhandlung wird keiner der Akteure seinen Grenzpreis offenlegen.[104] Statt dessen werden Käufer und Verkäufer Argumentationspreise kommunizieren.[105] Das Ziel von Argumentationspreisen ist, einen möglichst großen Anteil an einem positiven Einigungsbereich abzuschöpfen.[106] Der Argumentationspreis des Käufers wird daher regelmäßig unter seinem Grenzpreis liegen, während der Argumentationspreis des Verkäufers regelmäßig über seinem Grenzpreis liegen wird.[107] Im Ergebnis wird der „argumentative Einigungsbereich" als

---

102 Vgl. STRASSER, B. (2000), S. 36.

103 Vgl. MATSCHKE, M. J./BRÖSEL, G. (2005), S. 402.

104 Vgl. WAGENHOFER, A. (1988a), S. 341f.

105 Für die Ermittlung der Argumentationspreise ist neben dem eigenen Grenzpreis auch das anzuwendende Einigungsverfahren relevant. Vgl. dazu WAGENHOFER, A. (1988a), S. 345ff. mit einer Anwendung einer „fairen Mittelung". Siehe auch STRASSER, B. (2000), S. 137ff.

106 Vgl. MATSCHKE, M. J. (1976), S. 521ff.

107 Vgl. WAGENHOFER, A. (1988a), S. 342ff.

Resultat der Argumentationspreise vom „wahren" Einigungsbereich auf Basis der Grenzpreise abweichen (siehe Abbildung 5).[108] Im Rahmen dieser Arbeit wird der „argumentative" Einigungsbereich nicht näher betrachtet. Die Arbeit konzentriert sich auf den „wahren" Einigungsbereich.

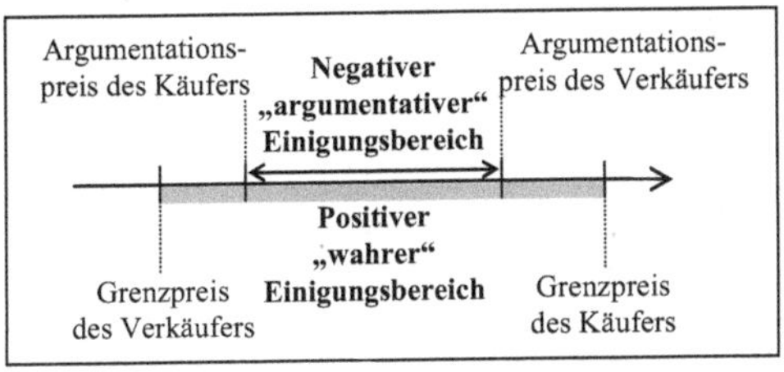


**Abb. 5:** Grenzpreise, Argumentationspreise und Einigungsbereiche

In einer Verhandlung wird der argumentative Einigungsbereich regelmäßig kleiner als der wahre Einigungsbereich und häufig sogar negativ sein.[109] Jeder der Akteure versucht, den anderen Akteur durch seinen Argumentationspreis zu beeinflussen und seinen eigenen Anteil an einem positiven „wahren" Einigungsbereich zu maximieren.[110] Falls sich jedoch im Verhandlungsverlauf herausstellt, dass der „wahre" Einigungsbereich negativ ist, wird die M&A-Transaktion scheitern.

### 2.3.2 Die Grenzpreisermittlung durch die Akteure

Bei der Ermittlung ihrer Grenzpreise für das Unternehmen werden Käufer und Verkäufer verschiedene Verfahren einsetzen. Eine wesentliche Rolle kommt der Unternehmensbewertung zu. Die folgenden Abschnitte geben einen Überblick über Rolle und Verfahren der Unternehmensbewertung sowie über die Berücksichtigung von Synergien.

#### 2.3.2.1 Rolle und Verfahren der Unternehmensbewertung

Das Ziel einer Unternehmensbewertung ist die Bestimmung des Wertes eines Unternehmens. Dieser Unternehmenswert ist abhängig vom Zweck der Bewertung.[111] Wesentliche Zwecke sind die Entscheidungsvorbereitung, die Argumentationsunterstützung, die Vermittlung zwischen Parteien und die Ermittlung von Wertansätzen.[112] Im Rahmen von M&A-Trans-

[108] In MATSCHKE, M. J./BRÖSEL, G. (2005), S. 402 und anderen wird der Einigungsbereich auf Basis der Grenzpreise beider Akteure definiert. In STRASSER, B. (2000), S. 135, Abb. 3 wird der Einigungsbereich jedoch auf Basis der Argumentationspreise behandelt. Hier erfolgt daher eine begriffliche Abgrenzung zwischen „wahrem" und „argumentativem" Einigungsbereich.

[109] Vgl. WAGENHOFER, A. (1988a), S. 343 und GORNY, C. (2002), S. 17f.,100ff.

[110] Vgl. auch BRESSMER, C./MOSER, A. C./SERTL, W. (1989), S. 197ff.

[111] Vgl. DRUKARCZYK, J. (2003), S. 128f. und SCHULTZE, W. (2003), S. 5ff. Zu objektiver und subjektiver Unternehmensbewertung siehe auch MATSCHKE, M. J./BRÖSEL, G. (2005), S. 14-21.

[112] Vgl. BALLWIESER, W. (2004), S. 1, 3ff. und ausführlich MATSCHKE, M. J./BRÖSEL, G. (2005), S. 23f., 49ff. Darüber hinaus werden in der Literatur weitere Zwecke angeführt, die den aufgeführten Bereichen weitgehend zugeordnet werden können. Vgl. PEEMÖLLER, V. H. (2002), S. 7ff. für eine Einteilung in Hauptfunktionen (Beratung, Vermittlung, Argumentation) und Nebenfunktionen. Speziell die Argumentationsfunktion betrachtet GORNY, C. (2002).

aktionen werden Unternehmensbewertungen unter anderem zur Ermittlung des Grenzpreises (Entscheidungsvorbereitung) oder zur Stützung eines kommunizierten Argumentationspreises (Argumentationsunterstützung) eingesetzt.[113]

Zur Bestimmung des Grenzpreises werden Käufer und Verkäufer jeweils die historische Geschäftsentwicklung des Unternehmens analysieren und Annahmen über die künftige Geschäftsentwicklung treffen. Diese Informationsbasis verwenden beide Akteure, um einen Grenzpreis für das Unternehmen zu ermitteln. Ausgehend von diesem Grenzpreis werden in Abhängigkeit der Verhandlungsstrategie Argumentationspreise abgeleitet. Die Unternehmensbewertung dient hier primär als Mittel zur Ermittlung des Grenzpreises auf Basis einer Investitionsbetrachtung der M&A-Transaktion.

Im Rahmen einer Unternehmensbewertung können verschiedene Verfahren eingesetzt werden.[114] Einzelbewertungsverfahren folgen dem Bilanzschema und bewerten einzelne Vermögensgegenstände und Verbindlichkeiten.[115] Es wird meist zwischen Liquidationswert und Wiederbeschaffungswert unterschieden.[116] Dabei werden weder historisch geschaffene (originäre) Unternehmenswerte noch die Auswirkungen der künftigen Geschäftsentwicklung berücksichtigt. Gesamtbewertungsverfahren betrachten Unternehmen in ihrer Gesamtheit als Investitionsobjekte und benutzen das Kapitalwertkalkül zur Bewertung künftiger Zahlungsströme.[117] Zu den Gesamtbewertungsverfahren zählen das Ertragswertverfahren und die verschiedenen Discounted-Cashflow-(DCF)-Verfahren.[118] Neben Mischformen der genannten Verfahren werden weitere Verfahren eingesetzt. Dazu zählen die in der M&A-Praxis häufig eingesetzten Überschlagsverfahren unter Anwendung von Multiplikatoren.[119] Dabei werden

---

[113] Bei DRUKARCZYK, J. (2003), S. 132 wird die Ermittlung von Grenzpreisen als wichtigster Zweck einer Unternehmensbewertung angeführt. Darüber hinaus werden Unternehmensbewertungen unter anderem auch als Gutachten zur Vermittlung erstellt. Zur „Fairness opinion" vgl. SCHWETZLER, B./ADERS, C./SALCHER, M./BORNEMANN, T. (2005), S. 106ff.

[114] Für einen Überblick siehe BIEG, H./KUßMAUL, H. (2000), S. 287ff. und BALLWIESER, W. (2004), S. 8ff.

[115] Vgl. SIEBEN, G./MALTRY, H. (2002), S. 377ff. und BALLWIESER, W. (2004), S. 10, 181ff.

[116] Der Liquidationswert charakterisiert den Wert bei Nichtfortführung des Unternehmens. Der Wiederbeschaffungswert (Substanzwert) geht von einer Rekonstruktion des Unternehmens aus und unterstellt daher die Fortführung des Unternehmens. Vgl. BALLWIESER, W. (2004), S. 8ff., 181ff. Für einen umfangreichen Überblick vgl. SIEBEN, G./MALTRY, H. (2002), S. 377ff.

[117] Vgl. BALLWIESER, W. (2004), S. 8f. Zum Kapitalwertkalkül siehe DRUKARCZYK, J. (2003), S. 11ff., 136ff. und KRUSCHWITZ, L. (2004), S. 1ff.

[118] Für einen Überblick zu den verschiedenen DCF-Verfahren siehe DRUKARCZYK, J. (2003), S. 199ff. Zum allgemeinen Ertragswertverfahren siehe BALLWIESER, W. (2004), S. 12ff. Zur Neuregelung des Ertragswertverfahrens gemäß IDW S1 neuer Fassung siehe IDW (2005), S. 1303ff. Für Anmerkungen siehe WIESE, J. (2005), SCHWETZLER, B. (2005a), KNOLL, L. (2005), SCHWETZLER, B. (2005b), und WIESE, J. (2006). Einen Überblick zur Neureglung gibt WIDMANN, B. (2005).

[119] Vgl. MANDL, G./RABEL, K. (2002), S. 73ff. und SCHWETZLER, B. (2003b), S. 400ff. Zu einer Praxis-Sichtweise auf Multiplikatorverfahren mit Beispiel siehe LÖHNERT, P. G./BÖCKMANN, U. J. (2002), S. 403ff.

auf Basis börsennotierter Vergleichsunternehmen oder historischer M&A-Transaktionen Unternehmenswerte abgeleitet.[120]

Um die Handlungsflexibilität von Unternehmen zu berücksichtigen, wurde in den letzten Jahren die Optionstheorie auf die Unternehmensbewertung übertragen.[121] In Abgrenzung zu Finanzoptionen beinhalten Realoptionen die Möglichkeit (aber nicht die Pflicht), bestimmte Veränderungen im Geschäft des Unternehmens vorzunehmen. Die Vielfalt von Unternehmensaktivitäten führt zu einer Vielzahl von Realoptionsarten. Die wichtigsten Realoptionen sind Verzögerungsoptionen, Abbruchoptionen, Erweiterungsoptionen, Einschränkungsoptionen, Stufenoptionen und Erforschungsoptionen.[122] Im Wesentlichen handelt es sich dabei um Warte- oder Lernoptionen mit unterschiedlichen Auszahlungsprofilen. Der Gesamtwert eines Unternehmens ergibt sich aus einem mit herkömmlichen Verfahren ermittelten Wert zuzüglich des Wertes aus Realoptionen. Der Einbezug von Realoptionen führt somit zu einem höheren Unternehmenswert. In der Praxis der Unternehmensbewertung werden Realoptionen jedoch kaum eingesetzt.[123]

Bei der Bewertung von Unternehmen wird zudem teilweise auf Finanzoptionen zurückgegriffen. Finanzoptionen sind derivative Finanzinstrumente, deren Wert von einem Basiswert abhängt.[124] Die Grundformen von Finanzoptionen sind Kaufoptionen und Verkaufsoptionen.

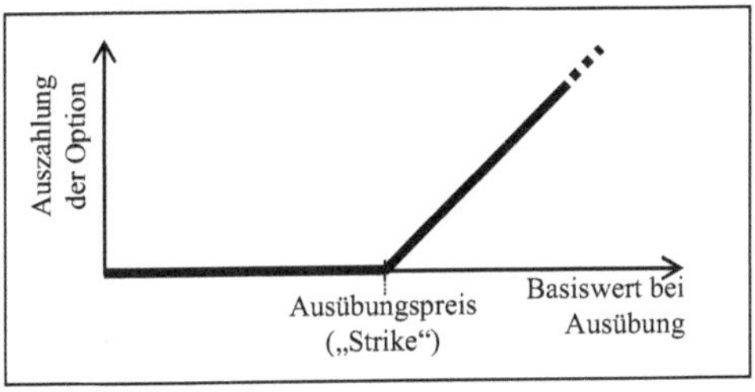


**Abb. 6:** Auszahlungsprofil einer Kaufoption (Call-Option)

Eine Kaufoption (Call) berechtigt den Inhaber der Option, den zugrunde liegenden Basiswert zu einem im Vorfeld festgelegten Ausübungspreis zu kaufen. Die andere Partei (Stillhalter) ist

---

120 Vgl. SCHWETZLER, B. (2003a), S. 79ff., BALLWIESER, W. (2004), S. 190ff. und FREIBURG, M./TIMMRECK, C. (2004), S. 381ff. auch mit kritischer Würdigung von Multiplikator-Verfahren. Zu einer möglichen Verbesserung von Multiplikator-Verfahren durch Filterung der Multiples vgl. RICHTER, F. (2005b), S. 348ff.

121 Vgl. zu einem Überblick der Verfahren BAECKER, P. N./HOMMEL, U./LEHMANN, H. (2003), S. 24ff. und SCHULMERICH, M. (2003), S. 67ff. mit weiteren Literaturverweisen sowie COPELAND, T./KOLLER, T./MURRIN, J. (2000), S. 395ff., BREALEY, R. A./MYERS, S. C. (2000), S. 619ff., BONDUELLE, Y./SCHMOLDT, I./SCHOLICH, M. (2003), S. 5ff., BRUNER, R. F. (2004), S. 424ff.

122 Vgl. SCHULMERICH, M. (2003), S. 65ff., ERNST, D./HAUG, M./SCHMIDT, W. (2004), S. 397ff. und KRUSCHWITZ, L. (2005), S. 440f.

123 Vgl. BAECKER, P. N./HOMMEL, U./LEHMANN, H. (2003), S. 31.

124 Vgl. BRUNER, R. F. (2004), S. 296ff., HULL, J. C. (2006), S. 1, 181ff.

verpflichtet, den Basiswert bei Ausübung der Option gegen Zahlung des Ausübungspreises zu liefern. In Abbildung 6 wird der Wert einer Kaufoption bei Ausübung (das Auszahlungsprofil) dargestellt. Eine Verkaufsoption (Put) berechtigt den Inhaber der Option, den zugrunde liegenden Basiswert zu einem im Vorfeld festgelegten Ausübungspreis zu verkaufen. Die andere Partei ist entsprechend zur Abnahme verpflichtet. Das Auszahlungsprofil einer Verkaufsoption ist in Abbildung 7 dargestellt.

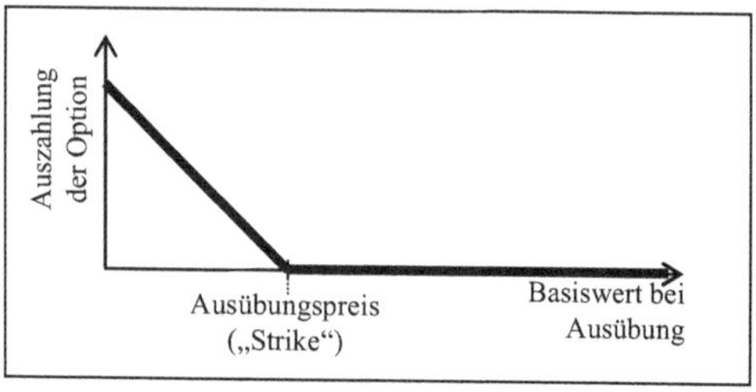


**Abb. 7:** Auszahlungsprofil einer Verkaufsoption (Put-Option)

Bei Finanzoptionen wird zwischen verschiedenen Typen bezüglich des möglichen Ausübungszeitpunktes unterschieden. Europäische Optionen können nur am Ende der Optionslaufzeit ausgeübt werden, während amerikanische Optionen über einen längeren Zeitraum bis zum Ende der Optionslaufzeit ausgeübt werden können. Eine besondere Eigenschaft europäischer Optionen ist die Put-Call-Parität.[125] Durch Kombination einer Verkaufsoption mit dem zugrunde liegenden Basiswert kann eine synthetische Kaufoption generiert werden. Aus dem Wert einer Verkaufsoption kann somit der Wert einer Kaufoption ermittelt werden. Für die Bewertung von Finanzoptionen wurden spezielle Verfahren entwickelt, von denen hier nur das Black-Scholes-Verfahren und das Binomialverfahren erwähnt seien.[126]

#### 2.3.2.2 Berücksichtigung von Synergien und externen Effekten

Bei der Ermittlung seines Grenzpreises wird der potenzielle Käufer des Unternehmens auch erwartete Synergien berücksichtigen. Positive erwartete Synergien werden ceteris paribus zu einem höheren Grenzpreis des Käufers führen. Der Käufer wird das Unternehmen daher nicht auf Basis der aktuellen Unternehmenssituation, sondern auf Basis der erwarteten künftigen Situation inklusive Synergien bewerten.[127] Die Bewertung von Synergien muss jedoch notwendige Kosten zur Synergieerzielung berücksichtigen.[128]

---

[125] Vgl. KRUSCHWITZ, L. (2004), S. 335ff. und HULL, J. C. (2006), S. 212ff.

[126] Für eine Einführung in die Optionsbewertung siehe KORN, E./KORN, R. (1999), S. 90ff. und HULL, J. C. (2006), S. 241ff. Grundlegende Arbeiten sind SCHOLES, M./BLACK, F. (1973), S. 637ff., MERTON, R. (1973), S. 141ff. und COX, J./ROSS, S./RUBINSTEIN, M. (1979), S. 229ff.

[127] Vgl. BRUNER, R. F. (2004), S. 325ff.

[128] Zur grundsätzlichen Bewertung von Synergien vgl. ANSOFF, H. I. (1966), S. 108ff. Eine praxisorientierte Herangehensweise findet sich bei WÖGINGER, H. (2004), S. 235ff.

Im Rahmen der Unternehmensbewertung wird teilweise zwischen echten und unechten Synergien unterschieden.[129] Echte Synergieeffekte sind dadurch charakterisiert, dass sie die Auswirkungen des Bewertungsanlasses (hier: der M&A-Transaktion) abbilden. Im Gegensatz dazu sind unechte Synergieeffekte dadurch gekennzeichnet, dass sie sich ohne die Auswirkungen des Bewertungsanlasses realisieren lassen. Unechte Synergieeffekte werden daher regelmäßig im Grenzpreis des Verkäufers enthalten sein und somit voll dem Verkäufer zufließen. Bei echten Synergieeffekten ist jedoch grundsätzlich eine Aufteilung zwischen Käufer und Verkäufer möglich. Diese Aufteilung echter Synergieeffekte wird unter anderem durch die Verhandlungsmacht der Akteure und den Ablauf der Verhandlungen bestimmt. Teilweise wird es dem Verkäufer möglich sein, an echten Synergieeffekten durch Wahl seines Argumentationspreises zu partizipieren.[130] Die Aufteilung echter Synergieeffekte (oder positiver Einigungsbereiche) zwischen den Akteuren ist jedoch nicht Gegenstand dieser Arbeit.[131]

Neben Synergien können auch externe Effekte auftreten, die bei der Investitionsentscheidung für eine M&A-Transaktion zu berücksichtigen sind. Dazu zählen alle Effekte, die außerhalb des Unternehmens auftreten. Insbesondere sind dies Effekte auf andere Investitionsprojekte der Akteure oder private Effekte für Käufer und Verkäufer, wie Reputationseffekte oder Nutzen aus Geschäftsführung. Falls die Durchführung der M&A-Transaktion beispielweise negative externe Effekte auf ein anderes Investitionsprojekt des Verkäufers hat oder er privaten Nutzen verliert, wird er eine entsprechende Kompensation in seiner Grenzpreisbildung berücksichtigen.

### 2.3.3 Ursachen unterschiedlicher Grenzpreise

Wenn ein negativer Einigungsbereich bezüglich des Unternehmenswertes besteht, liegt der Grenzpreis des Käufers unter dem Grenzpreis des Verkäufers. Die folgenden Abschnitte betrachten mögliche Ursachen unterschiedlicher Grenzpreise.

#### 2.3.3.1 Asymmetrische ex ante Informationsverteilung

Wenn wertrelevante Informationen über das Unternehmen ex ante asymmetrisch verteilt sind, ist der Käufer schlechter über die Qualität des Unternehmens informiert als der Verkäufer („hidden chracteristics"). Falls es dem Verkäufer nicht gelingt, durch geeignete Maßnahmen (z.B. Due Diligence) eine hohe Qualität des Unternehmens zu signalisieren, wird der Käufer von einer maximal durchschnittlichen Unternehmensqualität ausgehen. Immaterielle Vermögensgegenstände und personenbezogene Faktoren kann ein Käufer häufig nur schwer beurteilen. Asymmetrische ex ante Informationsverteilung ist daher eine Ursache ab-

[129] Vgl. IDW (2005), S. 1308f.

[130] Bei WAGENHOFER, A. (1988b), S. 536ff. wird gezeigt, dass der Verkäufer seine Verhandlungsmacht nutzen kann, um durch Wahl seines Argumentationspreises von echten Synergien zu profitieren. Der Verkäufer kann dann an einem positiven Einigungsbereich partizipieren.

[131] Darauf wird auch später in den Abschnitten 3.1.2 und 3.1.8 eingegangen.

weichender Grenzpreise.[132] Insbesondere wenn der Käufer keine ausreichend hohen Synergien erwartet, kann er das Unternehmen niedriger bewerten als der Verkäufer. Der Einigungsbereich ist dann negativ.

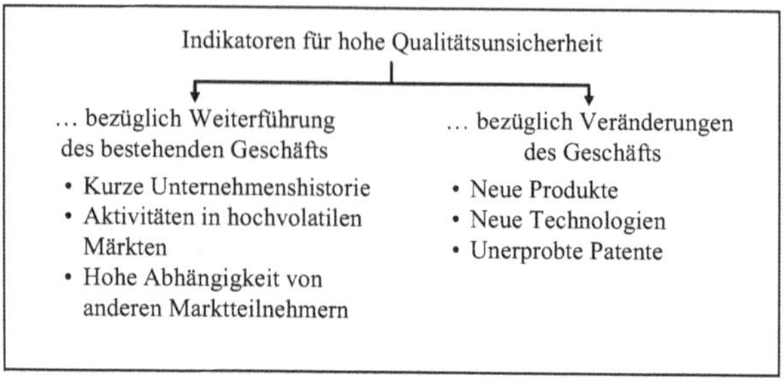


**Abb. 8:** Mögliche Indikatoren der ex ante Informationsasymmetrie

In der empirischen Forschung werden verschiedene Indikatoren für eine hohe Ausprägung der Informationsasymmetrie und daraus abgeleitete Bewertungsdifferenzen verwendet (siehe Abbildung 8). Dazu zählen beispielsweise Unternehmen mit einer kurzen Historie, wie neugegründete Unternehmen.[133] Ähnliche Eigenschaften weisen Unternehmen auf, bei denen wesentliche Veränderungen, z.B. durch neue Produkte, neue Technologien oder bisher unerprobte Patente, erwartet werden.[134] Aber auch Unternehmen in der Wachstumsphase oder mit Aktivitäten in hochvolatilen Märkten zählen dazu.[135] Ähnlich kann eine hohe Abhängigkeit von anderen Marktteilnehmern (z.B. Kunden oder Lieferanten) wirken, wenn deren Stabilität schwer prognostizierbar ist. Ähnliche Bewertungsprobleme bereiten Unternehmen mit einer kleinen materiellen Vermögensbasis, wie beispielsweise Dienstleistungsunternehmen.[136]

### 2.3.3.2 Asymmetrische ex post Informationsverteilung

Eine erwartete asymmetrische Verteilung relevanter Informationen nach Abschluss der M&A-Transaktion (ex post) kann zu abweichenden Grenzpreisen führen. Dies ist insbesondere dann möglich, wenn Käufer und Verkäufer unterschiedliche Erwartungen zum Ausmaß möglicher ex post Informationsasymmetrie und daraus resultierender Probleme haben oder über unterschiedliche Fähigkeiten verfügen, um diese Probleme zu vermindern bzw. zu lösen. Dabei ist unter anderem die Principal-Agent-Beziehung zwischen Anteilseignern und Management des

[132] Vgl. GILSON, R. J. (1984), S. 263f.

[133] Vgl. RAYNEY, P. (1989), S. 94 und FRANKEL, M. E. S. (2005), S. 21f.

[134] Vgl. JANATKA, D. A./SHERMAN, S. J. (1992), S. 31, BAUMS, T. (1993), S. 1273, FRANKEL, M. E. S. (2005), S. 21f.

[135] Vgl. REUM, W. R./STEELE, T. A. (1970), S. 84, JANATKA, D. A./SHERMAN, S. J. (1992), S. 31, MEULI, H. M. (1996a), S. 73 und FRANKEL, M. E. S. (2005), S. 21f.

[136] Vgl. REUM, W. R./STEELE, T. A. (1970), S. 84, HUSSEY, R. (1990), S. 104, BOSE, M. (1992), S. 42f., JANATKA, D. A./SHERMAN, S. J. (1992), S. 31, BAUMS, T. (1993), S. 1273 und MEULI, H. M. (1996a), S. 78.

Unternehmens zu betrachten.[137] Der Käufer wird diese Kosten in seiner Grenzpreisbildung berücksichtigen. Insbesondere wenn er höhere Kosten erwartet als der Verkäufer, kann sein Grenzpreis unter den Grenzpreis des Verkäufers sinken. Der Einigungsbereich wird dann negativ.

#### 2.3.3.3 Weitere mögliche Ursachen

Für abweichende Werteinschätzungen können weitere Ursachen vorliegen. Wenn Käufer und Verkäufer unterschiedliche Risikoneigungen haben, werden sie den gleichen unsicheren Zahlungsstrom unterschiedlich bewerten. Beide Akteure gehen vom gleichen Erwartungswert aus, der Akteur mit einem höheren Grad der Risikoaversion wird jedoch eine höhere Risikoprämie fordern.[138] Das Sicherheitsäquivalent dieses Akteurs liegt dann unter dem Sicherheitsäquivalent des anderen Akteurs.[139] Falls der Käufer eine höhere Risikoaversion aufweist als der Verkäufer, wird sein Grenzpreis ceteris paribus unter dem Grenzpreis des Verkäufers liegen. Der Einigungsbereich ist dann negativ.

Falls beide Akteure unterschiedliche Anfangsausstattungen aufweisen, wird der Akteur mit der niedrigeren Anfangsausstattung eine geringere Diversifikation erreichen als der Akteur mit der höheren Anfangsausstattung. Grund dafür ist, dass im Rahmen der M&A-Transaktion das Unternehmen als Einheit übergeht und keine beliebige Teilung möglich ist.[140] Der Akteur mit geringerer Diversifikationsmöglichkeit wird daher höhere Kosten, die durch suboptimale Diversifikation verursacht werden, berücksichtigen und seinen Grenzpreis anpassen.[141] Auch durch Transaktionskosten können abweichende Grenzpreise entstehen.[142] Falls ohne Transaktionskosten genau ein Kaufpreis eine Einigung ermöglicht hätte, wäre bei Einführung positiver Transaktionskosten keine Einigung mehr möglich. Ähnliche Auswirkungen können unterschiedliche Zugänge zu Finanzierungsquellen oder Investitionsprojekten sowie unterschiedliche Steuerregimes haben, da sie die Vorteilhaftigkeit einer Investition direkt beeinflussen.[143] Zudem können externe Effekte durch die M&A-Transaktion auftreten, die durch die Akteure unterschiedlich bewertet werden. Dazu zählen unter anderem externe Effekte auf andere Projekte, persönlicher Nutzen aus Geschäftsführung oder Reputationseffekte.

---

[137] Für eine Beschreibung des Principal-Agent-Problems siehe Abschnitt 2.2.3.2 und die dort angegebene weitere Literatur. Für eine Kurzbetrachtung der Auswirkungen einer durch unterschiedliche Zeithorizonte verursachten Verhaltensunsicherheit siehe auch GILSON, R. J. (1984), S. 265f.

[138] Vgl. KRUSCHWITZ, L. (2004), S. 107ff.

[139] Vgl. SPREMANN, K. (2002), S. 339ff.

[140] So ist die beliebige Teilbarkeit von Vermögensgegenständen beispielsweise eine Grundannahme des Capital Asset Pricing Models (CAPM). Vgl. für einen Überblick ELTON, E. J./GRUBER, M. J. (1995), S. 294ff. und KRUSCHWITZ, L. (2004), S. 169ff.

[141] Vgl. KRUSCHWITZ, L. (2004), S. 222f., 244ff.

[142] Vgl. GILSON, R. J. (1984), S. 267ff.

[143] Vgl. u.a. KRUSCHWITZ, L. (2004), S. 80ff.

### 2.3.4 Zusammenfassung

Käufer und Verkäufer führen jeweils Unternehmensbewertungen durch. Dazu können verschiedene Verfahren eingesetzt werden. Zudem sind erwartete Synergien und externe Effekte zu berücksichtigen. Im Ergebnis bilden beide Akteure jeweils ihren Grenzpreis. Da beide Akteure jedoch nicht ihre Grenzpreise offenbaren, sondern Argumentationspreise kommunizieren, kann am Verhandlungsbeginn ein negativer „argumentativer" Einigungsbereich bestehen. Im Verhandlungsverlauf wird jedoch eine Verschiebung des „argumentativen" Einigungsbereiches in Richtung des „wahren" Einigungsbereiches erfolgen. Falls der Grenzpreis des Käufers mindestens dem Grenzpreis des Verkäufers entspricht, liegt ein nichtnegativer „wahrer" Einigungsbereich vor und die M&A-Transaktion könnte stattfinden. Bei negativen Einigungsbereichen findet die Transaktion nicht statt. Die Ursachen abweichender Grenzpreise und negativer Einigungsbereiche können vielfältig sein. Als wesentliche Ursache im Rahmen dieser Arbeit wurde die asymmetrische Informationsverteilung vor Vertragsschluss identifiziert.

## 2.4 Zahlungsinstrumente bei M&A-Transaktionen

Bisher wurden für M&A-Transaktionen verschiedene Lösungsansätze bei Vorliegen asymmetrischer Informationsverteilung entwickelt. Ein wesentliches Prozess-Element zum Abbau der Informationsasymmetrie ist die Due Diligence.[144] Im Rahmen der anschließenden Vertragsverhandlungen erfolgt die Kontraktgestaltung einschließlich der Wahl des Zahlungsmittels. In den folgenden Abschnitten werden zunächst die wesentlichen Zahlungsinstrumente vorgestellt. Anschließend werden entsprechende formale Modelle gewürdigt und wesentliche Ergebnisse empirischer Arbeiten betrachtet.

### 2.4.1 Vorstellung der Zahlungsinstrumente

Die folgenden Abschnitte stellen die wesentlichen Instrumente zur Kaufpreiszahlung im Rahmen von M&A-Transaktionen vor. Nach den Standardinstrumenten Barzahlung und Aktien werden Fremdkapital und Earn-out-Vereinbarungen betrachtet. Den Abschluss bilden weitere Instrumente, die teilweise ergänzend eingesetzt werden.

#### 2.4.1.1 Barzahlung und Aktien

Die Barzahlung und die Zahlung mit Aktien werden regelmäßig bei M&A-Transaktionen eingesetzt und sind die Standardinstrumente. Bei Barzahlung des Kaufpreises erfolgt eine fixe Zahlung unabhängig von der künftigen Unternehmensentwicklung. Bei einer Kaufpreiszahlung mit Aktien wird das Zielunternehmen nach erfolgreicher M&A-Transaktion mit einem Unternehmen des Käufers (Käuferunternehmen) zusammengeführt. Aktien des gemeinsamen (fusionierten) Unternehmens werden dann verwendet, um den Kaufpreis für das Zielunternehmen zu zahlen.[145] Durch die Abhängigkeit des Aktienwertes vom Wert des fusionierten (und damit auch des gekauften) Unternehmens verkörpern Aktien bedingte Zahlungen und bieten einen bedingten Werttransfer. Ein geringerer Wert des Zielunternehmens führt ceteris paribus zu einem geringeren Wert der Aktien. Allerdings führt auch ein geringerer Wert des übernehmenden Unternehmens zu einem geringeren Wert der Aktien. Um Aktienkursveränderungen des übernehmenden Unternehmens bis zum Ablauf des Übernahmeangebots zu berücksichtigen, kann eine Anpassung der Aktienanzahl durch „Collars" vorgesehen sein.[146] Collars dienen somit den Anteilseignern des Zielunternehmens als Absicherung gegen starke Aktienkursschwankungen bis zum „Signing". Mit einem

---

[144] Zur Due Diligence siehe auch Abschnitt 2.2.4. Zur Informationsoffenlegung bei einer Due Diligence vgl. MILGROM, P. (1981), S. 380ff., WAGENHOFER, A. (1990), S. 341ff. und WAGENHOFER, A. (2000), S. 57ff. Für einen Überblick zur Offenlegungsliteratur siehe VERRECCHIA, R. E. (2001) und HEALY, P. M./PALEPU, K. G. (2001).

[145] Wenn der Käufer selbst ein Unternehmen ist, werden entsprechend die Aktien des Käufers verwendet.

[146] Ein Collar kann in verschiedenen Ausprägungen vorkommen. Bei einem Floating Collar (auch Fixed Exchange Collar oder Egyptian Collar) wird die Anzahl der Aktien bei Verlassen einer definierten Aktienkurs-Bandbreite angepasst. Bei einem Fixed Collar (auch Fixed Payment Collar oder Travolta Collar) wird die Anzahl der Aktien innerhalb einer definierten Aktienkurs-Bandbreite angepasst, um einen konstanten Wert zu erhalten. Vgl. FULLER, K. P. (2003), S. 131ff., BRUNER, R. F. (2004), S. 643ff. und OFFICER, M. S. (2004), S. 2719ff. Siehe HOUSTON, J. F./RYNGAERT, M. D. (1997), S. 201ff. zum Übernahmeangebot von BancOne für American Fletcher 1986.

„Contingent Value Right" (CVR) wird für einen bestimmten Zeitraum nach Abschluss der M&A-Transaktion („Closing") der Wert der Aktien abgesichert. Bei Unterschreiten eines festgelegten Schwellenwertes erfolgt ein Ausgleich durch zusätzliche Barzahlung oder Aktien.[147] Collars und CVRs dienen somit der Absicherung des Aktienwertes und damit des Kaufpreises für den Verkäufer.

#### 2.4.1.2 Fremdkapital

Bei Kaufpreiszahlung mit Fremdkapital erhalten die bisherigen Eigentümer des Zielunternehmens Fremdkapitalansprüche.[148] Dabei können grundsätzlich zwei Varianten unterschieden werden. Entweder wird das Fremdkapital durch das Zielunternehmen emittiert bzw. mit dessen Vermögenswerten besichert oder das Fremdkapital wird vom fusionierten Unternehmen emittiert. In beiden Fällen kann das Fremdkapital in Abhängigkeit vom Nennwert sicher oder ausfallbedroht sein. Ausfallbedrohtes Fremdkapital ist ähnlich wie Aktien vom Wert des emittierenden Unternehmens abhängig und bietet somit ebenfalls einen bedingten Werttransfer. Allerdings wird die Zahlung mit Fremdkapital in der Literatur kaum behandelt.

#### 2.4.1.3 Earn-out-Vereinbarungen

Earn-out-Vereinbarungen enthalten eine fixe Basiszahlung und eine variable Kaufpreiskomponente, die von der künftigen Geschäftsentwicklung des Unternehmens abhängig ist.[149] Eine schlechtere Unternehmensentwicklung führt zu einem niedrigeren Kaufpreis. Der Käufer kann somit das Risiko einer möglichen Überbezahlung reduzieren.[150] Die Zahlung kann durch Barzahlung, Aktien, Fremdkapital oder eine Kombination dieser Instrumente erfolgen.[151]

---

[147] Vgl. dazu BRUNER, R. F. (2004), S. 653ff. und CHATTERJEE, S./YAN, A. (2003), S. 4ff. Ähnliche Instrumente sind Transferable Put Rights (siehe u.a. HAUSCH, D. P./SEWARD, J. K. (1999), S. 7ff. und MEINCKE, S./NEKAT, K./NIPPEL, P. (2005), S. 2ff.) sowie Put Warrant Issues (GIBSON, S./POVEL, P./SINGH, R. (2006), S. 1).

[148] Die Zahlung mit Fremdkapital wird beispielsweise bei HAMILTON, A. H./METCALF, B. W./WALTON, L. (2004), S. 6f. beschrieben.

[149] Vgl. HUSSEY, R. (1990), S. 104, JANATKA, D. A./SHERMAN, S. J. (1992), S. 26, 30, BAUMS, T. (1993), S. 1273, MEULI, H. M. (1996a), S. 33, CRAIG, B./SMITH, A. (2003), S. 45, LABBÉ, M. (2004), S. 117und FRANKEL, M. E. S. (2005), S. 21. In Abhängigkeit der konkreten Ausgestaltung werden auch ähnliche Konstruktionen wie „bonus payments", „escrow funds", „holdback allowances" und „targeted stocks" verwendet. Vgl. BRUNER, R. F. (2004), S. 610.

[150] Vgl. HECHT, C. L. (1967), S. 2, REUM, W. R./STEELE, T. A. (1970), S. 84, JANATKA, D. A./SHERMAN, S. J. (1992), S. 28, MEULI, H. M. (1996a), S. 80f., CRAIG, B./SMITH, A. (2003), S. 46 und SHERMAN, S. J. (2004), S. 12.

[151] Vgl. REUM, W. R./STEELE, T. A. (1970), S. 83, JANATKA, D. A./SHERMAN, S. J. (1992), S. 26 und SHERMAN, S. J. (2004), S. 12. Bei HECHT, C. L. (1967), S. 2 wird der Einsatz von Earn-out-Vereinbarungen auch mit einer temporären Verbesserung des Ergebnisses pro Aktie begründet, da nicht sofort alle Aktien zur Zahlung des Kaufpreises ausgegeben werden und somit eine geringere Aktienanzahl aussteht. Diese Ansicht wird in einer empirischen Befragung durch DATAR, S./FRANKEL, R./WOLFSON, M. (2001), S. 208 jedoch nicht bestätigt.

Von besonderer Bedeutung für Earn-out-Vereinbarungen ist häufig der Arbeitseinsatz mindestens eines Akteurs.[152] Käufer oder Verkäufer werden nach der M&A-Transaktion für das Unternehmen tätig sein und dessen Geschäftsentwicklung beeinflussen. Earn-out-Vereinbarungen haben dann eine Anreiz- und Bindungswirkung auf den arbeitenden Akteur.[153] Zudem wird durch die spätere Zahlung der variablen Kaufpreiskomponente eine zeitliche Verteilung der Kaufpreiszahlung möglich.[154] Häufig wird jedoch auch die Überbrückung von Wertdifferenzen als Grund genannt.[155] Falls der Käufer das Zielunternehmen niedriger bewertet als der Verkäufer, tragen Earn-out-Vereinbarungen demnach zur Überbrückung dieser Wertdifferenz bei. Durch die tatsächliche Unternehmensentwicklung sollen abweichende Werteinschätzungen in Übereinstimmung gebracht werden. Leider ist die bisherige Literatur meist deskriptiv ausgerichtet oder behandelt ausgewählte Aspekte.[156] Eine konsequente wirtschaftswissenschaftliche Untersuchung fand bisher kaum statt.[157]

#### 2.4.1.4 Weitere Instrumente

Als weitere Instrumente in Kombination mit den oben beschriebenen Zahlungsinstrumenten treten Garantien oder Besserungsklauseln auf. Mit einer Garantie sichert der Verkäufer dem Käufer das Vorliegen bestimmter Eigenschaften oder das Erreichen bestimmter Ereignisse zu.[158] Bei Nichterreichen stehen dem Käufer bestimmte Rechte zu. Eine Garantie ist mit einer Verkaufsoption (Put-Option) vergleichbar, die bei Nichterreichen eines festgelegten Ausübungspreises eine Ausgleichszahlung ermöglicht. Als Sonderform kann ein Rückgabe-

---

[152] Vgl. RAYNEY, P. (1989), S. 94, HUSSEY, R. (1990), S. 104 und BOSE, M. (1992), S. 42.

[153] Vgl. HECHT, C. L. (1967), S. 2, REUM, W. R./STEELE, T. A. (1970), S. 84, RAYNEY, P. (1989), S. 94, BOSE, M. (1992), S. 42, JANATKA, D. A./SHERMAN, S. J. (1992), S. 26, MEULI, H. M. (1996a), S. 47f., CRAIG, B./SMITH, A. (2003), S. 45f. und SHERMAN, S. J. (2004), S. 12,

[154] Vgl. REUM, W. R./STEELE, T. A. (1970), S. 88, BOSE, M. (1992), S. 42, CRAIG, B./SMITH, A. (2003), S. 46 und HAMILTON, A. H./METCALF, B. W./WALTON, L. (2004), S. 11.

[155] Vgl. HECHT, C. L. (1967), S. 2, REUM, W. R./STEELE, T. A. (1970), S. 88, HAAS, G. (1975), S. 182, GILSON, R. J. (1984), S. 263f., JANATKA, D. A./SHERMAN, S. J. (1992), S. 26, BAUMS, T. (1993), S. 1273, MEULI, H. M. (1996a), S. 47, ANG, J. S./KOHERS, N. (2000), S. 445, VISCHER, M. (2002), S. 510, CRAIG, B./SMITH, A. (2003), S. 45, FEIL, S. M./WEISER, M. F. (2004), S. 512, HAMILTON, A. H./METCALF, B. W./WALTON, L. (2004), S. 11, LABBÉ, M. (2004), S. 117f., PICOT, G. (2004a), S. 110, SHERMAN, S. J. (2004), S. 11f., FRANKEL, M. E. S. (2005), S. 21 und HOLZAPFEL, H.-J./PÖLLATH, R. (2005), S. 452f.

[156] Zu diesen Arbeiten zählen HECHT, C. L. (1967), LACHER, J./POPPE, H. (1988), HUSSEY, R. (1990), BOSE, M. (1992), JANATKA, D. A./SHERMAN, S. J. (1992), BAUMS, T. (1993), MEULI, H. M. (1996b), CRAIG, B./SMITH, A. (2003), HAMILTON, A. H./METCALF, B. W./WALTON, L. (2004), LABBÉ, M. (2004), SHERMAN, S. J. (2004) und FRANKEL, M. E. S. (2005). Den Schwerpunkt auf steuerliche Aspekte legen HAAS, G. (1975), FABER, P. L./ROSENBLOOM, A. H. (1987), RAYNEY, P. (1989) und MEULI, H. M. (1996a). Checklisten für mögliche Gestaltungsfelder bei Earn-out-Vereinbarungen enthalten REUM, W. R./STEELE, T. A. (1970), S. 89 und ROCK, H. (2001), S. 51ff. Beispielvereinbarungen enthalten DATAR, S./FRANKEL, R./WOLFSON, M. (2001), S. 233ff. und GERSTEIN, M. D. (2004), S. 18ff. Die in praxisorientierten Publikationen erschienenen Beiträge von DEIBERT, V. (2003), DILL, C. (2004), SCHULZ, S. (2004) und BÜLOW, S. (2005) zeigen die praktische Relevanz und Einsatzmöglichkeiten, z.B. bei Nachfolgeregelungen.

[157] Eine Ausnahme bildet die Arbeit von MERTENS, R. (2004), die in Abschnitt 2.4.2.8 vorgestellt wird.

[158] Vgl. BAUMS, T. (1993), S. 1273, RAGOTZKY, S. (2003), S. 183ff., REINER, G. (2003), S. 286ff. und HOLZAPFEL, H.-J./PÖLLATH, R. (2005), S. 344f.

recht des Käufers betrachtet werden. Mit Mehrerlös- oder Besserungsklauseln partizipiert der Verkäufer auch nach der M&A-Transaktion an einer besseren Unternehmensentwicklung.[159] Grundsätzlich sind diese Instrumente mit Kaufoptionen (Call-Optionen) vergleichbar, die bei Überschreiten eines ex ante festgelegten Ausübungspreises eine Besserungszahlung vorsehen. Als Sonderform kann ein Rückkaufsrecht des Verkäufers betrachtet werden. Allerdings wird der Einsatz dieser Instrumente bei M&A-Transaktionen in der Literatur bisher kaum berücksichtigt.

Falls zwischen dem Vertragsschluss und der Übergabe des Unternehmens eine größere Zeitspanne liegt, kann sich die wirtschaftliche Situation des Unternehmens in diesem Zeitraum verändern. Um solche Veränderungen zu berücksichtigen, werden teilweise Kaufpreisanpassungen vereinbart.[160] Dazu zählen Bilanzausgleichsklauseln oder Bilanzgarantien, die bestimmte bilanzielle Kennziffern zum Übergabestichtag zusichern oder entsprechende Ausgleichszahlungen vorsehen. Übliche Kennziffern sind Eigenkapital und Vorräte.[161] Falls jedoch eine starke wirtschaftliche Verschlechterung eintritt, kann dadurch das Erwerbsinteresse des Käufers verletzt werden. Bei Vereinbarung sogenannter „Material Adverse Change"-(MAC)-Klauseln wird dem Käufer ein Rücktrittsrecht für eine solche Situation eingeräumt.[162] Diese Klauseln wirken jedoch nicht über den Übergabestichtag hinaus und wirken daher nicht wie die oben beschriebenen optionsähnlichen Instrumente oder Earn-out-Vereinbarungen.

### 2.4.1.5 Einordnung als bedingte Zahlungsstrukturen

Die vorgestellten Instrumente weisen unterschiedliche Zahlungsstrukturen auf. Die Barzahlung und auch die Zahlung mit sicherem, nicht ausfallbedrohten Fremdkapital sind unabhängig von künftigen Ereignissen. Alle anderen beschriebenen Instrumente beinhalten bedingte Zahlungen. Der Wert von Aktien und ausfallbedrohtem Fremdkapital ist von der Geschäftsentwicklung des emittierenden Unternehmens abhängig. Insofern sind Zins- und Dividendenzahlungen sowie die Marktpreise dieser Ansprüche bedingt. Earn-out-Vereinbarungen sehen ebenfalls Zahlungen in Abhängigkeit der künftigen Geschäftsentwicklung vor. Auch optionsähnliche Rechte wie Besserungsklauseln oder Garantien sind von künftigen Ereignissen abhängig.

---

[159] Besserungsklauseln werden häufig bei der Sanierung von Unternehmen eingesetzt. Vgl. EILERS, S./RÖDDING, A. (2004), S. 741f. und ALETH, F./PICOT, G. (2004), S. 1191f. Zu Mehrerlös- und Besserungsklauseln vgl. auch STRASSER, B. (2000), S. 179f. und RAGOTZKY, S. (2003), S. 185ff.

[160] Vgl. HAMILTON, A. H./METCALF, B. W./WALTON, L. (2004), S. 8ff. und PICOT, G. (2004a), S. 94, 110 und HOLZAPFEL, H.-J./PÖLLATH, R. (2005), S. 453ff.

[161] Vgl. BRAUNSCHWEIG, P. V. (2002), S. 1815f., HAMILTON, A. H./METCALF, B. W./WALTON, L. (2004), S. 8, PICOT, G. (2004a), S. 110 und BRUSKI, J. (2005), S. 25ff.

[162] Vgl. REINER, G. (2003), S. 119f. und GILSON, R. J./SCHWARTZ, A. (2005), S. 330f.

Sonderklauseln, wie Kaufpreisanpassungen bis zum Übergabestichtag, Collars oder MAC-Klauseln, weisen ebenfalls bedingte Zahlungen auf. Allerdings wirken diese Instrumente nicht mehr nach Übergabe des Unternehmens. Sie werden eingesetzt, um bei einem zeitlichen Auseinanderfallen von Vertragsschluss (bzw. Zustimmung) und Übergabe mögliche Veränderungen während dieses Zeitraumes zu berücksichtigen. Im Gegensatz dazu wirkt die Absicherung des Aktienwertes durch ein „Contingent Value Right" für einen bestimmten Zeitraum nach Übergabe. Eine Übersicht zur Einordnung der beschriebenen Instrumente enthält Abbildung 9. Der Schwerpunkt dieser Arbeit liegt auf Zahlungsstrukturen mit bedingten Zahlungen nach Übergabe („Closing").

| Zahlungsstrukturen **ohne** bedingte Zahlungen | Zahlungsstrukturen **mit** bedingten Zahlungen | |
|---|---|---|
| • Barzahlung<br>• Zahlung mit sicherem Fremdkapital (nicht ausfallbedroht) | nach Übergabe | • Zahlung mit Aktien<br>• Zahlung mit unsicherem Fremdkapital (ausfallbedroht)<br>• Earn-out-Vereinbarungen<br>• Optionsähnliche Instrumente (Garantien, Besserungsklauseln)<br>• Contingent Value Rights (CVR) |
| | vor/bis Übergabe | • Preisanpassungen bis Übergabe<br>• Collars<br>• MAC-Klauseln |

**Abb. 9:** Übersicht zur Einordnung der Instrumente

### 2.4.2 Würdigung formaler Modelle

In der Literatur wurden verschiedene Modelle entwickelt, um optimale Kontrakte für M&A-Transaktionen bei asymmetrischer Informationsverteilung zu ermitteln. Aufgrund unterschiedlicher Modellannahmen und Vorgehensweisen werden die wesentlichen Modelle hier kurz beschrieben. Es erfolgt jedoch keine erneute formale Darstellung der Modelle. Statt dessen werden wesentliche Modellannahmen und Ergebnisse dargestellt.

#### 2.4.2.1 Das Modell von MAJLUF, N. S./MYERS, S. C. (1984)

Die einflussreiche Arbeit von MAJLUF, N. S./MYERS, S. C. (1984) beschäftigt sich zwar nicht unmittelbar mit M&A-Transaktionen, liefert aber trotzdem wesentliche Erkenntnisse für die Untersuchung.[163] Es wird ein Unternehmen betrachtet, das nicht über ausreichende eigene finanzielle Mittel verfügt, um ein vorteilhaftes Projekt durchzuführen.[164] Zur Finanzierung des Projekts kann das Unternehmen Aktien emittieren. Da asymmetrische Informationsverteilung bezüglich des Unternehmenswertes besteht, entstehen den bisherigen Anteilseignern des Unternehmens Kosten aus einer Unterbewertung durch die Öffentlichkeit. Aktien könnten nur zu einem Preis unterhalb ihres wahren Wertes emittiert werden. Dadurch erfolgt eine

[163] Vgl. MAJLUF, N. S./MYERS, S. C. (1984), S. 187ff. Für eine formale Kurzdarstellung und Einordnung des Modells siehe auch LAMINET, J. (2003), S. 32ff., 44ff.

[164] Als positives Projekt wird ein Projekt mit positivem Nettokapitalwert bezeichnet.

Wertverlagerung von alten zu neuen Anteilseignern. Falls das Projekt keinen ausreichend hohen Nettokapitalwert aufweist, wird die Wertposition der alten Anteilseigner trotz eines vorteilhaften Projekts durch den mit einer Aktienemission verbundenen Werttransfer verschlechtert. Das Unternehmen verzichtet daher auf die Durchführung vorteilhafter Projekte ohne ausreichend hohen Nettokapitalwert. Bei einer Übertragung auf M&A-Transaktionen entspricht dies einer Situation, in der bezüglich des Wertes des Käuferunternehmens asymmetrische Informationsverteilung besteht.[165] Eine Unterbewertung des Käuferunternehmens durch den Verkäufer verschlechtert dann die Vorteilhaftigkeit von M&A-Transaktionen bei der Zahlung mit Aktien.

#### 2.4.2.2 Das Modell von HANSEN, R. (1987)

Bei HANSEN, R. (1987) wird die Wahl des optimalen Zahlungsmittels im Rahmen einer M&A-Transaktion bei asymmetrischer Informationsverteilung untersucht.[166] Der Käufer kann den Kaufpreis durch Barzahlung leisten. Er kann jedoch das erworbene Unternehmen mit einem weiteren, in seinem Eigentum befindlichen Unternehmen zusammenführen und Aktien des fusionierten Unternehmens als alternatives Zahlungsmittel einsetzen.[167] Der Verkäufer erhält in beiden Fällen seinen Reservationsnutzen und der Käufer wählt das seinen erwarteten Reichtum maximierende Zahlungsmittel. Beide Akteure sind risikoneutral. Der Käufer ist schlechter über den Wert des Zielunternehmens informiert als der Verkäufer und möchte die Zahlung eines zu hohen Kaufpreises vermeiden. Eine Barzahlung transferiert einen festen Wert vom Käufer auf den Verkäufer. Bei Wahl des Zahlungsmittels Aktien wird ein variabler Werttransfer eingeführt. Der Wert des Zielunternehmens wird den Wert des fusionierten Unternehmens beeinflussen. Falls der Wert des Zielunternehmens niedriger ist als vom Käufer erwartet, transferiert die Kaufpreiszahlung mit Aktien einen geringeren Wert an den Verkäufer. Damit kann der Verkäufer Kosten aus einer möglichen Überbezahlung reduzieren. Sofern die Informationsasymmetrie nur bezüglich des Zielunternehmens besteht, wird die Barzahlung immer durch eine Zahlung mit Aktien dominiert. Der Käufer wird daher ein Angebot mit Aktienzahlung bevorzugen. Falls jedoch zusätzlich Informationsasymmetrie bezüglich des bereits im Eigentum des Käufers befindlichen Unternehmens eingeführt wird, verringert sich die Vorteilhaftigkeit einer Aktienzahlung. Je niedriger der Verkäufer den Wert des Käuferunternehmens einschätzt, desto höher wird der von ihm geforderte Aktienanteil am gemeinsamen Unternehmen sein. Entsprechend werden Unterbewertungskosten bei den

---

[165] In BROWN, D. T./RYNGAERT, M. D. (1991), S. 655ff. wird ein Modell entwickelt, in dem Unternehmen mit hohem Wert bei Übernahmen Barangebote wählen, während Unternehmen mit niedrigem Wert Aktienangebote wählen. Die Ergebnisse werden dort durch Informationsasymmetrie und steuerliche Aspekte hergeleitet.

[166] Vgl. HANSEN, R. (1987), S. 75ff. Für eine formale Kurzdarstellung und Einordnung des Modells siehe auch LAMINET, J. (2003), S. 26ff., 44ff.

[167] Falls der Käufer selbst ein Unternehmen ist, entsprechen die Aktien dieses Unternehmens nach der Transaktion faktisch denen des beschriebenen fusionierten Unternehmens.

bisherigen Anteilseignern des Käuferunternehmens verursacht.[168] Dies kann dazu führen, dass durch den Käufer eine Barzahlung des Kaufpreises bevorzugt wird.

#### 2.4.2.3 Das Modell von ECKBO, E./GIAMMARINO, R./HEINKEL, R. (1990)

Bei ECKBO, E./GIAMMARINO, R./HEINKEL, R. (1990) wird eine Kombination aus Barzahlung und Aktien zur Kaufpreiszahlung für ein Unternehmen betrachtet.[169] Dabei wird asymmetrische Informationsverteilung bezüglich der Werte von Zielunternehmen und Käuferunternehmen unterstellt. Beide Akteure sind risikoneutral. Das Käuferunternehmen legt ein Angebot mit einer Kombination aus Barzahlung und Aktien vor, das durch das Zielunternehmen in jedem Fall angenommen wird. Die Angebotsannahme wird dadurch gewährleistet, dass eine ausreichend hohe Wertsteigerung durch Synergien angenommen wird.[170] Das Angebot dient jedoch dazu, den Eigentümern des Zielunternehmens den Wert des Käuferunternehmens zu signalisieren. Je höher der Wert des Käuferunternehmens ist, desto höher wird der Anteil der Barzahlung am Gesamtkaufpreis sein. Die Höhe der Barzahlung dient als Signal für die Qualität des Käuferunternehmens und ermöglicht den Eigentümern des Zielunternehmens, zwischen guten und schlechten Käuferunternehmen zu unterscheiden. Barzahlung als Komponente der Kaufpreiszahlung ermöglicht so die Reduzierung von Unterbewertungskosten.

#### 2.4.2.4 Das Modell von FISHMAN, M. (1989)

Bei FISHMAN, M. (1989) wird die Möglichkeit eines Bieterwettbewerbs betrachtet.[171] Der Wert der Zielgesellschaft vor der M&A-Transaktion ist allgemein bekannt. Der Wert des Zielunternehmens nach der Transaktion wird jedoch auch durch den Typ des Bieters beeinflusst. Es treten zwei potenzielle Käufer (Bieter) auf, die den Anteilseignern der Zielgesellschaft ein Übernahmeangebot unterbreiten. Dabei kann zunächst der erste Bieter ein Angebot unterbreiten und dabei zwischen Barzahlung oder Zahlung mit Fremdkapital wählen. Das Fremdkapital ist mit den Vermögenswerten der Zielgesellschaft besichert und wird faktisch durch die Zielgesellschaft emittiert. Den Anteilseignern der Zielgesellschaft ist bekannt, ob durch die Transaktion eine Wertsteigerung oder Wertsenkung verbunden ist. Sie nehmen ein Angebot mit Fremdkapital nur an, wenn die M&A-Transaktion keine Wertsenkung verursacht.[172] Die Kaufpreiszahlung mit Fremdkapital der Zielgesellschaft schützt den Bieter somit vor einer Wertsenkung der Zielgesellschaft. Der zweite Bieter kann nach Beobachtung des ersten Angebots ebenfalls ein Angebot abgeben. Allerdings muss er

[168] Vgl. HANSEN, R. (1987), S. 85.

[169] Vgl. ECKBO, E./GIAMMARINO, R./HEINKEL, R. (1990), S. 651ff. Für eine formale Kurzdarstellung und Einordnung des Modells siehe auch LAMINET, J. (2003), S. 29ff., 44ff.

[170] Vgl. ECKBO, E./GIAMMARINO, R./HEINKEL, R. (1990), S. 655.

[171] Vgl. FISHMAN, M. (1989), S. 41ff. Für eine formale Kurzdarstellung und Einordnung des Modells siehe auch LAMINET, J. (2003), S. 37ff., 44ff. Die Auswirkung eines Bieterwettbewerbs auf die Preisfindung wird unter anderem auch bei FISHMAN, M. (1988), S. 90ff. und HIRSHLEIFER, D./PNG, I. P. L. (1989), S. 587ff. untersucht.

[172] Vgl. FISHMAN, M. (1989), S. 44.

allgemein bekannte Kosten aufwenden, um am Bieterwettbewerb teilzunehmen. Falls der erste Käufer einen ausreichend hohen Wert des Zielunternehmens nach der Transaktion erwartet, kann er durch ein ausreichend hohes Barzahlungsangebot den zweiten Bieter von einem Angebot abhalten und so einen Bieterwettbewerb verhindern.[173] Sonst unterbreitet er ein Fremdkapitalangebot in Höhe des ex ante Wertes der Zielgesellschaft und lässt den Bieterwettbewerb zu. Durch die Zahlung mit Fremdkapital wird die Angebotsannahme bei einer erwarteten Wertsenkung der Zielgesellschaft durch die M&A-Transaktion vermieden. Fremdkapital trägt somit zur Senkung von Überbezahlungskosten bei.

#### 2.4.2.5 Das Modell von LAMINET, J. (2003)

Bei LAMINET, J. (2003) werden die oben kurz dargestellten Ansätze von MAJLUF, N. S./MYERS, S. C. (1984), HANSEN, R. (1987), ECKBO, E./GIAMMARINO, R./HEINKEL, R. (1990) und FISHMAN, M. (1989) aufgegriffen. Zunächst werden die Annahmen und Kalküle der einzelnen Modelle eingehend untersucht und bewertet. Ausgehend davon wird ein neuer Modellrahmen entwickelt. In diesem Modellrahmen wird dann auf Basis einheitlicher Annahmen und Kalküle die Stabilität der ursprünglichen, auf unterschiedlichen Annahmen beruhenden Modellergebnisse überprüft. Dabei wird ein Stufenmodell verwendet, das um die jeweils zu betrachtende Fragestellung erweitert wird.[174] Mit zunehmender Komplexität der Untersuchung werden die eingangs getroffenen Annahmen gestrafft. So wird beispielsweise von einer erwarteten stetigen Verteilung des Wertes des Zielunternehmens auf eine diskrete Verteilung übergegangen. Ergänzend wird in Anlehnung an ein Modell von MÜLLER (1998) untersucht, inwieweit durch Einbringen von Fremdkapital in die Kapitalstruktur des Zielunternehmens eine Milderung des Free-Rider-Problems möglich ist.[175] Die bei LAMINET, J. (2003) gewonnenen Ergebnisse sind weitgehend identisch mit denen der ursprünglichen Modelle. Die ursprünglichen Modellergebnisse wurden somit in einem einheitlichen Modellrahmen nachgewiesen und deren Stabilität untermauert.

#### 2.4.2.6 Das Modell von RAUSCH, R. (1999)

Bei RAUSCH, R. (1999) wird eine Kapitalaufstockungsoption untersucht.[176] Damit wird ein mehrstufiger Unternehmenskauf möglich. Unterschieden wird zwischen einem sofortigen vollständigen Kauf des Unternehmens und einem stufenweisen Erwerb von zunächst 50% der

---

[173] Zu einem ähnlichen Ergebnis gelangen auch BERKOVITCH, E./NARAYANAN, M. P. (1990), die zusätzlich die Wirkung von Synergien betrachten.

[174] Vgl. LAMINET, J. (2003), S. 48ff.

[175] Vgl. MÜLLER, H. M. (1999), S. 4ff. Das Free-Rider-Problem kennzeichnet die Situation, dass ein marginaler Anteilseigner im Streubesitz bei erwarteter Annahme eines Übernahmeangebots an einer erwarteten Wertsteigerung partizipieren kann. Dementsprechend ist für seine Zustimmung zum Übernahmeangebot ein Kaufpreis auf Basis des Unternehmenswertes inklusive Wertsteigerung erforderlich. Vgl. dazu GROSSMAN, S. J./HART, O. D. (1980), S. 42ff. Zur Milderung des Free-Rider-Problems bei öffentlichen Übernahmeangeboten durch den Einsatz von Kaufoptionen vor Veröffentlichung des Übernahmeangebots vgl. auch ARZAC, M. G. (1998), S. 101ff.

[176] Vgl. RAUSCH, R. (1999), S. 138ff.

Anteile mit Kaufoption für die verbleibenden Anteile.[177] Der mögliche Erwerb eines weiteren Unternehmensanteils wird als Realoption aufgefasst. Durch einen anteiligen Kauf mit Aufstockungsoption wird die Position des Käufers verbessert, da er zusätzlich den positiven Wert der Option berücksichtigen wird.[178] Damit soll ein negativer Einigungsbereich in einen positiven Einigungsbereich transformiert werden.[179] Allerdings wird in der gesamten Untersuchung nur die Position des Käufers betrachtet. Ein rationaler Verkäufer wird jedoch den Wert der Option in seiner Grenzpreisbildung berücksichtigen. Dieser Einfluss wird jedoch nicht abgebildet.

#### 2.4.2.7 Das Modell von CHATTERJEE, S./YAN, A. (2003)

Bei CHATTERJEE, S./YAN, A. (2003) werden drei alternative Zahlungsmittel im Rahmen einer M&A-Transaktion betrachtet: Barzahlung, Zahlung mit Aktien und die Kombination von Aktien mit einem Contingent Value Right (CVR).[180] Alle Akteure sind risikoneutral und es besteht Informationsasymmetrie bezüglich des Wertes des fusionierten Unternehmens nach der M&A-Transaktion.[181] Der Wert des fusionierten Unternehmens wird durch den Typ des Käuferunternehmens beeinflusst. Es treten drei verschiedene Typen von Käuferunternehmen auf. Da den bisherigen Anteilseignern des Zielunternehmens nur eine Verteilung des Unternehmenswertes nach der Transaktion bekannt ist, werden Barzahlung oder CVRs durch das Käuferunternehmen genutzt, um den jeweiligen Typ zu signalisieren. Das Käuferunternehmen kann zwischen reiner Barzahlung, reiner Aktienzahlung und einer Kombination aus Aktien und CVRs wählen.

Unternehmen guter Qualität nehmen Fremdkapital auf und nutzen die Barzahlung. Sie generieren mit Sicherheit höhere Zahlungen als zur Tilgung des Fremdkapitals erforderlich sind und müssen daher keine Insolvenzkosten berücksichtigen. Unternehmen mittlerer Qualität zahlen mit Aktien und ermöglichen eine Absicherung des angebotenen Aktienwertes durch CVRs. Der garantierte Mindestwert des angebotenen Aktienwertes wird dabei so gewählt, dass die eigene Insolvenz vermieden wird, aber zugleich Unternehmen schlechter Qualität dieses Signal nicht duplizieren. Unternehmen schlechter Qualität können diese Absicherung des Aktienwertes durch CVRs nicht anbieten, da die erwarteten Insolvenzkosten prohibitiv hoch sind. Sie wählen daher ein reines Aktienangebot. CVRs können somit einge-

177 Allerdings leidet das Modell neben einer fehlenden Beschreibung der Informationssituation unter dem Vergleich mit nachträglich eingeführten weiteren Alternativen (z.B. kein Kauf, Put-Option des Verkäufers), die zudem nicht mit einem festgelegten Entscheidungskriterium beurteilt werden. Vgl. RAUSCH, R. (1999), S. 142ff.

178 Vgl. RAUSCH, R. (1999), S.151f. In RAUSCH, R. (1999), S. 142 wird die asymmetrische Natur der Option jedoch durch Zulassen negativer Optionswerte zunächst vernachlässigt.

179 Vgl. RAUSCH, R. (1999), S. 152.

180 Vgl. CHATTERJEE, S./YAN, A. (2003), S. 8ff.

181 Der Wert des Zielunternehmens wird im Modell als allgemein bekannt angenommen. Die Auswirkung von Synergien wird nicht betrachtet. Vgl. CHATTERJEE, S./YAN, A. (2003), S. 8f.

setzt werden, um die Qualität des Käuferunternehmens zu signalisieren.[182] Kosten aus einer Unterbewertung des Käuferunternehmens durch die Anteilseigner des Zielunternehmens werden gesenkt. Mit zunehmender Informationsasymmetrie wird dieser Effekt stärker. Vor einer möglichen Überbezahlung können CVRs jedoch nicht schützen.

Wesentlich für die Ergebnisse ist jedoch die Modellannahme prohibitiv hoher Kosten bei einer Insolvenz des Unternehmens.[183] Diese Annahme impliziert direkt das Ergebnis einer Separation guter Unternehmen durch Barzahlung, da nur gute Unternehmen diese unendlich hohen Insolvenzkosten nicht tragen müssen. Außerdem wird dadurch auch die Separation von Unternehmen mittlerer und schlechter Qualität stark vereinfacht. Die abgeleitete Motivation für Contingent Value Rights erscheint jedoch intuitiv eingängig.

#### 2.4.2.8 Das Modell von MERTENS, R. (2004)

Bei MERTENS, R. (2004) werden Möglichkeiten zur Regelung der Unternehmernachfolge untersucht.[184] Nach einer Kurzbetrachtung von Fremdmanagement und Stiftungslösung liegt der Schwerpunkt auf Management-Buy-Out/-Buy-In-Lösungen (MBO/ MBI). Insbesondere wird die Gestaltung einer Earn-out-Vereinbarung betrachtet, die um die Aufnahme eines externen Kapitalgebers ergänzt wird.[185] Die Untersuchung erfolgt im Rahmen eines angepassten LEN-Modells, das Risikoaversion von Käufer und Verkäufer zulässt.[186] Es werden drei verschiedene Kontrakte betrachtet: die einmalige Barzahlung, eine Earn-out-Vereinbarung mit Arbeitseinsatz beider Akteure nach der Transaktion und eine Earn-out-Vereinbarung mit Arbeitseinsatz nur des Käufers.

Der Käufer bietet dem Verkäufer einen Vertrag an, den dieser annehmen oder ablehnen kann. Der Verkäufer erhält nie mehr als seinen Reservationsnutzen. Der Käufer wählt einen optimalen Kontrakt, der seinen eigenen Nutzen maximiert. Dabei berücksichtigt er die Auswirkungen des angebotenen Kontrakts auf den optimalen Arbeitseinsatz des Verkäufers und die dadurch ausgelöste Unternehmenswertänderung. Aufgrund der Informationssymmetrie kennt der Käufer Produktionsfunktion, Nutzenfunktion sowie Arbeitsleid des

[182] Zu diesem Ergebnis kommen auch HAUSCH, D. P./SEWARD, J. K. (1999), S. 9ff., die den Einsatz von CVRs bei einer finanziellen Restrukturierung modellhaft betrachten, und GIBSON, S./POVEL, P./SINGH, R. (2006), S. 12ff., die die grundsätzlich ähnlichen Put Warrant Issues betrachten.

[183] Vgl. CHATTERJEE, S./YAN, A. (2003), S. 10. Zudem wird für das Zielunternehmen ein hoher Wert im Vergleich zum Wert des fusionierten Unternehmens angenommen. Die unterstellte Informationsverteilung erscheint daher nicht besonders plausibel. Mit einem weiteren Blick auf die in der gleichen Arbeit durchgeführte empirische Untersuchung können Zweifel an einem ergebnisoffenen Vorgehen der Modellierung aufkommen.

[184] Vgl. neben MERTENS, R. (2004) auch MERTENS, R. (2003).

[185] Vgl. MERTENS, R. (2004), S. 83ff.

[186] Das LEN-Modell geht zurück auf SPREMANN, K. (1989) und ist eine häufig verwendete Form des Principal-Agent-Modells mit linearen Produktions- und Anreizfunktionen, exponentieller Nutzenfunktion des Agenten und einer normalverteilten Störgröße (Risiko).

Verkäufers und berücksichtigt diese in seiner Kontraktgestaltung. Zudem besteht für den Verkäufer keine Möglichkeit, die tatsächlich realisierte Unternehmenszahlung zu verzerren.

Nach MERTENS, R. (2004) dominiert eine Earn-out-Vereinbarung bei optimaler Gestaltung immer die Barzahlung. In Extremfällen kann die Earn-out-Vereinbarung eine Einigung ermöglichen, wenn durch die Barzahlung keine Einigung erreicht wird. Dann wird ein negativer Einigungsbereich durch eine Earn-out-Vereinbarung überbrückt. Allerdings kann die getroffene Modellannahme symmetrischer Informationsverteilung diesen Schluss nur bei bestimmten Risiko- und Arbeitseigenschaften der Akteure zulassen. Entsprechend kann eine Earn-out-Vereinbarung zu Risikoteilungseffekten oder Arbeitsanreizeffekten führen, durch die negative Einigungsbereiche überwunden werden können. Leider wird nicht näher untersucht, unter welchen Voraussetzungen das zutrifft. Zudem können die negativen Einigungsbereiche nicht durch asymmetrische Informationsverteilung bezüglich des Unternehmenswerts verursacht sein.

#### 2.4.2.9 Zusammenfassung

Die beschriebenen Modelle, in denen die Wirkung der Standardinstrumente Barzahlung und Aktien untersucht wird, gehen nicht von einem negativen Einigungsbereich bezüglich des Wertes des Zielunternehmens aus. Insbesondere bei ECKBO, E./GIAMMARINO, R./HEINKEL, R. (1990) wird deutlich, dass durch die Annahme ausreichend hoher Synergien ein nichtnegativer Einigungsbereich besteht.[187] Auch bei HANSEN, R. (1987) wird dies mit einer sicheren Annahme eines Barzahlungs- oder Aktienangebots unterstellt.[188] In FISHMAN, M. (1989) wird ebenfalls von einem nichtnegativen Einigungsbereich ausgegangen. Hier erfolgt jedoch durch das Fremdkapitalangebot eine Selbstselektion des Zielunternehmens. In CHATTERJEE, S./YAN, A. (2003) wird explizit ein nichtnegativer Einigungsbereich unterstellt.[189] In MERTENS, R. (2004) beginnt die Untersuchung implizit mit einem nichtnegativen Einigungsbereich. Jedoch wird gezeigt, dass Earn-out-Vereinbarungen einen nichtnegativen Einigungsbereich ermöglichen können, wenn Barzahlung dies nicht erreicht. Leider erfolgt keine nähere Analyse, unter welchen Bedingungen dies zutrifft.[190] Zudem besteht vollständige Informationssymmetrie. Keines der Modelle betrachtet jedoch negative Einigungsbereiche bei asymmetrischer Informationsverteilung.

### 2.4.3 Ergebnisse empirischer Untersuchungen

Zu M&A-Transaktionen wurde eine Vielzahl empirischer Untersuchungen durchgeführt. Ein Teil dieser Untersuchungen beschäftigt sich mit den eingesetzten Zahlungsinstrumenten. Hier

[187] Vgl. ECKBO, E./GIAMMARINO, R./HEINKEL, R. (1990), S. 655.
[188] Vgl. HANSEN, R. (1987), S. 77, 79.
[189] Vgl. CHATTERJEE, S./YAN, A. (2003), S. 12f., 15.
[190] Vgl. MERTENS, R. (2004), S. 152f.

werden ausgewählte Untersuchungen zu den Standardinstrumenten, speziellen Aktienangeboten (wie Collars) und Earn-out-Vereinbarungen vorgestellt.

#### 2.4.3.1 Untersuchungen zu Barzahlung und Aktien

Die Standardinstrumente Aktien und Barzahlung wurden in zahlreichen empirischen Untersuchungen betrachtet. In den vielzitierten Arbeiten von TRAVLOS, N. (1987), AMIHUD, Y./LEV, B./TRAVLOS, N. G. (1990), SERVAES, H. (1991) und BROWN, D. T./RYNGAERT, M. D. (1991) werden signifikant negative Kursreaktionen bei Käuferunternehmen festgestellt, wenn Übernahmeangebote eine Zahlung mit Aktien statt mit Barzahlung vorsehen.[191] Diese Ergebnisse unterstützen die Signalwirkung von Aktienangeboten bezüglich einer möglichen Überbewertung des Käuferunternehmens in Anlehnung an MAJLUF, N. S./MYERS, S. C. (1984).[192] Im Folgenden werden weitere ausgewählte empirische Untersuchungen mit Bezug zu dieser Arbeit vorgestellt.

Bei ECKBO, E./LANGOHR, H. (1989) werden 306 französische Übernahmeangebote im Zeitraum 1966-1982 untersucht.[193] Die Übernahmeprämie für Zielgesellschaften ist bei Barangeboten signifikant größer als bei Aktienangeboten. Dieses Ergebnis ist unabhängig davon, ob die Übernahme durch einen Kontrollerwerb motiviert war oder nicht. Angebote, bei denen der Bieter vor der Übernahme über mindestens zwei Drittel der Stimmrechte verfügte, wurden dabei als nicht durch Kontrollerwerb motiviert betrachtet. Als Ursache der unterschiedlichen Übernahmeprämien bei Bar- und Aktienangeboten wird eine Neubewertung der Zielgesellschaft vermutet, da mit Ablauf des Übernahmeangebots bei beiden Angebotstypen ein nahezu identischer Wertrückgang der Zielgesellschaft erfolgt. Zudem kann nicht bestätigt werden, dass Käuferunternehmen durch die Ankündigung einer Übernahme unabhängig vom Zahlungsmittel Überrenditen erzielen.

Bei ECKBO, E./GIAMMARINO, R./HEINKEL, R. (1990) werden 182 kanadische M&A-Transaktionen im Zeitraum 1964-1982 untersucht.[194] Die darin enthaltenen 56 gemischten Übernahmeangebote (Aktien und Barzahlung) zeigen im Monat der Verkündung signifikant positive und größere Überrenditen als reine Barangebote oder reine Aktienangebote. Dies kann zumindest als partielle Unterstützung der Modellergebnisse von ECKBO, E./GIAMMARINO, R./HEINKEL, R. (1990) gewertet werden, nach denen ein höherer Barzahlungsanteil eine höhere Qualität des Käuferunternehmens signalisiert.

[191] Vgl. TRAVLOS, N. (1987), S. 943ff., AMIHUD, Y./LEV, B./TRAVLOS, N. G. (1990), S. 603ff., SERVAES, H. (1991), S. 409ff. und BROWN, D. T./RYNGAERT, M. D. (1991), S. 653ff. Siehe auch WANSLEY, J. W./LANE, W. R./YANG, H. C. (1987), S. 403ff. mit ähnlichen Ergebnissen.

[192] Vgl. auch CHANG, S./SUK, D. Y. (1998), S. 22ff. mit einer Untersuchung zum Abbruch von Übernahmeverhandlungen. Wenn der Abbruch durch das Käuferunternehmen erfolgt, erfährt es im Fall eines Aktienangebots signifikant positive und bei Barangeboten signifikant negative Überrenditen.

[193] Vgl. ECKBO, E./LANGOHR, H. (1989), S. 370ff.

[194] Vgl. ECKBO, E./GIAMMARINO, R./HEINKEL, R. (1990), S. 663ff.

Bei CHANG, S. (1998) werden 536 US-amerikanische M&A-Transaktionen im Zeitraum 1981-1992 untersucht, durch die erfolgreich Unternehmen erworben wurden. Bei Angeboten mit Aktien zeigen die Käuferunternehmen signifikant positive Überrenditen, wenn nicht börsennotierte Unternehmen erworben wurden.[195] Dieser Effekt ist signifikant stärker, wenn durch die Aktienzahlung ein neuer Großaktionär beim Käuferunternehmen entsteht. Beim Erwerb börsennotierter Unternehmen mit Aktienangeboten zeigten die Käuferunternehmen jedoch signifikant negative Überrenditen. Demnach scheint der Kapitalmarkt die Übernahme nicht börsennotierter Unternehmen zu bevorzugen. Bei Barangeboten konnten unabhängig vom Typ des Zielunternehmens keine signifikanten Überrenditen nachgewiesen werden.

Bei FULLER, K. P./NETTER, J./STEGEMOLLER, M. (2002) werden Unternehmen untersucht, die jeweils mindestens fünf Übernahmen im Zeitraum 1990-2000 durchgeführt haben. Der Schwerpunkt der Untersuchung liegt auf der Analyse von Überrenditen der Bieterunternehmen bei über 3.000 Übernahmeangeboten für börsennotierte Unternehmen, nicht börsennotierte Unternehmen und Unternehmenssparten. Zunächst werden ähnlich wie in anderen Untersuchungen signifikant negative Überrenditen bei Aktienangeboten für börsennotierte Zielunternehmen festgestellt. Bei der Übernahme nicht börsennotierter Unternehmen oder von Unternehmenssparten sind jedoch unabhängig vom Zahlungsmittel signifikant positive Überrenditen zu verzeichnen.[196] Bei Aktienangeboten sind die Überrenditen dann jedoch höher als bei Barangeboten. Dieser Effekt steigt mit steigender relativer Größe des Zielunternehmens.

Bei DA SILVA ROSA, R./LIMMACK, R./SUPRIADI/WOODLIFF, D. (2004) wird für den Zeitraum 1990-1998 eine ähnliche Untersuchung wie in CHANG, S. (1998) für den australischen Markt vorgenommen. Bei Verkündigung von Barangeboten für nicht börsennotierte Unternehmen zeigen die Käuferunternehmen jedoch signifikant positive Überrenditen.[197] Eine mögliche Erklärung zu dieser Abweichung zu CHANG, S. (1998) wird darin gesehen, dass der australische Markt für Übernahmen durch weniger Wettbewerb als der US-amerikanische Markt gekennzeichnet ist. Das Käuferunternehmen kann dann durch die Barzahlung einen höheren Wert aus einer möglichen Unterbewertung der Zielgesellschaft extrahieren als bei einer Zahlung mit Aktien.

Bei FACCIO, M./MASULIS, R. W. (2005) werden M&A-Transaktionen im Zeitraum 1997-2000 mit europäischen Käuferunternehmen untersucht. Schwerpunkt der Untersuchung ist der Einfluss von Unternehmenskontrolle und Finanzstärke des Käuferunternehmens auf die Wahl

---

[195] Vgl. CHANG, S. (1998), S. 775ff.

[196] Vgl. FULLER, K. P./NETTER, J./STEGEMOLLER, M. (2002), S. 1775ff.

[197] Vgl. DA SILVA ROSA, R./LIMMACK, R./SUPRIADI/WOODLIFF, D. (2004), S. 97ff.

des Zahlungsmittels.[198] Eine hohe Anteilskonzentration beim Zielunternehmen und hohe Finanzkraft des Käuferunternehmens können demnach ebenso einen höheren Barzahlungsanteil im Übernahmeangebot erklären wie personelle Verflechtungen zwischen Käuferunternehmen und Banken.

Bei DONG, M./HIRSHLEIFER, D./RICHARDSON, S./TEOH, S. H. (2006) werden 3.732 US-amerikanische Übernahmeangebote im Zeitraum 1978-2000 untersucht.[199] Der Schwerpunkt liegt auf möglichen Einflüssen einer unterschiedlichen Bewertung der beteiligten Unternehmen durch den Kapitalmarkt. Dabei wird festgestellt, dass bei einer hohen Bewertung des Zielunternehmens verstärkt Aktien als Zahlungsmittel eingesetzt werden. Dadurch kann eine mögliche Überbezahlung reduziert werden. Aber auch bei einer hohen Bewertung des Bieterunternehmens werden verstärkt Aktien als Zahlungsmittel eingesetzt. Damit werden ungenaue Bewertungen von Unternehmen durch den Kapitalmarkt als ein möglicher Treiber von M&A-Transaktionen untermauert.[200] Unternehmen mit relativ hoher Bewertung haben demnach besondere Anreize für M&A-Transaktionen mit relativ niedriger bewerteten Unternehmen.

#### 2.4.3.2 Untersuchungen zu speziellen Aktienangeboten

Nachdem eine Vielzahl empirischer Untersuchungen zu den Standardinstrumenten Aktien und Barzahlung vorlag, wurden auch spezielle Arten von Aktienangeboten näher untersucht. Die bisher wenigen empirischen Arbeiten zu Collars und Contingent Value Rights werden hier kurz vorgestellt.

Bei HOUSTON, J. F./RYNGAERT, M. D. (1997) werden 209 Übernahmeangebote im Bankensektor mit bedingten Aktienangeboten (insbesondere Collars) im Zeitraum 1985-1992 untersucht. Hauptergebnis ist ein signifikant negativer Zusammenhang zwischen der Elastizität des Angebotswertes und der Überrendite des Bieterunternehmens.[201] Collars führen zu einer Reduzierung der Elastizität eines Angebotswertes durch bedingte Anpassung des Angebotes. Je unabhängiger der Wert des Übernahmeangebotes von der Aktienkursentwicklung des Bieterunternehmens bis zum Ablauf des Übernahmeangebotes ist, desto höher ist die Überrendite des Bieterunternehmens. Der angenommene Einsatz von Collars zur Signalisierung der Bieterqualität wird durch die Untersuchung gestützt.

Bei FULLER, K. P. (2003) werden für US-amerikanische Übernahmeangebote im Zeitraum 1992-1997 die Auswirkungen eines Collars im Rahmen eines Aktienangebotes untersucht. Die Überrenditen des Zielunternehmens bei Bekanntgabe des Angebotes sind mit Collar

[198] Vgl. FACCIO, M./MASULIS, R. W. (2005), S. 1345ff.
[199] Vgl. DONG, M./HIRSHLEIFER, D./RICHARDSON, S./TEOH, S. H. (2006), S. 725ff.
[200] Siehe dazu SHLEIFER, A./VISHNY, R. W. (2003), S. 295ff. und auch Abschnitt 2.2.2.2.
[201] Vgl. HOUSTON, J. F./RYNGAERT, M. D. (1997), S. 211ff.

signifikant positiv und sogar größer als bei reinen Barangeboten.[202] Die Überrenditen der Bieterunternehmens weichen jedoch bei Aktienangeboten mit Collar nicht signifikant von denen reiner Aktienangebote ab. Als mögliche Begründung des Einsatzes von Collars wird nicht die Signalisierung der Qualität des Bieterunternehmens herangezogen, sondern primär eine Sicherung von Unternehmensanteilen. Der Einsatz von Collars ist demnach wahrscheinlicher, wenn hohe Anteilskonzentrationen bei Bieter- oder Zielunternehmen vorhanden sind.

Bei OFFICER, M. S. (2004) wird untersucht, welchen Einfluss ein Collar im Rahmen eines Aktienangebotes hat. Die Überrenditen der Käuferunternehmen sind signifikant negativ bei reinen Aktienangeboten und nicht signifikant bei reinen Barangeboten oder gemischten Bar-/Aktienangeboten. Bei Kombination eines Aktienangebots mit einem Collar liegt die Überrendite zwischen der von Bar- und Aktienangeboten. Die geringere Wertelastizität eines Angebots mit Collar kann somit als Signal interpretiert werden.[203] Die Überrenditen der Zielunternehmen sind signifikant positiv und bei Barangeboten am höchsten. Unterschiede zwischen reinen Aktienangeboten, gemischten Bar-/Aktienangeboten und Aktienangeboten mit Collar sind hier nur gering.

Bei CHATTERJEE, S./YAN, A. (2003) werden 29 US-amerikanische Übernahmeangebote im Zeitraum 1989-2001 untersucht, die die Kaufpreiszahlung durch Aktien in Kombination mit Contingent Value Rights beinhalten. Im Vergleich zu Übernahmeangeboten ohne CVRs zeigen Übernahmeangebote mit CVRs bei Ankündigung signifikant höhere Überrenditen der Aktien des Bieters.[204] Außerdem scheinen Bieter, die CVRs einsetzen, überdurchschnittlicher Informationsasymmetrie bezüglich ihres eigenen Wertes ausgesetzt zu sein. Die Vermutung einer Verwendung von CVRs zur Signalisierung der Qualität des Käuferunternehmens (Bieters) wird dadurch gestützt.[205]

Bei GIBSON, S./POVEL, P./SINGH, R. (2006) werden 386 Emissionen von Put-Warrants im Zeitraum 1993-1999 untersucht. Durch Put-Warrants verpflichten sich die emittierenden Unternehmen zum Rückkauf von Aktien bei Unterschreiten des Ausübungspreises der Put-Warrants.[206] Die vermutete Signalwirkung von Put-Warrant-Emissionen zur Übermittlung von Qualitätsinformationen wird durch die Untersuchung gestützt. Die emittierenden Unternehmen zeigen signifikant höhere Investment- und Wachstumsmöglichkeiten.[207] Die

[202] Vgl. FULLER, K. P. (2003), S. 134ff.
[203] Vgl. OFFICER, M. S. (2004), S. 2719ff.
[204] Vgl. CHATTERJEE, S./YAN, A. (2003), S. 22ff.
[205] Dies ermöglicht eine Minderung der Unterbewertungskosten gemäß HANSEN, R. (1987).
[206] Vgl. GIBSON, S./POVEL, P./SINGH, R. (2006), S. 1. Put-Warrants ähneln somit CVRs.
[207] Vgl. GIBSON, S./POVEL, P./SINGH, R. (2006), S. 21ff. Als Untersuchungsvariablen wurden u.a. Forschungs- und Entwicklungskosten, Tobins'Q und das Market-to-Book-Verhältnis verwendet.

Ergebnisse zur finanziellen Entwicklung lassen ebenfalls eine überdurchschnittliche Performance vermuten.[208]

#### 2.4.3.3 Untersuchungen zu Earn-out-Vereinbarungen

Empirische Untersuchungen zu Earn-out-Vereinbarungen wurden bisher kaum durchgeführt. Vier bisher veröffentlichte Arbeiten werden hier vorgestellt.

Bei ANG, J. S./KOHERS, N. (2000) wird der Einsatz von 938 Earn-out-Vereinbarungen im Zeitraum 1984-1996 untersucht. Bei Übernahmeangeboten für nicht börsennotierte Unternehmen verzeichnen die Käuferunternehmen signifikant positive Überrenditen, unabhängig von der Wahl des Zahlungsmittels.[209] Falls Earn-out-Vereinbarungen geschlossen wurden, ist der Effekt stärker als bei reinen Aktien- oder Barangeboten. Bei Übernahmeangeboten für Sparten anderer Unternehmen sind ebenfalls bei allen drei Zahlungsmitteln signifikant positive Überrenditen zu verzeichnen. Auch hier zeigt sich bei Earn-out-Vereinbarungen der stärkste Effekt. Zusätzlich wird eine Analyse für Transaktionen mit hoher angenommener Informationsasymmetrie durchgeführt. Bei Übernahmeangeboten im Hochtechnologie- und Servicebereich sowie bei branchen- und länderübergreifenden Übernahmeangeboten werden mit Earn-out-Vereinbarungen signifikant positive und stärkere Überrenditen ermittelt als ohne.[210] Der vermutete Einsatz von Earn-out-Vereinbarungen zur Reduzierung des Risikos einer Überbezahlung durch den Käufer wird dadurch gestützt. Leider wird bei ANG, J. S./KOHERS, N. (2000) an dieser Stelle die Trennung zwischen Aktien- und Barangeboten aufgehoben, so dass keine Einschätzung bezüglich einer Signifikanz des Unterschiedes zwischen Earn-out-Angeboten und Aktienangeboten möglich ist.[211] Zudem weisen Transaktionen mit Earn-out-Vereinbarungen eine stärkere Bindung des bisherigen Managements auf. Mit steigenden realisierten Earn-out-Zahlungen wird auch eine stärkere Managementbindung nach Ende der Vereinbarungslaufzeit festgestellt. Die Anreiz- und Bindungswirkung von Earn-out-Vereinbarungen wird dadurch gestützt.

Bei DATAR, S./FRANKEL, R./WOLFSON, M. (2001) werden 117 M&A-Transaktionen mit Earn-out-Vereinbarungen in den Jahren 1996 und 1997 untersucht. Earn-out-Vereinbarungen werden demnach verstärkt in Situationen mit überdurchschnittlichen Informationsasymmetrien eingesetzt.[212] Dazu zählen insbesondere Übernahmen von Unternehmen im Hochtechnologie- oder Dienstleistungsbereich, von Unternehmenssparten sowie von Unternehmen in Branchen mit geringen M&A-Aktivitäten. Zudem weist eine fehlende

208 Die Untersuchungsergebnisse (auf Return on Assets basierend) sind nicht durchgehend signifikant.

209 Vgl. ANG, J. S./KOHERS, N. (2000), S. 445ff.

210 Auch HUSSEY, R. (1990), S. 104ff. betrachtet Earn-out-Vereinbarungen insbesondere bei M&A-Transaktionen im Servicebereich als angebracht.

211 Vgl. ANG, J. S./KOHERS, N. (2000), S. 465.

212 Vgl. DATAR, S./FRANKEL, R./WOLFSON, M. (2001), S. 201ff.

Börsennotierung des Zielunternehmens einen signifikant positiven Zusammenhang mit der Verwendung einer Earn-out-Vereinbarung auf. Der Zusammenhang zwischen fehlender Börsennotierung des Zielunternehmens und der Verwendung von Aktien zur Zahlung des Kaufpreises ist signifikant negativ. Eine durchgeführte Umfrage offenbart zudem die Überbrückung von Bewertungsdifferenzen und die Bindung des bisherigen Eigentümers als wesentliche Gründe für den Einsatz von Earn-out-Vereinbarungen. Die Unternehmensführung liegt daher auch nach der M&A-Transaktion meist beim bisherigen Eigentümer.[213]

Bei BEARD, D. R. (2004) werden Earn-out-Vereinbarungen im Zeitraum 1990-2001 untersucht, bei denen Käufer- und Zielunternehmen börsennotiert sind. Bei M&A-Transaktionen mit Earn-out-Vereinbarung werden signifikant positive Überrenditen bei Ankündigung der Transaktion festgestellt.[214] Diese Überrenditen sind signifikant höher als bei Transaktionen ohne Earn-out-Vereinbarungen. Der vermutete Einsatz von Earn-out-Vereinbarungen zur Reduzierung des Risikos einer Überbezahlung durch den Käufer wird dadurch gestützt. Allerdings wird hier wie bei ANG, J. S./KOHERS, N. (2000) keine Trennung zwischen Aktien- und Barangeboten vorgenommen, so dass keine Einschätzung bezüglich einer Signifikanz des Unterschiedes zwischen Earn-out-Angeboten und reinen Aktienangeboten möglich ist.

Bei CAIN, M. D./DENIS, D. J./DENIS, D. K. (2006) werden Earn-out-Vereinbarungen im Zeitraum 1994-2003 untersucht. Earn-out-Vereinbarungen werden demnach primär bei der Übernahme nicht börsennotierter Unternehmen und bei der Übernahme von Unternehmenssparten eingesetzt.[215] Bei der Übernahme börsennotierter Unternehmen finden Earn-out-Vereinbarungen kaum Anwendung. Wesentliche Bestimmungsgrößen für deren Einsatz sind demnach Wachstumsmöglichkeiten, Integrationsgrad und Indikatoren für Bewertungsunsicherheit, wie Volatilität, Forschungs- und Entwicklungsaufwand oder Branchenfremdheit. Der Schwerpunkt der Untersuchung liegt jedoch auf Ausgestaltungsmerkmalen von Earn-out-Vereinbarungen.[216]

### 2.4.4 Zusammenfassung

Bei M&A-Transaktionen wird der Kaufpreis auf unterschiedliche Arten beglichen. Als Standardinstrumente werden die Barzahlung und die Zahlung mit Aktien eingesetzt. Mehrere theoretische Arbeiten haben die Wahlentscheidung zwischen beiden Standardinstrumenten oder deren Mischung untersucht. Ausgangspunkt war dabei regelmäßig ein positiver Einigungsbereich. Negative Einigungsbereiche waren bisher jedoch nicht Gegenstand

---

[213] In 44 von 61 Fällen (72%) wird die Geschäftsführung auch nach der Transaktion durch den bisherigen Eigentümer wahrgenommen. Vgl. DATAR, S./FRANKEL, R./WOLFSON, M. (2001), S. 207f.

[214] Vgl. BEARD, D. R. (2004), S. 123ff.

[215] Vgl. CAIN, M. D./DENIS, D. J./DENIS, D. K. (2006), S. 5ff.

[216] Auf die Ausgestaltung von Earn-out-Vereinbarungen wird in Kapitel 4 näher eingegangen.

entsprechender Untersuchungen. Ob die Standardinstrumente zu einer Verbesserung eines negativen Einigungsbereiches beitragen können, wurde somit bisher nicht untersucht. Empirische Untersuchungen haben sich häufig auf die Standardinstrumente konzentriert. In den letzten Jahren wurden jedoch weitere Instrumente in empirischen Untersuchungen betrachtet. Einerseits wurden spezielle Aktienangebote, insbesondere Collars und Contingent Value Rights, untersucht. Begründungen für deren Einsatz sind die Signalisierung der Qualität des Bieterunternehmens und die Sicherung von Unternehmensanteilen. Andererseits wurde der Einsatz von Earn-out-Vereinbarungen untersucht. Eine Begründung für deren Einsatz ist die Überbrückung von Bewertungsdifferenzen. Die Situation negativer Einigungsbereiche wurde in den vorgestellten theoretischen und empirischen Arbeiten jedoch regelmäßig ausgeblendet.

## 2.5 Zwischenfazit

Eine M&A-Transaktion ist eine komplexe Investitionsentscheidung für Käufer und Verkäufer. Die Entscheidungssituation ist durch asymmetrische Informationsverteilung geprägt. Käufer und Verkäufer haben unterschiedlichen Zugang zu bewertungsrelevanten Informationen. Beide Akteure können sich daher unterschiedliche Grenzpreise für das Unternehmen bilden. Selbst wenn beide Akteure eine Wertsteigerung des Unternehmens durch die M&A-Transaktion erwarten, ist ein negativer Einigungsbereich bezüglich des Unternehmenswertes möglich. Die M&A-Transaktion könnte dann bereits ohne Festlegung eines Zahlungsmittels scheitern.

Bisher wurde die Wahl des optimalen Zahlungsmittels in verschiedenen Modellen theoretisch betrachtet und durch empirische Untersuchungen überprüft. Den Schwerpunkt dieser Arbeiten bilden die Standardinstrumente Barzahlung und Aktien. Ihre Eignung bei negativen Einigungsbereichen wurde jedoch bisher nicht untersucht. Der Einsatz bedingter Zahlungsstrukturen, insbesondere von Earn-out-Vereinbarungen, wird häufig mit deren Eignung zur Überbückung von Bewertungsdifferenzen begründet. Eine konsequente Untersuchung ihrer Eignung zur Verbesserung negativer Einigungsbereiche fehlt bisher ebenfalls.

Die Situation negativer Einigungsbereiche wurde in theoretischen und empirischen Arbeiten zu Zahlungsmitteln bei M&A-Transaktionen regelmäßig ausgeblendet. Hier setzt diese Arbeit an. Im folgenden Kapitel wird die Wirkung von Zahlungsmitteln, insbesondere von bedingten Zahlungsstrukturen, in einem formaltheoretischen Modell untersucht. Dabei wird explizit die Situation negativer Einigungsbereiche betrachtet

# 3 Analyse bedingter Zahlungsstrukturen

In diesem Kapitel wird ein formales Modell entwickelt, in dessen Rahmen die Eignung verschiedener Kontrakte zur Verbesserung negativer Einigungsbereiche bei M&A-Transaktionen untersucht wird. Zunächst werden das Basismodell und das Analysevorgehen beschrieben. Danach werden Kontrakte mit bedingten Zahlungsstrukturen bezüglich ihrer Wirkung auf negative Einigungsbereiche untersucht. Zu diesen Kontrakten zählen insbesondere Aktien, Optionen, ausfallbedrohtes Fremdkapital und Earn-out-Vereinbarungen. Nach einer Lockerung der getroffenen Annahmen folgt eine Zusammenfassung der Modellergebnisse.

## 3.1 Beschreibung des Basismodells und Vorgehen

In den folgenden Abschnitten wird zunächst ein Basismodell entwickelt, um Kontrakte mit bedingten Zahlungen auf deren Eignung zur Verbesserung negativer Einigungsbereiche zu untersuchen. Nach der Beschreibung der Grundstruktur werden die Kalküle der Akteure und Bewertungskriterien für Kontrakte beschrieben.

### 3.1.1 Beschreibung der Situation und der Akteure

Ein Verkäufer V verhandelt mit einem potenziellen Käufer K über den Verkauf des Eigenkapitals an einem Unternehmen U (die Transaktion).[217] Es handelt sich um eine nicht-dominierte Verhandlungssituation, in der keiner der Akteure einen Vertragsabschluss einseitig durchsetzen kann.[218] Zudem liegt kein Bieterwettbewerb vor. Dies kann beispielsweise die letzte Stufe der Transaktionsvorbereitung darstellen, in der nur mit einem potenziellen Partner endverhandelt wird. In einer früheren Prozessphase kann ein Bieterwettbewerb vorangegangen sein. Zur Konzentration der Analyse wird auf die Betrachtung von Steuern und Transaktionskosten verzichtet.[219] Die Akteure K und V sind jeweils risikoneutral, diese Annahme wird jedoch später gelöst.[220] Außer K und V treten keine weiteren Akteure auf.[221] In den in Kapitel 2 vorgestellten Modellen wurde jeweils von einem positiven Einigungsbereich

[217] Im Weiteren wird daher immer auf das Eigenkapital abgestellt. Die Bezeichnung Unternehmen ist entsprechend zu verstehen.

[218] Zu dominierten und nicht-dominierten Verhandlungssituationen siehe auch DRUKARCZYK, J. (2003), S. 122ff. und ausführlich MATSCHKE, M. J./BRÖSEL, G. (2005), S. 80ff.

[219] Diese Annahme wird regelmäßig zur Untersuchung von Kontraktgestaltungen getroffen. Dazu zählen die in Abschnitt 2.4.2 vorgestellten Modelle von MAJLUF, N. S./MYERS, S. C. (1984), HANSEN, R. (1987), FISHMAN, M. (1989), ECKBO, E./GIAMMARINO, R./HEINKEL, R. (1990), LAMINET, J. (2003), RAUSCH, R. (1999), CHATTERJEE, S./YAN, A. (2003) und MERTENS, R. (2004). Aber auch in ähnlichen Modellen zu Venture-Capital-Kontrakten wird diese Annahme regelmäßig getroffen. Dazu zählen unter anderem BERKOVITCH, E./KIM, E. H. (1990), ADMATI, A. R./PFLEIDERER, P. (1994), BERGLÖF, E. (1994) und TRESTER, J. J. (1998).

[220] Risikoneutralität wird bei der Analyse von Unternehmen regelmäßig unterstellt. Um eine erneute Aufzählung zu vermeiden, sei auf die Literaturverweise der vorangegangenen Fußnote verwiesen, die bis auf die Arbeit von MERTENS, R. (2004) von Risikoneutralität ausgehen. Diese Annahme wird jedoch später im Abschnitt 3.8.1 aufgehoben.

[221] Interessenkonflikte in den Beziehungen zu Intermediären oder dem Management des Unternehmens werden hier ausgeschlossen.

ausgegangen. Dies wurde unter anderem durch die Annahme ausreichend hoher Synergien gewährleistet.[222] Zur Untersuchung geringerer Synergien wird hier zunächst angenommen, dass keine Synergien oder andere externe Effekte vorliegen und weder K noch V privaten Nutzen aus U ziehen. Diese Annahme wird später gelockert.[223] Die Renditeforderung wird zur besseren Nachvollziehbarkeit der Untersuchung vernachlässigt.[224] Zudem sind Zahlungsansprüche an K oder V nicht ausfallbedroht. Zugesicherte Zahlungen der beiden Akteure werden also mit Sicherheit geleistet.

Das Unternehmen U generiert unsichere Zahlungen in Abhängigkeit vom realisierten Umweltzustand.[225] Zwischen Käufer und Verkäufer besteht ex ante Informationsasymmetrie bezüglich bewertungsrelevanter Information und daraus abgeleitete heterogene Erwartungen über die künftigen Zahlungen des Unternehmens U. Die Grenzpreise beider Akteure für das Unternehmen U weichen voneinander ab. K bewertet das Unternehmen U niedriger als V. Die maximale Zahlungsbereitschaft (Grenzpreis) von K für U unterschreitet die minimale Zahlungserwartung (Grenzpreis) von V für U. Es besteht ein negativer Einigungsbereich bezüglich des Unternehmenswerts.

### 3.1.2 Zeitliche Struktur des Basismodells

Das Modell umfasst drei Zeitpunkte und ist zum Überblick in Abbildung 10 dargestellt.

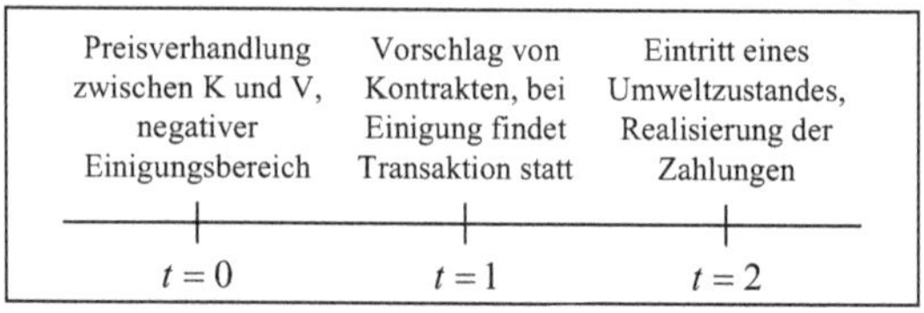


**Abb. 10:** Zeitliche Struktur des Basismodells

Zum Zeitpunkt $t = 0$ verhandeln die Akteure K und V über den Verkaufspreis des Unternehmens U.[226] Vs Grenzpreis liegt über Ks Grenzpreis. Es besteht ein negativer Einigungsbereich bezüglich des Unternehmenswertes. Es ist keine Einigung auf einen Unternehmenswert möglich. Die Transaktion findet daher zunächst nicht statt. Zwischen $t = 0$ und $t = 1$ trifft keine neue bewertungsrelevante Information ein.

---

[222] Siehe dazu Abschnitt 2.4.2.

[223] Siehe Abschnitt 3.8.3.

[224] Eine Vernachlässigung der Renditeforderung findet sich auch in den in Abschnitt 2.4.2 vorgestellten Modellen von MAJLUF, N. S./MYERS, S. C. (1984), HANSEN, R. (1987), ECKBO, E./GIAMMARINO, R./HEINKEL, R. (1990), FISHMAN, M. (1989), LAMINET, J. (2003), RAUSCH, R. (1999), CHATTERJEE, S./YAN, A. (2003) und MERTENS, R. (2004). Aber auch in Arbeiten zu Venture-Capital-Kontrakten wie BERKOVITCH, E./KIM, E. H. (1990), ADMATI, A. R./PFLEIDERER, P. (1994), BERGLÖF, E. (1994) und TRESTER, J. J. (1998) oder in Arbeiten zur Gestaltung des Informationsprozesses wie WAGENHOFER, A. (1988a) wird diese Annahme regelmäßig getroffen.

[225] Darauf wird in Abschnitt 3.1.3 detailliert eingegangen.

[226] Es handelt sich um eine eindimensionale Verhandlung, da nur die Preiskomponente betrachtet wird.

Zum Zeitpunkt $t = 1$ werden durch einen exogenen Mechanismus Kontrakte vorgeschlagen. K und V können jeweils den Vorschlag eines weiteren Kontrakts anfordern.[227] Die Handlung des anderen Akteurs ist jeweils nicht beobachtbar. Bei Vorschlag eines neuen Kontrakts durch den Mechanismus werden die Erwartungen der Akteure nicht angepasst. Diese Annahme dient der Konzentration der Analyse auf die Kontraktgestaltung.

Es erfolgt keine spieltheoretische Analyse des optimalen Kontraktvorschlags durch die Akteure und der dadurch ausgelösten Wirkungen auf die Aufteilung eines möglicherweise erreichbaren positiven Einigungsbereiches zwischen den Akteuren. Für die Untersuchung solcher Wirkungen ist die jeweilige Spielstruktur entscheidend.[228] Die Informations- bzw. Erwartungsaktualisierung sowie das Verhalten der Akteure während der Verhandlungen werden im Rahmen dieser Arbeit aber nicht betrachtet.[229] Entsprechend werden auch keine Signalgleichgewichte analysiert. Der Ablauf der eigentlichen Verhandlung wird somit als „Black box“ betrachtet.

Die Möglichkeit der Akteure, Kontrakte anzufordern, endet mit Zeitablauf.[230] Wird vor Zeitablauf kein neuer Kontrakt angefordert, erfolgt eine Einigung und die Transaktion findet bei $t = 1$ statt. Erfolgt keine Einigung, findet die Transaktion nicht statt.[231]

Zum Zeitpunkt $t = 2$ wird durch U in Abhängigkeit vom Umweltzustand eine Zahlung $E^*$ realisiert.[232] Die realisierte Zahlung $E^*$ wird von beiden Akteuren beobachtet und gemäß des vereinbarten Kontrakts vollständig verteilt. Die Zahlungsansprüche aus dem Kontrakt werden somit bedient. Nach $t = 2$ erfolgen keine weiteren Zahlungen.

---

[227] Durch den fehlenden Einfluss von K oder V auf den exogenen Mechanismus und damit auch auf den vorgeschlagenen Kontrakt wird eine mögliche Signalwirkung eines durch einen Akteur vorgeschlagenen Kontraktes eliminiert.

[228] Bei WAGENHOFER, A. (1988b), S. 532ff. wird beispielsweise gezeigt, dass ein Verkäufer durch optimale Gestaltung seines Argumentationspreises Teile eines positiven Einigungsbereiches extrahieren kann. Dabei wird eine Spielstruktur angenommen, die dem Verkäufer entsprechende Verhandlungsmacht zuordnet. Der Käufer kann das Unternehmen entweder zum kommunizierten Argumentationspreis kaufen oder es findet keine Transaktion statt ("take it, or leave it").

[229] Ein solches Signal könnte beispielsweise der Vorschlag eines neuen Kontrakts durch den externen Mechanismus ohne eigene Anforderung sein. Dann hat der andere Akteur einen neuen Kontrakt angefordert. Mit dieser Erkenntnis könnte die eigene Informationsbasis aktualisiert werden und ein „Lernprozess“ einsetzen. In dieser Arbeit werden diese spieltheoretischen Ansätze jedoch nicht berücksichtigt.

[230] Kontrakte werden von K oder V vorgeschlagen. Dabei wird keine „Take it, or leave it“-Entscheidung unterstellt. Bei Ablehnung eines Kontrakts kann daher ein alternativer Kontrakt vorgeschlagen werden.

[231] Ein Abbruch der Verhandlung durch die Akteure wird nicht explizit betrachtet. Da keine Transaktionskosten angenommen werden, entspricht ein endloses Anfordern neuer Kontrakte bis zum Zeitablauf einem Verhandlungsabbruch.

[232] Diese Zahlung kann auch als Barwert eines künftigen guten oder schlechten Entwicklungspfades des Unternehmens betrachtet werden.

### 3.1.3 Bewertung des Unternehmens U durch die Akteure

Käufer K und Verkäufer V bewerten das Unternehmen U auf Basis ihrer Erwartungen bezüglich künftiger Umweltzustände und der damit verbundenen Zahlungen des Unternehmens. Grundsätzlich können beide Akteure beliebige Zahlungsverteilungen erwarten. Für die Bewertung von Optionen und optionsähnlichen Instrumenten ist die erwartete Zahlungsverteilung jedoch entscheidend. Zur Vereinfachung der folgenden Untersuchung und besseren Interpretierbarkeit der Ergebnisse wird hier auf eine diskrete Zahlungsverteilung mit zwei möglichen Umweltzuständen („gut“ und „schlecht“ ) zurückgegriffen.[233]

Der Verkäufer V erwartet bei Eintritt des guten Umweltzustands im Zeitpunkt $t=2$ die Realisierung der Zahlung $E_V^g$. Den Eintritt des guten Umweltzustands erwartet V mit der Wahrscheinlichkeit $p \in (0;1)$. Mit der Eintrittswahrscheinlichkeit $1-p$ erwartet V die Realisierung des schlechten Umweltzustands mit der Zahlung $E_V^s$ (siehe Abbildung 11). Der Erwartungswert der von V erwarteten Zahlungen des Unternehmens U beträgt somit $U_V = pE_V^g + (1-p)E_V^s$. Es gilt $E_V^g > U_V > E_V^s > 0$. Die Parameter $E_V^g$, $E_V^s$ und $p$ sind exogen gegeben und können als Resultat des vorangegangenen M&A-Prozesses angesehen werden.

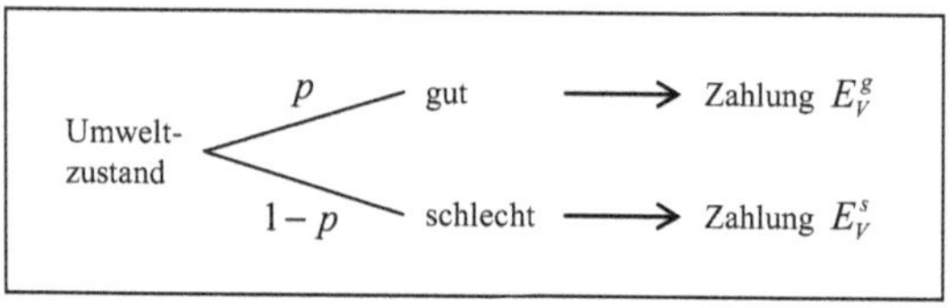


**Abb. 11:** Erwartungen des Verkäufers V bezüglich U

Der Käufer K erwartet bei Eintritt des guten Umweltzustands im Zeitpunkt $t=2$ die Realisierung der Zahlung $E_K^g$. Den Eintritt des guten Umweltzustands erwartet K mit der Wahrscheinlichkeit $q \in (0;1)$. Mit der Wahrscheinlichkeit $1-q$ erwartet K den Eintritt des schlechten Umweltzustands mit der Auszahlung $E_K^s$ (siehe Abbildung 12).

[233] Die Verwendung einer diskreten Zahlungsverteilung dient der Vereinfachung der Analyse und insbesondere in den Abschnitten 3.3, 3.4 und 3.5 einer besseren Interpretierbarkeit der Ergebnisse. Bei Annahme einer allgemeinen stetigen Verteilung müssten zur Erreichung dieser Interpretierbarkeit ebenfalls verschiedene, konkret zu formulierende Verteilungen betrachtet werden. Diskrete Zahlungsverteilungen in Abhängigkeit von zwei Umweltzuständen finden sich beispielsweise auch in den Arbeiten von BERKOVITCH, E./KIM, E. H. (1990) und BERGLÖF, E. (1994). Für Barzahlung, Zahlung mit Aktien oder Earn-out-Vereinbarungen auf Aktienbasis ist diese Annahme irrelevant. Zur Relation der von beiden Akteuren erwarteten Zahlungen siehe auch Abschnitt 3.1.7.

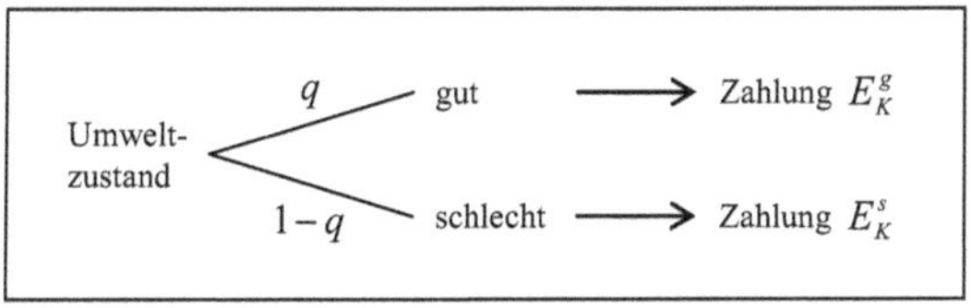


**Abb. 12:** Erwartungen des Käufers K bezüglich U

Der Erwartungswert der von K erwarteten Zahlungen von U ist $U_K = qE_K^g + (1-q)E_K^s$. Es gilt $E_K^g > U_K > E_K^s > 0$. Die Parameter $E_K^g$, $E_K^s$ und $q$ sind exogen gegeben und können als Resultat des vorangegangenen M&A-Prozesses angesehen werden.

Verkäufer V und Käufer K bewerten das Unternehmen U unterschiedlich. Die Bewertungsdifferenz bzgl. U zwischen V und K entspricht $D^U = U_V - U_K > 0$. Da Vs Grenzpreis über Ks Grenzpreis liegt, besteht kein Einigungsspielraum. Der Einigungsbereich zwischen K und V bezüglich des Unternehmenswertes von U ist annahmegemäß negativ: $EB^U = U_K - U_V = -D^U < 0$.

### 3.1.4 Aufbau und Bewertung eines Kontrakts

Ein Kontrakt $\Omega$ zum angestrebten Unternehmensverkauf beinhaltet den vollständigen Verkauf des gesamten Unternehmens U zum Zeitpunkt $t = 1$ gegen Zahlung des Kaufpreises an den Käufer K. Die Kaufpreiszahlung kann grundsätzlich aus zwei Komponenten bestehen, aus sicheren Zahlungen ($F_t^{K,\Omega}$, $F_t^{V,\Omega}$) und aus unsicheren Zahlungen ($G_t^{K,\Omega}$, $G_t^{V,\Omega}$) auf Basis der bewertungsrelevanten Zustände für U. Der Verkäufer V bewertet den Kontrakt $\Omega$ dann mit $\Omega^V = \sum_t F_t^{V,\Omega} + \sum_t G_t^{V,\Omega}$. Der Käufer K bewertet $\Omega$ mit $\Omega^K = \sum_t F_t^{K,\Omega} + \sum_t G_t^{K,\Omega}$.

Die vereinbarten sicheren Zahlungen $F_t^{V,\Omega}$ bzw. $F_t^{K,\Omega}$ sind unabhängig von künftigen Zuständen. Da Ansprüche gegen Käufer K oder Verkäufer V annahmegemäß nicht ausfallbedroht sind, gilt $F_t^{V,\Omega} = F_t^{K,\Omega} = F_t^{\Omega} \; \forall t$ und $\sum_t F_t^{V,\Omega} = \sum_t F_t^{K,\Omega} = \sum_t F_t^{\Omega}$. Die Kontraktbewertungen beider Akteure entsprechen dann $\Omega^V = \sum_t F_t^{\Omega} + \sum_t G_t^{V,\Omega}$ und $\Omega^K = \sum_t F_t^{\Omega} + \sum_t G_t^{K,\Omega}$.

Die Zahlungen $G_t^{V,\Omega}$ bzw. $G_t^{K,\Omega}$ sind abhängig von künftigen Zuständen und damit der Höhe nach unsicher. Da K und V unterschiedliche Erwartungen bezüglich der bewertungsrelevanten Zustände haben, können die unsicheren Zahlungen unter dem Kontrakt $\Omega$ durch K und V unterschiedlich bewertet werden. Die Bewertungsdifferenz zwischen K und V bezüglich Ω entspricht $D^{\Omega} = \Omega^{V} - \Omega^{K} = \sum_t G_t^{V,\Omega} - \sum_t G_t^{K,\Omega}$.

### 3.1.5 Bewertung eines übernehmenden Unternehmens X durch die Akteure

Im Rahmen der Transaktion kann der Käufer K vorsehen, das Unternehmen U nach der Transaktion mit einem „übernehmenden" Unternehmen X im Eigentum von K zusammenzuführen.[234] Es ist möglich, dass zur Zahlung des Kaufpreises Kontrakte angeboten werden, die sich auf das zusammengeführte („fusionierte") Unternehmen beziehen. Dann müssen K und V auch ihre Erwartungen bezüglich des Unternehmens X in ihrer Kontraktbewertung berücksichtigen.

Den beiden möglichen Umweltzuständen („gut" oder „schlecht") ordnen K und V erwartete Zahlungen von X zu. Der Verkäufer V erwartet im guten Zustand die Zahlung $X_V^g > 0$ und im schlechten Zustand die Zahlung $X_V^s > 0$.[235] V bewertet das Unternehmen X dann mit $X_V = pX_V^g + (1-p)X_V^s$. Der Käufer K erwartet seinerseits im guten Zustand die Zahlung $X_K^g > 0$ und im schlechten Zustand die Zahlung $X_K^s > 0$.[236] K bewertet das Unternehmen X dann mit $X_K = qX_K^g + (1-q)X_K^s$. Eine mögliche Bewertungsdifferenz bezüglich X wird bezeichnet als $D^X = X_V - X_K$.

### 3.1.6 Kalkül der Akteure und allgemeine Transaktionsbedingung

Käufer K und Verkäufer V werden dem Abschluss der Transaktion jeweils nur dann zustimmen, wenn ihre Partizipationsbedingung erfüllt ist. Dazu wird das Barwertkalkül verwendet. Die Partizipationsbedingung ist erfüllt, falls der Barwert des erwarteten Zahlungsstroms nach Transaktion mindestens dem Barwert des erwarteten Zahlungsstroms vor Transaktion entspricht. Die Partizipationsbedingung von V lautet dann $\sum_t G_t^{V,\Omega} + \sum_t F_t^{\Omega} - U_V \geq 0$.[237] Der Barwert der von V erwarteten Zahlungen unter dem Kontrakt Ω muss mindestens dem Barwert der von V erwarteten Zahlungen aus dem Unternehmen U entsprechen. Die Partizipationsbedingung des Käufers K lautet

[234] Der Begriff der Fusion bzw. Verschmelzung ist hier nicht im rechtlichen Sinn als Abgrenzung zur Einbringung oder anderen möglichen Konstruktionen (z.B. Holdinglösung) zu sehen. Hier wird auf eine gemeinsame wirtschaftliche Einheit aus beiden Unternehmen nach der Transaktion abgestellt.

[235] An dieser Stelle wird nicht festgelegt, ob $X_V^g > X_V^s$ gilt. Es wird jedoch aus Konsistenzgründen die Notation auf Basis der das Unternehmen U betreffenden Umweltzustände fortgeführt.

[236] An dieser Stelle wird nicht festgelegt, ob $X_K^g > X_K^s$ gilt. Es wird jedoch aus Konsistenzgründen die Notation auf Basis der das Unternehmen U betreffenden Umweltzustände fortgeführt.

[237] Auch bei Indifferenz stimmt V somit dem Kontrakt zu.

$U_K - \sum_t G_t^{K,\Omega} - \sum_t F_t^{\Omega} \geq 0$.[238] Der Barwert der von K erwarteten Zahlungen aus dem Unternehmen U muss mindestens dem Barwert der von K erwarteten Zahlungen unter dem Kontrakt $\Omega$ entsprechen.

Um die Transaktion zu ermöglichen, müssen die Partizipationsbedingungen von K und V unter dem gleichen Kontrakt $\Omega$ erfüllt werden. Das kann ausgedrückt werden als $U_V - \sum_t G_t^{V,\Omega} \leq \sum_t F_t^{\Omega} \leq U_K - \sum_t G_t^{K,\Omega}$. Eine notwendige Bedingung dafür ist, dass die Bewertungsdifferenz bzgl. der erwarteten Zahlungen aus dem Kontrakt $\Omega$ mindestens der Bewertungsdifferenz bzgl. des Unternehmens U entspricht. Diese allgemeine Transaktionsbedingung wird als $D^{\Omega} = \sum_t G_t^{V,\Omega} - \sum_t G_t^{K,\Omega} \geq U_V - U_K = D^U$ formuliert.

Die allgemeine Transaktionsbedingung ist jedoch nur dann hinreichend für eine Einigung auf die Transaktion unter $\Omega$, wenn sie gleichzeitig die Erfüllung der Partizipationsbedingungen von K und V gewährleistet. Wenn der Kontrakt $\Omega$ eine Barzahlung enthält, ist das gegeben. Durch Gestaltung der Barzahlungskomponente sind die Partizipationsbedingungen bei Erfüllung der allgemeinen Transaktionsbedingung immer erfüllbar. Die Erfüllung der allgemeinen Transaktionsbedingung entspricht dann einem nichtnegativen Einigungsbereich für den Verkauf von U unter dem Kontrakt $\Omega$: $EB^{\Omega} = D^{\Omega} - D^U \geq 0$. Wenn $\Omega$ keine Barzahlungskomponente enthält, ist die Erfüllung der allgemeinen Transaktionsbedingung notwendig, aber nicht hinreichend. Dann muss die Erfüllung beider Partizipationsbedingungen explizit betrachtet werden.

### 3.1.7 Mögliche Konstellationen der Erwartungen

Die von beiden Akteuren erwarteten Zahlungen in den jeweiligen Umweltzuständen wurden bisher nicht näher festgelegt. Insbesondere wird nicht gefordert, dass die von beiden Akteuren erwarteten Zahlungen im guten bzw. schlechten Zustand identisch sind. Dies kann dazu führen, dass durch das Unternehmen im Zeitpunkt $t = 2$ eine Zahlung realisiert wird, die von mindestens einem der Akteure nicht erwartet wurde. Da im hier gewählten Modellrahmen jedoch nur eine Betrachtung auf Basis der Erwartungen im Zeitpunkt des möglichen Vertragsschlusses in $t = 1$ erfolgt und die Erwartungen nicht aktualisiert werden, ist die mögliche Realisierung einer solchen Zahlung für diese Arbeit unerheblich. Grundsätzlich sind unter Vernachlässigung der Eintrittswahrscheinlichkeiten somit vier verschiedene Konstellationen der bewertungsrelevanten Erwartungen von K und V möglich (siehe Abbildung 13). Jede der vier modellierten Konstellationen kann später separat betrachtet werden.

[238] Auch bei Indifferenz stimmt K somit dem Kontrakt zu.

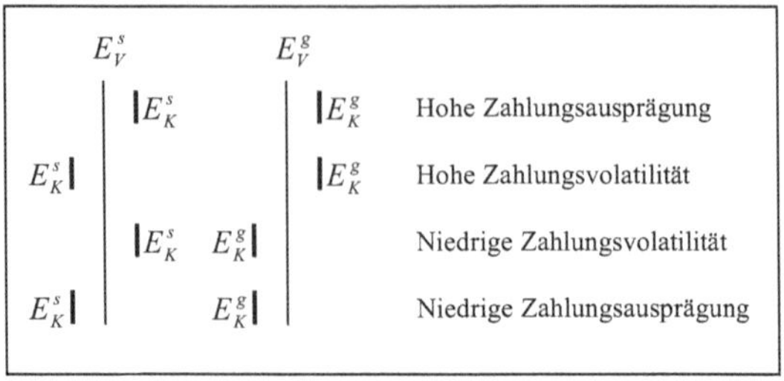


**Abb. 13:** Mögliche Konstellationen der Erwartungen (schematisch)

(1) Als „hohe Zahlungsausprägung" des Käufers wird eine Konstellation mit $E_K^g \geq E_V^g$ und $E_K^s \geq E_V^s$ bezeichnet. Wegen der Annahme $U_V > U_K$ gelten $p > q$ und $E_K^s < U_V$. Der Käufer K erwartet in beiden Umweltzuständen eine höhere Zahlung als der Verkäufer V. Allerdings hält K den Eintritt des schlechten Umweltzustandes für wahrscheinlicher als V.

(2) Als „hohe Zahlungsvolatilität" des Käufers wird eine Konstellation mit $E_K^g \geq E_V^g$ und $E_K^s < E_V^s$ bezeichnet. Der Käufer K erwartet dann Zahlungen außerhalb der vom Verkäufer V erwarteten Bandbreite.

(3) Als „niedrige Zahlungsvolatilität" des Käufers wird eine Konstellation mit $E_K^g < E_V^g$ und $E_K^s \geq E_V^s$ bezeichnet. Der Käufer K erwartet dann Zahlungen innerhalb der vom Verkäufer V erwarteten Bandbreite.

(4) Als „niedrige Zahlungsausprägung" des Käufers wird eine Konstellation mit $E_K^g < E_V^g$ und $E_K^s < E_V^s$ bezeichnet. Der Käufer K erwartet in beiden Umweltzuständen eine niedrigere Zahlung als der Verkäufer V. Ein Spezialfall ist die „besonders niedrige Zahlungsausprägung", bei der zusätzlich $E_K^g < E_V^s$ gilt. Die von K erwartete Zahlung im guten Zustand liegt dann unter der von V erwarteten Zahlung im schlechten Zustand.

### 3.1.8 Bewertung von Kontrakten

Im formulierten Modellrahmen werden verschiedene Kontrakte auf ihre Eignung zur Verbesserung des Einigungsbereichs untersucht. An dieser Stelle werden zunächst geeignete Kriterien zur Bewertung dieser Kontrakte entwickelt.

Zunächst wird das Optimalitätskriterium definiert. Aus einer Menge von Kontrakten wird ein Kontrakt $\Omega^*$ genau dann als „optimal" bezeichnet, wenn kein anderer Kontrakt aus dieser Menge einen größeren Einigungsbereich ermöglicht als $\Omega^*$. In der Literatur ist der optimale Kontrakt häufig der Kontrakt, der die erwartete Reichtumsposition eines Akteurs maximiert, sofern der andere Akteur seinen Reservationsnutzen erhält. Falls hier zusätzlich die Annahme eingeführt werden würde, dass ein Akteur nur seinen Reservationsnutzen erhält, entspräche die hier gewählte Formulierung auf Basis des Einigungsbereiches dieser üblichen Formulierung des optimalen Kontrakts.[239]

Zur möglichen Ordnung von Kontrakten wird zusätzlich ein Dominanzkriterium definiert. Ein Kontrakt $\Omega^*$ wird gegenüber einem anderen Kontrakt $\Omega$ genau dann als „dominant“ bezeichnet, wenn unter $\Omega^*$ ein größerer Einigungsbereich erreichbar ist als unter $\Omega$.

Um einen Kontrakt, der die Transaktion durch eine ausreichende Verbesserung des Einigungsbereiches ermöglicht, zu charakterisieren, wird ein allgemeines Bewertungskriterium definiert. Ein Kontrakt wird genau dann als „ausreichend“ bezeichnet, wenn er gleichzeitig die Partizipationsbedingungen von K und V erfüllt. Dann liegt ein nichtnegativer Einigungsbereich vor und die Transaktion wird ermöglicht.

### 3.1.9 Vorgehen zur Analyse von Kontrakten

Käufer K und Verkäufer V haben unterschiedliche Erwartungen bezüglich bewertungsrelevanter Zustände für das Unternehmen U. Sie können daher auch Finanzinstrumente, die sich auf diese Zustände beziehen, unterschiedlich bewerten. Diese Bewertungsdifferenzen können zur Verbesserung negativer Einigungsbereiche beitragen. Grundsätzlich bieten sich dafür alle entsprechend ausgestalteten Instrumente mit bedingten Zahlungen an. Die folgenden Abschnitte werden zunächst die Eignung der bisherigen Standardinstrumente (Kaufpreiszahlung in bar oder mit Aktien) betrachten. Danach konzentriert sich die Analyse auf Kontrakte mit Optionen, ausfallbedrohtem Fremdkapital und Earn-out-Vereinbarungen. Anschließend werden wesentliche Annahmen des Basismodells gelockert. Den Abschluss dieses Kapitels bildet die Zusammenfassung der Modellergebnisse mit einem Vergleich der betrachteten Kontrakte.

[239] Vgl. u.a. die Arbeiten von HANSEN, R. (1987), FISHMAN, M. (1989), BERKOVITCH, E./KIM, E. H. (1990), ECKBO, E./GIAMMARINO, R./HEINKEL, R. (1990), ADMATI, A. R./PFLEIDERER, P. (1994), BERGLÖF, E. (1994), TRESTER, J. J. (1998) und LAMINET, J. (2003).

## 3.2 Standardinstrumente Barzahlung und Aktien

In der gängigen Literatur werden bei der Untersuchung des Zahlungsmittels bei M&A-Transaktionen regelmäßig zwei Instrumente betrachtet. Ein Standardinstrument ist die Kaufpreiszahlung in bar. Das andere Standardinstrument ist die Kaufpreiszahlung durch Aktien eines fusionierten Unternehmens nach der Transaktion. Diese Instrumente werden in den folgenden Abschnitten auf ihre Eignung in der speziellen Situation negativer Einigungsbereiche untersucht.

### 3.2.1 Kaufpreiszahlung in bar (oder mit nicht ausfallbedrohtem Fremdkapital)

Ein Kontrakt $\Omega_B$ mit reiner Barzahlung des Kaufpreises enthält lediglich sichere Zahlungen. Barzahlungen erfolgen im Augenblick des Vertragsabschlusses ($t = 1$) oder durch eine sichere Zahlung zu einem späteren Zeitpunkt ($t = 2$). Die Zahlung ist jedoch nicht abhängig von der bei $t = 2$ realisierten Zahlung $E^*$ (siehe Abbildung 14).

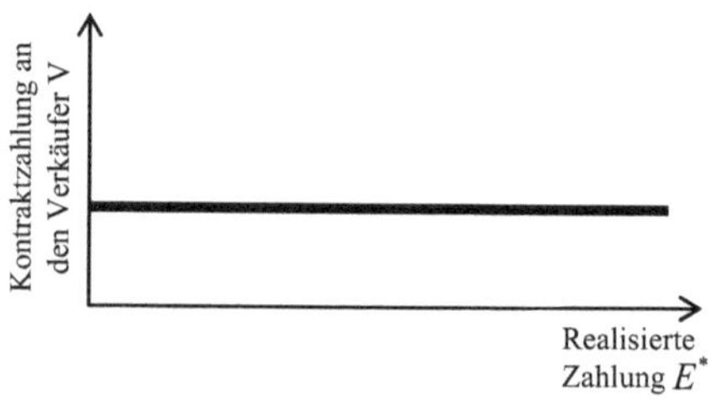


**Abb. 14:** Zahlungsstruktur unter $\Omega_B$

Eine solche sichere Zahlung zu einem späteren Zeitpunkt entspricht sicherem, d.h. nicht ausfallbedrohtem Fremdkapital. K und V bewerten diese sicheren Zahlungen identisch mit $B_K = B_V$. Somit besteht zwischen K und V keine Bewertungsdifferenz unter dem Kontrakt $\Omega_B$: $D^{\Omega_B} = B_V - B_K = 0$. Der Einigungsbereich kann unter $\Omega_B$ nicht verbessert werden und bleibt negativ: $EB^{\Omega_B} = D^{\Omega_B} - D^U = -D^U = EB^U < 0$. Die allgemeine Transaktionsbedingung wird unter $\Omega_B$ nie erfüllt: $D^{\Omega_B} < D^U$. Zur Veranschaulichung folgt das numerische Beispiel 1-1.

---

**Beispiel 1-1**

Betrachteter Kontrakt: $\Omega_B$ (Barzahlung)

| | |
|---|---|
| **Bewertung von U durch V** | $U_V = 100$ |
| **Bewertung von U durch K** | $U_K = 95$ |

Bewertungsdifferenz bzgl. U: $D^U = U_V - U_K = 5$

| Barzahlung | |
|---|---|
| Maximale Barzahlung durch K | $B_K = U_K = 95$ |
| Bewertung dieses Angebots durch V | $B_V = 95$ |
| Bewertungsdifferenz bzgl. $\Omega_B$ | $D^{\Omega_B} = B_V - B_K = 0$ |
| Einigungsbereich unter $\Omega_B$ | $EB^{\Omega_B} = D^{\Omega_B} - D^U = -5$ |

Der Einigungsbereich kann bei Barzahlung des Kaufpreises nicht verbessert werden.

---

**Satz 1-1:** Ein Kontrakt $\Omega_B$ mit einer reinen Barzahlung des Kaufpreises (oder mit Zahlung durch sicheres, nicht ausfallbedrohtes Fremdkapital) kann den Einigungsbereich nicht verbessern. Die Transaktion kann unter $\Omega_B$ nicht stattfinden.

### 3.2.2 Kaufpreiszahlung mit Aktien

Bei einer Kaufpreiszahlung mit Aktien unter einem Kontrakt $\Omega_A$ erhält V keine Barzahlung, sondern Aktien eines fusionierten Unternehmens.[240] Der Wert der Aktien ist somit von den bei $t = 2$ durch das fusionierte Unternehmen realisierten Zahlungen $E^*$ und $X^*$ abhängig (siehe Abbildung 15).

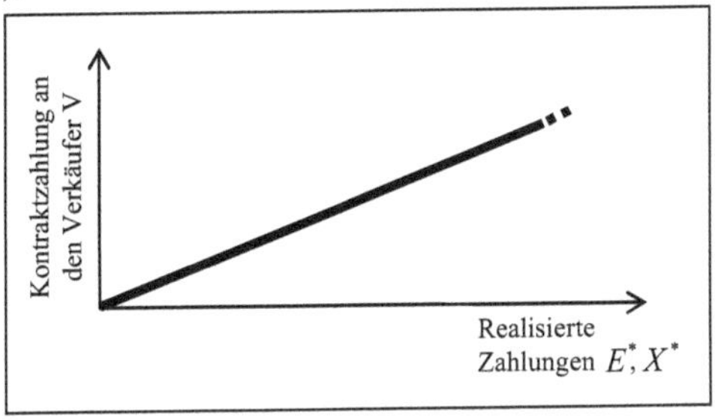


**Abb. 15:** Zahlungsstruktur unter $\Omega_A$

Zur Bewertung des Kontraktes $\Omega_A$ ist für K und V zunächst die Bewertung des fusionierten Unternehmens erforderlich. Der Wert des fusionierten Unternehmens wird nicht nur durch den Wert des zu verkaufenden Unternehmens U, sondern auch durch den Wert des übernehmenden Unternehmens X bestimmt. In den folgenden Abschnitten wird dazu der Kontrakt $\Omega_A$ bei gleicher und bei unterschiedlicher Bewertung des übernehmenden Unternehmens X durch K und V untersucht. Da unter $\Omega_A$ keine Barzahlung vorgesehen ist, werden die Partizipationsbedingungen der Akteure K und V explizit betrachtet.

---

240 Siehe dazu Abschnitt 3.1.5. In der Literatur soll dieses Kontraktdesign primär das übernehmende Unternehmen bzw. dessen Anteilseigner davor schützen, einen zu hohen Preis für das zu übernehmende Unternehmen U zu zahlen. Siehe dazu Abschnitt 2.4.2.

### 3.2.2.1 Identische Bewertung des Unternehmens X

Bei identischer Bewertung des Unternehmens X nach der Transaktion durch K und V bewerten es beide Akteure identisch mit $X_V = X_K > 0$.

Der Käufer K bewertet das fusionierte Unternehmen mit $X_V + U_K$ und einen Anteil $\alpha$ am fusionierten Unternehmen mit $A_K = \alpha(X_V + U_K)$. Gemäß seiner Partizipationsbedingung wird K somit nur Kontrakten $\Omega_A$ mit $\alpha \leq \frac{U_K}{X_V + U_K}$ zustimmen. Der Verkäufer V bewertet das fusionierte Unternehmen mit $X_V + U_V$ und einen Anteil $\alpha$ am fusionierten Unternehmen mit $A_V = \alpha(X_V + U_V)$. Gemäß seiner Partizipationsbedingung wird V somit nur Kontrakten $\Omega_A$ mit $\alpha \geq \frac{U_V}{X_V + U_V}$ zustimmen.

Die Bewertungsdifferenz bezüglich des Kontraktes $\Omega_A$ ist für $U_V > U_K$ immer positiv: $D^{\Omega_A} = \alpha(X_V + U_V) - \alpha(X_V + U_K) = \alpha(U_V - U_K) > 0$. Unter einem Kontrakt $\Omega_A$ mit maximalem Anteilsangebot von K, $\alpha = \frac{U_K}{X_V + U_K}$ (Indifferenz des Käufers K), beträgt die Bewertungsdifferenz $D^{\Omega_A} = \frac{U_K}{X_V + U_K}(X_V + U_V) - U_K = \frac{U_K(U_V - U_K)}{X_V + U_K}$. Aufgrund von $X_V > 0$ gilt $\frac{U_K}{X_V + U_K} < 1$ und somit $D^{\Omega_A} = \frac{U_K(U_V - U_K)}{U_K + X_V} < U_V - U_K = D^U$. Die allgemeine Transaktionsbedingung kann somit unter einem Kontrakt $\Omega_A$ nicht erfüllt werden. Zur Veranschaulichung folgt das numerische Beispiel 1-2.

**Satz 1-2:** Bei identischer Bewertung des übernehmenden Unternehmens X durch K und V wird der Einigungsbereich durch Kaufpreiszahlung mit Aktien unter einem Kontrakt $\Omega_A$ immer verbessert. Der Einigungsbereich bleibt jedoch negativ. Ein Kontrakt $\Omega_A$ dominiert somit die Barzahlung unter $\Omega_B$, wird aber nie ausreichend.

---

**Beispiel 1-2**

Betrachteter Kontrakt: $\Omega_A$ (Aktien eines fusionierten Unternehmens)

| | |
|---|---|
| **Bewertung von U durch V** | $U_V = 100$ |
| **Bewertung von U durch K** | $U_K = 95$ |
| **Bewertung von X durch K** | $X_K = 1000$ |

Bewertungsdifferenz bzgl. U: $D^U = U_V - U_K = 5$

| **Identische Bewertung des Unternehmens X durch K und V ( $X_K = X_V = 1000$ )** | |
|---|---|
| Maximales Anteilsangebot von K | $\alpha = \frac{U_K}{X_V + U_K} = \frac{95}{1000+95} = 8{,}676\%$ <br> Bewertung durch K: $A_K = 95$ |
| Bewertung des maximalen Anteilsangebots von K durch V | $\alpha(X_V + U_V) = 8{,}676\%(1000+100) = 95{,}43$ <br> Bewertung durch V: $A_V = 95{,}43$ |
| Bewertungsdifferenz bzgl. $\Omega_A$ | $D^{\Omega_A} = A_V - A_K = 0{,}43$ |
| Einigungsbereich unter $\Omega_A$ | $EB^{\Omega_A} = D^{\Omega_A} - D^U = -4{,}57$ |

Der Einigungsbereich kann bei identischer Bewertung des übernehmenden Unternehmens X verbessert werden, er bleibt jedoch negativ.

---

### 3.2.2.2 Unterschiedliche Bewertung des Unternehmens X

Bei einer unterschiedlichen Bewertung des Unternehmens X nach der Transaktion durch K und V bewertet K das Unternehmen X mit $X_K > 0$. V bewertet X mit $X_V > 0$.

Der Käufer K bewertet das fusionierte Unternehmen mit $X_K + U_K$ und einen Anteil $\alpha$ am fusionierten Unternehmen mit $A_K = \alpha(X_K + U_K)$. Gemäß seiner Partizipationsbedingung wird K somit nur Kontrakten $\Omega_A$ mit $\alpha \le \frac{U_K}{X_K + U_K}$ zustimmen. Der Verkäufer V bewertet das fusionierte Unternehmen mit $X_V + U_V$ und einen Anteil $\alpha$ am fusionierten Unternehmen mit $A_V = \alpha(X_V + U_V)$. Gemäß seiner Partizipationsbedingung wird V somit nur Kontrakten $\Omega_A$ mit $\alpha \ge \frac{U_V}{X_V + U_V}$ zustimmen.

Die Bewertungsdifferenz bezüglich $\Omega_A$ beträgt $D^{\Omega_A} = \alpha(X_V + U_V - X_K - U_K)$. Ein Kontrakt $\Omega_A$ kann den Einigungsbereich genau dann verbessern, wenn V dem fusionierten Unternehmen einen höheren Wert zuordnet als K: $U_V + X_V > U_K + X_K$. Unter einem Kontrakt $\Omega_A$ mit maximalem Anteilsangebot von K, $\alpha = \frac{U_K}{X_K + U_K}$ (Indifferenz von K), beträgt die Bewertungsdifferenz $D^{\Omega_A} = \frac{U_K}{U_K + X_K}(U_V + X_V) - U_K$. Die allgemeine Transaktionsbedingung wird erfüllt, wenn $\frac{U_K}{U_K + X_K}(U_V + X_V) \ge U_V$ gilt, was $\frac{X_V}{X_K} \ge \frac{U_V}{U_K}$ entspricht. Der Verkäufer V muss das übernehmende Unternehmen also ausreichend höher bewerten als der Käufer K: Mit zunehmender Größe des übernehmenden Unternehmens X ist zudem eine höhere absolute Bewertungsdifferenz bezüglich X notwendig.[241] Zur Veranschaulichung folgt das numerische Beispiel 1-3.

**Satz 1-3:** Wenn V das übernehmende Unternehmen X ausreichend höher bewertet als K, kann der Einigungsbereich bei Zahlung mit Aktien unter $\Omega_A$ verbessert werden. Ein Kontrakt $\Omega_A$ dominiert einen Kontrakt $\Omega_B$ unter $U_V + X_V > U_K + X_K$, wird aber nur mit $\frac{X_V}{X_K} \geq \frac{U_V}{U_K}$ ausreichend.

---

**Beispiel 1-3**

Betrachteter Kontrakt: $\Omega_A$ (Aktien eines fusionierten Unternehmens)

| | |
|---|---|
| **Bewertung von U durch V** | $U_V = 100$ |
| **Bewertung von U durch K** | $U_K = 95$ |
| **Bewertung von X durch K** | $X_K = 1000$ |

Bewertungsdifferenz bzgl. U: $D^U = U_V - U_K = 5$

| **Unterschiedliche Bewertung des Unternehmens X durch K und V ($X_K = 1000$)** | |
|---|---|
| Maximales Anteilsangebot von K | $\alpha = \frac{U_K}{X_K + U_K} = \frac{95}{1000 + 95} = 8{,}676\%$ <br> $A_K = 95$ |
| Ausreichende Überbewertung des Unternehmens X durch V | $X_V = X_K \frac{U_V}{U_K} = 1000 \frac{100}{95} = 1052{,}63$ |
| Bewertung des maximalen Anteilsangebots von K durch V | $\alpha(X_V + U_V) = 8{,}676\%(1052{,}63 + 100) = 100$ <br> $A_V = 100$ |
| Bewertungsdifferenz bzgl. $\Omega_A$ | $D^{\Omega_A} = A_V - A_K = 5$ |
| Einigungsbereich unter $\Omega_A$ | $EB^{\Omega_A} = D^{\Omega_A} - D^U = 0$ |

Bei einer ausreichend höheren Bewertung des übernehmenden Unternehmens X durch V als durch K ist ein nichtnegativer Einigungsbereich erreichbar.

---

### 3.2.2.3 Zusammenfassung und Interpretation der Ergebnisse

Bei gleicher Bewertung des übernehmenden Unternehmens X durch K und V ist unter $\Omega_A$ mit reiner Kaufpreiszahlung durch Aktien kein nichtnegativer Einigungsbereich erreichbar. Um einen nichtnegativen Einigungsbereich zu erreichen, muss V das übernehmende Unternehmen X ausreichend höher bewerten als K. Demzufolge ist nur dann ein

[241] Die Größe bezieht sich hier auf den Wert des Unternehmens.

nichtnegativer Einigungsbereich erreichbar, wenn der Verkäufer über Informationsvorteile bezüglich des Wertes des übernehmenden Unternehmens verfügt oder zu verfügen glaubt.

### 3.2.3 Kaufpreiszahlung durch Kombination von Barzahlung und Aktien

Unter einem Kontrakt $\Omega_{BA}$ erfolgt die Zahlung des Kaufpreises durch eine Kombination aus Barzahlung und Aktien des fusionierten Unternehmens. Der Wert der Aktienkomponente ist abhängig von der in $t = 2$ realisierten Zahlung $E^*$ (siehe Abbildung 16). Wegen der Barzahlungskomponente ist keine explizite Betrachtung der Partizipationsbedingungen beider Akteure erforderlich.[242] Statt dessen erfolgt die Untersuchung der allgemeinen Transaktionsbedingung.

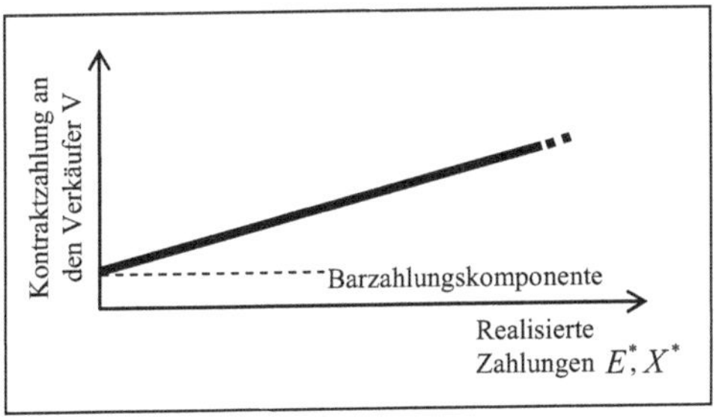


**Abb. 16:** Zahlungsstruktur unter $\Omega_{BA}$

Der Verkäufer V bewertet einen Kontrakt $\Omega_{BA}$ auf Basis der Barzahlungskomponente und seines Anteils $\alpha_{BA} \in (0;1)$ an den Zahlungen des fusionierten Unternehmen mit $BA_V = B_V + \alpha_{BA}(X_V + U_V)$. Der Käufer bewertet einen Kontrakt $\Omega_{BA}$ entsprechend mit $BA_K = B_K + \alpha_{BA}(X_K + U_K)$. Wegen $B_K = B_V$ beträgt die Bewertungsdifferenz bezüglich $\Omega_{BA}$ somit $D^{\Omega_{BA}} = \alpha_{BA}(X_V + U_V - X_K - U_K)$. Wenn das fusionierte Unternehmen durch V höher bewertet wird als durch K ($U_V + X_V > U_K + X_K$), ist die Bewertungsdifferenz bezüglich $\Omega_{BA}$ positiv und der Einigungsbereich wird verbessert. Falls K und V das übernehmende Unternehmen X identisch bewerten, beträgt der Einigungsbereich $EB^{\Omega_{BA}} = (1-\alpha_{BA})(U_K - U_V)$ und bleibt wegen $\alpha_{BA} \in (0;1)$ negativ.

Bei unterschiedlicher Bewertung des übernehmenden Unternehmens X durch K und V beträgt der Einigungsbereich $EB^{\Omega_{BA}} = (1-\alpha_{BA})(U_K - U_V) + \alpha_{BA}(X_V - X_K)$. Ein nichtnegativer Einigungsbereich ist dann erreichbar, wenn $\frac{1-\alpha_{BA}}{\alpha_{BA}} \leq \frac{X_V - X_K}{U_V - U_K}$ gilt. Durch Wahl eines entsprechenden $\alpha_{BA} \in (0;1)$ ist diese Bedingung immer dann erfüllbar, wenn V das übernehmende Unternehmen X höher bewertet als K ($X_V > X_K$). Diese Höherbewertung ist

242 Siehe dazu Abschnitt 3.1.6.

jedoch nur dann möglich, wenn V über Informationsvorteile bezüglich des übernehmenden Unternehmens X verfügt oder zu verfügen glaubt. Der Anteil $\alpha_{BA}$ steigt mit sinkendem $X_V$. Falls V das übernehmende Unternehmen X nur geringfügig höher bewertet als K, wird V einen hohen Anteil $\alpha_{BA}$ zur Erreichung eines nichtnegativen Einigungsbereiches halten müssen. Zudem wird bei einem Anteil $\alpha_{BA} > \frac{U_K}{X_K + U_K}$ der Käufer eine Kompensation in Höhe einer negativen Barzahlungskomponente ($B_K < 0$) fordern. V muss dann eine Barzahlung an K leisten.[243]

**Satz 1-4:** Wenn V das fusionierte Unternehmen höher bewertet als K, kann durch Wahl des Anteils $\alpha_{BA}$ ein ausreichender Kontrakt $\Omega_{BA}$ mit einer Kombination aus Aktien und Barzahlung formuliert werden.

Der maximal durch K angebotene Anteil $\alpha_{BA}$ beträgt $\alpha_{BA} = \frac{U_K - B_K}{X_K + U_K}$ und sinkt mit steigender Barzahlungskomponente. Im Vergleich zu einem Kontrakt $\Omega_A$ mit reiner Aktienzahlung ($B_K = 0$) wird der maximal von K angebotene Anteil bei positiver Barzahlung ($B_K > 0$) daher niedriger sein ($\alpha_{BA} < \alpha$). Bei einem Vergleich der absoluten Beträge wird die maximale Bewertungsdifferenz bezüglich des Kontrakts $\Omega_{BA}$ dann niedriger sein als die Bewertungsdifferenz bezüglich des Kontrakts $\Omega_A$ mit reiner Aktienzahlung. Ein Kontrakt $\Omega_{BA}$ mit Zahlung des Kaufpreises durch Aktien und positive Barzahlung ($B_K > 0$) wird somit entweder durch einen Kontrakt $\Omega_A$ mit reiner Aktienzahlung oder durch einen Kontrakt $\Omega_B$ mit reiner Barzahlung dominiert. Zur Veranschaulichung der Ergebnisse zu $\Omega_{BA}$ folgt das numerische Beispiel 1-4.

**Satz 1-5:** Ein Kontrakt $\Omega_{BA}$ mit einer Kombination aus Aktien und positiver Barzahlung wird entweder durch eine reine Barzahlung unter $\Omega_B$ oder eine reine Aktienzahlung unter $\Omega_A$ dominiert.

---

[243] Inwieweit eine solche Transaktion als Übernahme von U oder als Erwerb von Anteilen an X zu charakterisieren ist, wird hier nicht weiter erörtert.

**Beispiel 1-4**

Betrachteter Kontrakt: $\Omega_{BA}$ (Kombination von Barzahlung und Aktien)

| | |
|---|---|
| **Bewertung von U durch V** | $U_V = 100$ |
| **Bewertung von U durch K** | $U_K = 95$ |
| **Bewertung von X durch K** | $X_K = 1000$ |

Bewertungsdifferenz bzgl. U: $D^U = U_V - U_K = 5$

| **Unterschiedliche Bewertung des Unternehmens X durch K und V** | |
|---|---|
| Barzahlungskomponente | $B_K = B_V = 50$ |
| Maximales Anteilsangebot von K | $\alpha_{BA} = \frac{U_K - B_K}{X_K + U_K} = \frac{95-50}{1000+95} = 4{,}306\%$ <br> $A_K = 45$ <br> Kontraktbewertung: $BA_K = B_K + A_K = 95$ |
| Ausreichende Überbewertung des Unternehmens X durch V | $X_V = X_K \frac{U_V - B_V}{U_K - B_K} = 1000\frac{50}{45} = 1111{,}11$ |
| Bewertung des maximalen Anteilsangebots von K durch V | $\alpha(X_V + U_V) = 4{,}306\%(1111{,}11 + 100) = 50$ <br> $A_V = 50$ <br> Kontraktbewertung: $BA_V = B_V + A_V = 100$ |
| Bewertungsdifferenz bzgl. $\Omega_{BA}$ | $D^{\Omega_{BA}} = BA_V - BA_K = 5$ |
| Einigungsbereich unter $\Omega_{BA}$ | $EB^{\Omega_{BA}} = D^{\Omega_{BA}} - D^U = 0$ |

Bei einer ausreichend höheren Bewertung des übernehmenden Unternehmens X durch V als durch K ist auch bei einer positiven Barzahlung in Höhe von $B_K = B_V = 50$ ein nichtnegativer Einigungsbereich erreichbar. Jedoch muss X durch V höher bewertet werden als bei einem reinem Aktienkontrakt $\Omega_A$ (vgl. Beispiel 1-3). Auch bei einer geringeren Bewertung des übernehmenden Unternehmens X durch V wird unter $\Omega_{BA}$ ein nichtnegativer Einigungsbereich möglich. Dazu wird in der folgenden Übersicht ein ausreichender Kontrakt für das betrachtete Beispiel bei einer niedrigeren Bewertung des übernehmenden Unternehmens X durch V ( $X_V = 1050$ ) hergeleitet.

| **Unterschiedliche Bewertung des Unternehmens X durch K und V** | |
|---|---|
| Bedingung für einen ausreichenden Kontrakt $\Omega_{BA}$ | $\frac{1-\alpha_{BA}}{\alpha_{BA}} \leq \frac{X_V - X_K}{U_V - U_K} = \frac{1050-1000}{100-95} = 10$ |
| Mindestanteil für einen ausreichenden Kontrakt $\Omega_{BA}$ | $\alpha_{BA} \geq \frac{1}{11} = 9{,}\overline{09}\%$ |
| Erforderliche Barzahlungskomponenten bei $\alpha_{BA} = \frac{1}{11} = 9{,}\overline{09}\%$ | $B_V \geq U_V - \alpha_{BA}(X_V + U_V) = 100 - \frac{1050+100}{11} = -4{,}\overline{54}$ <br> $B_K \leq U_K - \alpha_{BA}(X_K + U_K) = 95 - \frac{1000+95}{11} = -4{,}\overline{54}$ |
| Kontraktbewertung bei $\alpha_{BA} = \frac{1}{11} = 9{,}\overline{09}\%$ und $B_K = B_V = -4{,}\overline{54}$ | $BA_V = B_V + A_V = \frac{1150}{11} - 4{,}\overline{54} = 100$ <br> $BA_K = B_K + A_K = \frac{1095}{11} - 4{,}\overline{54} = 95$ |
| Bewertungsdifferenz bzgl. $\Omega_{BA}$ | $D^{\Omega_{BA}} = BA_V - BA_K = 5$ |
| Einigungsbereich unter $\Omega_{BA}$ | $EB^{\Omega_{BA}} = D^{\Omega_{BA}} - D^U = 0$ |

Falls der Verkäufer V das übernehmende Unternehmen X höher bewertet als K, ist durch Wahl des Anteils $\alpha_{BA}$ ein ausreichender Kontrakt $\Omega_{BA}$ möglich. Im betrachteten Beispiel liegt die Bewertung von X durch V ($X_V = 1050$) unter der im Beispiel 1-3 bei reiner Aktienzahlung gemäß $\Omega_A$ erforderlichen Bewertung von $X_V = 1052{,}63$. Der an V gewährte Anteil $\alpha_{BA} = 9{,}\overline{09}\%$ liegt über dem Anteil $\alpha = 8{,}676\%$ bei reiner Aktienzahlung gemäß $\Omega_A$. Entsprechend ist eine negative Barzahlungskomponente von $B_K = B_V = -4{,}\overline{54}$ erforderlich. Der Verkäufer leistet diese Zahlung an den Käufer K.

---

### 3.2.4 Eignung der Standardinstrumente Barzahlung und Aktien

Die Standardinstrumente Barzahlung und Zahlung mit Aktien im Rahmen von M&A-Transaktionen eignen sich nur sehr begrenzt in Fällen negativer Einigungsbereiche. Durch Barzahlung ist keine Verbesserung des Einigungsbereiches möglich und kein nichtnegativer Einigungsbereich erreichbar. Die Transaktion findet nicht statt. Die Zahlung des Kaufpreises mit Aktien eines fusionierten Unternehmens kann nur dann den Einigungsbereich verbessern, wenn V das übernehmende Unternehmen X ausreichend höher bewertet als K. Diese Bedingung wird jedoch nur dann erfüllt sein, wenn V über entsprechende Informationsvorteile bezüglich des übernehmenden Unternehmens X verfügt oder zu verfügen glaubt. Bei asymmetrischer Informationsverteilung bezüglich des Wertes von Unternehmen wird jedoch regelmäßig unterstellt, dass das Unternehmen und dessen bisherige Anteilseigner über den Unternehmenswert besser informiert sind als Externe. Unternehmen neigen deshalb dazu, Aktien zu emittieren, wenn sie nicht unterbewertet sind.[244] Bei Antizipation dieses Verhaltens durch einen rationalen Verkäufer ist mit Aktien kein nichtnegativer Einigungsbereich erreichbar. Eine Kombination aus Aktien und positiver Barzahlung wird durch reine Aktien- oder reine Barzahlungskontrakte dominiert. Bei Zulassung negativer Barzahlungskomponenten, durch die der Verkäufer Zahlungen an den Käufer leistet, ist immer dann ein nichtnegativer Einigungsbereich erreichbar, wenn der Verkäufer das übernehmende Unternehmen höher bewertet als der Käufer. Im Grenzfall wird V jedoch einen sehr hohen Anteil am fusionierten Unternehmen halten.

[244] Siehe dazu u.a. MAJLUF, N. S./MYERS, S. C. (1984) und HANSEN, R. (1987).

### 3.3 Klassische Verkaufsoption (Put-Option)

Unter einem Kontrakt $\Omega_P$ verkauft V das Unternehmen U an K gegen Zahlung einer Barkomponente bei gleichzeitiger Gewährung einer klassischen Verkaufsoption (Put-Option). Die Put-Option gewährt dem Käufer K das Recht, das veräußerte Unternehmen U in $t = 2$ zu einem bereits zum Vertragsabschluss bei $t = 1$ festgelegten Preis $S_P$ (Ausübungspreis) an V zurückzuverkaufen.[245] Als Alternative zum vollständigen Rückverkauf des Unternehmens kann auch ein Barausgleich vorgesehen sein.[246] Bei einem Barausgleich wird V nicht das Unternehmen U zurückkaufen, sondern die Differenz zwischen $S_P$ und tatsächlich realisierter Zahlung $E^*$ in $t = 2$ an K zahlen. Faktisch garantiert V somit eine Mindestzahlung $S_P$ des Unternehmens U und übernimmt das Risiko geringerer Zahlungen (siehe Abbildung 17).[247] Die Put-Option wird nur dann durch K ausgeübt, wenn sie bei $t = 2$ einen positiven Wert aufweist ($E^* < S_P$).

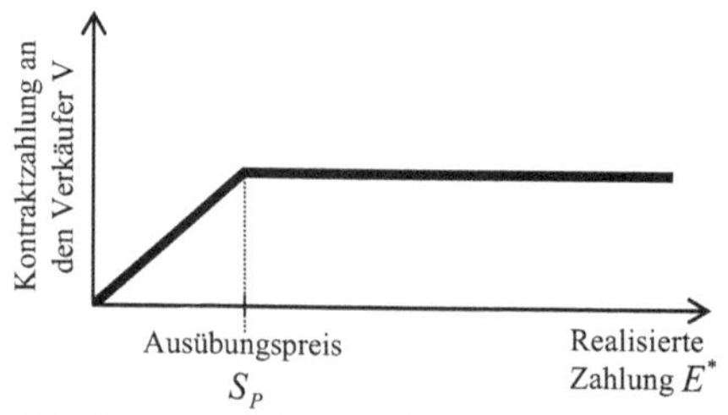


**Abb. 17:** Zahlungsstruktur unter $\Omega_P$

In den folgenden Abschnitten werden zunächst die Optionsbewertungen aus Sicht der beiden Akteure K und V hergeleitet. Anschließend werden die allgemeine Transaktionsbedingung und das Bewertungskriterium für Kontrakte $\Omega_P$ konkretisiert sowie Bewertungsdifferenzen bezüglich des Kontraktes $\Omega_P$ ermittelt. Auf Basis der Erwartungskonstellationen wird die Eignung von $\Omega_P$ zur Verbesserung des Einigungsbereiches untersucht. Abschließend werden die Ergebnisse zusammengefasst.

#### 3.3.1 Optionsbewertung durch den Verkäufer V

Der Verkäufer V berücksichtigt bei Bewertung der Put-Option die gleichen Erwartungen wie bei der Bewertung des Unternehmens U. Basis für die Optionsbewertung sind somit die

245 Alternativ wäre theoretisch auch die Gewährung einer Verkaufsoption durch den Käufer an den Verkäufer denkbar. Da hier jedoch von einem vollständigen Unternehmensverkauf ausgegangen wird, hat der Verkäufer nicht mehr die Möglichkeit, die Verkaufsoption auszuüben. (Er ist nicht mehr im Besitz des Unternehmens.)

246 Damit können auch in der Realität bestehende hohe Transaktionskosten aus der Rückabwicklung vermieden werden. Allerdings können dadurch bei ex post Informationsasymmetrie unterschiedliche Anreize zu opportunistischem Verhalten gesetzt werden. Siehe dazu Abschnitte 3.8.2 und 4.2.

247 Vgl. BAUMS, T. (1993), S. 1273.

erwarteten Zahlungen $E_V^g$ und $E_V^s$ sowie die Wahrscheinlichkeit $p$ für den Eintritt des guten Zustands. V wird bei Ausübung der Put-Option durch K die Unterschreitung des vereinbarten Ausübungspreises $S_P$ durch die realisierte Zahlung $E^*$ erstatten.

V erwartet im guten Zustand die Realisierung der Zahlung $E_V^g$. Falls der Ausübungspreis $S_P$ unter $E_V^g$ liegt, erwartet V keine Ausübung der Option im guten Zustand und somit auch keine Zahlung. Entsprechend wird V den Eintritt des schlechten Zustands berücksichtigen. In Abhängigkeit des Ausübungspreises $S_P$ bewertet V die Put-Option dann gemäß $P_V = p(\max(S_P - E_V^g, 0)) + (1-p)(\max(S_P - E_V^s, 0))$.[248] Die diskrete Zahlungsverteilung erfordert eine Fallunterscheidung nach drei möglichen Bereichen des Ausübungspreises $S_P$ aus Sicht von V (siehe Abbildung 18).

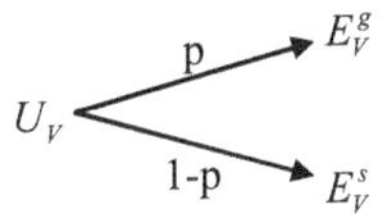


| Ausübungspreis | Bewertung Put-Option |
|---|---|
| $S_P > E_V^g$ | $P_V = S_P - U_V$ |
| $E_V^s \le S_P \le E_V^g$ | $P_V = (1-p)(S_P - E_V^s)$ |
| $S_P < E_V^s$ | $P_V = 0$ |

**Abb. 18:** Bewertung der Put-Option durch V

Im Fall eines hohen Ausübungspreises gemäß $S_P > E_V^g$ bewertet V die Put-Option mit $P_V = p(S_P - E_V^g) + (1-p)(S_P - E_V^s) = S_P - U_V > 0$. V erwartet für jeden Umweltzustand eine niedrigere Zahlung als den vereinbarten Ausübungspreis $S_P$ und somit eine sichere Ausübung der Put-Option.

Im Fall eines mittleren Ausübungspreises gemäß $E_V^s \le S_P \le E_V^g$ bewertet V die Put-Option mit $P_V = p(0) + (1-p)(S_P - E_V^s) = (1-p)(S_P - E_V^s) \ge 0$. V erwartet nur im schlechten Zustand eine niedrigere Zahlung als den vereinbarten Ausübungspreis $S_P$. Er erwartet die Ausübung der Put-Option somit nur mit der Wahrscheinlichkeit $1-p$.

Im Fall eines niedrigen Ausübungspreises gemäß $S_P < E_V^s$ bewertet V die Put-Option mit $P_V = p(0) + (1-p)(0) = 0$. V erwartet keine niedrigere Auszahlung als $S_P$ und somit auch keine Ausübung der Put-Option. Die Put-Option hat für V dann keinen Wert.

248 Vgl. HULL, J. C. (2006), S. 184f., 241ff.

### 3.3.2 Optionsbewertung durch den Käufer K

Der Käufer K berücksichtigt bei Bewertung der Put-Option die gleichen Erwartungen wie bei der Bewertung des Unternehmens U. Basis für die Optionsbewertung sind somit die erwarteten Zahlungen $E_K^g$ und $E_K^s$ sowie die Wahrscheinlichkeit $q$ für den Eintritt des guten Zustands. K erhält bei Ausübung der Put-Option eine Zahlung in Höhe der Unterschreitung des Ausübungspreises $S_P$ durch die realisierte Zahlung $E^*$.

Der Käufer K erwartet im guten Zustand die Realisierung der Zahlung $E_K^g$. Falls der Ausübungspreis $S_P$ unter $E_K^g$ liegt, erwartet K keine Ausübung der Option im guten Zustand und somit auch keine Zahlung. Entsprechend wird K den Eintritt des schlechten Zustands berücksichtigen. In Abhängigkeit des Ausübungspreises $S_P$ bewertet K die Put-Option dann gemäß $P_K = q(\max(S_P - E_K^g, 0)) + (1-q)(\max(S_P - E_K^s, 0))$. Die diskrete Zahlungsverteilung erfordert eine Fallunterscheidung nach drei möglichen Bereichen des Ausübungspreises $S_P$ aus Sicht von K (siehe Abbildung 19).

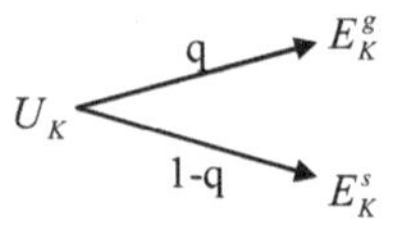


| Ausübungspreis | Bewertung Put-Option |
|---|---|
| $S_P > E_K^g$ | $P_K = S_P - U_K$ |
| $E_K^s \le S_P \le E_K^g$ | $P_K = (1-q)(S_P - E_K^s)$ |
| $S_P < E_K^s$ | $P_K = 0$ |

**Abb. 19:** Bewertung der Put-Option durch K

Im Fall eines hohen Ausübungspreises gemäß $S_P > E_K^g$ bewertet K die Put-Option mit $P_K = q(S_P - E_K^g) + (1-q)(S_P - E_K^s) = S_P - U_K > 0$. K erwartet für jeden Umweltzustand eine niedrigere Zahlung als den vereinbarten Ausübungspreis $S_P$ und somit eine sichere Ausübung der Put-Option.

Im Fall eines mittleren Ausübungspreises gemäß $E_K^s \le S_P \le E_K^g$ bewertet K die Put-Option mit $P_K = q(0) + (1-q)(S_P - E_K^s) = (1-q)(S_P - E_K^s) \ge 0$. K erwartet nur im schlechten Zustand eine niedrigere Zahlung als den vereinbarten Ausübungspreis $S_P$. Er erwartet die Ausübung der Put-Option somit nur mit der Wahrscheinlichkeit $1-q$.

Im Fall eines niedrigen Ausübungspreises gemäß $S_P < E_K^s$ bewertet K die Put-Option mit $P_K = q(0) + (1-q)(0) = 0$. K erwartet keine niedrigere Auszahlung als $S_P$ und somit auch keine Ausübung der Put-Option. Die Put-Option hat für K dann keinen Wert.

### 3.3.3 Konkretisierung von Transaktionsbedingung und Bewertungskriterium

Um die Transaktion zu ermöglichen, wurde die allgemeine Transaktionsbedingung $D^{\Omega} = \sum_t G_t^{V,\Omega} - \sum_t G_t^{K,\Omega} \geq U_V - U_K = D^U$ formuliert.[249] Diese Bedingung wird nun für den Kontrakt $\Omega_P$ mit einer Put-Option konkretisiert.

Unter $\Omega_P$ nimmt V eine Stillhalter-Position ein und verpflichtet sich damit zu Zahlungen an K, falls dieser die Put-Option ausübt. V erwartet zu leistende Zahlungen, die den Wert des Kontraktes $\Omega_P$ aus seiner Sicht vermindern. Entsprechend erwartet K eine (teilweise) Rückerstattung der geleisteten Barkomponente, falls die tatsächlich realisierte Zahlung $E^*$ unter $S_P$ liegt. Die konkretisierte Transaktionsbedingung lautet dann: $D^{\Omega_P} = P_K - P_V \geq U_V - U_K = D^U$.[250] Da der Kontrakt $\Omega_P$ eine Barzahlungskomponente enthält, liegt bei Erfüllung der konkretisierten Transaktionsbedingung ein nichtnegativer Einigungsbereich vor: $EB^{\Omega_P} = D^{\Omega_P} - D^U = U_K + P_K - U_V - P_V \geq 0$.

Auf Basis der Transaktionsbedingung wird auch das allgemeine Bewertungskriterium für die Kontrakte $\Omega_P$ konkretisiert. Als „ausreichend“ wird ein Kontrakt $\Omega_P$ genau dann bezeichnet, wenn er die konkretisierte Transaktionsbedingung erfüllt. Dominanzkriterium und Optimalitätskriterium bleiben unverändert.

### 3.3.4 Bewertungsdifferenzen bei Verkaufsoptionen

In den beiden vorangegangenen Abschnitten wurden jeweils drei Ausübungspreis-Bereiche der Put-Option für Verkäufer V und Käufer K betrachtet. Zur Ermittlung möglicher Bewertungsdifferenzen $D^{\Omega_P} = P_K - P_V$ sind somit insgesamt acht Fälle zu unterscheiden (siehe Abbildung 20). Der Fall mit $S_P > E_V^g$ und $S_P < E_K^s$ kann wegen $U_V > U_K > E_K^s$ nicht auftreten.

| Ausübungspreis aus Sicht von K \ Ausübungspreis aus Sicht von V | $S_P < E_V^s$ | $E_V^s \leq S_P \leq E_V^g$ | $S_P > E_V^g$ |
|---|---|---|---|
| $S_P > E_K^g$ | 1 | 2 | 3 |
| $E_K^s \leq S_P \leq E_K^g$ | 4 | 5 | 6 |
| $S_P < E_K^s$ | 7 | 8 | nicht möglich |

**Abb. 20:** Ausübungspreis-Bereiche der Put-Option

249 Siehe Abschnitt 3.1.6.

250 Zur Herleitung siehe Anhang A.

Zunächst werden die Fälle eines hohen Ausübungspreises aus Sicht von K gemäß $S_P > E_K^g$ betrachtet. K bewertet die Put-Option dann mit $P_K = S_P - U_K > 0$. Der Verkäufer V bewertet die Put-Option jedoch in Abhängigkeit der Relation des Ausübungspreises $S_P$ zu den von ihm erwarteten Zahlungen unterschiedlich.

(1) Im Fall eines niedrigen Ausübungspreises gemäß $S_P < E_V^s$ bewertet V die Put-Option mit $P_V = 0$. Der Käufer K bewertet die Put-Option höher als der Verkäufer V. Daraus folgt eine positive Bewertungsdifferenz $D^{\Omega_P} = S_P - U_K > 0$, die mit steigendem Ausübungspreis $S_P$ steigt. Allerdings gilt wegen $S_P < E_V^s < U_V$ auch $D^{\Omega_P} < U_V - U_K$. Die Bewertungsdifferenz bezüglich des Kontrakts $\Omega_P$ kann die Bewertungsdifferenz bezüglich des Unternehmens U nicht vollständig kompensieren. Es gilt $0 < D^{\Omega_P} < D^U$.

(2) Im Fall eines mittleren Ausübungspreises gemäß $E_V^s \leq S_P \leq E_V^g$ bewertet V die Put-Option mit $P_V = (1-p)(S_P - E_V^s) \geq 0$. In Abhängigkeit der Parameter bewertet K die Put-Option höher als V. Die Bewertungsdifferenz ist $D^{\Omega_P} = S_P - U_K - (1-p)(S_P - E_V^s)$. Umformung führt zu $D^{\Omega_P} = U_V - U_K - p(E_V^g - S_P)$.[251] Mit steigendem Ausübungspreis $S_P$ steigt die Bewertungsdifferenz $D^{\Omega_P}$. Im Fall $S_P = E_V^g$ entspricht die Bewertungsdifferenz bezüglich $\Omega_P$ der Bewertungsdifferenz bezüglich U: $D^{\Omega_P} = D^U$.

(3) Im Fall eines hohen Ausübungspreises gemäß $S_P > E_V^g$ bewertet V die Put-Option mit $P_V = S_P - U_V > 0$. Beide Akteure ordnen der Put-Option einen positiven Wert zu. Wegen $U_V > U_K$ bewertet K die Put-Option jedoch höher als V. Daraus folgt eine positive Bewertungsdifferenz $D^{\Omega_P} = U_K - U_K > 0$, die unabhängig vom Ausübungspreis $S_P$ ist und der Bewertungsdifferenz bezüglich U entspricht: $D^{\Omega_P} = D^U$.

Jetzt werden die Fälle eines mittleren Ausübungspreises aus Sicht von K gemäß $E_K^s \leq S_P \leq E_K^g$ betrachtet. K bewertet die Put-Option mit $P_K = (1-q)(S_P - E_K^s) \geq 0$. Der Verkäufer V bewertet die Put-Option jedoch in Abhängigkeit der Relation des Ausübungspreises $S_P$ zu den von ihm erwarteten Zahlungen unterschiedlich.

(4) Im Fall eines niedrigen Ausübungspreises gemäß $S_P < E_V^s$ bewertet V die Put-Option mit $P_V = 0$. Der Käufer K bewertet die Put-Option höher als der Verkäufer V. Daraus folgt eine

[251] Siehe Anhang B.

positive Bewertungsdifferenz $D^{\Omega_P} = (1-q)(S_P - E_K^s) \geq 0$, die mit steigendem Ausübungspreis $S_P$ steigt. In Abhängigkeit der Parameter ist es möglich, dass die Bewertungsdifferenz bezüglich $\Omega_P$ die Bewertungsdifferenz bezüglich U erreicht oder übersteigt.[252]

(5) Im Fall eines mittleren Ausübungspreises gemäß $E_V^s \leq S_P \leq E_V^g$ bewertet V die Put-Option mit $P_V = (1-p)(S_P - E_V^s) \geq 0$. Es folgt $D^{\Omega_P} = (1-q)(S_P - E_K^s) - (1-p)(S_P - E_V^s)$. Umformung führt zu $D^{\Omega_P} = U_V - U_K + (q-p)(E_V^g - S_P) - q(E_V^g - E_K^g)$. In Abhängigkeit der Parameter ist eine positive Bewertungsdifferenz bezüglich $\Omega_P$ möglich. Dann bewertet der Käufer die Put-Option höher als der Verkäufer. Die Bewertungsdifferenz bezüglich $\Omega_P$ kann die Bewertungsdifferenz bezüglich U erreichen oder übersteigen.[253]

(6) Im Fall eines hohen Ausübungspreises gemäß $S_P > E_V^g$ bewertet V die Put-Option mit $P_V = S_P - U_V > 0$. K bewertet die Put-Option höher als V. Die Bewertungsdifferenz bezüglich $\Omega_P$ beträgt $D^{\Omega_P} = U_V - (qS_P + (1-q)E_K^s) \geq U_V - U_K > 0$ und erreicht oder übersteigt die Bewertungsdifferenz bezüglich U: $D^{\Omega_P} \geq D^U$.

Abschließend werden die Fälle eines niedrigen Ausübungspreises von K gemäß $S_P < E_K^s$ betrachtet. K bewertet die Put-Option dann mit $P_K = 0$. Der Verkäufer V bewertet die Put-Option jedoch in Abhängigkeit der Relation des Ausübungspreises $S_P$ zu den von ihm erwarteten Zahlungen unterschiedlich.

(7) Im Fall eines niedrigen Ausübungspreises gemäß $S_P < E_V^s$ bewertet V die Put-Option mit $P_V = 0$. Da die Put-Option von beiden Akteuren als nicht werthaltig betrachtet wird, besteht auch keine Bewertungsdifferenz: $D^{\Omega_P} = 0$.

(8) Im Fall eines mittleren Ausübungspreises gemäß $E_V^s \leq S_P \leq E_V^g$ bewertet V die Put-Option mit $P_V = (1-p)(S_P - E_V^s) \geq 0$. K bewertet die Put-Option nicht höher als V. Daraus folgt eine nichtpositive Bewertungsdifferenz $D^{\Omega_P} = (1-p)(E_V^s - S_P) \leq 0$.

In Abbildung 21 sind die Ergebnisse zu den Bewertungsdifferenzen im Überblick dargestellt. Put-Optionen mit niedrigen Ausübungspreisen gemäß $S_P < E_K^s$ weisen keine positive Bewertungsdifferenz zwischen K und V auf.

---

[252] Siehe Anhang C.

[253] Siehe Anhang D.

| Ausübungspreis aus Sicht von K | $S_P < E_V^s$ | $E_V^s \le S_P \le E_V^g$ | $S_P > E_V^g$ |
|---|---|---|---|
| $S_P > E_K^g$ | 1 $0 < D^{\Omega_P} < D^U$ | 2 $D^{\Omega_P} \le D^U$ | 3 $D^{\Omega_P} = D^U$ |
| $E_K^s \le S_P \le E_K^g$ | 4 $D^{\Omega_P} \ge 0$ | 5 parameter-abhängig | 6 $D^{\Omega_P} \ge D^U$ |
| $S_P < E_K^s$ | 7 $D^{\Omega_P} = 0$ | 8 $D^{\Omega_P} \le 0$ | nicht möglich |

Ausübungspreis aus Sicht von V

**Abb. 21:** Bewertungsdifferenzen $D^{\Omega_P}$ nach Ausübungspreis-Bereichen

### 3.3.5 Kontraktgestaltung

In diesem Abschnitt werden auf Basis der ermittelten Bewertungsdifferenzen diejenigen Kontrakte $\Omega_P$ ermittelt, die einen nichtnegativen Einigungsbereich zwischen K und V ermöglichen. Die vier möglichen Erwartungskonstellationen werden separat betrachtet. Anschließend werden die Ergebnisse zusammengeführt und bewertet.

#### 3.3.5.1 Kontraktgestaltung bei hoher Zahlungsausprägung

Die Erwartungskonstellation „hohe Zahlungsausprägung" ist durch $E_K^g \ge E_V^g$, $E_K^s \ge E_V^s$ und $p > q$ charakterisiert. Der Käufer K erwartet in beiden Umweltzuständen eine höhere Zahlung als der Verkäufer V. Allerdings hält K den Eintritt des schlechten Umweltzustandes für wahrscheinlicher als V. Zur Untersuchung von $\Omega_P$ werden daher fünf Bereiche des Ausübungspreises $S_P$ betrachtet (siehe Abbildung 22). Dabei wird jeweils direkt auf die Bewertungsdifferenzen aus Abschnitt 3.3.4 zurückgegriffen.

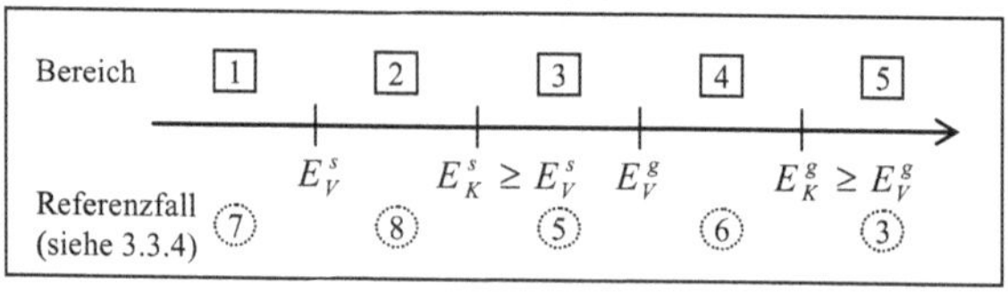


**Abb. 22:** Betrachtete Bereiche bei „hoher Zahlungsausprägung"

(1) Im ersten Bereich gemäß $S_P < E_V^s$ besteht zwischen K und V keine Bewertungsdifferenz bezüglich des Kontrakts $\Omega_P$: $D^{\Omega_P} = 0$.[254] Der Einigungsbereich wird nicht verändert und ist unabhängig von $S_P$ negativ: $EB^{\Omega_P} = D^{\Omega_P} - D^U = -D^U = EB^U < 0$.

(2) Im zweiten Bereich gemäß $E_V^s \le S_P < E_K^s$ besteht eine nichtpositive Bewertungsdifferenz bezüglich des Kontrakts $\Omega_P$: $D^{\Omega_P} = (1-p)(E_V^s - S_P) \le 0$.[255] Bei $S_P = E_V^s$ liegt keine

[254] Das entspricht Fall 7 aus Abschnitt 3.3.4.
[255] Das entspricht Fall 8 aus Abschnitt 3.3.4.

Bewertungsdifferenz vor, mit steigendem Ausübungspreis der Put-Option $S_P$ sinkt $D^{\Omega_P}$. Der Einigungsbereich wird nicht verbessert und bleibt negativ: $EB^{\Omega_P} = D^{\Omega_P} - D^U \leq -D^U = EB^U < 0$.

(3) Im dritten Bereich gemäß $E_K^s \leq S_P \leq E_V^g$ beträgt die Bewertungsdifferenz bezüglich $\Omega_P$ $D^{\Omega_P} = (1-q)(S_P - E_K^s) - (1-p)(S_P - E_V^s)$.[256] Bei $S_P = E_K^s$ liegt eine nichtpositive Bewertungsdifferenz vor: $D^{\Omega_P} = (1-p)(E_V^s - E_K^s) \leq 0$. Wegen $p > q$ steigt $D^{\Omega_P}$ mit steigendem $S_P$. Der maximale Einigungsbereich wird mit $S_P = E_V^g$ erreicht. Die Bewertungsdifferenz beträgt dann $D^{\Omega_P} = U_V - U_K + q(E_K^g - E_V^g) \geq U_V - U_K = D^U$.[257] Mit $S_P = E_V^g$ wird unter dem Kontrakt $\Omega_P$ ein nichtnegativer Einigungsbereich erreicht: $EB^{\Omega_P} = D^{\Omega_P} - D^U = q(E_K^g - E_V^g) \geq 0$. Falls der Käufer K im guten Zustand eine höhere Zahlung erwartet als der Verkäufer V, ist der Einigungsbereich mit $S_P = E_V^g$ positiv. Der niedrigste Ausübungspreis, der dann einen nichtnegativen Einigungsbereich ermöglicht, ist $S_P = \frac{pE_V^g - qE_K^g}{p-q} = E_V^g - \frac{q(E_K^g - E_V^g)}{p-q}$.[258] Dann beträgt der Einigungsbereich $EB^{\Omega_P} = 0$ und es besteht für die Akteure Indifferenz zwischen der Transaktion unter einem derartigen Kontrakt und dem Nichtstattfinden der Transaktion.

(4) Im vierten Bereich gemäß $E_V^g < S_P \leq E_K^g$ besteht eine positive Bewertungsdifferenz: $D^{\Omega_P} = U_V - (qS_P + (1-q)E_K^s) \geq U_V - U_K > 0$.[259] Bei Wahl von $S_P = E_K^g$ entspricht die Bewertungsdifferenz bezüglich $\Omega_P$ der Bewertungsdifferenz bezüglich U: $D^{\Omega_P} = D^U$. Mit sinkendem $S_P$ steigt $D^{\Omega_P}$. Durch einen Ausübungspreis gemäß $E_V^g < S_P \leq E_K^g$ ist immer ein nichtnegativer Einigungsbereich erreichbar: $EB^{\Omega_P} = D^{\Omega_P} - D^U \geq 0$.[260]

(5) Im fünften Bereich gemäß $S_P > E_K^g$ besteht unabhängig von der Wahl des Ausübungspreises $S_P$ eine positive Bewertungsdifferenz: $D^{\Omega_P} = U_V - U_K > 0$.[261] Beide

[256] Das entspricht Fall 5 aus Abschnitt 3.3.4.

[257] Dies wurde in Abschnitt 3.3.4 in Verbindung mit Anhang D (Fall 2b) hergeleitet.

[258] Aufgrund $E_K^s \geq E_V^s$ und $U_K < U_V$ gilt $E_V^g - \frac{q(E_K^g - E_V^g)}{p-q} > E_K^s$.

[259] Das entspricht Fall 6 aus Abschnitt 3.3.4.

[260] Der Fall $S_P = E_V^g$ führt zu einem Einigungsbereich von $EB^{\Omega_P} = q(E_K^g - E_V^g) \geq 0$ und wurde bereits im dritten Bereich gemäß $E_K^s \leq S_P \leq E_V^g$ ermittelt.

[261] Das entspricht Fall 3 aus Abschnitt 3.3.4.

Akteure erwarten die sichere Ausübung der Put-Option. Der Einigungsbereich ist nichtnegativ: $EB^{\Omega_P} = D^{\Omega_P} - D^U = 0$.

Für die fünf Bereiche des Ausübungspreises $S_P$ wurden die Bewertungsdifferenzen mit ihrer Wirkung auf den Einigungsbereich untersucht. Eine Übersicht der Ergebnisse zum Kontrakt $\Omega_P$ bei „hoher Zahlungsausprägung" enthält Tabelle 1.

| **Unter-suchungs-bereich** | **Bewertungsdifferenz $D^{\Omega_P}$, Einigungsbereich $EB^{\Omega_P}$ und ausreichende Kontrakte $\Omega_P$** | **Einfluss von $S_P$ auf $EB^{\Omega_P}$** |
|---|---|---|
| (1) gemäß $S_P < E_V^s$ | $D^{\Omega_P} = 0$,<br>$EB^{\Omega_P} = -D^U < 0$<br>Kein Kontrakt $\Omega_P$ ist ausreichend. | neutral |
| (2) gemäß $E_V^s \le S_P < E_K^s$ | $D^{\Omega_P} = (1-p)(E_V^s - S_P) \le 0$,<br>$EB^{\Omega_P} \le -D^U < 0$<br>Kein Kontrakt $\Omega_P$ ist ausreichend. | negativ |
| (3) gemäß $E_K^s \le S_P \le E_V^g$ | $D^{\Omega_P} = (1-q)(S_P - E_K^s) - (1-p)(S_P - E_V^s)$,<br>Ausreichende Kontrakte mit $S_P \ge E_V^g - \frac{q(E_K^g - E_V^g)}{p-q}$<br>Optimaler Kontrakt $\Omega_P$ mit $S_P = E_V^g$ führt zu<br>$EB^{\Omega_P} = q(E_K^g - E_V^g) \ge 0$ | positiv |
| (4) gemäß $E_V^g < S_P \le E_K^g$ | $D^{\Omega_P} = U_V - (qS_P + (1-q)E_K^s) \ge D^U > 0$<br>Alle Kontrakte $\Omega_P$ sind ausreichend: $EB^{\Omega_P} \ge 0$ | negativ |
| (5) gemäß $S_P > E_K^g$ | $D^{\Omega_P} = D^U > 0$<br>Alle Kontrakte $\Omega_P$ sind ausreichend: $EB^{\Omega_P} = 0$ | neutral |

**Tab. 1:** Ergebnisse zu $\Omega_P$ bei „hoher Zahlungsausprägung"

**Satz 2-1:** Bei „hohen Zahlungsausprägungen" sind alle $\Omega_P$ mit $S_P \ge E_V^g - \frac{q(E_K^g - E_V^g)}{p-q}$ ausreichend. Der optimale Kontrakt $\Omega_P$ führt unter $E_K^g > E_V^g$ mit $S_P = E_V^g$ zu einem positiven Einigungsbereich $EB^{\Omega_P} = q(E_K^g - E_V^g) > 0$.

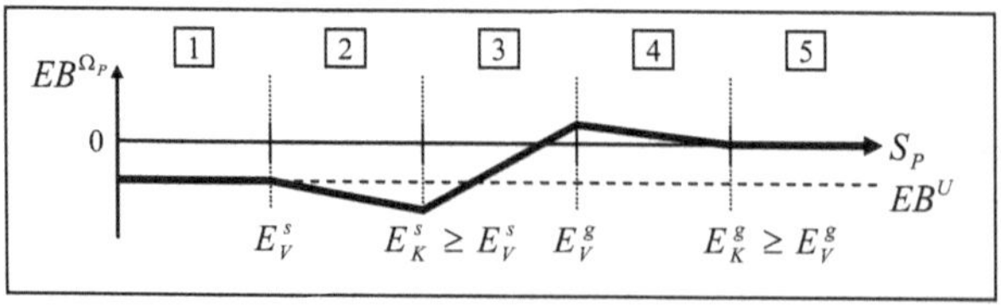


**Abb. 23:** Einigungsbereich unter $\Omega_P$ bei „hoher Zahlungsausprägung"

In Abbildung 23 wird der Einigungsbereich unter $\Omega_P$ in der Erwartungskonstellation „hohe Zahlungsausprägung" in Abhängigkeit vom Ausübungspreis $S_P$ schematisch dargestellt. Zur Veranschaulichung folgt das numerische Beispiel 2-1.

---

**Beispiel 2-1**

Betrachteter Kontrakt: $\Omega_P$ (Gewährung einer Put-Option an Käufer K)

Erwartungskonstellation: „hohe Zahlungsausprägung"

| **Verkäufer V** | | **Käufer K** | |
|---|---|---|---|
| $E_V^g = 120$ | $p = 0{,}5$ | $E_K^g = 125$ | $q = 0{,}25$ |
| $E_V^s = 80$ | $U_V = 100$ | $E_K^s = 85$ | $U_K = 95$ |

Bewertungsdifferenz bezüglich U: $D^U = U_V - U_K = 5$

| **Kontraktspezifikation** | | | | |
|---|---|---|---|---|
| $S_P$ | $P_V$ | $P_K$ | $D^{\Omega_P}$ | $EB^{\Omega_P}$ |
| 80 | 0,00 | 0,00 | 0,00 | -5,00 |
| 90 | 5,00 | 3,75 | -1,25 | -6,25 |
| 100 | 10,00 | 11,25 | 1,25 | -3,75 |
| 115 | 17,50 | 22,50 | 5,00 | 0,00 |
| 120 | 20,00 | 26,25 | 6,25 | 1,25 |
| 125 | 25,00 | 30,00 | 5,00 | 0,00 |

Ein nichtnegativer Einigungsbereich wird mit einem Ausübungspreis der Put-Option von $S_P \geq 115$ erreicht. Die notwendige Barzahlung bei $S_P = 115$ beträgt 117,5.

| **Erfüllung der Partizipationsbedingungen von V und K (bei $S_P = 115$)** | | | | |
|---|---|---|---|---|
| $S_P$ | Barzahlungs-komponente | Wert Put-Option | Wert Kontrakt gesamt | Grenzpreis für U |
| Verkäufer V | 117,50 | 17,50 | 100 | 100 |
| Käufer K | 117,50 | 22,50 | 95 | 95 |

Die Partizipationsbedingungen von V und K werden erfüllt.

---

### 3.3.5.2 Kontraktgestaltung bei hoher Zahlungsvolatilität

Die Erwartungskonstellation „hohe Zahlungsvolatilität" ist durch $E_K^g \geq E_V^g$ und $E_K^s < E_V^s$ charakterisiert. Der Käufer K erwartet Zahlungen außerhalb der von V erwarteten Bandbreite. Daraus folgen fünf Bereiche des Ausübungspreises $S_P$, die zur Untersuchung der Eignung von $\Omega_P$ betrachtet werden (siehe Abbildung 24). Dabei wird jeweils direkt auf die Bewertungsdifferenzen aus Abschnitt 3.3.4 zurückgegriffen.

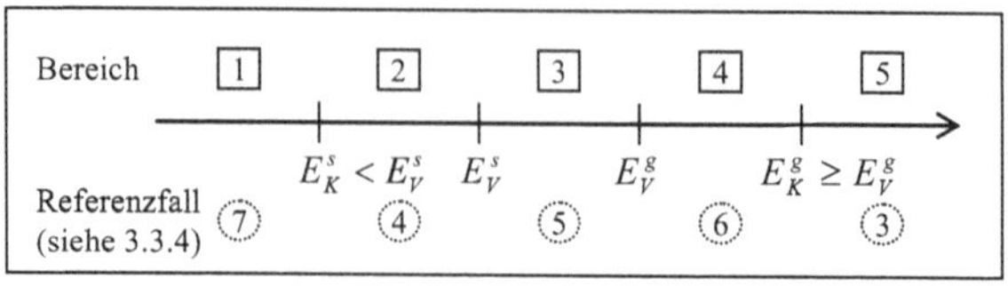


**Abb. 24:** Betrachtete Bereiche bei „hoher Zahlungsvolatilität“

(1) Im ersten Bereich gemäß $S_P < E_K^s$ besteht zwischen K und V keine Bewertungsdifferenz bezüglich des Kontrakts $\Omega_P$: $D^{\Omega_P} = 0$.[262] Der Einigungsbereich wird nicht verändert und bleibt negativ: $EB^{\Omega_P} = D^{\Omega_P} - D^U = -D^U = EB^U < 0$.

(2) Im zweiten Bereich gemäß $E_K^s \leq S_P < E_V^s$ besteht eine nichtnegative Bewertungsdifferenz $D^{\Omega_P} = (1-q)(S_P - E_K^s) \geq 0$.[263] Bei $S_P = E_K^s$ liegt keine Bewertungsdifferenz vor ($D^{\Omega_P} = 0$) und der Einigungsbereich bleibt unverändert: $EB^{\Omega_P} = EB^U < 0$. Mit steigendem Ausübungspreis $S_P$ steigt die Bewertungsdifferenz $D^{\Omega_P}$. Es ist jedoch nur dann ein nichtnegativer Einigungsbereich erreichbar, falls $q(E_K^g - E_V^s) > p(E_V^g - E_V^s)$ gilt.[264] Der niedrigste Ausübungspreis, der dann einen nichtnegativen Einigungsbereich ermöglicht, ist $S_P = E_K^s + \frac{U_V - U_K}{1-q} > E_K^s$. Dann beträgt der Einigungsbereich $EB^{\Omega_P} = 0$ und es besteht für die Akteure Indifferenz zwischen der Transaktion unter einem derartigen Kontrakt und dem Nichtstattfinden der Transaktion.

(3) Im dritten Bereich gemäß $E_V^s \leq S_P \leq E_V^g$ beträgt die Bewertungsdifferenz bezüglich $\Omega_P$ $D^{\Omega_P} = U_V - U_K + (q-p)(E_V^g - S_P) - q(E_V^g - E_K^g)$.[265] Wegen $E_K^g \geq E_V^g$ wird mit $S_P = E_V^g$ ein nichtnegativer Einigungsbereich von $EB^{\Omega_P} = q(E_K^g - E_V^g) \geq 0$ erreicht.

Falls V den guten Zustand mit einer höheren Wahrscheinlichkeit erwartet als K ($p > q$), steigt $D^{\Omega_P}$ mit steigendem $S_P$. Der Ausübungspreis $S_P = E_V^g$ führt dann zum maximalen Einigungsbereich von $EB^{\Omega_P} = q(E_K^g - E_V^g) \geq 0$. Der niedrigste Ausübungspreis für einen ausreichenden Kontrakt ist $S_P = \max\left(E_V^g - \frac{q(E_K^g - E_V^g)}{p-q}; E_V^s\right) \leq E_V^g$.[266]

[262] Das entspricht Fall 7 aus Abschnitt 3.3.4.

[263] Das entspricht Fall 4 aus Abschnitt 3.3.4.

[264] Dies wurde in Abschnitt 3.3.4 in Verbindung mit Anhang C (Fall 1) hergeleitet.

[265] Das entspricht Fall 5 aus Abschnitt 3.3.4.

[266] Solange $q(E_K^g - E_V^s) \leq p(E_V^g - E_V^s)$ gilt, entspricht $E_V^g - \frac{q(E_K^g - E_V^g)}{p-q}$ mindestens der von V erwarteten Auszahlung im schlechten Zustand $E_V^s$.

Falls V den guten Zustand mit einer niedrigeren Wahrscheinlichkeit erwartet als K ( $p < q$ ), sinkt $D^{\Omega_P}$ mit steigendem $S_P$. Der maximale Einigungsbereich wird dann mit $S_P = E_V^s$ erreicht und beträgt $EB^{\Omega_P} = q(E_K^g - E_V^s) - p(E_V^g - E_V^s) \geq 0$. Entsprechend sind mit allen Ausübungspreisen $E_V^s \leq S_P \leq E_V^g$ ausreichende Kontrakte $\Omega_P$ möglich.

Falls V und K den guten Zustand mit gleicher Wahrscheinlichkeit erwarten ( $p = q$ ), ermöglicht jeder Ausübungspreis im Intervall $E_V^s \leq S_P \leq E_V^g$ einen nichtnegativen Einigungsbereich $EB^{\Omega_P} = D^{\Omega_P} - D^U = q(E_K^g - E_V^g) \geq 0$.

(4) Im vierten Bereich gemäß $E_V^g < S_P \leq E_K^g$ besteht eine positive Bewertungsdifferenz: $D^{\Omega_P} = U_V - (qS_P + (1-q)E_K^s) \geq D^U$.[267] Bei Wahl von $S_P = E_K^g$ entspricht die Bewertungsdifferenz bezüglich $\Omega_P$ der Bewertungsdifferenz bezüglich U: $D^{\Omega_P} = D^U$. Mit sinkendem Ausübungspreis steigt die Bewertungsdifferenz $D^{\Omega_P}$ und damit auch der Einigungsbereich. Durch Wahl eines Ausübungspreises gemäß $E_V^g < S_P \leq E_K^g$ ist somit ein nichtnegativer Einigungsbereich erreichbar: $EB^{\Omega_P} = D^{\Omega_P} - D^U \geq 0$.

(5) Im fünften Bereich gemäß $S_P > E_K^g$ besteht unabhängig von der Wahl des Ausübungspreises $S_P$ eine positive Bewertungsdifferenz: $D^{\Omega_P} = U_V - U_K > 0$.[268] Beide Akteure erwarten die sichere Rückabwicklung der Transaktion. Der Einigungsbereich ist nichtnegativ: $EB^{\Omega_P} = D^{\Omega_P} - D^U = 0$.

Für die fünf Bereiche des Ausübungspreises $S_P$ wurden die Bewertungsdifferenzen mit ihrer Wirkung auf den Einigungsbereich untersucht. Eine Übersicht der Ergebnisse zum Kontrakt $\Omega_P$ bei „hoher Zahlungsvolatilität" enthält Tabelle 2.

[267] Das entspricht Fall 6 aus Abschnitt 3.3.4.

[268] Das entspricht Fall 3 aus Abschnitt 3.3.4.

| **Unter-suchungs-bereich** | **Bewertungsdifferenz $D^{\Omega_P}$, Einigungsbereich $EB^{\Omega_P}$ und ausreichende Kontrakte $\Omega_P$** | **Einfluss von $S_P$ auf $EB^{\Omega_P}$** |
|---|---|---|
| (1) gemäß $S_P < E_V^s$ | $D^{\Omega_P} = 0$,<br>$EB^{\Omega_P} = -D^U < 0$<br>Kein Kontrakt $\Omega_P$ ist ausreichend. | neutral |
| (2) gemäß $E_K^s \leq S_P < E_V^s$ | $D^{\Omega_P} = (1-q)(S_P - E_K^s) \geq 0$,<br>Falls $q(E_K^g - E_V^s) > p(E_V^g - E_V^s)$, sind Kontrakte $\Omega_P$ mit $S_P \geq E_K^s + \frac{U_V - U_K}{1-q} > E_K^s$ ausreichend. | positiv |
| (3) gemäß $E_V^s \leq S_P \leq E_V^g$ | $D^{\Omega_P} = U_V - U_K + (q-p)(E_V^g - S_P) - q(E_V^g - E_K^g)$,<br><br>bei $p > q$: Mit $S_P \geq \max\left(E_V^g - \frac{q(E_K^g - E_V^g)}{p-q}; E_V^s\right)$ sind alle $\Omega_P$ ausreichend und ein Kontrakt $\Omega_P$ mit $S_P = E_V^g$ ist optimal ($EB^{\Omega_P} = q(E_K^g - E_V^g) \geq 0$).<br><br>bei $p < q$: Alle Kontrakte $\Omega_P$ sind ausreichend und der optimale Kontrakt $\Omega_P$ führt mit $S_P = E_V^s$ zu $EB^{\Omega_P} = q(E_K^g - E_V^s) - p(E_V^g - E_V^s) \geq 0$.<br><br>bei $p = q$: Alle Kontrakte $\Omega_P$ sind ausreichend und optimal mit $EB^{\Omega_P} = q(E_K^g - E_V^g) \geq 0$. | bei $p > q$: positiv,<br><br>bei $p < q$: negativ,<br><br>bei $p = q$: neutral |
| (4) gemäß $E_V^g < S_P \leq E_K^g$ | $D^{\Omega_P} = U_V - (qS_P + (1-q)E_K^s) \geq D^U$,<br>Alle Kontrakte $\Omega_P$ sind ausreichend: $EB^{\Omega_P} \geq 0$. | negativ |
| (5) gemäß $S_P > E_K^g$ | $D^{\Omega_P} = D^U > 0$<br>Alle Kontrakte $\Omega_P$ sind ausreichend: $EB^{\Omega_P} = 0$. | neutral |

**Tab. 2:** Ergebnisse zu $\Omega_P$ bei „hoher Zahlungsvolatilität"

**Satz 2-2:** Bei „hoher Zahlungsvolatilität" sind die Kontrakte $\Omega_P$ ausreichend mit

$$S_P = \begin{cases} S_P \geq E_V^g - \dfrac{q(E_K^g - E_V^g)}{p-q} & \forall\ q(E_K^g - E_V^s) \leq p(E_V^g - E_V^s) \\ S_P \geq E_K^s + \dfrac{U_V - U_K}{1-q} & \forall\ q(E_K^g - E_V^s) > p(E_V^g - E_V^s) \end{cases}$$

. Für den optimalen $\Omega_P$ gilt

$$S_P = \begin{cases} E_V^g & \forall\ p > q \\ E_V^s \leq S_P \leq E_V^g & \forall\ p = q \\ E_V^s & \forall\ p < q \end{cases} \text{ und } EB^{\Omega_P} = \begin{cases} q(E_K^g - E_V^g) & \forall\ p > q \\ q(E_K^g - E_V^g) & \forall\ p = q \\ q(E_K^g - E_V^s) - p(E_V^g - E_V^s) & \forall\ p < q \end{cases}.$$

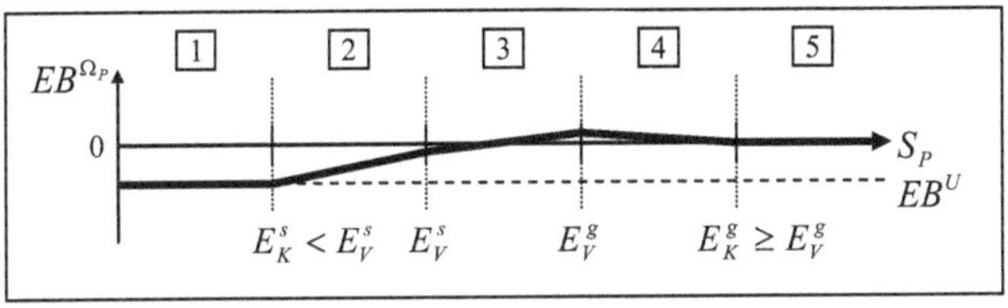


**Abb. 25:** Einigungsbereich unter $\Omega_P$ bei „hoher Zahlungsvolatilität" – Fall 1

Zum besseren Verständnis werden die verschiedenen Fälle bei „hoher Zahlungsvolatilität" unter $\Omega_P$ an mehreren Abbildungen verdeutlicht. In Abbildung 25 wird zunächst der Einigungsbereich unter $\Omega_P$ im Fall $p > q$ mit $q(E_K^g - E_V^s) \leq p(E_V^g - E_V^s)$ in Abhängigkeit vom Ausübungspreis $S_P$ schematisch dargestellt. Zur Veranschaulichung folgt das numerische Beispiel 2-2.

---

**Beispiel 2-2**

Betrachteter Kontrakt: $\Omega_P$ (Gewährung einer Put-Option an Käufer K)

Erwartungskonstellation: „hohe Zahlungsvolatilität" – Fall 1

| **Verkäufer V** | | **Käufer K** | |
|---|---|---|---|
| $E_V^g = 120$ | $p = 0{,}5$ | $E_K^g = 125$ | $q = 0{,}40$ |
| $E_V^s = 80$ | $U_V = 100$ | $E_K^s = 75$ | $U_K = 95$ |

Bewertungsdifferenz bezüglich U: $D^U = U_V - U_K = 5$

| **Kontraktspezifikation** | | | | |
|---|---|---|---|---|
| $S_P$ | $P_V$ | $P_K$ | $D^{\Omega_P}$ | $EB^{\Omega_P}$ |
| 80 | 0 | 3 | 3 | -2 |
| 90 | 5 | 9 | 4 | -1 |
| 100 | 10 | 15 | 5 | 0 |
| 110 | 15 | 21 | 6 | 1 |
| 120 | 20 | 27 | 7 | 2 |
| 125 | 25 | 30 | 5 | 0 |

Ein nichtnegativer Einigungsbereich wird mit einem Ausübungspreis der Put-Option von $S_P \geq 100$ erreicht. Die notwendige Barzahlung bei $S_P = 100$ beträgt 110.

| **Erfüllung der Partizipationsbedingungen von V und K (bei $S_P = 100$)** | | | | |
|---|---|---|---|---|
| $S_P$ | Barzahlungs-komponente | Wert Put-Option | Wert Kontrakt gesamt | Grenzpreis für U |
| Verkäufer V | 110 | 10 | 100 | 100 |
| Käufer K | 110 | 15 | 95 | 95 |

Die Partizipationsbedingungen von V und K werden erfüllt.

---

In Abbildung 26 wird jetzt der Einigungsbereich unter $\Omega_P$ in der Erwartungskonstellation „hohe Zahlungsvolatilität" im Fall $p > q$ und $q(E_K^g - E_V^s) > p(E_V^g - E_V^s)$ in Abhängigkeit vom Ausübungspreis $S_P$ schematisch dargestellt. Der höchste Einigungsbereich wird mit $S_P = E_V^g$ erreicht. Zur Veranschaulichung folgt das numerische Beispiel 2-3.

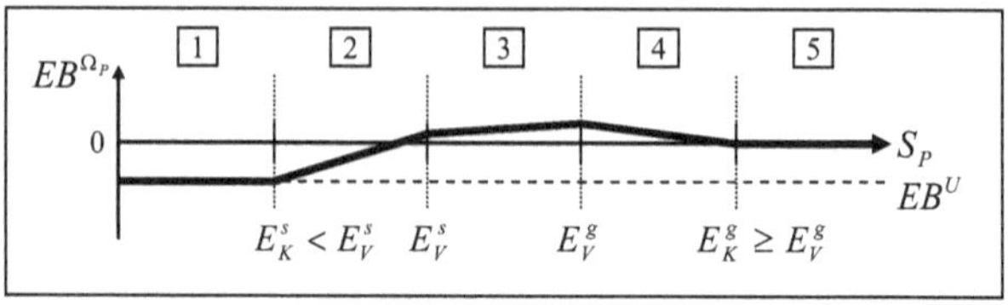


**Abb. 26:** Einigungsbereich unter $\Omega_P$ bei „hoher Zahlungsvolatilität" – Fall 2

---

**Beispiel 2-3**

Betrachteter Kontrakt: $\Omega_P$ (Gewährung einer Put-Option an Käufer K)

Erwartungskonstellation: „hohe Zahlungsvolatilität" – Fall 2

| **Verkäufer V** | | **Käufer K** | |
|---|---|---|---|
| $E_V^g = 120$ | $p = 0{,}5$ | $E_K^g = 170$ | $q = 0{,}25$ |
| $E_V^s = 80$ | $U_V = 100$ | $E_K^s = 70$ | $U_K = 95$ |

Bewertungsdifferenz bezüglich U: $D^U = U_V - U_K = 5$

| **Kontraktspezifikation** | | | | |
|---|---|---|---|---|
| $S_P$ | $P_V$ | $P_K$ | $D^{\Omega_P}$ | $EB^{\Omega_P}$ |
| 70,00 | 0,00 | 0,00 | 0,00 | -5,00 |
| 76,67 | 0,00 | 5,00 | 5,00 | 0,00 |
| 80,00 | 0,00 | 7,50 | 7,50 | 2,50 |
| 100,00 | 10,00 | 22,50 | 12,50 | 7,50 |
| 120,00 | 20,00 | 37,50 | 17,50 | 12,50 |
| 170,00 | 70,00 | 75,00 | 5,00 | 0,00 |

Ein nichtnegativer Einigungsbereich wird mit einem Ausübungspreis der Put-Option von $S_P \geq 76,\overline{6}$ erreicht. Die notwendige Barzahlung bei $S_P = 76,\overline{6}$ beträgt 100.

| **Erfüllung der Partizipationsbedingungen von V und K (bei $S_P = 76,\overline{6}$)** | | | | |
|---|---|---|---|---|
| $S_P$ | Barzahlungs-komponente | Wert Put-Option | Wert Kontrakt gesamt | Grenzpreis für U |
| Verkäufer V | 100 | 0 | 100 | 100 |
| Käufer K | 100 | 5 | 95 | 95 |

Die Partizipationsbedingungen von V und K werden erfüllt.

---

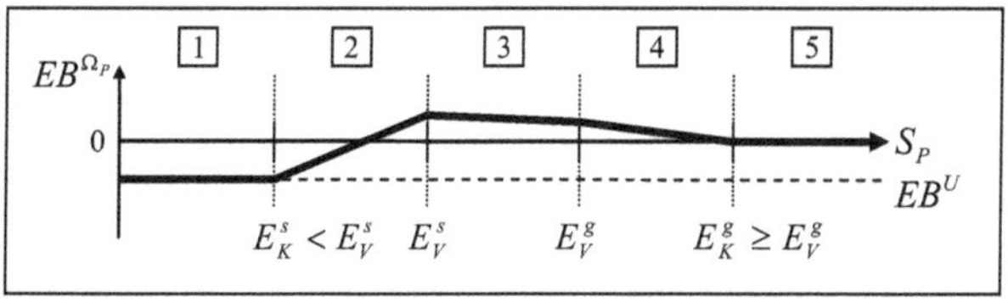


**Abb. 27:** Einigungsbereich unter $\Omega_P$ bei „hoher Zahlungsvolatilität" – Fall 3

Abschließend wird in Abbildung 27 der Einigungsbereich unter $\Omega_P$ in der Erwartungskonstellation „hohe Zahlungsvolatilität" im Fall $p < q$ in Abhängigkeit vom Ausübungspreis $S_P$ schematisch dargestellt. Der höchste Einigungsbereich wird mit $S_P = E_V^s$ erreicht. Auf ein weiteres numerisches Beispiel wird hier jedoch verzichtet.

### 3.3.5.3 Kontraktgestaltung bei niedriger Zahlungsvolatilität

Die Erwartungskonstellation „niedrige Zahlungsvolatilität" ist durch $E_K^g < E_V^g$ und $E_K^s \geq E_V^s$ charakterisiert. Der Käufer K erwartet Zahlungen innerhalb der von V erwarteten Bandbreite. Daraus folgen fünf Bereiche des Ausübungspreises $S_P$, die zur Untersuchung der Eignung von $\Omega_P$ betrachtet werden (siehe Abbildung 28). Dabei wird jeweils direkt auf die Bewertungsdifferenzen aus Abschnitt 3.3.4 zurückgegriffen.

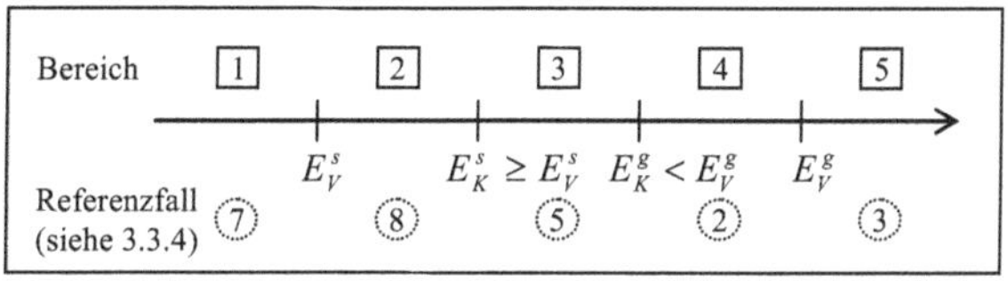


**Abb. 28:** Betrachtete Bereiche bei „niedriger Zahlungsvolatilität"

(1) Im ersten Bereich gemäß $S_P < E_V^s$ besteht zwischen K und V keine Bewertungsdifferenz bezüglich des Kontrakts $\Omega_P$: $D^{\Omega_P} = 0$.[269] Der Einigungsbereich wird nicht verändert und bleibt negativ: $EB^{\Omega_P} = D^{\Omega_P} - D^U = -D^U = EB^U < 0$.

(2) Im zweiten Bereich gemäß $E_V^s \leq S_P < E_K^s$ besteht eine nichtpositive Bewertungsdifferenz bezüglich $\Omega_P$: $D^{\Omega_P} = (1-p)(E_V^s - S_P) \leq 0$.[270] Bei $S_P = E_V^s$ liegt keine Bewertungsdifferenz vor, mit steigendem Ausübungspreis $S_P$ sinkt $D^{\Omega_P}$. Der Einigungsbereich wird nicht verbessert und bleibt negativ: $EB^{\Omega_P} \leq -D^U = EB^U < 0$.

[269] Das entspricht Fall 7 aus Abschnitt 3.3.4.

[270] Das entspricht Fall 8 aus Abschnitt 3.3.4.

(3) Im dritten Bereich gemäß $E_K^s \leq S_P \leq E_K^g$ beträgt die Bewertungsdifferenz bezüglich des Kontraktes $\Omega_P$: $D^{\Omega_P} = U_V - U_K + (q-p)(E_V^g - S_P) - q(E_V^g - E_K^g)$.[271] In Abhängigkeit der Parameter kann der Einigungsbereich verbessert werden, er bleibt jedoch negativ: $EB^{\Omega_P} = D^{\Omega_P} - D^U < 0$.[272]

(4) Im vierten Bereich gemäß $E_K^g < S_P \leq E_V^g$ gilt $D^{\Omega_P} = U_V - U_K - p(E_V^g - S_P)$.[273] Bei Wahl von $S_P = E_V^g$ entspricht die Bewertungsdifferenz bezüglich des Kontrakts der Bewertungsdifferenz bezüglich U: $D^{\Omega_P} = D^U$. Mit sinkendem Ausübungspreis $S_P$ sinkt $D^{\Omega_P}$ und damit auch der Einigungsbereich. Ein nichtnegativer Einigungsbereich ist somit nur mit Wahl des Ausübungspreises $S_P = E_V^g$ erreichbar: $EB^{\Omega_P} = D^{\Omega_P} - D^U = 0$.

(5) Im fünften Bereich gemäß $S_P > E_V^g$ besteht unabhängig von der Wahl des Ausübungspreises $S_P$ eine positive Bewertungsdifferenz: $D^{\Omega_P} = U_V - U_K > 0$.[274] Beide Akteure erwarten die sichere Rückabwicklung der Transaktion. Der Einigungsbereich ist nichtnegativ: $EB^{\Omega_P} = D^{\Omega_P} - D^U = 0$.

Für die fünf Bereiche des Ausübungspreises $S_P$ wurden die Bewertungsdifferenzen mit ihrer Wirkung auf den Einigungsbereich untersucht. Eine Übersicht der Ergebnisse zum Kontrakt $\Omega_P$ bei „niedriger Zahlungsvolatilität" enthält Tabelle 3.

---

271 Das entspricht Fall 5 aus Abschnitt 3.3.4.

272 Dies wurde in Abschnitt 3.3.4 in Verbindung mit Anhang D (Fälle 1a, 1c, 2a und 3) hergeleitet.

273 Das entspricht Fall 2 aus Abschnitt 3.3.4.

274 Das entspricht Fall 3 aus Abschnitt 3.3.4.

| **Unter-suchungs-bereich** | **Bewertungsdifferenz $D^{\Omega_P}$, Einigungsbereich $EB^{\Omega_P}$ und ausreichende Kontrakte $\Omega_P$** | **Einfluss von $S_P$ auf $EB^{\Omega_P}$** |
|---|---|---|
| (1) gemäß $S_P < E_V^s$ | $D^{\Omega_P} = 0$, $EB^{\Omega_P} = -D^U < 0$ Kein Kontrakt $\Omega_P$ ist ausreichend. | neutral |
| (2) gemäß $E_V^s \leq S_P < E_K^s$ | $D^{\Omega_P} = (1-p)(E_V^s - S_P) \leq 0$, $EB^{\Omega_P} \leq -D^U < 0$ Kein Kontrakt $\Omega_P$ ist ausreichend. | negativ |
| (3) gemäß $E_K^s \leq S_P \leq E_K^g$ | $D^{\Omega_P} = U_V - U_K + (q-p)(E_V^g - S_P) - q(E_V^g - E_K^g)$, $EB^{\Omega_P} = D^{\Omega_P} - D^U < 0$, Kein Kontrakt $\Omega_P$ ist ausreichend. | bei $p > q$: positiv, bei $p < q$: negativ, bei $p = q$: neutral |
| (4) gemäß $E_K^g < S_P \leq E_V^g$ | $D^{\Omega_P} = U_V - U_K - p(E_V^g - S_P)$, Ein Kontrakt $\Omega_P$ mit $S_P = E_V^g$ ist ausreichend und optimal: $EB^{\Omega_P} = 0$. | positiv |
| (5) gemäß $S_P > E_K^g$ | $D^{\Omega_P} = D^U > 0$ Alle Kontrakte $\Omega_P$ sind ausreichend: $EB^{\Omega_P} = 0$. | neutral |

**Tab. 3:** Ergebnisse zu $\Omega_P$ bei „niedriger Zahlungsvolatilität“

**Satz 2-3:** Bei „niedriger Zahlungsvolatilität“ von K sind nur Kontrakte $\Omega_P$ mit einem Ausübungspreis $S_P \geq E_V^g$ ausreichend. Diese Kontrakte sind dann auch optimal.

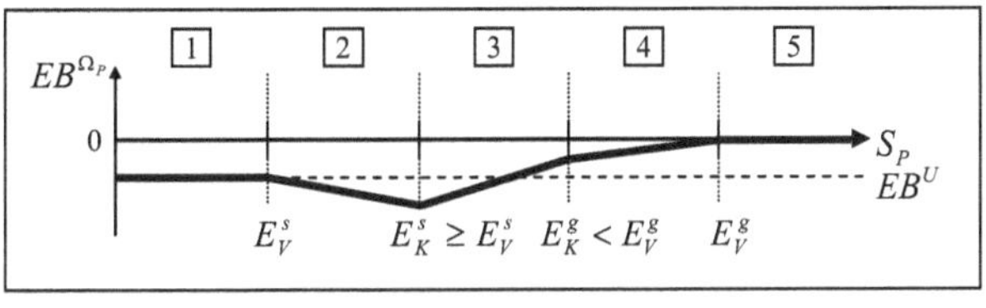


**Abb. 29:** Einigungsbereich unter $\Omega_P$ bei „niedriger Zahlungsvolatilität“

In Abbildung 29 wird der Einigungsbereich unter $\Omega_P$ in der Erwartungskonstellation „niedrige Zahlungsvolatilität“ in Abhängigkeit vom Ausübungspreis $S_P$ schematisch dargestellt. Zur Veranschaulichung folgt das numerische Beispiel 2-4.

**Beispiel 2-4**

Betrachteter Kontrakt: $\Omega_P$ (Gewährung einer Put-Option an Käufer K)

Erwartungskonstellation: „niedrige Zahlungsvolatilität"

| **Verkäufer V** | | **Käufer K** | |
|---|---|---|---|
| $E_V^g = 120$ | $p = 0{,}5$ | $E_K^g = 110$ | $q = 0{,}25$ |
| $E_V^s = 80$ | $U_V = 100$ | $E_K^s = 90$ | $U_K = 95$ |

Bewertungsdifferenz bezüglich U: $D^U = U_V - U_K = 5$

| **Kontraktspezifikation** | | | | |
|---|---|---|---|---|
| $S_P$ | $P_V$ | $P_K$ | $D^{\Omega_P}$ | $EB^{\Omega_P}$ |
| 80 | 0,00 | 0,00 | 0,00 | -5,00 |
| 90 | 5,00 | 0,00 | -5,00 | -10,00 |
| 100 | 10,00 | 7,50 | -2,50 | -7,50 |
| 120 | 20,00 | 25,00 | 5,00 | 0,00 |

Ein nichtnegativer Einigungsbereich ist nur mit einem Ausübungspreis der Put-Option von $S_P = 120$ erreichbar. Die notwendige Barzahlung beträgt dann 120.

| **Erfüllung der Partizipationsbedingungen von V und K (bei $S_P = 120$)** | | | | |
|---|---|---|---|---|
| $S_P$ | Barzahlungs-komponente | Wert Put-Option | Wert Kontrakt gesamt | Grenzpreis für U |
| Verkäufer V | 120 | 20 | 100 | 100 |
| Käufer K | 120 | 25 | 95 | 95 |

Die Partizipationsbedingungen von V und K werden erfüllt.

### 3.3.5.4 Kontraktgestaltung bei niedriger Zahlungsausprägung

Die Erwartungskonstellation „niedrige Zahlungsausprägung" ist durch $E_K^g < E_V^g$ und $E_K^s < E_V^s$ charakterisiert. Der Käufer K erwartet in beiden Umweltzuständen eine niedrigere Zahlung als der Verkäufer V. Zur Untersuchung von $\Omega_P$ werden daher fünf Bereiche des Ausübungspreises $S_P$ betrachtet (siehe Abbildung 30). Dabei wird jeweils direkt auf die Bewertungsdifferenzen aus Abschnitt 3.3.4 zurückgegriffen. Auf die Analyse des Sonderfalls „besonders niedrige Zahlungsausprägung" mit $E_K^g < E_V^s$ wird hier verzichtet, da nur mit $S_P \geq E_V^g$ ein nichtnegativer Einigungsbereich möglich ist.[275]

[275] Der Nachweis wird explizit im Anhang E geführt.

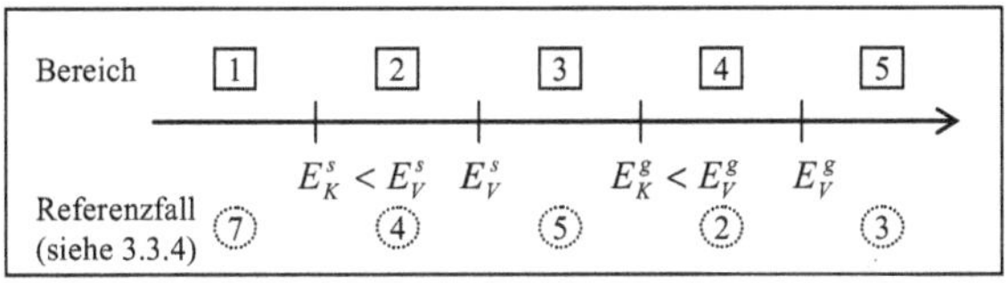


**Abb. 30:** Betrachtete Bereiche bei „niedriger Zahlungsausprägung“

(1) Im ersten Bereich gemäß $S_P < E_K^s$ besteht zwischen K und V keine Bewertungsdifferenz bezüglich des Kontrakts $\Omega_P$: $D^{\Omega_P} = 0$.[276] Der Einigungsbereich wird nicht verändert und bleibt negativ: $EB^{\Omega_P} = D^{\Omega_P} - D^U = -D^U = EB^U < 0$.

(2) Im zweiten Bereich gemäß $E_K^s \leq S_P < E_V^s$ gilt $D^{\Omega_P} = (1-q)(S_P - E_K^s) \geq 0$.[277] Der Einigungsbereich kann zwar verbessert werden. Ein nichtnegativer Einigungsbereich ist jedoch nur genau dann erreichbar, wenn $q(E_K^g - E_V^s) > p(E_V^g - E_V^s)$ gilt.[278] Ausübungspreise gemäß $\frac{U_V - qE_K^g}{1-q} \leq S_P < E_V^s$ ermöglichen dann einen nichtnegativen Einigungsbereich $EB^{\Omega_P} = D^{\Omega_P} - D^U \geq 0$.

(3) Im dritten Bereich gemäß $E_V^s \leq S_P \leq E_K^g$ beträgt die Bewertungsdifferenz bezüglich $\Omega_P$: $D^{\Omega_P} = U_V - U_K + (q-p)(E_V^g - S_P) - q(E_V^g - E_K^g)$.[279] Der Einigungsbereich kann in Abhängigkeit der Parameter verbessert werden. Ein nichtnegativer Einigungsbereich ist jedoch nur dann erreichbar, wenn $q(E_K^g - E_V^s) \geq p(E_V^g - E_V^s)$ gilt.[280] Ausübungspreise gemäß $E_V^s \leq S_P \leq E_V^g - \frac{q(E_K^g - E_V^g)}{p-q}$ ermöglichen dann einen nichtnegativen Einigungsbereich $EB^{\Omega_P} = D^{\Omega_P} - D^U \geq 0$.

(4) Im vierten Bereich gemäß $E_K^g < S_P \leq E_V^g$ gilt $D^{\Omega_P} = U_V - U_K - p(E_V^g - S_P)$.[281] Ein nichtnegativer Einigungsbereich ist nur mit der Wahl des Ausübungspreises $S_P = E_V^g$ erreichbar: $EB^{\Omega_P} = D^{\Omega_P} - D^U = 0$.

---

[276] Das entspricht Fall 7 aus Abschnitt 3.3.4.

[277] Das entspricht Fall 4 aus Abschnitt 3.3.4.

[278] Wegen $E_K^g < E_V^g$ muss dann auch $p < q$ gelten.

[279] Das entspricht Fall 5 aus Abschnitt 3.3.4.

[280] Wegen $E_K^g < E_V^g$ muss dann auch $p < q$ gelten.

[281] Das entspricht Fall 2 aus Abschnitt 3.3.4.

(5) Im fünften Bereich gemäß $S_P > E_V^g$ besteht unabhängig von der Wahl des Ausübungspreises $S_P$ eine positive Bewertungsdifferenz: $D^{\Omega_P} = U_V - U_K > 0$.[282] Beide Akteure erwarten die sichere Rückabwicklung der Transaktion. Der Einigungsbereich ist nichtnegativ: $EB^{\Omega_P} = D^{\Omega_P} - D^U = 0$.

Für die fünf Bereiche des Ausübungspreises $S_P$ wurden die Bewertungsdifferenzen mit ihrer Wirkung auf den Einigungsbereich untersucht. Eine Übersicht der Ergebnisse zum Kontrakt $\Omega_P$ bei „niedriger Zahlungsausprägung" enthält Tabelle 4.

| **Untersuchungsbereich** | **Bewertungsdifferenz $D^{\Omega_P}$, Einigungsbereich $EB^{\Omega_P}$ und ausreichende Kontrakte $\Omega_P$** | **Einfluss von $S_P$ auf $EB^{\Omega_P}$** |
|---|---|---|
| (1) gemäß $S_P < E_V^s$ | $D^{\Omega_P} = 0$,<br>$EB^{\Omega_P} = -D^U < 0$<br>Kein Kontrakt $\Omega_P$ ist ausreichend. | neutral |
| (2) gemäß $E_K^s \le S_P < E_V^s$ | $D^{\Omega_P} = (1-q)(S_P - E_K^s) \ge 0$,<br><br>bei $q(E_K^g - E_V^s) > p(E_V^g - E_V^s)$: Kontrakte $\Omega_P$ mit $S_P \ge \frac{U_V - qE_K^g}{1-q}$ sind ausreichend<br><br>bei $q(E_K^g - E_V^s) \le p(E_V^g - E_V^s)$: Kein Kontrakt $\Omega_P$ ist ausreichend. | positiv |
| (3) gemäß $E_V^s \le S_P \le E_K^g$ | $D^{\Omega_P} = U_V - U_K + (q-p)(E_V^g - S_P) - q(E_V^g - E_K^g)$,<br><br>bei $q(E_K^g - E_V^s) \ge p(E_V^g - E_V^s)$: Kontrakte $\Omega_P$ mit $S_P \le E_V^g - \frac{q(E_K^g - E_V^g)}{p-q}$ sind ausreichend und ein Kontrakt $\Omega_P$ mit $S_P = E_V^s$ ist optimal:<br>$EB^{\Omega_P} = q(E_K^g - E_V^s) - p(E_V^g - E_V^s) \ge 0$.<br><br>bei $q(E_K^g - E_V^s) < p(E_V^g - E_V^s)$: Kein Kontrakt $\Omega_P$ ist ausreichend. | bei $p > q$: positiv,<br><br>bei $p < q$: negativ,<br><br>bei $p = q$: neutral |
| (4) gemäß $E_K^g < S_P \le E_V^g$ | $D^{\Omega_P} = U_V - U_K - p(E_V^g - S_P)$,<br>Ein Kontrakt $\Omega_P$ mit $S_P = E_V^g$ ist ausreichend und optimal: $EB^{\Omega_P} = 0$. | positiv |
| (5) gemäß $S_P > E_K^g$ | $D^{\Omega_P} = D^U > 0$<br>Alle Kontrakte $\Omega_P$ sind ausreichend: $EB^{\Omega_P} = 0$. | neutral |

**Tab. 4:** Ergebnisse zu $\Omega_P$ bei „niedriger Zahlungsausprägung"

[282] Das entspricht Fall 3 aus Abschnitt 3.3.4.

**Satz 2-4:** Bei „niedriger Zahlungsausprägung" sind alle Kontrakte $\Omega_P$ mit $S_P \geq E_V^g$ ausreichend. Falls $q(E_K^g - E_V^s) \geq p(E_V^g - E_V^s)$ gilt, sind zusätzlich alle Kontrakte $\Omega_P$ mit $\frac{U_V - qE_K^g}{1-q} \leq S_P \leq E_V^g - \frac{q(E_K^g - E_V^g)}{p-q}$ ausreichend. Ein Kontrakt $\Omega_P$ ist optimal mit

$$S_P = \begin{cases} S_P \geq E_V^g & \forall q(E_K^g - E_V^s) < p(E_V^g - E_V^s) \\ E_V^s \cup S_P \geq E_V^g & \forall q(E_K^g - E_V^s) = p(E_V^g - E_V^s) \\ E_V^s & \forall q(E_K^g - E_V^s) > p(E_V^g - E_V^s) \end{cases}$$

Der Einigungsbereich beträgt dann $EB^{\Omega_P} = \max(0; q(E_K^g - E_V^s) - p(E_V^g - E_V^s))$.

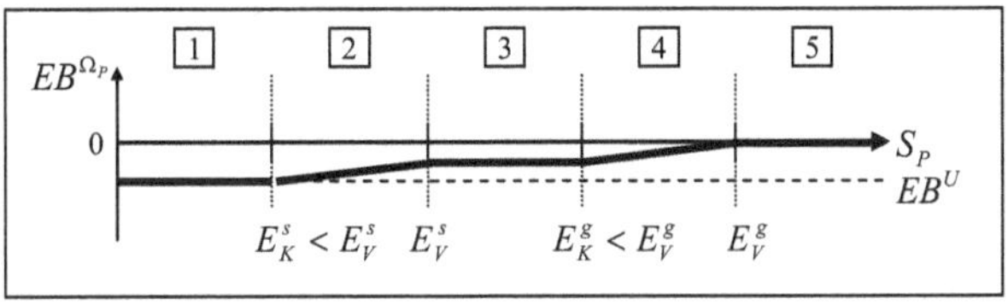


**Abb. 31:** Einigungsbereich unter $\Omega_P$ bei „niedriger Zahlungsausprägung" – Fall 1

Zum besseren Verständnis werden die beiden Fälle bei „niedriger Zahlungsausprägung" unter $\Omega_P$ an zwei Abbildungen und Beispielen verdeutlicht. In Abbildung 31 wird zunächst der Einigungsbereich unter $\Omega_P$ im Fall $q(E_K^g - E_V^s) < p(E_V^g - E_V^s)$ in Abhängigkeit vom Ausübungspreis $S_P$ schematisch dargestellt. Zur Veranschaulichung folgt das numerische Beispiel 2-5.

---

**Beispiel 2-5**

Betrachteter Kontrakt: $\Omega_P$ (Gewährung einer Put-Option an Käufer K)

Erwartungskonstellation: „niedrige Zahlungsausprägung" – Fall 1

| **Verkäufer V** | | **Käufer K** | |
|---|---|---|---|
| $E_V^g = 120$ | $p = 0{,}5$ | $E_K^g = 115$ | $q = 0{,}50$ |
| $E_V^s = 80$ | $U_V = 100$ | $E_K^s = 75$ | $U_K = 95$ |

Bewertungsdifferenz bezüglich U: $D^U = U_V - U_K = 5$

| **Kontraktspezifikation** | | | | |
|---|---|---|---|---|
| $S_P$ | $P_V$ | $P_K$ | $D^{\Omega_P}$ | $EB^{\Omega_P}$ |
| 75 | 0,00 | 0,00 | 0,00 | -5,00 |
| 80 | 0,00 | 2,50 | 2,50 | -2,50 |
| 100 | 10,00 | 12,50 | 2,50 | -2,50 |
| 120 | 20,00 | 25,00 | 5,00 | 0,00 |

Ein nichtnegativer Einigungsbereich ist nur mit einem Ausübungspreis der Put-Option von $S_P \geq 120$ erreichbar. Die notwendige Barzahlung bei $S_P = 120$ beträgt 120.

| **Nachweis: Erfüllung der Partizipationsbedingungen von V und K (bei $S_P = 120$)** | | | | |
|---|---|---|---|---|
| $S_P$ | Barzahlungs-komponente | Wert Put-Option | Wert Kontrakt gesamt | Grenzpreis für U |
| Verkäufer V | 120 | 20 | 100 | 100 |
| Käufer K | 120 | 25 | 95 | 95 |

Die Partizipationsbedingungen von V und K werden erfüllt.

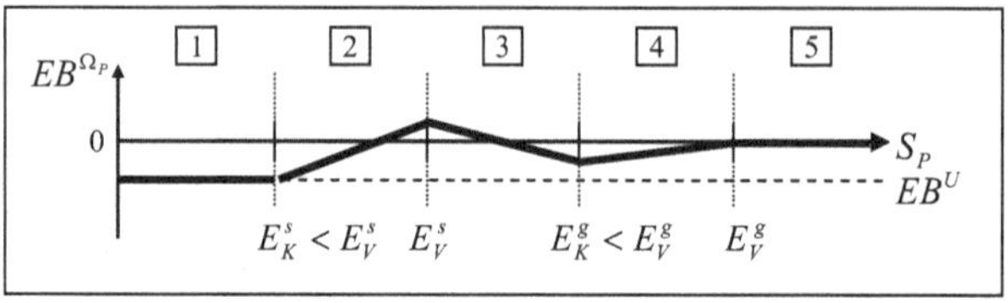


**Abb. 32:** Einigungsbereich unter $\Omega_P$ bei „niedriger Zahlungsausprägung" – Fall 2

In Abbildung 32 wird der Einigungsbereich unter $\Omega_P$ in der Erwartungskonstellation „niedrige Zahlungsausprägung" im Fall $q(E_K^g - E_V^s) \geq p(E_V^g - E_V^s)$ in Abhängigkeit von $S_P$ schematisch dargestellt. Zur Veranschaulichung folgt das numerische Beispiel 2-6.

**Beispiel 2-6**

Betrachteter Kontrakt: $\Omega_P$ (Gewährung einer Put-Option an Käufer K)

Erwartungskonstellation: „niedrige Zahlungsausprägung" – Fall 2

| **Verkäufer V** | | **Käufer K** | |
|---|---|---|---|
| $E_V^g = 120$ | $p = 0,5$ | $E_K^g = 115$ | $q = 0,60$ |
| $E_V^s = 80$ | $U_V = 100$ | $E_K^s = 65$ | $U_K = 95$ |

Bewertungsdifferenz bezüglich U: $D^U = U_V - U_K = 5$

| **Kontraktspezifikation** | | | | |
|---|---|---|---|---|
| $S_P$ | $P_V$ | $P_K$ | $D^{\Omega_P}$ | $EB^{\Omega_P}$ |
| 65 | 0 | 0 | 0 | -5 |
| 70 | 0 | 2 | 2 | -3 |
| 77,5 | 0 | 5 | 5 | 0 |
| 80 | 0 | 6 | 6 | 1 |
| 90 | 5 | 10 | 5 | 0 |
| 100 | 10 | 14 | 4 | -1 |
| 120 | 20 | 25 | 5 | 0 |

Ein nichtnegativer Einigungsbereich ist mit Ausübungspreisen der Put-Option in den Bereichen $77,5 \leq S_P \leq 90$ und $S_P \geq 120$ erreichbar. Die notwendige Barzahlung bei $S_P = 77,5$ beträgt 100.

| Nachweis: Erfüllung der Partizipationsbedingungen von V und K (bei $S_P = 77{,}5$) | | | | |
|---|---|---|---|---|
| $S_P$ | Barzahlungs-komponente | Wert Put-Option | Wert Kontrakt gesamt | Grenzpreis für U |
| Verkäufer V | 100 | 0 | 100 | 100 |
| Käufer K | 100 | 5 | 95 | 95 |

Die Partizipationsbedingungen von V und K werden erfüllt.

### 3.3.6 Eignung des Kontrakts $\Omega_P$ mit Put-Option

Durch den Einsatz einer Put-Option unter einem Kontrakt $\Omega_P$ ist in jeder Erwartungskonstellation ein nichtnegativer Einigungsbereich $EB^{\Omega_P} \geq 0$ erreichbar. Allerdings ist die spezifische Situation für den Kontrakteinsatz zu berücksichtigen.

Durch Wahl von $S_P \geq E_V^g$ ist unabhängig von der Erwartungskonstellation immer ein nichtnegativer Einigungsbereich gewährleistet. Die Wahl eines solchen Ausübungspreises ist robust, da V die Erwartungen von K nicht bekannt sein müssen. Bei Wahl von $S_P \geq E_V^g$ wird aus Sicht des Verkäufers V jedoch faktisch keine Unsicherheit auf den Käufer K übertragen. Der Verkäufer V garantiert mindestens die aus seiner Sicht höchste Zahlung $E_V^g$. Nur in zwei Fällen muss der Verkäufer V nicht mindestens die höchste von ihm erwartete Zahlung $E_V^g$ garantieren.

(1) Es wird ein nichtnegativer Einigungsbereich $EB^{\Omega_P} \geq 0$ mit $S_P < E_V^g$ erreicht, falls die von K erwartete Zahlung im guten Zustand über der von V erwarteten liegt: $E_K^g > E_V^g$. Das kann in den Erwartungskonstellationen „hohe Zahlungsausprägung" und „hohe Zahlungsvolatilität" vorliegen. Der niedrigste Ausübungspreis für einen nichtnegativen Einigungsbereich beträgt dann $S_P = E_V^g - \frac{q\left(E_K^g - E_V^g\right)}{p-q} \geq E_V^s$.

(2) In den Erwartungskonstellationen „hohe Zahlungsvolatilität" und „niedrige Zahlungsausprägung" ist unter der Bedingung $q\left(E_K^g - E_V^s\right) \geq p\left(E_V^g - E_V^s\right)$ ebenfalls ein nichtnegativer Einigungsbereich mit $S_P < E_V^g$ möglich. Der niedrigste Ausübungspreis für einen nichtnegativen Einigungsbereich liegt dann mit $q\left(E_K^g - E_V^s\right) = p\left(E_V^g - E_V^s\right)$ bei $S_P = E_V^s$ und mit $q\left(E_K^g - E_V^s\right) > p\left(E_V^g - E_V^s\right)$ bei $S_P = E_K^s + \frac{U_V - U_K}{1-q} < E_V^s$.

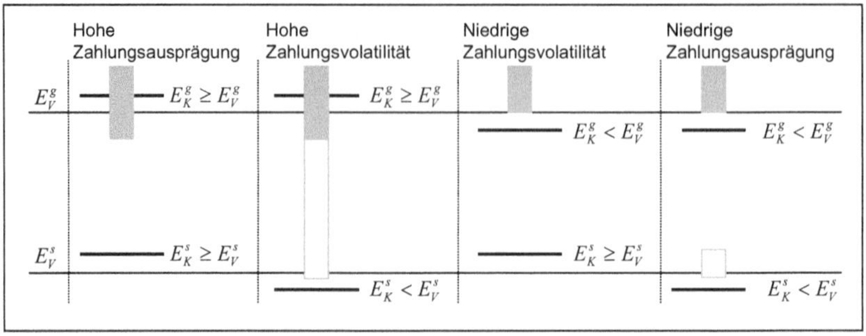


**Abb. 33:** Ausübungspreise $S_P$ ausreichender Kontrakte $\Omega_P$

In Abbildung 33 werden die Ergebnisse schematisch dargestellt. Dabei werden die Bereiche von Ausübungspreisen $S_P$ dargestellt, mit denen ausreichende Kontrakte $\Omega_P$ mit Put-Option konstruiert werden können. Dann sind nichtnegative Einigungsbereiche möglich und die Transaktion kann stattfinden. Auf die Darstellung der jeweils optimalen Kontrakte mit maximalem Einigungsbereich wird hier jedoch verzichtet.

### 3.4 Klassische Kaufoption (Call-Option)

Unter einem Kontrakt $\Omega_C$ verkauft V das Unternehmen U an K gegen Zahlung eines Barpreises bei gleichzeitigem Erhalt einer klassischen Kaufoption (Call-Option). Die Call-Option gewährt dem Verkäufer V das Recht, das veräußerte Unternehmen U in $t = 2$ zu einem bereits zum Vertragsabschluss bei $t = 1$ festgelegten Preis $S_C$ (Ausübungspreis) vom Käufer K zurückzukaufen.[283] Als Alternative zum vollständigen Rückverkauf des Unternehmens kann auch ein Barausgleich vorgesehen sein.[284] Bei einem Barausgleich wird V nicht das Unternehmen zurückkaufen, sondern die Differenz zwischen $S_C$ und tatsächlich realisierter Zahlung $E^*$ bei $t = 2$ von K erstattet bekommen. Faktisch tritt der Käufer K Mehrzahlungen des Unternehmens U an den Verkäufer V ab (siehe Abbildung 34). Die Option wird nur dann durch V ausgeübt, wenn sie bei $t = 2$ einen positiven Wert aufweist ($E^* > S_C$).

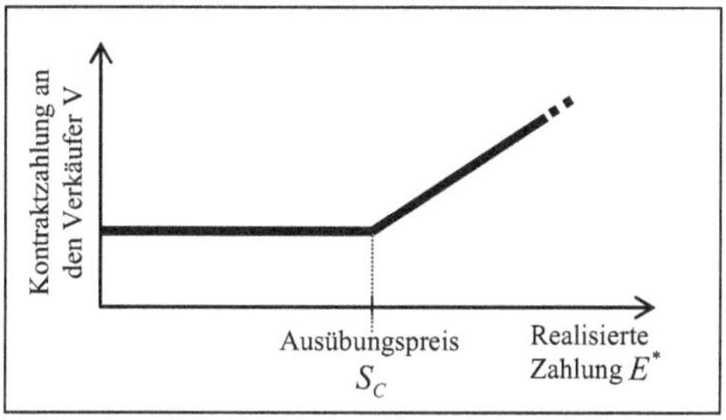


**Abb. 34:** Zahlungsstruktur unter $\Omega_C$

In den folgenden Abschnitten werden zunächst die Optionsbewertungen aus Sicht der beiden Akteure K und V hergeleitet. Anschließend werden die allgemeine Transaktionsbedingung und das Bewertungskriterium für Kontrakte $\Omega_C$ konkretisiert sowie Bewertungsdifferenzen bezüglich des Kontraktes $\Omega_C$ ermittelt. Auf Basis der Erwartungskonstellationen wird die Eignung von $\Omega_C$ zur Verbesserung des Einigungsbereiches untersucht. Abschließend werden die Ergebnisse zusammengefasst.

#### 3.4.1 Optionsbewertung durch den Verkäufer V

Der Verkäufer V berücksichtigt bei Bewertung der Call-Option die gleichen Erwartungen wie bei der Bewertung des Unternehmens U. Basis für die Optionsbewertung sind somit die erwarteten Zahlungen $E_V^g$ und $E_V^s$ sowie die Wahrscheinlichkeit $p$ für den Eintritt des guten

[283] Alternativ wäre theoretisch auch die Gewährung einer Kaufoption durch den Verkäufer an den Käufer denkbar. Da hier jedoch von einem vollständigen Unternehmensverkauf ausgegangen wird, hat der Käufer nicht mehr die Möglichkeit, die Kaufoption auszuüben (V ist nicht mehr im Besitz des Unternehmens).

[284] Damit können auch in der Realität bestehende hohe Transaktionskosten aus der Rückabwicklung vermieden werden. Allerdings können dadurch bei ex post Informationsasymmetrie unterschiedliche Anreize zu opportunistischem Verhalten gesetzt werden. Siehe dazu Abschnitte 3.8.2 und 4.2.

Zustands. V erwartet bei Ausübung der Call-Option eine Erstattung durch K in Höhe der Überschreitung des vereinbarten Ausübungspreises $S_C$ durch die realisierte Zahlung $E^*$.

V erwartet im schlechten Zustand die Realisierung der Zahlung $E_V^s$. Falls der Ausübungspreis $S_C$ über $E_V^s$ liegt, erwartet V keine Optionsausübung im schlechten Zustand und somit auch keine Zahlung. Entsprechend wird V den Eintritt des guten Zustands berücksichtigen. In Abhängigkeit des Ausübungspreises $S_C$ bewertet V die Call-Option dann gemäß $C_V = p(\max(E_V^g - S_C, 0)) + (1-p)(\max(E_V^s - S_C, 0))$.[285] Die diskrete Zahlungsverteilung erfordert eine Fallunterscheidung nach drei möglichen Bereichen des Ausübungspreises $S_C$ aus Sicht von V (siehe Abbildung 35).

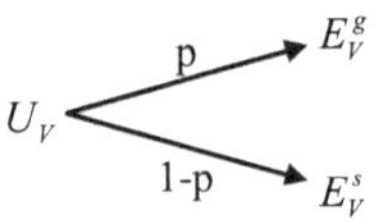


| Ausübungspreis | Bewertung Call-Option |
|---|---|
| $S_C > E_V^g$ | $C_V = 0$ |
| $E_V^s \leq S_C \leq E_V^g$ | $C_V = p(E_V^g - S_C)$ |
| $S_C < E_V^s$ | $C_V = U_V - S_C$ |

**Abb. 35:** Bewertung der Call-Option durch V

Im Fall eines hohen Ausübungspreises gemäß $S_C > E_V^g$ bewertet V die Call-Option mit $C_V = p(0) + (1-p)(0) = 0$. V erwartet keine höhere Zahlung als den vereinbarten Ausübungspreis $S_C$ und somit auch keine Ausübung der Call-Option. Die Call-Option hat für V dann keinen Wert.

Im Fall eines mittleren Ausübungspreises gemäß $E_V^s \leq S_C \leq E_V^g$ bewertet V die Call-Option mit $C_V = p(E_V^g - S_C) + (1-p)(0) = p(E_V^g - S_C) \geq 0$. V erwartet nur im guten Zustand eine höhere Zahlung als den vereinbarten Ausübungspreis $S_C$. Er erwartet die Ausübung der Call-Option somit nur mit der Wahrscheinlichkeit $p$.

Im Fall eines niedrigen Ausübungspreises gemäß $S_C < E_V^s$ bewertet V die Call-Option mit $C_V = p(E_V^g - S_C) + (1-p)(E_V^s - S_C) = U_V - S_C > 0$. V erwartet für jeden Zustand eine höhere Zahlung als den vereinbarten Ausübungspreis $S_C$ und somit eine sichere Ausübung der Call-Option.

[285] Vgl. HULL, J. C. (2006), S. 184f., 241ff.

### 3.4.2 Optionsbewertung durch den Käufer K

Der Käufer K berücksichtigt bei Bewertung der Call-Option die gleichen Erwartungen wie bei der Bewertung des Unternehmens U. Basis für die Optionsbewertung sind somit die erwarteten Zahlungen $E_K^g$ und $E_K^s$ sowie die Wahrscheinlichkeit $q$ für den Eintritt des guten Zustands. K leistet bei Ausübung der Call-Option eine Zahlung in Höhe der Überschreitung des Ausübungspreises $S_C$ durch die realisierte Zahlung $E^*$.

K erwartet im schlechten Zustand die Realisierung der Zahlung $E_K^s$. Falls der Ausübungspreis $S_C$ über $E_K^s$ liegt, erwartet K keine Optionsausübung im schlechten Zustand und somit auch keine Zahlung. Entsprechend wird K den Eintritt des guten Zustands berücksichtigen. In Abhängigkeit von $S_C$ bewertet K die Call-Option dann gemäß $C_K = q(\max(E_K^g - S_C,0)) + (1-q)(\max(E_K^s - S_C,0))$. Die diskrete Zahlungsverteilung erfordert eine Fallunterscheidung nach drei möglichen Bereichen des Ausübungspreises $S_C$ aus Sicht von K (siehe Abbildung 36).

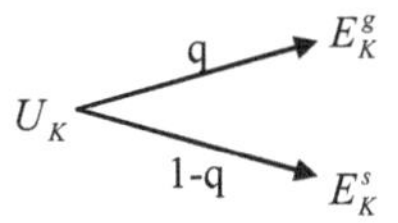


| Ausübungspreis | Bewertung Call-Option |
|---|---|
| $S_C > E_K^g$ | $C_K = 0$ |
| $E_K^s \leq S_C \leq E_K^g$ | $C_K = q(E_K^g - S_C)$ |
| $S_C < E_K^s$ | $C_K = U_K - S_C$ |

**Abb. 36:** Bewertung der Call-Option durch K

Im Fall eines hohen Ausübungspreises gemäß $S_C > E_K^g$ bewertet K die Call-Option mit $C_K = q(0) + (1-q)(0) = 0$. K erwartet keine höhere Zahlung als den vereinbarten Ausübungspreis $S_C$ und somit auch keine Ausübung der Option. Die Call-Option hat für K dann keinen Wert.

Im Fall eines mittleren Ausübungspreises gemäß $E_K^s \leq S_P \leq E_K^g$ bewertet K die Call-Option mit $C_K = q(E_K^g - S_C) + (1-q)(0) = q(E_K^g - S_C) > 0$. K erwartet nur im guten Zustand eine höhere Zahlung als den vereinbarten Ausübungspreis $S_C$. Er erwartet die Ausübung der Call-Option somit nur mit der Wahrscheinlichkeit $q$.

Im Fall eines niedrigen Ausübungspreises gemäß $S_C < E_K^s$ bewertet K die Call-Option mit $C_K = q(E_K^g - S_C) + (1-q)(E_K^s - S_C) = U_K - S_C > 0$. K erwartet für jeden Zustand eine höhere

Zahlung als den vereinbarten Ausübungspreis $S_C$ und somit eine sichere Ausübung der Call-Option.

### 3.4.3 Konkretisierung von Transaktionsbedingung und Bewertungskriterium

Um die Transaktion zu ermöglichen, wurde die allgemeine Transaktionsbedingung $D^{\Omega} = \sum_t G_t^{V,\Omega} - \sum_t G_t^{K,\Omega} \geq U_V - U_K = D^U$ formuliert.[286] Diese Bedingung wird nun für den Kontrakt $\Omega_C$ mit einer Call-Option konkretisiert.

Unter $\Omega_C$ nimmt K eine Stillhalter-Position ein und verpflichtet sich damit zu Zahlungen an V, falls dieser die Call-Option ausübt. K erwartet Zahlungen, die er zusätzlich zu einer fixen Barkomponente zu leisten hat. Entsprechend erwartet V zusätzliche Zahlungen, die den Wert des Kontraktes aus seiner Sicht erhöhen. Die konkretisierte Transaktionsbedingung lautet dann: $D^{\Omega_C} = C_V - C_K \geq U_V - U_K = D^U$.[287] Da der Kontrakt $\Omega_C$ eine Barzahlungskomponente enthält, entspricht die Erfüllung der konkretisierten Transaktionsbedingung einem nichtnegativen Einigungsbereich: $EB^{\Omega_C} = D^{\Omega_C} - D^U = U_K - C_K - U_V + C_V \geq 0$.

Auf Basis der Transaktionsbedingung wird auch das allgemeine Bewertungskriterium für die Kontrakte $\Omega_C$ konkretisiert. Als „ausreichend" wird ein Kontrakt genau dann bezeichnet, wenn er die konkretisierte Transaktionsbedingung erfüllt. Dominanzkriterium und Optimalitätskriterium bleiben unverändert.

### 3.4.4 Bewertungsdifferenzen bei Kaufoptionen

In den beiden vorangegangenen Abschnitten wurden jeweils drei Ausübungspreis-Bereiche der Call-Option für Verkäufer V und Käufer K betrachtet. Zur Ermittlung möglicher Bewertungsdifferenzen $D^{\Omega_C} = C_V - C_K$ sind somit insgesamt acht Fälle zu unterscheiden (siehe Abbildung 37).

| Ausübungspreis aus Sicht von K \ Ausübungspreis aus Sicht von V | $S_C < E_V^s$ | $E_V^s \leq S_C \leq E_V^g$ | $S_C > E_V^g$ |
|---|---|---|---|
| $S_C > E_K^g$ | 1 | 2 | 3 |
| $E_K^s \leq S_C \leq E_K^g$ | 4 | 5 | 6 |
| $S_C < E_K^s$ | 7 | 8 | nicht möglich |

**Abb. 37:** Ausübungspreis-Bereiche der Call-Option

[286] Siehe dazu Abschnitt 3.1.6.

[287] Zur Herleitung siehe Anhang F.

Der Fall mit $S_C > E_V^g$ und $S_C < E_K^s$ kann wegen $U_V > U_K > E_K^s$ nicht auftreten. Zunächst werden die Fälle eines hohen Ausübungspreises aus Sicht von K gemäß $S_C > E_K^g$ betrachtet. K bewertet die Call-Option dann mit $C_K = 0$. Der Verkäufer V bewertet die Call-Option jedoch in Abhängigkeit der Relation des Ausübungspreises $S_C$ zu den von ihm erwarteten Zahlungen unterschiedlich.

(1) Im Fall eines niedrigen Ausübungspreises gemäß $S_C < E_V^s$ bewertet V die Call-Option mit $C_V = U_V - S_C > 0$. Der Verkäufer V bewertet die Call-Option höher als der Käufer K. Daraus folgt eine positive Bewertungsdifferenz $D^{\Omega_C} = U_V - S_C > 0$, die mit steigendem Ausübungspreis $S_C$ sinkt. Wegen $S_C > E_K^g > U_K$ gilt $D^{\Omega_C} < U_V - U_K$. Die Bewertungsdifferenz bezüglich des Kontrakts $\Omega_C$ kann die Bewertungsdifferenz bezüglich des Unternehmens U nicht vollständig kompensieren. Es gilt $0 < D^{\Omega_C} < D^U$.

(2) Im Fall eines mittleren Ausübungspreises gemäß $E_V^s \leq S_C \leq E_V^g$ bewertet V die Call-Option mit $C_V = p(E_V^g - S_C) \geq 0$. Der Verkäufer V bewertet die Call-Option nicht niedriger als der Käufer K. Daraus folgt eine nichtnegative Bewertungsdifferenz $D^{\Omega_C} = p(E_V^g - S_C) \geq 0$, die mit steigendem Ausübungspreis $S_C$ sinkt. In Abhängigkeit der Parameter kann die Bewertungsdifferenz bezüglich $\Omega_C$ die Bewertungsdifferenz bezüglich des Unternehmens U erreichen oder übersteigen.[288] Es gilt $D^{\Omega_C} \geq 0$.

(3) Im Fall eines hohen Ausübungspreises gemäß $S_C > E_V^g$ bewertet V die Call-Option mit $C_V = 0$. Da die Call-Option von beiden Akteuren als nicht werthaltig betrachtet wird, besteht auch keine Bewertungsdifferenz: $D^{\Omega_C} = 0$.

Jetzt werden die Fälle eines mittleren Ausübungspreises aus Sicht von K gemäß $E_K^s \leq S_C \leq E_K^g$ betrachtet. K bewertet die Call-Option dann mit $C_K = q(E_K^g - S_C) > 0$. Der Verkäufer V bewertet die Call-Option jedoch in Abhängigkeit der Relation des Ausübungspreises $S_C$ zu den von ihm erwarteten Zahlungen unterschiedlich.

(4) Im Fall eines niedrigen Ausübungspreises gemäß $S_C < E_V^s$ bewertet V die Call-Option mit $C_V = U_V - S_C > 0$. In Abhängigkeit der Parameter bewertet V die Call-Option höher als K. Die Bewertungsdifferenz beträgt $D^{\Omega_C} = U_V - qE_K^g - (1-q)S_C$ und ist positiv, wenn

[288] Siehe Anhang G.

$S_C < \frac{U_V - qE_K^g}{1-q}$ gilt. Wegen $S_C \geq E_K^s$ kann die Bewertungsdifferenz bezüglich des Kontrakts $\Omega_C$ die Bewertungsdifferenz bezüglich des Unternehmens U jedoch nicht überschreiten: $D^{\Omega_C} \leq U_V - U_K = D^U$.

(5) Im Fall eines mittleren Ausübungspreises gemäß $E_V^s \leq S_C \leq E_V^g$ bewertet V die Call-Option mit $C_V = p(E_V^g - S_C) \geq 0$. Die Bewertungsdifferenz bezüglich $\Omega_C$ beträgt dann $D^{\Omega_C} = p(E_V^g - S_C) - q(E_K^g - S_C)$. In Abhängigkeit der Parameter kann $D^{\Omega_C}$ positiv sein. Dann bewertet V die Call-Option höher als K. Die Bewertungsdifferenz bezüglich des Kontrakts $\Omega_C$ kann die Bewertungsdifferenz bezüglich U erreichen oder übersteigen.[289]

(6) Im Fall eines hohen Ausübungspreises gemäß $S_C > E_V^g$ bewertet V die Call-Option mit $C_V = 0$. Der Verkäufer V bewertet die Call-Option nicht höher als der Käufer K. Es folgt eine nichtpositive Bewertungsdifferenz $D^{\Omega_C} = -q(E_K^g - S_C) \leq 0$.

Abschließend werden die Fälle eines niedrigen Ausübungspreises aus Sicht von K gemäß $S_C < E_K^s$ betrachtet. K bewertet die Call-Option dann mit $C_K = U_K - S_C > 0$. Der Verkäufer V bewertet die Call-Option jedoch in Abhängigkeit der Relation des Ausübungspreises $S_C$ zu den von ihm erwarteten Zahlungen unterschiedlich.

(7) Im Fall eines niedrigen Ausübungspreises gemäß $S_C < E_V^s$ bewertet V die Call-Option mit $C_V = U_V - S_C > 0$. Der Verkäufer V bewertet die Call-Option höher als der Käufer K. Die Bewertungsdifferenz bezüglich $\Omega_C$ ist positiv und entspricht der Bewertungsdifferenz bezüglich U: $D^{\Omega_C} = U_V - U_K = D^U$.

(8) Im Fall eines mittleren Ausübungspreises gemäß $E_V^s \leq S_C \leq E_V^g$ bewertet V die Call-Option mit $C_V = p(E_V^g - S_C) \geq 0$. Die Bewertungsdifferenz bezüglich der Call-Option ist positiv und beträgt $D^{\Omega_C} = pE_V^g + (1-p)S_C - U_K \geq U_V - U_K = D^U$.

In Abbildung 38 sind die Ergebnisse zu den Bewertungsdifferenzen im Überblick dargestellt. Call-Optionen mit hohen Ausübungspreisen gemäß $S_C > E_V^g$ ermöglichen keine positive Bewertungsdifferenz zwischen K und V.

289 Siehe Anhang H.

| Ausübungspreis aus Sicht von K | $S_C < E_V^s$ | $E_V^s \le S_C \le E_V^g$ | $S_C > E_V^g$ |
|---|---|---|---|
| $S_C > E_K^g$ | 1: $0 < D^{\Omega_C} < D^U$ | 2: $D^{\Omega_C} \ge 0$ | 3: $D^{\Omega_C} = 0$ |
| $E_K^s \le S_C \le E_K^g$ | 4: $D^{\Omega_C} \le D^U$ | 5: parameter-abhängig | 6: $D^{\Omega_C} \le 0$ |
| $S_C < E_K^s$ | 7: $D^{\Omega_C} = D^U$ | 8: $D^{\Omega_C} \ge D^U$ | nicht möglich |
| | Ausübungspreis aus Sicht von V | | |

**Abb. 38:** Bewertungsdifferenzen $D^{\Omega_C}$ nach Ausübungspreis-Bereichen

### 3.4.5 Kontraktgestaltung

In diesem Abschnitt werden auf Basis der ermittelten Bewertungsdifferenzen diejenigen Kontrakte $\Omega_C$ ermittelt, die einen nichtnegativen Einigungsbereich zwischen Käufer und Verkäufer ermöglichen. Die vier möglichen Erwartungskonstellationen werden separat betrachtet. Danach werden die Ergebnisse zusammengeführt und bewertet.

#### 3.4.5.1 Kontraktgestaltung bei hoher Zahlungsausprägung

Die Erwartungskonstellation „hohe Zahlungsausprägung" ist charakterisiert durch $E_K^g \ge E_V^g$, $E_K^s \ge E_V^s$ und $p > q$. Der Käufer K erwartet in beiden Umweltzuständen eine höhere Zahlung als der Verkäufer V. Allerdings hält K den Eintritt des schlechten Umweltzustandes für wahrscheinlicher als V. Zur Untersuchung von $\Omega_C$ werden daher fünf Bereiche des Ausübungspreises $S_C$ betrachtet (siehe Abbildung 39). Dabei wird jeweils direkt auf die Bewertungsdifferenzen aus Abschnitt 3.4.4 zurückgegriffen.

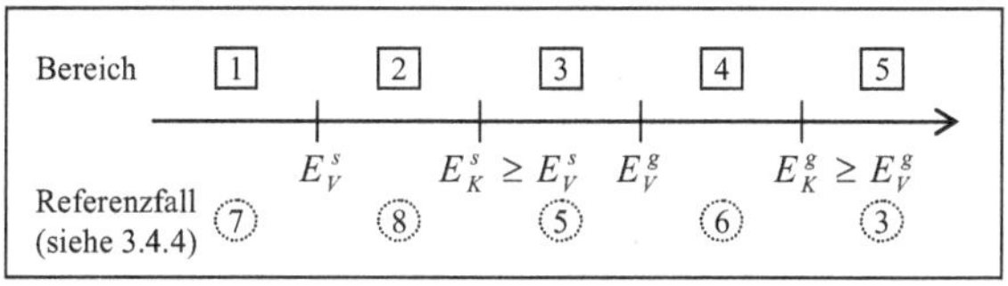


**Abb. 39:** Betrachtete Bereiche bei „hoher Zahlungsausprägung"

(1) Im ersten Bereich gemäß $S_C < E_V^s$ besteht unabhängig von der Wahl des Ausübungspreises $S_C$ eine positive Bewertungsdifferenz: $D^{\Omega_C} = U_V - U_K > 0$.[290] Beide Akteure erwarten die sichere Ausübung der Call-Option. Der Einigungsbereich ist nichtnegativ: $EB^{\Omega_C} = D^{\Omega_C} - D^U = 0$.

[290] Das entspricht Fall 7 aus Abschnitt 3.4.4.

(2) Im zweiten Bereich ($E_V^s \leq S_C < E_K^s$) gilt $D^{\Omega_C} = pE_V^g + (1-p)S_C - U_K \geq D^U$.[291] Mit dem Ausübungspreis $S_C = E_V^s$ entspricht die Bewertungsdifferenz bezüglich $\Omega_C$ der Bewertungsdifferenz bezüglich U: $D^{\Omega_C} = D^U$. Mit steigendem Ausübungspreis $S_C$ steigt $D^{\Omega_C}$. Durch Wahl eines Ausübungspreises gemäß $E_V^s \leq S_C < E_K^s$ ist somit ein nichtnegativer Einigungsbereich erreichbar: $EB^{\Omega_C} = D^{\Omega_C} - D^U \geq 0$.[292]

(3) Im dritten Bereich gemäß $E_K^s \leq S_C \leq E_V^g$ beträgt die Bewertungsdifferenz bezüglich des Kontrakts $D^{\Omega_C} = p(E_V^g - S_C) - q(E_K^g - S_C)$.[293] Wegen $p > q$ sinkt $D^{\Omega_C}$ mit steigendem $S_C$. Mit dem Ausübungspreis $S_C = E_V^g$ liegt eine negative Bewertungsdifferenz vor: $D^{\Omega_C} = q(S_C - E_K^g) < 0$. Durch den Ausübungspreis $S_C = E_K^s$ wird ein nichtnegativer Einigungsbereich $EB^{\Omega_C} = (1-p)(E_K^s - E_V^s) \geq 0$ ermöglicht.[294] Der höchste Ausübungspreis, der einen nichtnegativen Einigungsbereich ermöglicht, ist $S_C = E_K^s + \frac{(1-p)(E_K^s - E_V^s)}{p-q}$.[295] Dann beträgt der Einigungsbereich $EB^{\Omega_C} = 0$ und es besteht für die Akteure Indifferenz zwischen der Transaktion unter einem derartigen Kontrakt und dem Nichtstattfinden der Transaktion.

(4) Im vierten Bereich gemäß $E_V^g < S_C \leq E_K^g$ besteht eine nichtpositive Bewertungsdifferenz $D^{\Omega_C} = -q(E_K^g - S_C) \leq 0$.[296] Mit $S_C = E_K^g$ liegt keine Bewertungsdifferenz vor. Mit sinkendem Ausübungspreis $S_C$ sinkt auch $D^{\Omega_C}$. Der Einigungsbereich wird nicht verbessert und bleibt negativ: $EB^{\Omega_C} = D^{\Omega_C} - D^U \leq -D^U = EB^U < 0$.

(5) Im fünften Bereich gemäß $S_C > E_K^g$ besteht zwischen K und V keine Bewertungsdifferenz bezüglich des Kontrakts $\Omega_C$: $D^{\Omega_C} = 0$.[297] Der Einigungsbereich wird nicht verändert und bleibt negativ: $EB^{\Omega_C} = -D^U < 0$.

---

[291] Das entspricht Fall 8 aus Abschnitt 3.4.4.

[292] Der Fall $S_C = E_K^s$ führt zu einem Einigungsbereich von $EB^{\Omega_C} = (1-p)(E_K^s - E_V^s) \geq 0$ und wird im dritten Bereich gemäß $E_K^s \leq S_C \leq E_V^g$ behandelt.

[293] Das entspricht Fall 5 aus Abschnitt 3.4.4.

[294] Dies wurde in Abschnitt 3.4.4 in Verbindung mit Anhang H (Fall 2a) hergeleitet.

[295] Aufgrund $E_K^g \geq E_V^g$ und $U_K < U_V$ gilt $E_K^s + \frac{(1-p)(E_K^s - E_V^s)}{p-q} < E_V^g$.

[296] Das entspricht Fall 6 aus Abschnitt 3.4.4.

[297] Das entspricht Fall 3 aus Abschnitt 3.4.4.

Für die fünf Bereiche des Ausübungspreises $S_C$ wurden die Bewertungsdifferenzen mit ihrer Wirkung auf den Einigungsbereich untersucht. Eine Übersicht der Ergebnisse zum Kontrakt $\Omega_C$ bei „hoher Zahlungsausprägung" enthält Tabelle 5.

| **Unter-suchungs-bereich** | **Bewertungsdifferenz $D^{\Omega_C}$, Einigungsbereich $EB^{\Omega_C}$ und ausreichende Kontrakte $\Omega_C$** | **Einfluss von $S_C$ auf $EB^{\Omega_C}$** |
|---|---|---|
| (1) gemäß $S_C < E_V^s$ | $D^{\Omega_C} = D^U > 0$<br>Alle Kontrakte $\Omega_C$ sind ausreichend: $EB^{\Omega_C} = 0$. | neutral |
| (2) gemäß $E_V^s \le S_C < E_K^s$ | $D^{\Omega_C} = pE_V^g + (1-p)S_C - U_K \ge D^U$,<br>Alle Kontrakte $\Omega_C$ sind ausreichend:<br>$EB^{\Omega_C} = D^{\Omega_C} - D^U \ge 0$. | positiv |
| (3) gemäß $E_K^s \le S_C \le E_V^g$ | $D^{\Omega_C} = p(E_V^g - S_C) - q(E_K^g - S_C)$<br>Kontrakte mit $S_C \le E_K^s + \frac{(1-p)(E_K^s - E_V^s)}{p-q}$ sind ausreichend.<br>Optimaler Kontrakt $\Omega_C$ mit $S_C = E_K^s$ führt zu $EB^{\Omega_C} = (1-p)(E_K^s - E_V^s) \ge 0$. | negativ |
| (4) gemäß $E_V^g < S_C \le E_K^g$ | $D^{\Omega_C} = -q(E_K^g - S_C) \le 0$,<br>$EB^{\Omega_C} \le -D^U < 0$<br>Kein Kontrakt $\Omega_C$ ist ausreichend. | positiv |
| (5) gemäß $S_C > E_K^g$ | $D^{\Omega_C} = 0$,<br>$EB^{\Omega_C} = -D^U < 0$<br>Kein Kontrakt $\Omega_C$ ist ausreichend. | neutral |

**Tab. 5:** Ergebnisse zu $\Omega_C$ bei „hoher Zahlungsausprägung"

**Satz 3-1:** Bei „hoher Zahlungsausprägung" sind alle Kontrakte gemäß $\Omega_C$ mit $S_C \le E_K^s + \frac{(1-p)(E_K^s - E_V^s)}{p-q}$ ausreichend. Der optimale Kontrakt $\Omega_C$ unter $E_K^s > E_V^s$ führt mit $S_C = E_K^s$ zu einem positiven Einigungsbereich $EB^{\Omega_C} = (1-p)(E_K^s - E_V^s) > 0$.

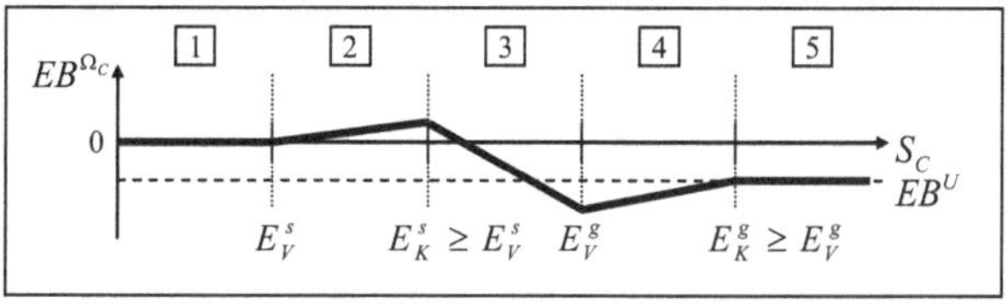


**Abb. 40:** Einigungsbereich unter $\Omega_C$ bei „hoher Zahlungsausprägung"

In Abbildung 40 wird der Einigungsbereich unter $\Omega_C$ in der Erwartungskonstellation „hohe Zahlungsausprägung" in Abhängigkeit vom Ausübungspreis $S_C$ schematisch dargestellt. Zur Veranschaulichung folgt das numerische Beispiel 3-1.

---

**Beispiel 3-1**

Betrachteter Kontrakt: $\Omega_C$ (Gewährung einer Call-Option an Verkäufer V)

Erwartungskonstellation: „hohe Zahlungsausprägung"

| **Verkäufer V** | | **Käufer K** | |
|---|---|---|---|
| $E_V^g = 120$ | $p = 0,5$ | $E_K^g = 125$ | $q = 0,25$ |
| $E_V^s = 80$ | $U_V = 100$ | $E_K^s = 85$ | $U_K = 95$ |

Bewertungsdifferenz bzgl. U: $D^U = U_V - U_K = 5$

| **Kontraktspezifikation** | | | | |
|---|---|---|---|---|
| $S_C$ | $C_V$ | $C_K$ | $D^{\Omega_C}$ | $EB^{\Omega_C}$ |
| 80 | 20,00 | 15,00 | 5,00 | 0,00 |
| 85 | 17,50 | 10,00 | 7,50 | 2,50 |
| 90 | 15,00 | 8,75 | 6,25 | 1,25 |
| 95 | 12,50 | 7,50 | 5,00 | 0,00 |
| 100 | 10,00 | 6,25 | 3,75 | -1,25 |
| 120 | 0,00 | 1,25 | -1,25 | -6,25 |
| 125 | 0,00 | 0,00 | 0,00 | -5,00 |

Ein nichtnegativer Einigungsbereich wird mit einem Ausübungspreis der Call-Option von $S_C \leq 95$ erreicht. Die notwendige Barzahlung bei $S_C = 95$ beträgt 87,5.

| **Erfüllung der Partizipationsbedingungen von V und K (bei $S_C = 95$)** | | | | |
|---|---|---|---|---|
| $S_C$ | Barzahlungs-komponente | Wert Call-Option | Wert Kontrakt gesamt | Grenzpreis für U |
| Verkäufer V | 87,50 | 12,50 | 100 | 100 |
| Käufer K | 87,50 | 7,50 | 95 | 95 |

Die Partizipationsbedingungen von V und K werden erfüllt.

---

### 3.4.5.2 Kontraktgestaltung bei hoher Zahlungsvolatilität

Die Erwartungskonstellation „hohe Zahlungsvolatilität" ist charakterisiert durch $E_K^g \geq E_V^g$ und $E_K^s < E_V^s$. Der Käufer K erwartet Zahlungen außerhalb der vom Verkäufer V erwarteten Bandbreite. Zur Untersuchung von $\Omega_C$ werden daher fünf Bereiche des Ausübungspreises $S_C$ betrachtet (siehe Abbildung 41). Dabei wird jeweils direkt auf die Bewertungsdifferenzen aus Abschnitt 3.4.4 zurückgegriffen.

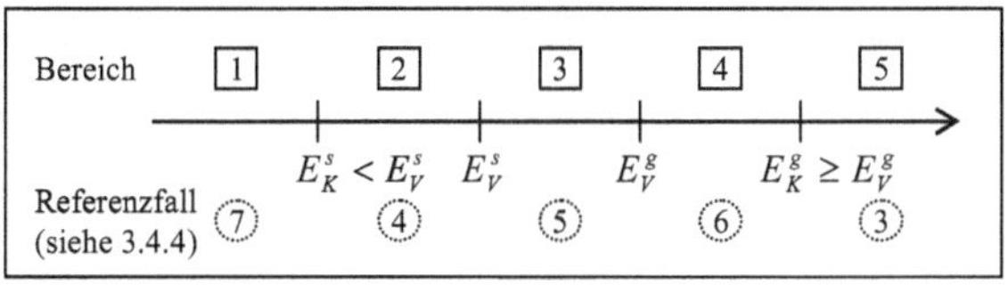


**Abb. 41:** Betrachtete Bereiche bei „hoher Zahlungsvolatilität“

(1) Im ersten Bereich gemäß $S_C < E_K^s$ besteht unabhängig von der Wahl des Ausübungspreises $S_C$ eine positive Bewertungsdifferenz: $D^{\Omega_C} = U_V - U_K > 0$.[298] Beide Akteure erwarten die sichere Ausübung der Call-Option. Der Einigungsbereich ist nichtnegativ: $EB^{\Omega_C} = D^{\Omega_C} - D^U = 0$.

(2) Im zweiten Bereich gemäß $E_K^s \le S_C < E_V^s$ gilt $D^{\Omega_C} = U_V - qE_K^g - (1-q)S_C \le D^U$.[299] Der Einigungsbereich beträgt $EB^{\Omega_C} = (1-q)(E_K^s - S_C) \le D^U$. Mit $S_C = E_K^s$ wird ein nichtnegativer Einigungsbereich erreicht: $EB^{\Omega_C} = 0$. Mit steigendem Ausübungspreis $S_C$ sinkt die Bewertungsdifferenz $D^{\Omega_C}$. Der Einigungsbereich bleibt somit nichtpositiv.

(3) Im dritten Bereich gemäß $E_K^s \le S_C \le E_V^g$ beträgt die Bewertungsdifferenz bezüglich des Kontrakts $D^{\Omega_C} = p(E_V^g - S_C) - q(E_K^g - S_C)$.[300] Mit dem Ausübungspreis $S_C = E_V^g$ liegt eine negative Bewertungsdifferenz vor: $D^{\Omega_C} = q(E_V^g - E_K^g) < 0$. In Abhängigkeit der Parameter kann der Einigungsbereich mit geringeren Ausübungspreisen $S_C < E_V^g$ zwar verbessert werden, bleibt aber immer negativ: $EB^{\Omega_C} = D^{\Omega_C} - D^U < 0$.[301]

(4) Im vierten Bereich gemäß $E_V^g < S_C \le E_K^g$ besteht eine nichtpositive Bewertungsdifferenz $D^{\Omega_C} = -q(E_K^g - S_C) \le 0$, die mit steigendem Ausübungspreis $S_C$ steigt.[302] Mit $S_C = E_K^g$ liegt keine Bewertungsdifferenz vor. Der Einigungsbereich wird nicht verbessert und bleibt negativ: $EB^{\Omega_C} = D^{\Omega_C} - D^U \le -D^U = EB^U < 0$.

[298] Das entspricht Fall 7 aus Abschnitt 3.4.4.
[299] Das entspricht Fall 4 aus Abschnitt 3.4.4.
[300] Das entspricht Fall 5 aus Abschnitt 3.4.4.
[301] Dies wurde in Abschnitt 3.4.4 in Verbindung mit Anhang H (Fälle 1a, 1c, 2b und 3) hergeleitet.
[302] Das entspricht Fall 6 aus Abschnitt 3.4.4.

(5) Im fünften Bereich gemäß $S_C > E_K^g$ besteht zwischen K und V keine Bewertungsdifferenz bezüglich des Kontrakts $\Omega_C$: $D^{\Omega_C} = 0$.[303] Der Einigungsbereich wird nicht verändert und bleibt negativ: $EB^{\Omega_C} = -D^U < 0$.

Für die fünf Bereiche des Ausübungspreises $S_C$ wurden die Bewertungsdifferenzen mit ihrer Wirkung auf den Einigungsbereich untersucht. Eine Übersicht der Ergebnisse zum Kontrakt $\Omega_C$ bei „hoher Zahlungsvolatilität" enthält Tabelle 6.

| **Unter-suchungs-bereich** | **Bewertungsdifferenz $D^{\Omega_C}$, Einigungsbereich $EB^{\Omega_C}$ und ausreichende Kontrakte $\Omega_C$** | **Einfluss von $S_C$ auf $EB^{\Omega_C}$** |
|---|---|---|
| (1) gemäß $S_C < E_V^s$ | $D^{\Omega_C} = D^U > 0$<br>Alle Kontrakte $\Omega_C$ sind ausreichend: $EB^{\Omega_C} = 0$. | neutral |
| (2) gemäß $E_K^s \le S_C < E_V^s$ | $D^{\Omega_C} = U_V - qE_K^g - (1-q)S_C \le D^U$,<br>$EB^{\Omega_C} = (1-q)(E_K^s - S_C) \le D^U$<br>Ein Kontrakt mit $S_C = E_K^s$ ist ausreichend:<br>$EB^{\Omega_C} = 0$. | negativ |
| (3) gemäß $E_V^s \le S_C \le E_V^g$ | $D^{\Omega_C} = p(E_V^g - S_C) - q(E_K^g - S_C)$,<br>$EB^{\Omega_C} = D^{\Omega_C} - D^U < 0$<br>Kein Kontrakt $\Omega_C$ ist ausreichend. | bei $p > q$: negativ,<br><br>bei $p < q$: positiv,<br><br>bei $p = q$: neutral |
| (4) gemäß $E_V^g < S_C \le E_K^g$ | $D^{\Omega_C} = -q(E_K^g - S_C) \le 0$,<br>$EB^{\Omega_C} = D^{\Omega_C} - D^U \le -D^U < 0$<br>Kein Kontrakt $\Omega_C$ ist ausreichend. | positiv |
| (5) gemäß $S_C > E_K^g$ | $D^{\Omega_C} = 0$,<br>$EB^{\Omega_C} = -D^U < 0$<br>Kein Kontrakt $\Omega_C$ ist ausreichend. | neutral |

**Tab. 6:** Ergebnisse zu $\Omega_C$ bei „hoher Zahlungsvolatilität"

**Satz 3-2:** Bei „hoher Zahlungsvolatilität" von K sind nur Kontrakte $\Omega_C$ mit einem Ausübungspreis $S_C \le E_K^s$ ausreichend. Diese Kontrakte sind dann auch optimal.

---

303 Das entspricht Fall 3 aus Abschnitt 3.4.4.

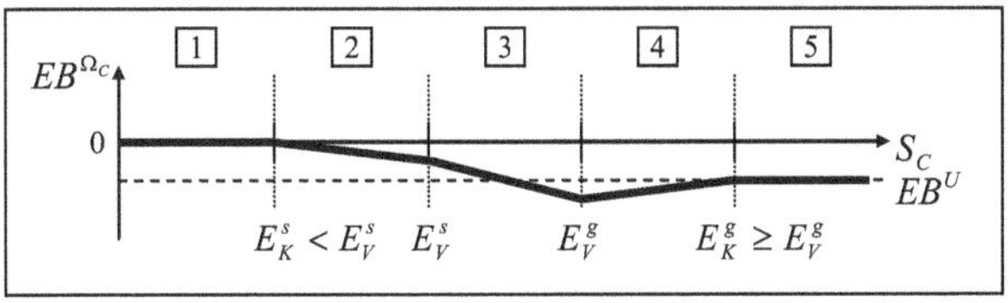


**Abb. 42:** Einigungsbereich unter $\Omega_C$ bei „hoher Zahlungsvolatilität"

In Abbildung 42 wird der Einigungsbereich unter $\Omega_C$ in der Erwartungskonstellation „hohe Zahlungsvolatilität" in Abhängigkeit vom Ausübungspreis $S_C$ schematisch dargestellt. Zur Veranschaulichung folgt das numerische Beispiel 3-2.

---

**Beispiel 3-2**

Betrachteter Kontrakt: $\Omega_C$ (Gewährung einer Call-Option an Verkäufer V)

Erwartungskonstellation: „hohe Zahlungsvolatilität"

| **Verkäufer V** | | **Käufer K** | |
|---|---|---|---|
| $E_V^g = 120$ | $p = 0{,}5$ | $E_K^g = 125$ | $q = 0{,}40$ |
| $E_V^s = 80$ | $U_V = 100$ | $E_K^s = 75$ | $U_K = 95$ |

Bewertungsdifferenz bzgl. U: $D^U = U_V - U_K = 5$

| **Kontraktspezifikation** | | | | |
|---|---|---|---|---|
| $S_C$ | $C_V$ | $C_K$ | $D^{\Omega_C}$ | $EB^{\Omega_C}$ |
| 75 | 25 | 20 | 5 | 0 |
| 80 | 20 | 18 | 2 | -3 |
| 100 | 10 | 10 | 0 | -5 |
| 120 | 0 | 2 | -2 | -7 |
| 125 | 0 | 0 | 0 | -5 |

Ein nichtnegativer Einigungsbereich wird nur mit einem Ausübungspreis der Call-Option von $S_C \leq 75$ erreicht. Die notwendige Barzahlung bei $S_C = 75$ beträgt 75.

| **Erfüllung der Partizipationsbedingungen von V und K (bei $S_C = 75$)** | | | | |
|---|---|---|---|---|
| $S_C$ | Barzahlungs-komponente | Wert Call-Option | Wert Kontrakt gesamt | Grenzpreis für U |
| Verkäufer V | 75 | 25 | 100 | 100 |
| Käufer K | 75 | 20 | 95 | 95 |

Die Partizipationsbedingungen von V und K werden erfüllt.

---

### 3.4.5.3 Kontraktgestaltung bei niedriger Zahlungsvolatilität

Die Erwartungskonstellation „niedrige Zahlungsvolatilität" ist durch $E_K^g < E_V^g$ und $E_K^s \geq E_V^s$ charakterisiert. Der Käufer K erwartet Zahlungen innerhalb der vom Verkäufer V erwarteten

Bandbreite. Daraus folgen fünf Bereiche des Ausübungspreises $S_C$, die zur Untersuchung der Eignung von $\Omega_C$ betrachtet werden (siehe Abbildung 43). Dabei wird jeweils direkt auf die Bewertungsdifferenzen aus Abschnitt 3.4.4 zurückgegriffen.

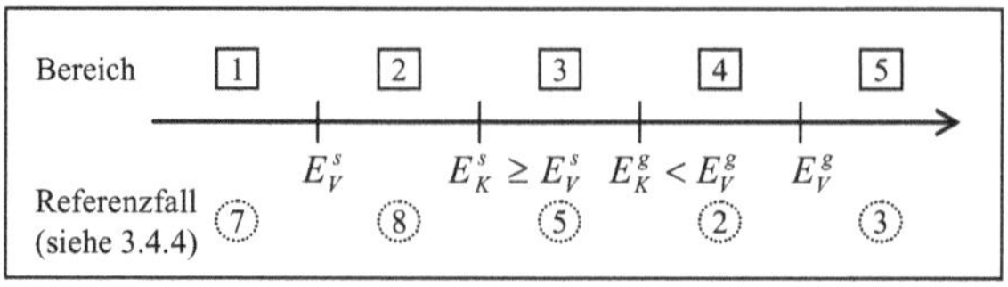


**Abb. 43:** Betrachtete Bereiche bei „niedriger Zahlungsvolatilität“

(1) Im ersten Bereich gemäß $S_C < E_V^s$ besteht unabhängig von der Wahl des Ausübungspreises $S_C$ eine positive Bewertungsdifferenz: $D^{\Omega_C} = U_V - U_K > 0$.[304] Beide Akteure erwarten die sichere Ausübung der Call-Option. Der Einigungsbereich ist nichtnegativ: $EB^{\Omega_C} = D^{\Omega_C} - D^U = 0$.

(2) Im zweiten Bereich ($E_V^s \leq S_C < E_K^s$) gilt $D^{\Omega_C} = pE_V^g + (1-p)S_C - U_K \geq D^U$.[305] Mit dem Ausübungspreis $S_C = E_V^s$ entspricht die Bewertungsdifferenz bezüglich $\Omega_C$ der Bewertungsdifferenz bezüglich U: $D^{\Omega_C} = D^U$. Mit steigendem Ausübungspreis $S_C$ steigt $D^{\Omega_C}$. Der Einigungsbereich beträgt $EB^{\Omega_C} = (1-p)(S_C - E_V^s) \geq 0$. Durch Wahl eines Ausübungspreises gemäß $E_V^s \leq S_C < E_K^s$ ist somit immer ein nichtnegativer Einigungsbereich erreichbar: $EB^{\Omega_C} = D^{\Omega_C} - D^U \geq 0$.

(3) Im dritten Bereich gemäß $E_K^s \leq S_C \leq E_K^g$ beträgt die Bewertungsdifferenz bezüglich des Kontrakts $D^{\Omega_C} = U_V - U_K + (q-p)(S_C - E_V^s) + (1-q)(E_K^s - E_V^s)$.[306] Durch Wahl von $S_C = E_K^s$ wird ein nichtnegativer Einigungsbereich gemäß $EB^{\Omega_C} = (1-p)(E_K^s - E_V^s) \geq 0$ erreicht.

Falls V den Eintritt des guten Zustands mit einer höheren Wahrscheinlichkeit erwartet als K ($p > q$), führt $S_C = E_K^s$ gleichzeitig zum maximalen Einigungsbereich. In diesem Fall beträgt der höchste Ausübungspreis zur Erreichung eines nichtnegativen Einigungsbereichs

[304] Das entspricht Fall 7 aus Abschnitt 3.4.4.

[305] Das entspricht Fall 8 aus Abschnitt 3.4.4.

[306] Das entspricht Fall 5 aus Abschnitt 3.4.4.

$S_C = \min\left( E_K^s + \frac{(1-p)(E_K^s - E_V^s)}{p-q}; E_K^g \right) \geq E_K^s$.[307] Der Einigungsbereich beträgt dann $EB^{\Omega_C} = 0$ und es besteht für die Akteure Indifferenz zwischen der Transaktion unter einem derartigen Kontrakt und dem Nichtstattfinden der Transaktion.

Im Fall $p < q$ steigt der Einigungsbereich mit steigendem Ausübungspreis $S_C$. Entsprechend werden mit allen Ausübungspreisen $E_K^s \leq S_C \leq E_K^g$ ausreichende Kontrakte $\Omega_C$ erreicht. Der maximale Einigungsbereich wird mit $S_C = E_K^g$ erreicht und beträgt $EB^{\Omega_C} = (q-p)(E_K^g - E_V^s) + (1-q)(E_K^s - E_V^s) > 0$.

Im Fall $p = q$ ermöglicht jeder Ausübungspreis im Intervall $E_K^s \leq S_C \leq E_K^g$ einen nichtnegativen Einigungsbereich $EB^{\Omega_C} = D^{\Omega_C} - D^U = (1-p)(E_K^s - E_V^s) \geq 0$.

(4) Im vierten Bereich gemäß $E_K^g < S_C \leq E_V^g$ gilt $D^{\Omega_C} = p(E_V^g - S_C) \geq 0$.[308] Der Einigungsbereich sinkt mit steigendem Ausübungspreis. Ein nichtnegativer Einigungsbereich ist nur erreichbar, falls $pE_K^g + (1-p)E_V^s \leq U_K$ gilt, was $E_K^g < \frac{U_K - (1-p)E_V^s}{p}$ entspricht.[309] Der höchste Ausübungspreis, der dann einen nichtnegativen Einigungsbereich ermöglicht, ist $S_C = \frac{U_K - (1-p)E_V^s}{p} < E_V^g$. Dann beträgt der Einigungsbereich $EB^{\Omega_C} = 0$ und es besteht für die Akteure Indifferenz zwischen der Transaktion unter einem derartigen Kontrakt und dem Nichtstattfinden der Transaktion.

(5) Im fünften Bereich gemäß $S_C > E_V^g$ besteht zwischen K und V keine Bewertungsdifferenz bezüglich des Kontrakts $\Omega_C$: $D^{\Omega_C} = 0$.[310] Der Einigungsbereich wird nicht verändert und bleibt negativ: $EB^{\Omega_C} = -D^U < 0$.

Für die fünf Bereiche des Ausübungspreises $S_C$ wurden die Bewertungsdifferenzen mit ihrer Wirkung auf den Einigungsbereich untersucht. Eine Übersicht der Ergebnisse zum Kontrakt $\Omega_C$ bei „niedriger Zahlungsvolatilität" enthält Tabelle 7.

---

307 Solange $E_K^g \geq \frac{U_K - (1-p)E_V^s}{p}$ gilt, entspricht $E_K^s + \frac{(1-p)(E_K^s - E_V^s)}{p-q}$ maximal der von K erwarteten Auszahlung im guten Zustand $E_K^g$.

308 Das entspricht Fall 2 aus Abschnitt 3.4.4.

309 Dies wurde in Abschnitt 3.4.4 in Verbindung mit Anhang G (Fall 2) hergeleitet.

310 Das entspricht Fall 3 aus Abschnitt 3.4.4.

| **Unter-suchungs-bereich** | **Bewertungsdifferenz $D^{\Omega_C}$, Einigungsbereich $EB^{\Omega_C}$ und ausreichende Kontrakte $\Omega_C$** | **Einfluss von $S_C$ auf $EB^{\Omega_C}$** |
|---|---|---|
| (1) gemäß $S_C < E_V^s$ | $D^{\Omega_C} = D^U > 0$<br>Alle Kontrakte $\Omega_C$ sind ausreichend: $EB^{\Omega_C} = 0$. | neutral |
| (2) gemäß $E_V^s \leq S_C < E_K^s$ | $D^{\Omega_C} = pE_V^g + (1-p)S_C - U_K \geq D^U$,<br>$EB^{\Omega_C} = (1-p)(S_C - E_V^s) \geq 0$<br>Alle Kontrakte $\Omega_C$ sind ausreichend. | positiv |
| (3) gemäß $E_K^s \leq S_C \leq E_K^g$ | $D^{\Omega_C} = U_V - U_K + (q-p)(S_C - E_V^s) + (1-q)(E_K^s - E_V^s)$,<br><br>bei $p > q$: Kontrakte mit Ausübungspreisen gemäß $S_C \leq \min\left(E_K^s + \frac{(1-p)(E_K^s - E_V^s)}{p-q}; E_K^g\right)$ sind ausreichend. Ein Kontrakt $\Omega_C$ mit $S_C = E_K^s$ ist optimal und führt zu $EB^{\Omega_C} = (1-p)(E_K^s - E_V^s) \geq 0$.<br><br>bei $p < q$: Alle Kontrakte $\Omega_C$ sind ausreichend. Ein Kontrakt $\Omega_C$ mit $S_C = E_K^g$ ist optimal und führt zu $EB^{\Omega_C} = (q-p)(E_K^g - E_V^s) + (1-q)(E_K^s - E_V^s) > 0$.<br><br>bei $p = q$: Alle Kontrakte $\Omega_C$ sind ausreichend: $EB^{\Omega_C} = D^{\Omega_C} - D^U = (1-p)(E_K^s - E_V^s) \geq 0$. | bei $p > q$: negativ,<br><br>bei $p < q$: positiv,<br><br>bei $p = q$: neutral |
| (4) gemäß $E_K^g < S_C \leq E_V^g$ | $D^{\Omega_C} = p(E_V^g - S_C) \geq 0$,<br><br>bei $pE_K^g + (1-p)E_V^s \leq U_K$: Kontrakte mit $S_C \leq \frac{U_K - (1-p)E_V^s}{p} < E_V^g$ sind ausreichend.<br><br>bei $pE_K^g + (1-p)E_V^s > U_K$: Kein Kontrakt $\Omega_C$ ist ausreichend. | negativ |
| (5) gemäß $S_C > E_K^g$ | $D^{\Omega_C} = 0$,<br>$EB^{\Omega_C} = -D^U < 0$<br>Kein Kontrakt $\Omega_C$ ist ausreichend. | neutral |

**Tab. 7:** Ergebnisse zu $\Omega_C$ bei „niedriger Zahlungsvolatilität"

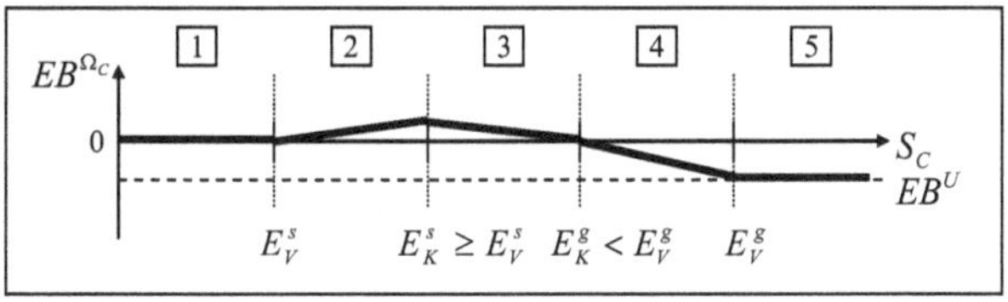


**Abb. 44:** Einigungsbereich unter $\Omega_C$ bei „niedriger Zahlungsvolatilität" – Fall 1

Zum besseren Verständnis werden die verschiedenen Fälle bei „niedriger Zahlungsvolatilität" unter $\Omega_C$ durch zwei Abbildungen verdeutlicht. In Abbildung 44 wird zunächst der Einigungsbereich unter dem Kontrakt $\Omega_C$ im Fall $p > q$ in Abhängigkeit vom Ausübungspreis $S_C$ schematisch dargestellt. Dabei wird der Grenzfall mit $E_K^g = \dfrac{U_K - (1-p)E_V^s}{p}$ betrachtet. Nichtnegative Einigungsbereiche sind hier mit Ausübungspreisen $S_C \leq E_K^g$ erreichbar. Der höchste Einigungsbereich wird mit $S_C = E_K^s$ erreicht. Zur Veranschaulichung folgt das numerische Beispiel 3-3.

---

**Beispiel 3-3**

Betrachteter Kontrakt: $\Omega_C$ (Gewährung einer Call-Option an Verkäufer V)

Erwartungskonstellation: „niedrige Zahlungsvolatilität" – Fall 1

| **Verkäufer V** | | **Käufer K** | |
|---|---|---|---|
| $E_V^g = 120$ | $p = 0{,}5$ | $E_K^g = 110$ | $q = 0{,}25$ |
| $E_V^s = 80$ | $U_V = 100$ | $E_K^s = 90$ | $U_K = 95$ |

Bewertungsdifferenz bzgl. U: $D^U = U_V - U_K = 5$

| **Kontraktspezifikation** | | | | |
|---|---|---|---|---|
| $S_C$ | $C_V$ | $C_K$ | $D^{\Omega_C}$ | $EB^{\Omega_C}$ |
| 80 | 20 | 15,00 | 5,00 | 0,00 |
| 90 | 15 | 5,00 | 10,00 | 5,00 |
| 100 | 10 | 2,50 | 7,50 | 2,50 |
| 110 | 5 | 0,00 | 5,00 | 0,00 |
| 120 | 0 | 0,00 | 0,00 | -5,00 |

Ein nichtnegativer Einigungsbereich wird mit einem Ausübungspreis der Call-Option von $S_C \leq 110$ erreicht. Die notwendige Barzahlung bei $S_C = 110$ beträgt 95. Dieses Beispiel stellt den Grenzfall zwischen den beiden in der Untersuchung betrachteten Teilfällen dar, da hier die Relation $E_K^g = \dfrac{U_K - (1-p)E_V^s}{p} = \dfrac{95 - 0{,}5 * 80}{0{,}5} = 110$ gilt.

| **Erfüllung der Partizipationsbedingungen von V und K (bei $S_C = 110$)** | | | | |
|---|---|---|---|---|
| $S_C$ | Barzahlungs-komponente | Wert Call-Option | Wert Kontrakt gesamt | Grenzpreis für U |
| Verkäufer V | 95 | 5 | 100 | 100 |
| Käufer K | 95 | 0 | 95 | 95 |

Die Partizipationsbedingungen von V und K werden erfüllt.

Nun wird in Abbildung 45 der Einigungsbereich unter $\Omega_C$ bei „niedriger Zahlungsvolatilität" im Fall $p < q$ in Abhängigkeit vom Ausübungspreis $S_P$ schematisch dargestellt. Der höchste Einigungsbereich wird mit $S_C = E_K^g$ erreicht. Auf ein weiteres numerisches Beispiel wird hier jedoch verzichtet.

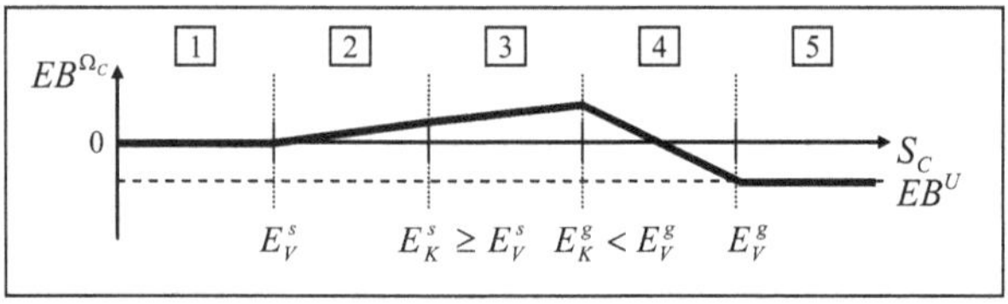


**Abb. 45:** Einigungsbereich unter $\Omega_C$ bei „niedriger Zahlungsvolatilität" – Fall 2

### 3.4.5.4 Kontraktgestaltung bei niedriger Zahlungsausprägung

Die Erwartungskonstellation „niedrige Zahlungsausprägung" ist durch $E_K^g < E_V^g$ und $E_K^s < E_V^s$ charakterisiert. Der Käufer K erwartet in beiden Umweltzuständen eine niedrigere Zahlung als der Verkäufer V. Zur Untersuchung von $\Omega_C$ werden daher fünf Bereiche des Ausübungspreises $S_C$ betrachtet (siehe Abbildung 46). Dabei wird jeweils direkt auf die Bewertungsdifferenzen aus Abschnitt 3.4.4 zurückgegriffen. Auf die Analyse des Sonderfalls „besonders niedrige Zahlungsausprägung" mit $E_K^g < E_V^s$ wird hier verzichtet, da nur mit $S_C \leq E_K^s$ ein nichtnegativer Einigungsbereich möglich ist.[311]

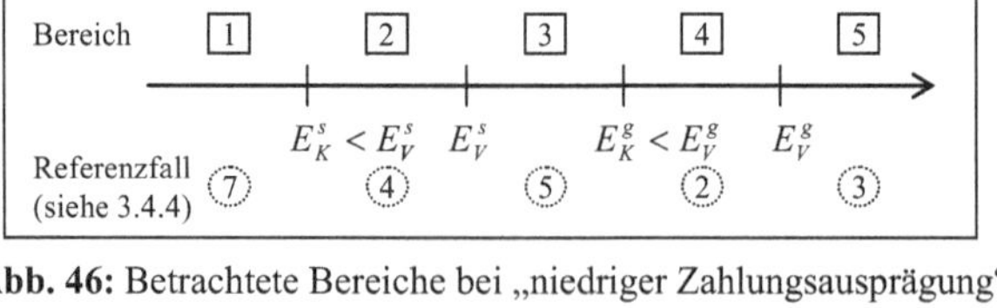


**Abb. 46:** Betrachtete Bereiche bei „niedriger Zahlungsausprägung"

[311] Der Nachweis wird explizit im Anhang I geführt.

(1) Im ersten Bereich gemäß $S_C < E_K^s$ besteht unabhängig vom Ausübungspreis $S_C$ eine positive Bewertungsdifferenz: $D^{\Omega_C} = U_V - U_K > 0$.[312] Beide Akteure erwarten die sichere Ausübung der Call-Option. Der Einigungsbereich ist nichtnegativ: $EB^{\Omega_C} = 0$.

(2) Im zweiten Bereich gemäß $E_K^s \leq S_C < E_V^s$ gilt $D^{\Omega_C} = U_V - qE_K^g - (1-q)S_C \leq D^U$.[313] Mit $S_C = E_K^s$ entspricht die Bewertungsdifferenz bezüglich des Kontrakts $\Omega_C$ der Bewertungsdifferenz bezüglich des Unternehmens U. Mit steigendem Ausübungspreis $S_C$ sinkt die Bewertungsdifferenz $D^{\Omega_C}$. Der Einigungsbereich bleibt nichtpositiv.

(3) Im dritten Bereich gemäß $E_V^s \leq S_C \leq E_K^g$ beträgt die Bewertungsdifferenz $D^{\Omega_C} = U_V - U_K + (q-p)(S_C - E_V^s) + (1-q)(E_K^s - E_V^s)$.[314] Der Einigungsbereich kann in Abhängigkeit der Parameter verbessert werden.[315] Ein nichtnegativer Einigungsbereich ist jedoch nur dann erreichbar, wenn $p < q$ gilt und die von K erwartete Auszahlung im guten Zustand die Bedingung $E_K^g \leq \frac{U_K - (1-p)E_V^s}{p}$ erfüllt, was $pE_K^g + (1-p)E_V^s \leq U_K$ entspricht.[316] Kontrakte mit Ausübungspreisen gemäß $E_K^s + \frac{(1-p)(E_K^s - E_V^s)}{p-q} \leq S_C \leq E_K^g$ sind dann ausreichend. Ein Kontrakt mit $S_C = E_K^g$ ist dann optimal und führt zu einem Einigungsbereich von $EB^{\Omega_C} = (q-p)E_K^g + (1-q)E_K^s - (1-p)E_V^s \geq 0$.

(4) Im vierten Bereich gemäß $E_K^g < S_C \leq E_V^g$ gilt $D^{\Omega_C} = p(E_V^g - S_C) \geq 0$.[317] Der Einigungsbereich kann in Abhängigkeit der Parameter verbessert werden.[318] Ein nichtnegativer Einigungsbereich ist jedoch nur dann erreichbar, wenn die von K erwartete Auszahlung im guten Zustand die Bedingung $pE_K^g + (1-p)E_V^s < U_K$ erfüllt.[319] Der höchste Ausübungspreis zur Erreichung eines nichtnegativen Einigungsbereiches ist dann $S_C = \frac{U_K - (1-p)E_V^s}{p} < E_V^g$.

[312] Das entspricht Fall 7 aus Abschnitt 3.4.4.

[313] Das entspricht Fall 4 aus Abschnitt 3.4.4.

[314] Das entspricht Fall 5 aus Abschnitt 3.4.4.

[315] Zu Details siehe Abschnitt 3.4.4 in Verbindung mit Anhang H.

[316] Dies wurde in Abschnitt 3.4.4 in Verbindung mit Anhang H (Fall 1b) hergeleitet. In der hier betrachteten Erwartungskonstellation kann ausgehend von den Ergebnissen aus Anhang H (Fall 1b) und Anhang G (Fall 2) die Bedingung $pE_K^g + (1-p)E_V^s \leq U_K$ nur erfüllt sein, wenn $p < q$ gilt. Auf die weitere explizite Formulierung der Bedingung $p < q$ wird daher verzichtet.

[317] Das entspricht Fall 2 aus Abschnitt 3.4.4.

[318] Zu Details siehe Abschnitt 3.4.4 in Verbindung mit Anhang G.

[319] Dies wurde in Abschnitt 3.4.4 in Verbindung mit Anhang G (Fall 2) hergeleitet.

Dann beträgt der Einigungsbereich $EB^{\Omega_C} = 0$ und es besteht für die Akteure Indifferenz zwischen der Transaktion unter einem derartigen Kontrakt und dem Nichtstattfinden der Transaktion.

(5) Im fünften Bereich gemäß $S_C > E_V^g$ besteht zwischen K und V keine Bewertungsdifferenz bezüglich des Kontrakts $\Omega_C$: $D^{\Omega_C} = 0$.[320] Der Einigungsbereich wird nicht verändert und bleibt negativ: $EB^{\Omega_C} = -D^U < 0$.

Für die fünf Bereiche des Ausübungspreises $S_C$ wurden die Bewertungsdifferenzen mit ihrer Wirkung auf den Einigungsbereich untersucht. Eine Übersicht der Ergebnisse zum Kontrakt $\Omega_C$ bei „niedriger Zahlungsausprägung“ enthält Tabelle 8.

[320] Das entspricht Fall 3 aus Abschnitt 3.4.4.

| **Unter-suchungs-bereich** | **Bewertungsdifferenz $D^{\Omega_C}$, Einigungsbereich $EB^{\Omega_C}$ und ausreichende Kontrakte $\Omega_C$** | **Einfluss von $S_C$ auf $EB^{\Omega_C}$** |
|---|---|---|
| (1) gemäß $S_C < E_V^s$ | $D^{\Omega_C} = D^U > 0$<br>Alle Kontrakte $\Omega_C$ sind ausreichend: $EB^{\Omega_C} = 0$. | neutral |
| (2) gemäß $E_K^s \leq S_C < E_V^s$ | $D^{\Omega_C} = U_V - qE_K^g - (1-q)S_C \leq D^U$,<br>$EB^{\Omega_C} = D^{\Omega_C} - D^U \leq 0$<br>Ein Kontrakt $\Omega_C$ mit $S_C = E_K^s$ ist ausreichend. | negativ |
| (3) gemäß $E_V^s \leq S_C \leq E_K^g$ | $D^{\Omega_C} = U_V - U_K + (q-p)(S_C - E_V^s) + (1-q)(E_K^s - E_V^s)$,<br><br>bei $p < q$ und $pE_K^g + (1-p)E_V^s \leq U_K$:<br>Kontrakte mit $S_C \geq E_K^s + \frac{(1-p)(E_K^s - E_V^s)}{p-q}$ sind ausreichend. Ein Kontrakt mit $S_C = E_K^g$ ist optimal ($EB^{\Omega_C} = (q-p)E_K^g + (1-q)E_K^s - (1-p)E_V^s \geq 0$).<br><br>bei $p \geq q$ oder $pE_K^g + (1-p)E_V^s > U_K$:<br>Kein Kontrakt $\Omega_C$ ist ausreichend. | bei $p > q$: negativ,<br><br>bei $p < q$: positiv,<br><br>bei $p = q$: neutral |
| (4) gemäß $E_K^g < S_C \leq E_V^g$ | $D^{\Omega_C} = p(E_V^g - S_C) \geq 0$,<br><br>bei $pE_K^g + (1-p)E_V^s < U_K$: Kontrakte $\Omega_C$ mit $S_C \leq \frac{U_K - (1-p)E_V^s}{p}$ sind ausreichend.<br><br>bei $pE_K^g + (1-p)E_V^s \geq U_K$:<br>Kein Kontrakt $\Omega_C$ ist ausreichend. | negativ |
| (5) gemäß $S_C > E_K^g$ | $D^{\Omega_C} = 0$,<br>$EB^{\Omega_C} = -D^U < 0$<br>Kein Kontrakt $\Omega_C$ ist ausreichend. | neutral |

**Tab. 8:** Ergebnisse zu $\Omega_C$ bei „niedriger Zahlungsausprägung“

**Satz 3-4:** Bei „niedriger Zahlungsausprägung“ ist ein Kontrakt $\Omega_C$ mit $S_C \leq E_K^s$ ausreichend. Falls $pE_K^g + (1-p)E_V^s \leq U_K$ gilt, sind zusätzlich alle Kontrakte $\Omega_C$ mit $E_K^s + \frac{(1-p)(E_K^s - E_V^s)}{p-q} \leq S_C \leq \frac{U_K - (1-p)E_V^s}{p}$ ausreichend. Ein Kontrakt $\Omega_C$ mit dem

$$\text{Ausübungspreis } S_C = \begin{cases} S_C \leq E_K^s & \forall\, pE_K^g + (1-p)E_V^s > U_K \\ S_C \leq E_K^s \cup E_K^g & \forall\, pE_K^g + (1-p)E_V^s = U_K \\ E_K^g & \forall\, pE_K^g + (1-p)E_V^s < U_K \end{cases} \text{ ist optimal.}$$

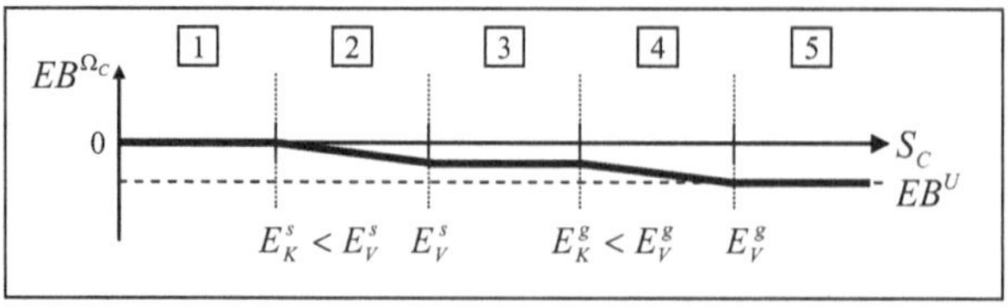


**Abb. 47:** Einigungsbereich unter $\Omega_C$ bei „niedriger Zahlungsausprägung" – Fall 1

Zum besseren Verständnis werden die Fälle bei „niedriger Zahlungsausprägung" unter $\Omega_C$ durch zwei Abbildungen und Beispiele verdeutlicht. In Abbildung 47 wird zunächst der Einigungsbereich unter $\Omega_C$ im Fall $pE_K^g + (1-p)E_V^s > U_K$ in Abhängigkeit vom Ausübungspreis $S_C$ schematisch dargestellt. Nur Kontrakte mit $S_C \leq E_K^s$ sind dann ausreichend. Zur Veranschaulichung folgt das numerische Beispiel 3-4.

**Beispiel 3-4**

Betrachteter Kontrakt: $\Omega_C$ (Gewährung einer Call-Option an Verkäufer V)

Erwartungskonstellation: „niedrige Zahlungsausprägung" – Fall 1

| **Verkäufer V** | | **Käufer K** | |
|---|---|---|---|
| $E_V^g = 120$ | $p = 0,5$ | $E_K^g = 115$ | $q = 0,5$ |
| $E_V^s = 80$ | $U_V = 100$ | $E_K^s = 75$ | $U_K = 95$ |

Bewertungsdifferenz bzgl. U: $D^U = U_V - U_K = 5$

| **Kontraktspezifikation** | | | | |
|---|---|---|---|---|
| $S_C$ | $C_V$ | $C_K$ | $D^{\Omega_C}$ | $EB^{\Omega_C}$ |
| 75 | 25,00 | 20,00 | 5,00 | 0,00 |
| 80 | 20,00 | 17,50 | 2,50 | -2,50 |
| 100 | 10,00 | 7,50 | 2,50 | -2,50 |
| 115 | 2,50 | 0,00 | 2,50 | -2,50 |
| 120 | 0,00 | 0,00 | 0,00 | -5,00 |

Ein nichtnegativer Einigungsbereich ist nur mit einem Ausübungspreis der Call-Option von $S_C \leq 75$ erreichbar. Die notwendige Barzahlung bei $S_C = 75$ beträgt 75.

| **Erfüllung der Partizipationsbedingungen von V und K (bei $S_C = 75$)** | | | | |
|---|---|---|---|---|
| $S_C$ | Barzahlungs-komponente | Wert Call-Option | Wert Kontrakt gesamt | Grenzpreis für U |
| Verkäufer V | 75 | 25 | 100 | 100 |
| Käufer K | 75 | 20 | 95 | 95 |

Die Partizipationsbedingungen von V und K werden erfüllt.

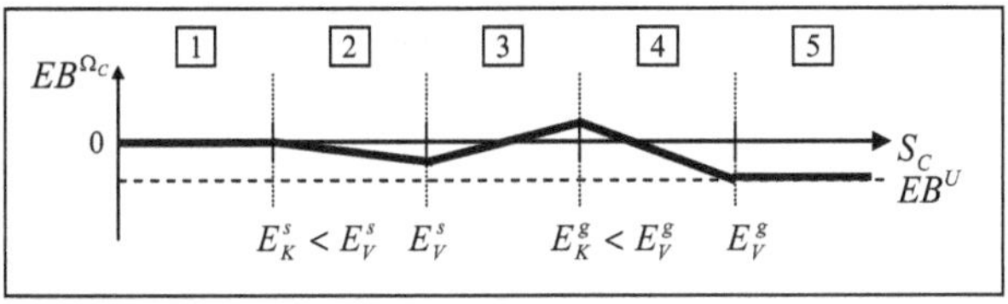


**Abb. 48:** Einigungsbereich unter $\Omega_C$ bei „niedriger Zahlungsausprägung“ – Fall 2

In Abbildung 48 wird nun der Einigungsbereich unter $\Omega_C$ in Abhängigkeit von $S_C$ im Fall $pE_K^g + (1-p)E_V^s < U_K$ schematisch dargestellt. Ein Kontrakt mit $S_C = E_K^g$ ist dann optimal. Zur Veranschaulichung folgt das numerische Beispiel 3-5.

---

**Beispiel 3-5**

Betrachteter Kontrakt: $\Omega_C$ (Gewährung einer Call-Option an Verkäufer V)

Erwartungskonstellation: „niedrige Zahlungsausprägung“ – Fall 2

| **Verkäufer V** | | **Käufer K** | |
|---|---|---|---|
| $E_V^g = 120$ | $p = 0{,}5$ | $E_K^g = 105$ | $q = 0{,}75$ |
| $E_V^s = 80$ | $U_V = 100$ | $E_K^s = 65$ | $U_K = 95$ |

Bewertungsdifferenz bzgl. U: $D^U = U_V - U_K = 5$

| **Kontraktspezifikation** | | | | |
|---|---|---|---|---|
| $S_C$ | $C_V$ | $C_K$ | $D^{\Omega_C}$ | $EB^{\Omega_C}$ |
| 65 | 35,00 | 30,00 | 5,00 | 0,00 |
| 70 | 30,00 | 26,25 | 3,75 | -1,25 |
| 80 | 20,00 | 18,75 | 1,25 | -3,75 |
| 90 | 15,00 | 11,25 | 3,75 | -1,25 |
| 95 | 12,50 | 7,50 | 5,00 | 0,00 |
| 105 | 7,50 | 0,00 | 7,50 | 2,50 |
| 110 | 5,00 | 0,00 | 5,00 | 0,00 |
| 120 | 0,00 | 0,00 | 0,00 | -5,00 |

Ein nichtnegativer Einigungsbereich ist nur mit einem Ausübungspreis der Call-Option in den Bereichen $95 \le S_C \le 110$ und $S_C \le 65$ erreichbar. Die notwendige Barzahlung bei $S_C = 110$ beträgt 95.

| **Erfüllung der Partizipationsbedingungen von V und K (bei $S_C = 110$)** | | | | |
|---|---|---|---|---|
| $S_C$ | Barzahlungs-komponente | Wert Call-Option | Wert Kontrakt gesamt | Grenzpreis für U |
| Verkäufer V | 95 | 5 | 100 | 100 |
| Käufer K | 95 | 0 | 95 | 95 |

Die Partizipationsbedingungen von V und K werden erfüllt.

---

### 3.4.6 Eignung des Kontrakts $\Omega_C$ mit Call-Option

Durch den Einsatz einer Call-Option unter einem Kontrakt $\Omega_C$ ist in jeder Erwartungskonstellation ein nichtnegativer Einigungsbereich $EB^{\Omega_C} \geq 0$ erreichbar. Allerdings ist die spezifische Situation für den Kontrakteinsatz zu berücksichtigen.

Durch Wahl von $S_C \leq E_K^s$ ist unabhängig von der Erwartungskonstellation immer ein nichtnegativer Einigungsbereich gewährleistet. Die Wahl eines solchen Ausübungspreises ist robust, da K die Erwartungen von V nicht bekannt sein müssen. Allerdings wird bei Wahl von $S_C \leq E_K^s$ aus Sicht des Käufers K keine Partizipation am Eintritt des erwarteten guten Zustands erworben. Der Käufer K überträgt das Unternehmen bei einer besseren Zahlung als $S_C \leq E_K^s$ zurück an V oder leistet eine entsprechende Differenzzahlung. Nur in zwei Fällen wird K mit einem höheren Ausübungspreis $S_C > E_K^s$ eine Partizipation am Eintritt des guten Zustands erwarten.

(1) Es wird ein nichtnegativer Einigungsbereich $EB^{\Omega_C} \geq 0$ mit $S_C > E_K^s$ erreicht, falls die von K erwartete Zahlung im schlechten Zustand über der von V erwarteten liegt ($E_K^s > E_V^s$) und V den Eintritt des guten Zustands mit einer höheren Wahrscheinlichkeit erwartet als K ($p > q$). Das kann in den Erwartungskonstellationen „hohe Zahlungsausprägung" und „niedrige Zahlungsvolatilität" vorliegen. Der höchste Ausübungspreis für einen nichtnegativen Einigungsbereich beträgt dann $S_C = \min\left( E_K^s + \frac{(1-p)(E_K^s - E_V^s)}{p-q}; E_K^g \right) \geq E_K^s$.

(2) In den Erwartungskonstellationen „niedrige Zahlungsvolatilität" und „niedrige Zahlungsausprägung" ist unter der Bedingung $pE_K^g + (1-p)E_V^s \leq U_K$ ebenfalls ein nichtnegativer Einigungsbereich mit $S_C > E_K^s$ möglich. Der höchste Ausübungspreis für einen nichtnegativen Einigungsbereich liegt dann mit $pE_K^g + (1-p)E_V^s = U_K$ bei $S_C = E_K^g$ und mit $pE_K^g + (1-p)E_V^s < U_K$ bei $S_C = \frac{U_K - (1-p)E_V^s}{p} > E_K^g$.

In Abbildung 49 werden die Ergebnisse schematisch dargestellt. Dabei werden die Bereiche von Ausübungspreisen $S_C$ dargestellt, mit denen ausreichende Kontrakte $\Omega_C$ mit Call-Option konstruiert werden können. Dann sind nichtnegative Einigungsbereiche möglich und die Transaktion kann stattfinden. Auf die Darstellung der jeweils optimalen Kontrakte mit maximalem Einigungsbereich wird hier jedoch verzichtet.

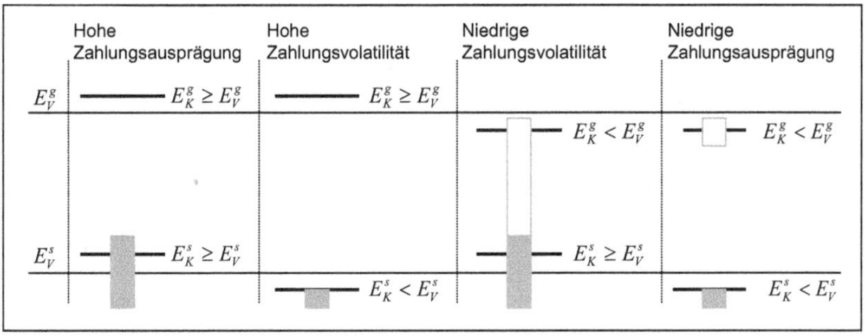


**Abb. 49:** Ausübungspreise $S_C$ ausreichender Kontrakte $\Omega_C$

## 3.5 Ausfallbedrohtes Fremdkapital

In den folgenden Abschnitten werden Kontrakte untersucht, die ausfallbedrohtes Fremdkapital beinhalten. Das Fremdkapital wird vom verkauften Unternehmen U emittiert.[321] Der Verkäufer V erhält somit einen Anspruch gegen das vom ihm verkaufte Unternehmen U. Das Fremdkapital ist ausfallbedroht, weil die Rückzahlung des Nennwertes N im Zeitpunkt $t = 2$ nicht vollständig sicher ist.[322] Es gilt $N > \min(E_V^s; E_K^s)$. Der Anspruch des Verkäufers V kann bei $t = 2$ nicht vollständig sicher bedient werden. Als Rückzahlung wird somit das Minimum aus dem Nennwert des Fremdkapitals $N$ und den zur Verteilung bereitstehenden Zahlungen von U berücksichtigt. Im folgenden Abschnitt wird zunächst ein Kontrakt mit einer Kaufpreiszahlung durch reines ausfallbedrohtes Fremdkapital betrachtet. Anschließend werden mögliche Kombinationen mit Barzahlung und Aktien untersucht.

### 3.5.1 Kaufpreiszahlung mit reinem ausfallbedrohtem Fremdkapital

Unter einem Kontrakt $\Omega_F$ wird der Kaufpreis für U vollständig durch ausfallbedrohtes Fremdkapital des Unternehmens U gezahlt. Der Wert des Kontraktes ist somit vollständig von der bei $t = 2$ realisierten Zahlung $E^*$ abhängig (siehe Abbildung 50).

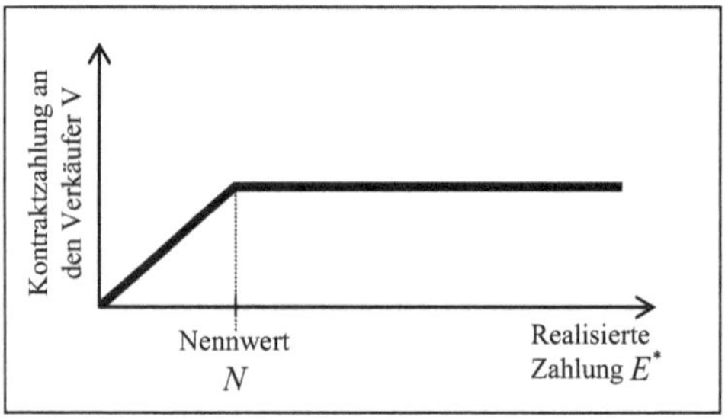


**Abb. 50:** Zahlungsstruktur unter $\Omega_F$

Da unter $\Omega_F$ keine sicheren Barzahlungen vorgesehen sind, werden explizit die Partizipationsbedingungen von V und K betrachtet. Der Verkäufer V wird das Fremdkapital mit Nennwert N mit $p\min(N; E_V^g) + (1-p)\min(N; E_V^s)$ bewerten. Da Vs Grenzpreis bei $U_V$ liegt, muss gelten: $N \geq U_V > E_V^s$. Das Kalkül von V entspricht dann $p\min(N; E_V^g) + (1-p)E_V^s \geq U_V$, was zu $N \geq E_V^g$ führt. V bewertet das Fremdkapital mit $F_V = pE_V^g + (1-p)E_V^s = U_V$. Entsprechend wird die weitere Betrachtung auf Kontrakte $\Omega_F$ mit Fremdkapitalnennwert $N \geq E_V^g$ eingeschränkt. K bewertet das von V geforderte Fremdkapital $N \geq E_V^g$ wegen $E_K^s < U_V$ gemäß $F_K = q\min(N; E_K^g) + (1-q)E_K^s \leq U_K$. Die Bewertungsdifferenz ist $D^{\Omega_F} = F_V - F_K = U_V - q\min(N; E_K^g) - (1-q)E_K^s \geq U_V - U_K$. Der

[321] Ausfallbedrohtes Fremdkapital des fusionierten Unternehmens wird in Abschnitt 3.7.4 berücksichtigt.

[322] Die Rückzahlung des Fremdkapitals wird nicht durch den Käufer K oder einen Dritten garantiert.

Einigungsbereich beträgt $EB^{\Omega_F} = U_K - q\min(N;E_K^g) - (1-q)E_K^s \geq 0$. Die Transaktionsbedingung wird somit von allen Kontrakten $\Omega_F$ mit Fremdkapital gemäß $N \geq E_V^g$ erfüllt: $D^{\Omega_F} \geq D^U$. Zur Veranschaulichung ist im folgenden Abschnitt das numerische Beispiel 4-1 enthalten.

**Satz 4-1:** Ein Kontrakt $\Omega_F$ mit Zahlung des Kaufpreises durch ausfallbedrohtes Fremdkapital kann den Einigungsbereich verbessern und einen Barzahlungskontrakt $\Omega_B$ dominieren.[323] Allerdings wird ein Kontrakt $\Omega_F$ nur mit einem Fremdkapitalvolumen $N \geq E_V^g$ ausreichend.

### 3.5.2 Ausfallbedrohtes Fremdkapital und Barzahlung

Unter einem Kontrakt $\Omega_{BF}$ erfolgt die Zahlung des Kaufpreises durch eine Kombination aus ausfallbedrohtem Fremdkapital und Barzahlung. Der Wert des Kontraktes ist somit anteilig von der bei $t = 2$ realisierten Zahlung $E^*$ abhängig (siehe Abbildung 51).

Aufgrund der Barzahlungskomponente müssen die Partizipationsbedingungen beider Akteure K und V nicht explizit betrachtet werden. Die Untersuchung der allgemeinen Transaktionsbedingung ist ausreichend.[324] Die Barzahlungskomponente bewerten beide Akteure K und V identisch. Die Bewertungsdifferenz unter dem Kontrakt $\Omega_{BF}$ beträgt $D^{\Omega_{BF}} = F_V - F_K = p\min(N;E_V^g) + (1-p)\min(N;E_V^s) - q\min(N;E_K^g) - (1-q)\min(N;E_K^s)$ und entspricht der Bewertungsdifferenz der Fremdkapitalkomponente.[325] Zur Bestimmung der Wirkung eines Kontrakts $\Omega_{BF}$ ist eine differenzierte Betrachtung notwendig. Die Bewertungsdifferenz unter $\Omega_{BF}$ entspricht jedoch der Bewertungsdifferenz unter einem Kontrakt $\Omega_P$ mit einem Ausübungspreis der Put-Option in Höhe von $S_P = N$.[326] Ausfallbedrohtes Fremdkapital kann als Put-Option interpretiert werden, da der Käufer bei Realisation einer Zahlung unter dem Fremdkapitalnennwert das Unternehmen U an den Fremdkapitalgläubiger V zurückgibt. Die Ergebnisse zum Kontrakt $\Omega_P$ können somit auf den Kontrakt $\Omega_{BF}$ übertragen werden.[327]

---

[323] Diese Verbesserung muss nicht immer eintreten. Eine detaillierte Betrachtung enthält Anhang J.

[324] Siehe dazu auch Abschnitt 3.1.6.

[325] Die Bewertung ausfallbedrohten Fremdkapitals wurde in Abschnitt 3.5.1 hergeleitet. Hier werden diese Ergebnisse aufgegriffen. Auf eine erneute Herleitung wird verzichtet.

[326] Siehe Anhang K.

[327] Die Analyse des Kontrakts $\Omega_P$ erfolgt in Abschnitt 3.3.

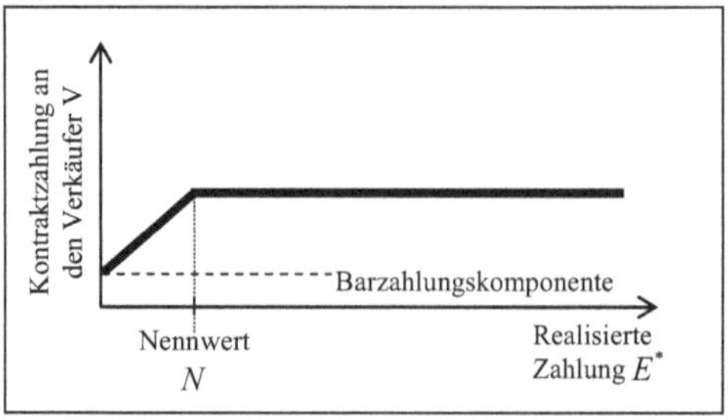


**Abb. 51:** Zahlungsstruktur unter $\Omega_{BF}$

**Satz 4-2:** Ein Kontrakt $\Omega_{BF}$ mit Zahlung des Kaufpreises durch ausfallbedrohtes Fremdkapital mit Nennwert $N$ und eine Barkomponente hat die gleiche Wirkung auf den Einigungsbereich wie ein Kontrakt $\Omega_P$, der eine Put-Option mit Ausübungspreis $S_P = N$ beinhaltet. In Abhängigkeit der Parameter kann $\Omega_{BF}$ somit ausreichend sein.

Zur Veranschaulichung der Ergebnisse zu den Kontrakten $\Omega_{BF}$ und $\Omega_F$ folgt das numerische Beispiel 4-1.

---

**Beispiel 4-1**

Betrachtete Kontrakte: $\Omega_F$ (reines ausfallbedrohtes Fremdkapital)

$\Omega_{BF}$ (ausfallbedrohtes Fremdkapital und Barzahlung)

Erwartungskonstellation: „hohe Zahlungsausprägung“

| **Verkäufer V** | | **Käufer K** | |
|---|---|---|---|
| $E_V^g = 120$ | $p = 0{,}5$ | $E_K^g = 125$ | $q = 0{,}25$ |
| $E_V^s = 80$ | $U_V = 100$ | $E_K^s = 85$ | $U_K = 95$ |

Bewertungsdifferenz bzgl. U: $D^U = U_V - U_K = 5$

| **Kontraktspezifikation** | | | | |
|---|---|---|---|---|
| $N$ | $F_V$ | $F_K$ | $D^{\Omega_{BF}}$ | $EB^{\Omega_{BF}}$ |
| 90 | 85,00 | 86,25 | -1,25 | -6,25 |
| 100 | 90,00 | 88,75 | 1,25 | -3,75 |
| 115 | 97,50 | 92,50 | 5,00 | 0,00 |
| 120 | 100,00 | 93,75 | 6,25 | 1,25 |

Es wird mit einem Nennwert von $N = 115$ eine ausreichend hohe Bewertungsdifferenz erreicht, um unter einem Kontrakt $\Omega_{BF}$ (mit Barzahlungskomponente) einen nichtnegativen Einigungsbereich zu ermöglichen. Unter einem Kontrakt $\Omega_F$ (ohne Barzahlungskomponente) ist jedoch ein Fremdkapitalvolumen von $N = 120$ zur Erfüllung der Partizipationsbedingung von V ($F_V \geq U_V = 100$) erforderlich.

---

### 3.5.3 Ausfallbedrohtes Fremdkapital und Aktien

Unter einem Kontrakt $\Omega_{FA}$ wird der Kaufpreis durch eine Kombination aus ausfallbedrohtem Fremdkapital des Unternehmens U und Aktien eines übernehmenden Unternehmens X gezahlt (siehe Abbildung 52). Dabei wird angenommen, dass die nach Rückführung des Fremdkapitals verbleibenden Zahlungen des Unternehmens U an das übernehmende Unternehmen X ausgeschüttet werden.

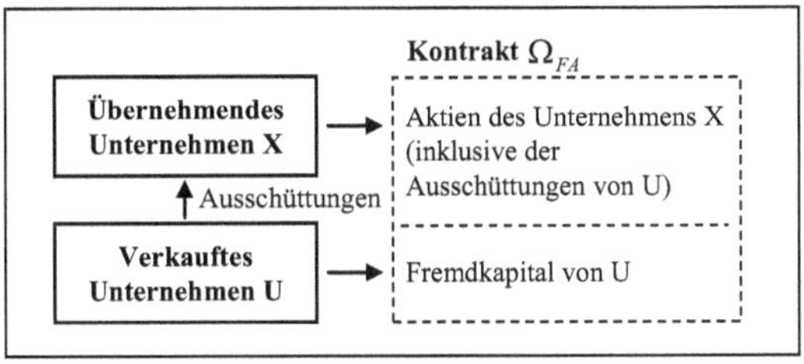


**Abb. 52:** Kontrakt $\Omega_{FA}$ mit Fremdkapital und Aktien

Der Wert des Kontraktes ist somit von den im Zeitpunkt $t = 2$ realisierten Zahlungen $E^*$ und $X^*$ abhängig. In Abbildung 53 ist die Zahlungsstruktur des Kontraktes $\Omega_{FA}$ in Abhängigkeit der Zahlung $E^*$ dargestellt. Die Zahlung $X^* > 0$ des übernehmenden Unternehmens X wird dabei als konstant angenommen.

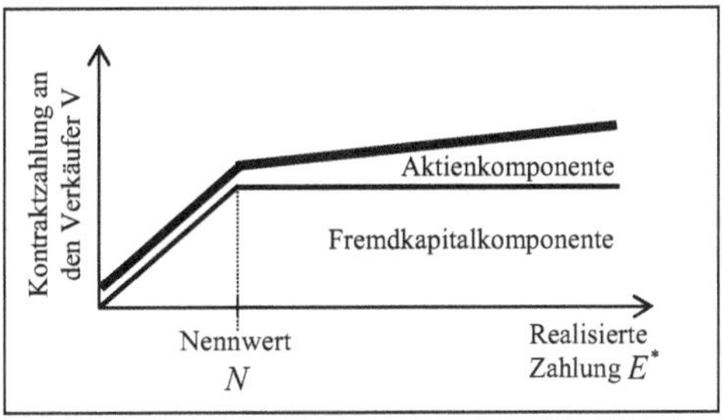


**Abb. 53:** Zahlungsstruktur unter $\Omega_{FA}$

Der Verkäufer V bewertet einen Kontrakt $\Omega_{FA}$ auf Basis der beiden Bestandteile Fremdkapital und Aktien. Die ausfallbedrohte Fremdkapitalkomponente mit einem Nennwert $N > \min(E_V^s; E_K^s)$ bewertet V mit $F_V = p\min(N; E_V^g) + (1-p)\min(N; E_V^s)$. Die Aktienkomponente bewertet V auf Basis der Zahlungen, die nach Bedienung des Fremdkapitals den Anteilseignern des übernehmenden Unternehmens X zur Verfügung stehen, mit $A_V = \alpha_{FA}\left(p\max(E_V^g - N;0) + (1-p)\max(E_V^s - N;0) + X_V\right)$. Der Parameter $\alpha_{FA} \in (0;1)$ ist dabei der Anteil von V am Eigenkapital des übernehmenden Unternehmens. Der Verkäufer V bewertet die erwarteten Zahlungen unter dem Kontrakt $\Omega_{FA}$ mit

$FA_V = U_V - (1-\alpha_{FA})(p \max(E_V^g - N;0) + (1-p)\max(E_V^s - N;0)) + \alpha_{FA} X_V$.[328] V berücksichtigt somit den Wert einer an K gewährten Call-Option mit dem Ausübungspreis $S_C = N$ und einem Bezugsrecht auf einen Anteil $(1-\alpha_{FA})$ am Unternehmen U. Die Substitution $C_V^N = p\max(E_V^g - N;0) + (1-p)\max(E_V^s - N;0) \geq 0$ zeigt das Bewertungskalkül von V: $FA_V = U_V - (1-\alpha_{FA})C_V^N + \alpha_{FA} X_V$. Der Verkäufer V bewertet $\Omega_{FA}$ mit dem von ihm erwarteten Unternehmenswert abzüglich des Wertes einer an den Käufer K gewährten Call-Option zuzüglich eines Anteils am übernehmenden Unternehmen X.

Der Käufer K bewertet einen Kontrakt $\Omega_{FA}$ ebenfalls auf Basis der beiden Bestandteile Fremdkapital und Aktien. Die ausfallbedrohte Fremdkapitalkomponente mit einem Nennwert $N > \min(E_V^s; E_K^s)$ bewertet K mit $F_K = q\min(N; E_K^g) + (1-q)\min(N; E_K^s)$. Die Aktienkomponente bewertet K auf Basis der Cashflows, die nach Bedienung des Fremdkapitals den Anteilseignern des übernehmenden Unternehmens X zur Verfügung stehen, mit $A_K = \alpha_{FA}(p\max(E_K^g - N;0) + (1-p)\max(E_K^s - N;0) + X_K)$. K bewertet die gesamten erwarteten an V zu leistenden Zahlungen unter einem Kontrakt $\Omega_{FA}$ mit $FA_K = U_K - (1-\alpha_{FA})(q\max(E_K^g - N;0) + (1-q)\max(E_K^s - N;0)) + \alpha_{FA} X_K$. Er berücksichtigt eine ihm gewährte Call-Option mit Ausübungspreis $S_C = N$ und einem Bezugsrecht auf einen Anteil $(1-\alpha_{FA})$ an U. Mit $C_K^N = q\max(E_K^g - N;0) + (1-q)\max(E_K^s - N;0)$ wird das Bewertungskalkül von K verdeutlicht: $FA_K = U_K - (1-\alpha_{FA})C_K^N + \alpha_{FA} X_K$.

**Satz 4-3:** Unter einem Kontrakt $\Omega_{FA}$ mit Zahlung durch ausfallbedrohtes Fremdkapital und Aktien des übernehmenden Unternehmens gewährt der Verkäufer V dem Käufer K implizit eine Call-Option mit einem Ausübungspreis in Höhe des Fremdkapitalvolumens ($S_C = N$) und einem Bezugsrecht auf einen Anteil $(1-\alpha_{FA})$ an U.

Da unter $\Omega_{FA}$ keine sicheren Barzahlungen vorgesehen sind, werden die Partizipationsbedingungen von V und K betrachtet. Die Partizipationsbedingung von V unter $\Omega_{FA}$ lautet $FA_V = U_V - (1-\alpha_{FA})C_V^N + \alpha_{FA} X_V \geq U_V$. Daraus folgt $(1-\alpha_{FA})C_V^N \leq \alpha_{FA} X_V$. Die Partizipationsbedingung von V ist nur mit $\alpha_{FA} \geq \dfrac{C_V^N}{C_V^N + X_V}$ erfüllt. Entsprechend ist die Partizipationsbedingung des Käufers K, $FA_K = U_K - (1-\alpha_{FA})C_K^N + \alpha_{FA} X_K \leq U_K$, nur mit

[328] Siehe Anhang L.

$\alpha_{FA} \leq \frac{C_K^N}{C_K^N + X_K}$ erfüllt. Beide Partizipationsbedingungen werden zur Bedingung $\frac{C_V^N}{C_V^N + X_V} \leq \alpha_{FA} \leq \frac{C_K^N}{C_K^N + X_K}$ zusammengefasst, die $\frac{C_V^N}{C_K^N} \leq \frac{X_V}{X_K}$ entspricht.[329]

Im Fall einer identischen Bewertung des übernehmenden Unternehmens X durch K und V ($X_V = X_K$) sind die Partizipationsbedingungen von K und V dann erfüllt, wenn V die Call-Option nicht höher bewertet als K: $C_V^N \leq C_K^N$. Die Call-Option mit Ausübungspreis $S_C = N$ wird genau dann durch V nicht höher bewertet als durch K, wenn unter einem Kontrakt $\Omega_{BF}$ mit gleichem Fremdkapitalnennwert $N$ ein nichtnegativer Einigungsbereich erreicht wird.[330] Wenn X jedoch von V niedriger bewertet wird als von K ($X_V < X_K$) können die Partizipationsbedingungen nur dann erfüllt werden, wenn V auch die Call-Option entsprechend niedriger bewertet.

**Satz 4-4:** Ein Kontrakt $\Omega_{FA}$ kann bei identischer Bewertung des übernehmenden Unternehmens X durch K und V dann ausreichend sein, wenn der Verkäufer V die von ihm implizit gewährte Call-Option nicht höher bewertet als der Käufer K. Dies trifft genau dann zu, wenn ein Kontrakt $\Omega_{BF}$ mit Fremdkapitalnennwert $N$ ausreichend ist. Allgemein muss ein ausreichender Kontrakt $\Omega_{FA}$ die Bedingung $\frac{C_V^N}{C_K^N} \leq \frac{X_V}{X_K}$ erfüllen.

Zur Veranschaulichung der Ergebnisse zum Kontrakt $\Omega_{FA}$ folgt das numerische Beispiel 4-2. Für die Bewertung des übernehmenden Unternehmens X wird zunächst eine identische und dann eine abweichende Bewertung durch K und V angenommen.

---

**Beispiel 4-2**

Betrachteter Kontrakt: $\Omega_{FA}$ (ausfallbedrohtes Fremdkapital und Aktien)

Erwartungskonstellation: „hohe Zahlungsausprägung“

| **Verkäufer V** | | **Käufer K** | |
|---|---|---|---|
| $E_V^g = 120$ | $p = 0{,}5$ | $E_K^g = 125$ | $q = 0{,}25$ |
| $E_V^s = 80$ | $U_V = 100$ | $E_K^s = 85$ | $U_K = 95$ |

Bewertungsdifferenz bzgl. U: $D^U = U_V - U_K = 5$

[329] Es wird lediglich die Erreichung eines nichtnegativen Einigungsbereiches betrachtet (Erfüllung der Partizipationsbedingungen). Die Verbesserung des Einigungsbereiches ohne Erreichung eines nichtnegativen Einigungsbereiches wird hier aus Platzgründen nicht mehr untersucht.

[330] Siehe Anhang M.

| Kontraktspezifikation bei identischer Bewertung von X ( $X_K = X_V = 100$ ) | | | | | | |
|---|---|---|---|---|---|---|
| $N$ | $F_V$ | $F_K$ | $C_V^N$ | $C_K^N$ | Mindest- $\alpha_{FA}$ von V | Höchst- $\alpha_{FA}$ von K |
| 90 | 85,00 | 86,25 | 15,00 | 8,75 | 13,04% | 8,05% |
| 100 | 90,00 | 88,75 | 10,00 | 6,25 | 9,09% | 5,88% |
| 115 | 97,50 | 92,50 | 2,50 | 2,50 | 2,44% | 2,44% |
| 119 | 99,50 | 93,50 | 0,50 | 1,50 | 0,50% | 1,48% |

Ab einem Nennwert von $N = 115$ werden unter $\Omega_{FA}$ die Partizipationsbedingungen von K und V erfüllt. Mit steigendem Fremdkapitalvolumen verbessert sich der Einigungsbereich zunächst weiter. Die Bandbreite des möglichen Anteils $\alpha_{FA}$ nimmt zu.

| Kontraktspezifikation bei abweichender Bewertung von X ( $X_V = 95$, $X_K = 100$ ) | | | | | | |
|---|---|---|---|---|---|---|
| $N$ | $F_V$ | $F_K$ | $C_V^N$ | $C_K^N$ | Mindest- $\alpha_{FA}$ von V | Höchst- $\alpha_{FA}$ von K |
| 90 | 85,00 | 86,25 | 15,00 | 8,75 | 13,64% | 8,05% |
| 100 | 90,00 | 88,75 | 10,00 | 6,25 | 9,52% | 5,88% |
| 115 | 97,50 | 92,50 | 2,50 | 2,50 | 2,56% | 2,44% |
| 115,48 | 97,74 | 92,62 | 2,26 | 2,38 | 2,32% | 2,32% |
| 119 | 99,50 | 93,50 | 0,50 | 1,50 | 0,52% | 1,48% |

Wenn V das übernehmende Unternehmen niedriger bewertet als K, ist ein höheres Fremdkapitalvolumen von $N = 115{,}48$ erforderlich, um die Partizipationsbedingungen von K und V zu erfüllen. Vs Aktienanteil $\alpha_{FA}$ am übernehmenden Unternehmen sinkt.

---

### 3.5.4 Ausfallbedrohtes Fremdkapital, Aktien und Barzahlung

Unter einem Kontrakt $\Omega_{BFA}$ wird der Kaufpreis durch eine Kombination aus ausfallbedrohtem Fremdkapital des Unternehmens U, Aktien des übernehmenden Unternehmens und einer Barzahlungskomponente gezahlt.[331] Der Wert des Kontraktes ist somit von den bei $t = 2$ realisierten Zahlungen $E^*$ und $X^*$ abhängig. In Abbildung 54 ist die Zahlungsstruktur des Kontraktes $\Omega_{BFA}$ in Abhängigkeit der Zahlung $E^*$ dargestellt. Die Zahlung $X^* > 0$ des übernehmenden Unternehmens X wird dabei als konstant angenommen.

[331] Die Betrachtung der Aktien des gemeinsamen (fusionierten) Unternehmens folgt den Ausführungen in Abschnitt 3.2.

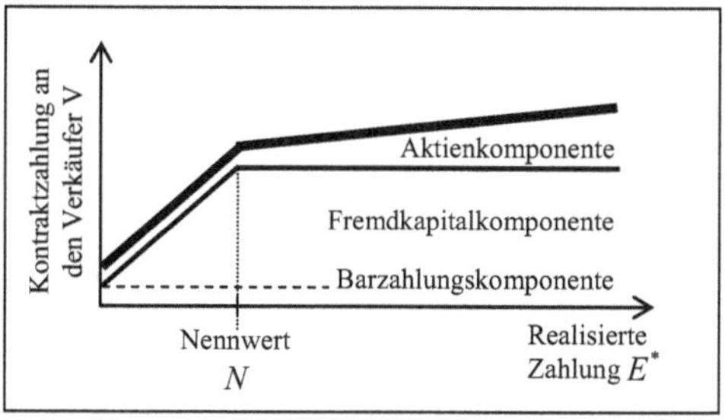


**Abb. 54:** Zahlungsstruktur unter $\Omega_{BFA}$

Aufgrund der Barzahlungskomponente ist keine explizite Betrachtung der Partizipationsbedingungen von K und V notwendig. Es wird die Erfüllung der allgemeinen Transaktionsbedingung untersucht.[332] K und V bewerten die Barzahlungskomponente identisch ($B_K = B_V$). Somit entspricht die Bewertungsdifferenz des Kontrakts $\Omega_{BFA}$ der Bewertungsdifferenz der Komponenten Fremdkapital und Aktien.

Der Verkäufer V bewertet die Kombination von ausfallbedrohtem Fremdkapital und Aktien mit $FA_V = U_V - (1-\alpha_{BFA})C_V^N + \alpha_{BFA} X_V$. Der Käufer K bewertet diese Kombination mit $FA_K = U_K - (1-\alpha_{BFA})C_K^N + \alpha_{BFA} X_K$.[333] Die Bewertungsdifferenz beträgt $D^{\Omega_{BFA}} = U_V - U_K - (1-\alpha_{BFA})(C_V^N - C_K^N) + \alpha_{BFA}(X_V - X_K)$. Der Einigungsbereich ist $EB^{\Omega_{BFA}} = D^{\Omega_{BFA}} - D^U = \alpha_{BFA}(X_V - X_K) - (1-\alpha_{BFA})(C_V^N - C_K^N)$.

Ein nichtnegativer Einigungsbereich ist unter $\Omega_{BFA}$ genau dann erreichbar, wenn $C_V^N - C_K^N \leq \frac{\alpha_{BFA}}{1-\alpha_{BFA}}(X_V - X_K)$ gilt.[334] Der Faktor $\frac{\alpha_{BFA}}{1-\alpha_{BFA}}$ steigt in Vs Aktienanteil $\alpha_{BFA}$ und kann durch Festlegung von $\alpha_{BFA} \in (0;1)$ jeden beliebigen positiven Wert annehmen. Bezüglich der Bewertung des übernehmenden Unternehmens X werden drei Fälle betrachtet.

(1) Im Fall einer identischen Bewertung des übernehmenden Unternehmens X durch K und V, $X_V = X_K$, sind die Partizipationsbedingungen von K und V dann erfüllt, wenn V die Call-Option nicht höher bewertet als K: $C_V^N \leq C_K^N$. Dies trifft genau dann zu, wenn ein Kontrakt

---

[332] Siehe dazu Abschnitt 3.1.6.

[333] In Abschnitt 3.5.3 wurde die Bewertung von ausfallbedrohtem Fremdkapital und Aktien eines gemeinsamen Unternehmens durch K und V bereits hergeleitet. An dieser Stelle wird auf eine erneute Herleitung verzichtet. Die implizit gewährte Option wird hier ebenfalls mit $C_V^N$ bzw. $C_K^N$ bewertet.

[334] Es wird lediglich die Erreichung eines nichtnegativen Einigungsbereiches betrachtet. Die Verbesserung des Einigungsbereiches ohne Erreichung eines nichtnegativen Einigungsbereiches wird hier nicht mehr untersucht.

$\Omega_{BF}$ mit gleichem Fremdkapitalnennwert $N$ einen nichtnegativen Einigungsbereich ermöglicht.[335]

**Satz 4-5:** Ein Kontrakt $\Omega_{BFA}$ ist bei identischer Bewertung des übernehmenden Unternehmens X durch K und V genau dann ausreichend, wenn ein Kontrakt $\Omega_{BF}$ mit gleichem Fremdkapitalnennwert $N$ ausreichend ist.

(2) Falls das übernehmende Unternehmen X durch V niedriger bewertet wird als durch K ($X_V < X_K$), ist ein nichtnegativer Einigungsbereich nur dann erreichbar, wenn V die implizit gewährte Call-Option niedriger bewertet als K: $C_V^N < C_K^N$.[336] Dies ist genau dann der Fall, wenn unter dem Kontrakt $\Omega_{BF}$ mit gleichem Fremdkapitalnennwert $N$ ein positiver Einigungsbereich erreicht wird.[337] Ein höherer Anteil $\alpha_{BFA}$ verschlechtert den Einigungsbereich. Im Grenzfall wird V nur einen marginalen Aktienanteil $\alpha_{BFA} \to 0$ am übernehmenden Unternehmen X halten.

**Satz 4-6:** Falls das übernehmende Unternehmen X durch V niedriger bewertet wird als durch K, kann $\Omega_{BFA}$ dann ausreichend sein, wenn ein Kontrakt $\Omega_{BF}$ mit gleichem Fremdkapitalnennwert $N$ einen positiven Einigungsbereich ermöglicht. V hält dann jedoch nur einen niedrigen Aktienanteil am übernehmenden Unternehmen X.

(3) Falls das übernehmende Unternehmen X durch V höher bewertet wird als durch K ($X_V > X_K$), ist ein nichtnegativer Einigungsbereich immer erreichbar.[338] Ein höherer Anteil $\alpha_{BFA}$ verbessert den Einigungsbereich. Es kann vorkommen, dass V einen hohen Aktienanteil $\alpha_{BFA}$ am übernehmenden Unternehmen X hält.[339]

---

[335] Siehe Anhang M.

[336] Der Faktor $\frac{\alpha_{BFA}}{1-\alpha_{BFA}}$ kann durch Festlegung von $\alpha_{BFA} \in (0;1)$ jeden beliebigen positiven Wert annehmen.

Ein minimaler Aktienanteil $\alpha_{BFA} \to 0$ führt zu $\frac{\alpha_{BFA}}{1-\alpha_{BFA}} \to 0$. Unter der Bedingung $X_V < X_K$ ist die Gleichung $C_V^N - C_K^N \leq \frac{\alpha_{BFA}}{1-\alpha_{BFA}}(X_V - X_K)$ dann mit $C_V^N < C_K^N$ erfüllbar.

[337] Siehe Anhang M.

[338] Bei Wahl eines hohen Aktienanteils $\alpha_{BFA} \to 1$ folgt $\frac{\alpha_{BFA}}{1-\alpha_{BFA}} \to \infty$. Unter der Bedingung $X_V > X_K$ ist die Gleichung $C_V^N - C_K^N \leq \frac{\alpha_{BFA}}{1-\alpha_{BFA}}(X_V - X_K)$ dann immer erfüllbar.

[339] Ob eine solche Situation tatsächlich als Verkauf von U bezeichnet werden kann, sei hier nicht erörtert.

**Satz 4-7:** Falls das übernehmende Unternehmen X durch V höher bewertet wird als durch K, kann $\Omega_{BFA}$ immer ausreichend sein. V hält dann jedoch in Abhängigkeit der Parameter einen hohen Anteil am übernehmenden Unternehmen X.

Bei einem Vergleich der Kontrakte $\Omega_{FA}$ und $\Omega_{BFA}$ wird deutlich, dass der Verkäufer V ohne Barzahlungskomponente einen höheren Anteil am fusionierten Unternehmen halten muss ($\alpha_{FA} > \alpha_{BFA}$) als bei einer positiven Barzahlungskomponente ($B_K > 0$).[340] Zur Veranschaulichung der Ergebnisse zu $\Omega_{BFA}$ folgt das numerische Beispiel 4-3:

---

**Beispiel 4-3**

Betrachteter Kontrakt: $\Omega_{BFA}$ (ausfallbedrohtes Fremdkapital, Aktien und Barzahlung)

Erwartungskonstellation: „hohe Zahlungsausprägung"

| **Verkäufer V** | | **Käufer K** | |
|---|---|---|---|
| $E_V^g = 120$ | $p = 0{,}5$ | $E_K^g = 125$ | $q = 0{,}25$ |
| $E_V^s = 80$ | $U_V = 100$ | $E_K^s = 85$ | $U_K = 95$ |

Bewertungsdifferenz bzgl. U: $D^U = U_V - U_K = 5$

| **Bewertung von X durch K und V** | $X_K = X_V = 100$ |
|---|---|

| **Kontraktspezifikation** (Vs Aktienanteil am gemeinsamen Unternehmen: 20%) | | | | | | |
|---|---|---|---|---|---|---|
| $N$ | $F_V$ | $F_K$ | $A_V$ | $A_K$ | $D^{\Omega_{BFA}}$ | $EB^{\Omega_{BFA}}$ |
| 90 | 85,00 | 86,25 | 23,00 | 21,75 | 0 | -5 |
| 100 | 90,00 | 88,75 | 22,00 | 21,25 | 2 | -3 |
| 115 | 97,50 | 92,50 | 20,50 | 20,50 | 5 | 0 |
| 120 | 100,00 | 93,75 | 20,00 | 20,25 | 6 | 1 |

---

[340] Die Partizipationsbedingung von K unter $\Omega_{FA}$ lautet $U_K \geq U_K - (1-\alpha_{FA})C_K^N + \alpha_{FA}X_K$, die in $\frac{\alpha_{FA}}{1-\alpha_{FA}} \leq \frac{C_K^N}{X_K}$ überführt werden kann. Unter dem Kontrakt $\Omega_{BFA}$ lautet Ks Partizipationsbedingung $U_K \geq U_K - (1-\alpha_{BFA})C_K^N + \alpha_{BFA}X_K + B_K$, die in $\frac{\alpha_{BFA}}{1-\alpha_{BFA}} \leq \frac{C_K^N}{X_K} - \frac{B_K}{(1-\alpha_{BFA})X_K}$ überführt werden kann. Daraus folgt, dass ein Kontrakt $\Omega_{BFA}$ mit einem niedrigeren Anteil von V ausreichend werden kann als ein Kontrakt $\Omega_{FA}$. Für die Partizipationsbedingungen des Verkäufers ist eine entsprechende Betrachtung möglich. Vs Partizipationsbedingungen sind als $\frac{\alpha_{FA}}{1-\alpha_{FA}} \geq \frac{C_V^N}{X_V}$ bzw. $\frac{\alpha_{BFA}}{1-\alpha_{BFA}} \geq \frac{C_V^N}{X_V} - \frac{B_V}{(1-\alpha_{BFA})X_V}$ darstellbar. Daraus folgt ebenfalls, dass ein Kontrakt $\Omega_{BFA}$ mit einem niedrigeren Anteil von V ausreichend werden kann als ein Kontrakt $\Omega_{FA}$.

Ab einem Nennwert von $N = 115$ wird unter dem Kontrakt $\Omega_{BFA}$ ein nichtnegativer Einigungsbereich ermöglicht. Dieses Fremdkapital ist bei identischer Bewertung des übernehmenden Unternehmens X auch unter $\Omega_{BF}$ (ohne Aktien) erforderlich.

---

### 3.5.5 Eignung von ausfallbedrohtem Fremdkapital

Durch den Einsatz von ausfallbedrohtem Fremdkapital kann der Einigungsbereich verbessert werden. Allerdings ist die spezifische Situation für den Kontrakteinsatz zu berücksichtigen.

Durch Einsatz reinen ausfallbedrohten Fremdkapitals unter $\Omega_F$ ist nur dann ein nichtnegativer Einigungsbereich erreichbar, wenn der Fremdkapitalnennwert mindestens der vom Verkäufer V erwarteten Zahlung im guten Zustand entspricht. Solange der Käufer keine höhere Zahlung im guten Zustand erwartet als V, ist V indifferent zwischen Verkauf und Nichtverkauf. Er könnte die Fremdkapital-Position auch selbst ohne Verkauf generieren. Es ist nur dann ein positiver Einigungsbereich und damit eine Verbesserung von Vs Position möglich, wenn der Käufer K im guten Zustand eine höhere Zahlung erwartet als der Verkäufer V.

Die Kombination von ausfallbedrohtem Fremdkapital mit einer Barzahlung unter $\Omega_{BF}$ hat die gleiche Wirkung auf den Einigungsbereich wie ein Kontrakt $\Omega_P$ mit Ausübungspreis der Put-Option in Höhe des Fremdkapitalnennwertes.

Die Kombination von ausfallbedrohtem Fremdkapital und Aktien des übernehmenden Unternehmens X unter $\Omega_{FA}$ ermöglicht bei identischer Bewertung des übernehmenden Unternehmens X durch K und V genau dann einen nichtnegativen Einigungsbereich, wenn auch ein Kontrakt $\Omega_{BF}$ mit gleichem Fremdkapitalnennwert einen nichtnegativen Einigungsbereich ermöglicht. Mit sinkender Bewertung des übernehmenden Unternehmens X durch den Verkäufer V ist ein höherer Fremdkapitalnennwert erforderlich, entsprechend sinkt Vs Aktienanteil am übernehmenden Unternehmen X.

Eine Kombination aus ausfallbedrohtem Fremdkapital, Aktien des gemeinsamen Unternehmens und Barzahlung unter $\Omega_{BFA}$ führt im Wesentlichen zu gleichen Ergebnissen wie ein Kontrakt $\Omega_{FA}$ (ohne Barzahlungskomponente). Falls V jedoch das übernehmende Unternehmen X höher bewertet als K, kann immer ein nichtnegativer Einigungsbereich erreicht werden. Im Grenzfall wird V jedoch einen sehr hohen Aktienanteil am übernehmenden Unternehmen X halten. Eine solche Transaktion wäre dann weniger ein Verkauf von U als eine Übernahme von X.[341]

---

[341] Eine solche Situation könnte als „Reverse Takeover" bezeichnet werden.

### 3.6 Earn-out-Vereinbarungen auf Aktien-Basis

Unter einem Kontrakt $\Omega_{EO}$ wird zwischen Käufer und Verkäufer eine Earn-out-Vereinbarung abgeschlossen. Das Unternehmen U wird gegen Barzahlung des Basispreises $B$ im Zeitpunkt $t = 1$ an den Käufer K übertragen. Der Verkäufer V erhält jedoch weitere variable Kaufpreiszahlungen in Abhängigkeit der Unternehmensentwicklung.[342]

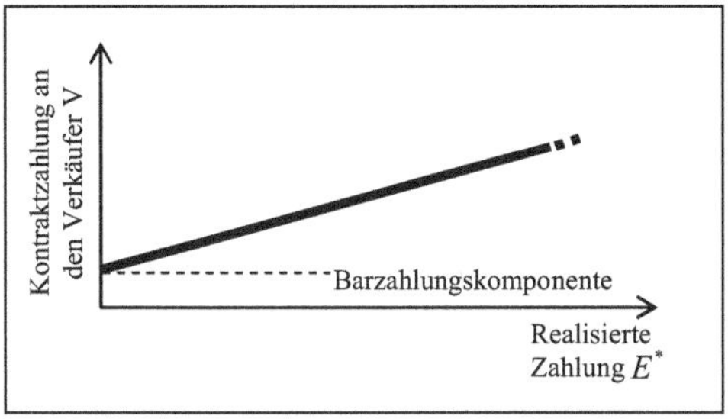


**Abb. 55:** Zahlungsstruktur unter $\Omega_{EO}$

Im Rahmen der hier betrachteten Earn-out-Vereinbarung auf Aktienbasis unter einem Kontrakt $\Omega_{EO}$ erhält der Verkäufer V einen Anteil $\beta \in (0;1)$ an der Zahlung $E^*$ des Unternehmens U im Zeitpunkt $t = 2$ (siehe Abbildung 55). Der Käufer K erhält entsprechend den Anteil $1 - \beta$ dieser Zahlung.

Wesentliches Merkmal von Earn-out-Vereinbarungen ist deren Anwendung beim Vorliegen spezifischer Fähigkeiten des Verkäufers V.[343] Üblicherweise wird das Unternehmen U nach dem Verkauf durch V weitergeführt.[344] V kann dann durch seinen Arbeitseinsatz den Unternehmenswert beeinflussen. Die variablen Zahlungen sollen dabei eine Anreizwirkung auf den Arbeitseinsatz von V ausüben und eine gute Unternehmensentwicklung absichern.[345] Allerdings werden teilweise auch dann Earn-out-Vereinbarungen geschlossen, wenn nach der Transaktion der Käufer K das Unternehmen U führt oder beide Akteure im Unternehmen tätig sind.[346]

Zur Betrachtung von Earn-out-Vereinbarungen wird die zeitliche Struktur des Basismodells erweitert (siehe Abbildung 56). Nach Abschluss des Kontraktes $\Omega_{EO}$ bei $t = 1$ wählen die Akteure mit spezifischen Fähigkeiten ihren jeweiligen Arbeitseinsatz. Spezifische Fähigkeiten

---

[342] Vgl. BAUMS, T. (1993), S. 1273. und auch weitergehend Abschnitt 2.4.1.3.

[343] Vgl. HUSSEY, R. (1990), S. 104.

[344] Vgl. RAYNEY, P. (1989), S. 94, HUSSEY, R. (1990), S. 104, DATAR, S./FRANKEL, R./WOLFSON, M. (2001), S. 107f. und CRAIG, B./SMITH, A. (2003), S. 45f.

[345] Vgl. RAYNEY, P. (1989), S. 94 und BAUMS, T. (1993), S. 1275f.

[346] Vgl. LACHER, J./POPPE, H. (1988), S. 1763, HUSSEY, R. (1990), S. 104, BAUMS, T. (1993), S. 1273 und FRANKEL, M. E. S. (2005), S. 24.

der Akteure sind dadurch gekennzeichnet, dass durch ihren Einsatz die erwarteten Zahlungen des Unternehmens und damit auch der Unternehmenswert gesteigert werden können. Akteure ohne spezifische Fähigkeiten können die erwarteten Zahlungen des Unternehmens trotz eigenem Arbeitseinsatz nicht steigern.[347] Im Zeitpunkt $t = 2$ wird die von U realisierte Zahlung $E^*$ durch K und V beobachtet.

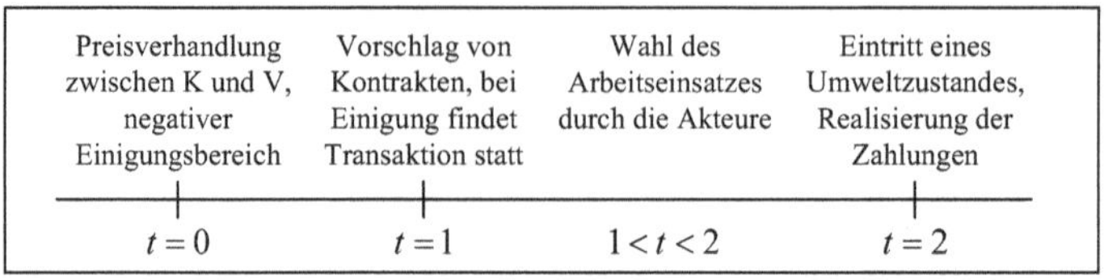


**Abb. 56:** Zeitliche Modellstruktur bei Earn-out-Vereinbarungen

Zur Untersuchung der Eignung von Earn-out-Vereinbarungen $\Omega_{EO}$ zur Verbesserung negativer Einigungsbereiche werden vier verschiedene Ausgangssituationen betrachtet (siehe Abbildung 57). Zunächst wird ein Referenzmodell untersucht, in dem weder Käufer K noch Verkäufer V über spezifische Fähigkeiten verfügen. Als ein Beispiel können Unternehmensinhaber ohne geschäftsrelevante Fähigkeiten und ohne Eingriff in die Geschäftsführung des Unternehmens dienen. Der Arbeitseinsatz von K oder V hat dann keinen Einfluss auf den Unternehmenswert.

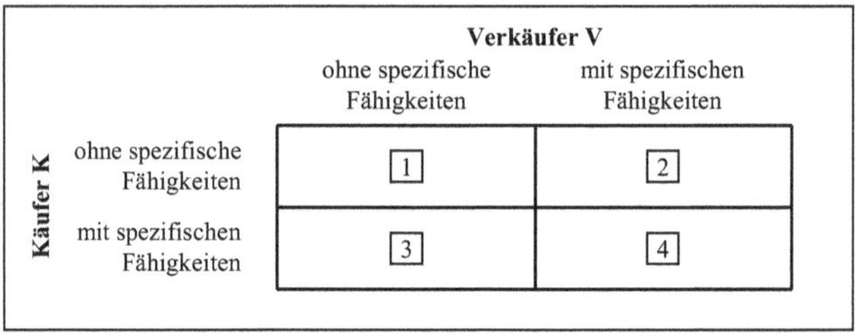


**Abb. 57:** Betrachtete Konstellationen spezifischer Fähigkeiten

Aus Vollständigkeitsgründen werden auch die Situationen untersucht, in denen jeweils nur ein Akteur über spezifische Fähigkeiten verfügt. Abschließend wird die für die Praxis möglicherweise relevanteste Situation betrachtet, bei dem für beide Akteure spezifische Fähigkeiten unterstellt werden.[348] Ein Beispiel wäre der Verkauf eines Technologieunternehmens durch einen stark in dessen Produktentwicklung aktiven Verkäufer an einen in dieser Branche aktiven Vertriebsspezialist. In dieser Situation sind drei verschiedene Regelungen

[347] Da der Arbeitseinsatz jedoch Kosten verursacht, werden Akteure ohne spezifische Fähigkeiten aufgrund ihres fehlenden Einflusses auf künftige Zahlungen keinen Arbeitseinsatz leisten.

[348] Die anderen Fälle können somit als Sonderfälle betrachtet werden, die hier jedoch zur Vollständigkeit mit untersucht werden. Auch bei MERTENS, R. (2003), S. 6ff. und MERTENS, R. (2004), S. 130ff. werden für beide Akteure spezifische Fähigkeiten unterstellt.

zum Arbeitseinsatzes möglich. Der Arbeitseinsatz nur durch V, nur durch K und durch beide Akteure wird daher jeweils separat betrachtet.[349]

### 3.6.1 Keine spezifischen Fähigkeiten von V oder K

In diesem Abschnitt wird eine Situation betrachtet, in der keiner der Akteure über spezifische Fähigkeiten verfügt. Das operative Geschäft und die Zahlungen des Unternehmens sind also unabhängig vom Eigentümer. Entsprechend kann keiner der Akteure durch seinen Arbeitseinsatz die erwarteten Zahlungen von U beeinflussen. Bei positiven Arbeitseinsatzkosten wird dann kein Akteur Arbeitseinsatz leisten.

Der Verkäufer V bewertet einen Kontrakt $\Omega_{EO}$ auf Basis des vereinbarten Basispreises $B$ und des variablen Anteils $\beta$ am erwarteten Unternehmenswert $U_V$ mit $EO_V = B + \beta U_V$. Der Käufer K bewertet einen Kontrakt $\Omega_{EO}$ entsprechend mit $EO_K = B + \beta U_K$. Da durch Variation von $B$ die Partizipationsbedingungen von K und V erfüllbar sind, wird lediglich die allgemeine Transaktionsbedingung untersucht.

Die Bewertungsdifferenz bezüglich $\Omega_{EO}$ beträgt $D^{\Omega_{EO}} = EO_V - EO_K = \beta(U_V - U_K)$. Wegen $\beta \in (0;1)$ und $U_V > U_K$ gilt $0 < D^{\Omega_{EO}} = \beta(U_V - U_K) < U_V - U_K = D^U$. Der Einigungsbereich kann durch einen Kontrakt $\Omega_{EO}$ zwar verbessert werden, bleibt aber immer negativ: $U_K - U_V < EB^{\Omega_{EO}} = (1-\beta)(U_K - U_V) < 0$.

**Satz 5-1:** Ohne spezifische Fähigkeiten von K oder V dominiert ein Earn-out-Kontrakt $\Omega_{EO}$ immer die Barzahlung unter $\Omega_B$. Allerdings wird $\Omega_{EO}$ dann nie ausreichend.

### 3.6.2 Spezifische Fähigkeiten des Verkäufers V

In diesem Abschnitt wird eine Situation betrachtet, in der nur der Verkäufer V über spezifische Fähigkeiten verfügt. Der Käufer K verfügt jedoch nicht über spezifische Fähigkeiten und kann das operative Geschäft und damit auch die erwarteten Zahlungen des Unternehmens nicht beeinflussen. Ein Beispiel für einen solchen Käufer kann eine Finanzholding sein, die keine Eingriffe in die Unternehmensführung vornimmt.

Der Verkäufer V kann durch Einsatz seiner spezifischen Fähigkeiten Einfluss auf die erwarteten Zahlungen und den erwarteten Unternehmenswert von U ausüben. Der Käufer K kann keine spezifischen Fähigkeiten einsetzen. Der Einfluss auf die erwarteten Unternehmenswerte sei charakterisiert durch $U_V(f_V;e_V)$ und $U_K(f_V;e_V)$, wobei $f_V$ die Fähig-

[349] Bei MERTENS, R. (2003), S. 7, 9ff. wird jedoch nur der Fall spezifischer Fähigkeiten und Arbeitseinsatz beider Akteure untersucht. Bei MERTENS, R. (2004), S. 130ff. wird nur der Fall spezifischer Fähigkeiten beider Akteure bei Arbeitseinsatz durch mindestens den Käufer untersucht.

keiten von V und $e_V \in [0;1]$ den durch V geleisteten Arbeitseinsatz darstellen. Fähigkeiten und Arbeitseinsatz haben jeweils positive Wirkung auf den erwarteten Unternehmenswert, mit zunehmendem Arbeitseinsatz ist die Grenzwertsteigerung nicht zunehmend. Somit gelten $\frac{\partial U_V(f_V;e_V)}{\partial f_V} > 0$, $\frac{\partial U_V(f_V;e_V)}{\partial e_V} > 0$ und $\frac{\partial^2 U_V(f_V;e_V)}{\partial {e_V}^2} \leq 0$.[350] Entsprechend gelten auch $\frac{\partial U_K(f_V;e_V)}{\partial f_V} > 0$, $\frac{\partial U_K(f_V;e_V)}{\partial e_V} > 0$ und $\frac{\partial^2 U_K(f_V;e_V)}{\partial {e_V}^2} \leq 0$.

Bei der Wahl seines optimalen Arbeitseinsatzes wird V das Arbeitsleid $w_V(e_V) \geq 0$ mit $\frac{\partial w_V(e_V)}{\partial e_V} > 0$ und $\frac{\partial^2 w_V(e_V)}{\partial {e_V}^2} \geq 0$ berücksichtigen.[351] Die Fähigkeiten $f_V$ und der Zusammenhang $w_V(e_V)$ mit $w_V(0) = 0$ sind den Akteuren V und K bekannt und werden durch den Verkauf von U nicht verändert.[352]

#### 3.6.2.1 Ausgangssituation

Wie im gesamten Modell wird von einem negativen Einigungsbereich zwischen K und V bezüglich des Unternehmenswertes von U ausgegangen. An dieser Stelle ist zunächst eine nähere Betrachtung der Grenzpreise von K und V ohne Berücksichtigung einer Earn-out-Vereinbarung unter $\Omega_{EO}$ notwendig.

Der Verkäufer V wird seinen Grenzpreis auf Basis des durch ihn erwarteten Unternehmenswertes von U ohne Verkauf festlegen. Dazu ist zunächst der optimale Arbeitseinsatz von V ohne Verkauf von U zu bestimmen. Das Optimierungskalkül von V zur Bestimmung des optimalen Arbeitseinsatzes lautet: $\max_{e_V} U_V(f_V;e_V) - w_V(e_V)$. Den optimalen Arbeitseinsatz $e_V^*$ wird V gemäß $\frac{\partial U_V(f_V;e_V^*)}{\partial e_V} = \frac{\partial w_V(e_V^*)}{\partial e_V}$ festlegen und daraus seinen Grenzpreis $U_V(f_V;e_V^*) - w_V(e_V^*)$ ableiten. K geht zunächst nicht von einer weiteren Tätigkeit des Verkäufers V für das Unternehmen U aus und setzt seinen Grenzpreis auf $U_K(0;0)$. Die Bewertungsdifferenz bezüglich des Unternehmens U beträgt dann $D^U = U_V(f_V;e_V^*) - w_V(e_V^*) - U_K(0;0) > 0$. Der Einigungsbereich bezüglich des Unternehmenswertes von U beträgt $EB^U = -D^U$ und entspricht dem Einigungsbereich bei Barzahlung: $EB^{\Omega_B} = EB^U$.

---

[350] Das sind die üblichen Annahmen steigender Wertsteigerung und abnehmender Grenzerträge.

[351] Das sind die üblichen Annahmen steigender Kosten und steigender Grenzkosten.

[352] Es wird angenommen, dass die Akteure während der Transaktionsvorbereitung diese Informationen erhalten haben. Diese Annahme ist jedoch für die Ergebnisse nicht kritisch.

### 3.6.2.2 Einführung des Kontrakts

Bei Verkauf des Unternehmens U unter einem Kontrakt $\Omega_{EO}$ partizipiert der Verkäufer V nur noch in Höhe des Anteils $\beta$ an künftigen Zahlungen. Vs Optimierungskalkül lautet nun: $\max_{e_V} \beta U_V(f_V; e_V) - w_V(e_V)$. V wird seinen Arbeitseinsatz auf $e_V^\beta < e_V^*$ gemäß $\beta \frac{\partial U_V(f_V; e_V^\beta)}{\partial e_V} = \frac{\partial w_V(e_V^\beta)}{\partial e_V}$ reduzieren. Entsprechend bewertet der Verkäufer V das Unternehmen U nach Verkauf niedriger als vor Verkauf: $U_V(f_V; e_V^\beta) < U_V(f_V; e_V^*)$. Vs Grenzpreis wird durch Einführung des Kontrakts $\Omega_{EO}$ nicht beeinflusst und beträgt weiterhin $U_V(f_V; e_V^*) - w_V(e_V^*)$. Zur Bewertung des Kontraktes $\Omega_{EO}$ verwendet V einen niedrigeren Arbeitseinsatz und Unternehmenswert als zur Bewertung des Unternehmens ohne Verkauf (und damit zur Festlegung seines Grenzpreises). Den Kontrakt $\Omega_{EO}$ bewertet V entsprechend mit $EO_V = B + \beta U_V(f_V; e_V^\beta) - w_V(e_V^\beta)$.

Der Käufer K wird das Optimierungskalkül von V antizipieren und unter $\Omega_{EO}$ den Arbeitseinsatz $e_V^e > 0$ von V erwarten.[353] Bei Einführung des Kontrakts $\Omega_{EO}$ adjustiert K seinen Grenzpreis für U entsprechend auf $U_K(f_V; e_V^e) > U_K(0;0)$.[354] Den Kontrakt $\Omega_{EO}$ wird K auf Basis des erwarteten Arbeitseinsatzes $e_V^e > 0$ von V entsprechend mit $EO_K = B + \beta U_K(f_V; e_V^e)$ bewerten.

Vs Grenzpreis unter $\Omega_{EO}$ beträgt $U_V(f_V; e_V^*) - w_V(e_V^*)$ und basiert auf dem Arbeitseinsatz $e_V^*$. Ks Grenzpreis basiert jedoch auf dem niedrigeren Arbeitseinsatz $e_V^e < e_V^*$ und beträgt $U_K(f_V; e_V^e)$. Daraus folgt die aufgrund des Arbeitseinsatzes von V adjustierte Bewertungsdifferenz bezüglich U mit $D_{EO}^U = U_V(f_V; e_V^*) - w_V(e_V^*) - U_K(f_V; e_V^e) < D^U$, die vom Verkäuferanteil $\beta$ beeinflusst wird. Die Bewertungsdifferenz bezüglich des Kontrakts $\Omega_{EO}$ beträgt $D^{\Omega_{EO}} = EO_V - EO_K = \beta(U_V(f_V; e_V^\beta) - U_K(f_V; e_V^e)) - w_V(e_V^\beta)$.

Nach Verkauf von U unter $\Omega_{EO}$ steht dem Verkäufer V das Arbeitseinsatzvolumen $e_V^* - e_V^\beta$ zusätzlich zur Verfügung. V bewertet dieses Arbeitseinsatzvolumen mit dem „Freizeitwert" $z_V = w_V(e_V^*) - w_V(e_V^\beta) \geq 0$.[355] Aus dem optimalen Arbeiteinsatz $e_V^*$ ohne Verkauf von U folgt,

[353] Auf die explizite Analyse, wie K diesen erwarteten Arbeitseinsatz von V ermittelt, wird hier verzichtet.

[354] Ohne Anpassung seines Grenzpreises würde K eine suboptimale Entscheidungsregel implementieren. Siehe dazu auch Anhang N.

[355] Die Bewertung dieses zusätzlich verfügbaren Arbeitseinsatzvolumens durch V ist nicht Gegenstand dieser Untersuchung.

dass die Kosten $w_V(e_V^*)-w_V(e_V^\beta)$ für den zusätzlichen Arbeitseinsatz $e_V^*-e_V^\beta$ unter der erwarteten Wertsteigerung $U_V(f_V;e_V^*)-U_V(f_V;e_V^\beta)$ liegen. Sie übersteigen jedoch den Anteil $\beta$ an dieser Wertsteigerung. Aus dieser Überlegung folgt $\beta(U_V(f_V;e_V^*)-U_V(f_V;e_V^\beta))<z_V<U_V(f_V;e_V^*)-U_V(f_V;e_V^\beta)$.[356]

Durch die Substitution $z_V=w_V(e_V^*)-w_V(e_V^\beta)\geq 0$ folgt der Einigungsbereich unter $\Omega_{EO}$ mit $EB^{\Omega_{EO}}=\beta U_V(f_V;e_V^\beta)+(1-\beta)U_K(f_V;e_V^e)-U_V(f_V;e_V^*)+z_V$. Die Ursache für den Einfluss des Freizeitwertes $z_V$ auf den Einigungsbereich ist die Absenkung des Arbeitseinsatzes durch V bei einem Verkauf von U unter einem Kontrakt $\Omega_{EO}$. Mit steigendem Freizeitwert $z_V$ wird der Einigungsbereich $EB^{\Omega_{EO}}$ verbessert. Die Veränderung des Einigungsbereiches durch Einführung eines Earn-out-Kontrakts gemäß $\Omega_{EO}$ beträgt $EB^{\Omega_{EO}}-EB^U=\beta U_V(f_V;e_V^\beta)+(1-\beta)U_K(f_V;e_V^e)-U_K(0;0)-w_V(e_V^\beta)$. Durch die Wahl von $\beta$ kann ein Kontrakt $\Omega_{EO}$ so gestaltet werden, dass er den Einigungsbereich verbessert und somit eine Barzahlung dominiert.[357] Ein nichtnegativer Einigungsbereich ist jedoch nur mit einem ausreichend hohen „Freizeitwert" für V erreichbar: $z_V>U_V(f_V;e_V^*)-\beta U_V(f_V;e_V^\beta)-(1-\beta)U_K(f_V;e_V^e)$. Da aufgrund des Optimierungskalküls zur Bestimmung von $e_V^*$ und $e_V^\beta$ auch $z_V<U_V(f_V;e_V^*)-U_V(f_V;e_V^\beta)$ gilt, ist zusätzlich $U_V(f_V;e_V^\beta)<U_K(f_V;e_V^e)$ erforderlich. Der Verkäufer V muss also nach dem Verkauf unter $\Omega_{EO}$ einen niedrigeren Unternehmenswert erwarten als der Käufer K. Dies ist beispielsweise dann möglich, wenn der Käufer K die Fähigkeiten des Verkäufers V oder dessen Arbeitseinsatz überschätzt.

**Satz 5-2:** Bei spezifischen Fähigkeiten des Verkäufers V kann ein Earn-out $\Omega_{EO}$ immer so gestaltet werden, dass er den Einigungsbereich verbessert und somit eine reine Barzahlung dominiert. $\Omega_{EO}$ wird jedoch nur dann ausreichend, wenn V durch seinen reduzierten Arbeitseinsatz einen niedrigeren Unternehmenswert als K und einen ausreichend hohen „Freizeitwert" erwartet. Es müssen folgende Bedingungen gelten: $z_V>U_V(f_V;e_V^*)-\beta U_V(f_V;e_V^\beta)-(1-\beta)U_K(f_V;e_V^e)$ und $U_V(f_V;e_V^\beta)<U_K(f_V;e_V^e)$.

---

356 Diese Relation muss gelten, da sonst $e_V^*$ kein optimaler Arbeitseinsatz von V ohne Verkauf von U ist.

357 Diese Veränderung ist positiv, wenn $\beta U_V(f_V;e_V^\beta)+(1-\beta)U_K(f_V;e_V^e)-w_V(e_V^\beta)>U_K(0;0)$ gilt. Mit $\beta\to 0$ ist dies aufgrund von $U_K(f_V;e_V^e)>U_K(0;0)$ immer erfüllt. Mit $\beta\to 1$ ist dies aufgrund von $U_V(f_V;e_V^*)-w_V(e_V^*)>U_K(0;0)$ immer erfüllt. Für „mittlere" $\beta$ muss dies jedoch nicht immer erfüllt sein, da es sich nicht um eine lineare Kombination handelt.

Zur Veranschaulichung der Ergebnisse zu einer Earn-out-Vereinbarung gemäß $\Omega_{EO}$ bei spezifischen Fähigkeiten des Verkäufers V folgt das numerische Beispiel 5-1.

---

**Beispiel 5-1**

Betrachteter Kontrakt: $\Omega_{EO}$ (Earn-out auf Aktienbasis)

Fähigkeitenkonstellation: nur Verkäufer V mit spezifischen Fähigkeiten

Arbeitseinsatz unter $\Omega_{EO}$: von Verkäufer V

| **Ausgangssituation** | **Verkäufer V** | **Käufer K** |
|---|---|---|
| Optimaler Arbeitseinsatz | $e_V^* = 0{,}6$ | - |
| Unternehmenswert | $U_V(f_V; e_V^*) = 108$ | $U_K(0;0) = 95$ |
| Arbeitseinsatzkosten | $w_V(e_v^*) = 8$ | - |
| Grenzpreis | $U_V(f_V; e_V^*) - w_V(e_V^*) = 100$ | $U_K(0;0) = 95$ |

Bewertungsdifferenz bzgl. U: $D^U = U_V(f_V; e_V^*) - w_V(e_V^*) - U_K(0;0) = 5$

| **Einführung Kontrakt** | **Verkäufer V** | **Käufer K** |
|---|---|---|
| Anteil von V unter $\Omega_{EO}$ | $\beta = 0{,}20$ | |
| Optimaler Arbeitseinsatz | $e_V^\beta = 0{,}2$ | - |
| Unternehmenswert | $U_V(f_V; e_V^\beta) = 98$ | $U_K(f_V; e_V^e) = 102$ |
| Arbeitseinsatzkosten | $w_V(e_V^\beta) = 1$ | - |

Adj. Bewertungsdifferenz: $D_{EO}^U = U_V(f_V; e_V^*) - w_V(e_V^*) - U_K(f_V; e_V^e) = -2$

Durch Einführung des Kontrakts erwartet K aufgrund des Arbeitseinsatzes von V einen höheren Unternehmenswert. Die adjustierte Bewertungsdifferenz bezüglich U ist daher niedriger als die ursprüngliche Bewertungsdifferenz. Allerdings wird die adjustierte Bewertungsdifferenz nur unter $\Omega_{EO}$ mit $\beta = 0{,}20$ wirksam. Darüber hinaus folgt:

Vs Bewertung seines Anteils: $\beta U_V(f_V; e_V^\beta) - w_V(e_V^\beta) = 18{,}6$

Ks Bewertung von Vs Anteil: $\beta U_K(f_V; e_V^e) = 20{,}4$

Bewertungsdifferenz Kontrakt: $D^{\Omega_{EO}} = -1{,}8$.

Der Einigungsbereich unter dem eingeführten Kontrakt $\Omega_{EO}$ mit einem Anteil des Verkäufers V von $\beta = 0{,}20$ ist positiv: $EB^{\Omega_{EO}} = D^{\Omega_{EO}} - D_{EO}^U = 0{,}2$. Ein nichtnegativer Einigungsbereich wird hier mit einem Basispreis von $81{,}4 \leq B \leq 81{,}6$ erreicht.

Der Freizeitnutzen des Verkäufers V beträgt in diesem Beispiel $w_V(e_v^*) - w_V(e_V^\beta) = 7$ und liegt somit über dem „Mindest-Freizeitnutzen" von V zur Erreichung eines nichtnegativen Einigungsbereiches von $U_V(f_V; e_V^*) - \beta U_V(f_V; e_V^\beta) - (1-\beta)U_K(f_V; e_V^e) = 6{,}8$.

---

### 3.6.3 Spezifische Fähigkeiten des Käufers K

In diesem Abschnitt wird eine Situation betrachtet, in der nur der Käufer K über spezifische Fähigkeiten verfügt. Der Verkäufer V verfügt jedoch nicht über spezifische Fähigkeiten und kann das operative Geschäft und damit auch die erwarteten Zahlungen des Unternehmens nicht beeinflussen. Ein Beispiel für einen solchen Verkäufer kann eine Finanzholding sein, die keine Eingriffe in die Unternehmensführung vornimmt.

Der Käufer K kann durch Einsatz seiner spezifischen Fähigkeiten Einfluss auf die erwarteten Zahlungen und den erwarteten Unternehmenswert von U ausüben. Der Verkäufer V kann keine spezifischen Fähigkeiten einsetzen. Der Einfluss auf die erwarteten Unternehmenswerte sei charakterisiert durch $U_V(f_K;e_K)$ und $U_K(f_K;e_K)$, wobei $f_K$ die Fähigkeiten von K und $e_K \in [0;1]$ den durch K geleisteten Arbeitseinsatz darstellen. Fähigkeiten und Arbeitseinsatz haben jeweils positive Wirkung auf den erwarteten Unternehmenswert, mit zunehmendem Arbeitseinsatz ist die Grenzwertsteigerung nicht zunehmend. Somit gelten $\frac{\partial U_K(f_K;e_K)}{\partial f_K} > 0$, $\frac{\partial U_K(f_K;e_K)}{\partial e_K} > 0$ und $\frac{\partial^2 U_K(f_K;e_K)}{\partial {e_K}^2} \leq 0$. Entsprechend gelten auch $\frac{\partial U_V(f_K;e_K)}{\partial f_K} > 0$, $\frac{\partial U_V(f_K;e_K)}{\partial e_K} > 0$ und $\frac{\partial^2 U_V(f_K;e_K)}{\partial {e_K}^2} \leq 0$. Bei der Wahl des optimalen Arbeitseinsatzes wird K das anfallende Arbeitsleid $w_K(e_K) \geq 0$ mit $\frac{\partial w_K(e_K)}{\partial e_K} > 0$ und $\frac{\partial^2 w_K(e_K)}{\partial {e_K}^2} \geq 0$ berücksichtigen. Die Fähigkeiten von K und der Zusammenhang $w_K(e_K)$ mit $w_K(0) = 0$ sind beiden Akteuren bekannt und werden durch die Transaktion nicht verändert.[358]

### 3.6.3.1 Ausgangssituation

Wie im gesamten Modell wird von einem negativen Einigungsbereich zwischen K und V bezüglich des Unternehmenswertes von U ausgegangen. An dieser Stelle ist zunächst eine nähere Betrachtung der Grenzpreise von K und V ohne Berücksichtigung einer Earn-out-Vereinbarung unter $\Omega_{EO}$ notwendig.

Der Verkäufer V wird seinen Grenzpreis für U auf Basis des durch ihn erwarteten Unternehmenswertes ohne Verkauf festlegen. Der Verkäufer V setzt seinen Grenzpreis somit ohne Berücksichtigung von Ks Fähigkeit oder Arbeitseinsatz auf $U_V(0;0)$. Der Käufer K partizipiert nach einem Kauf von U ohne Earn-out-Vereinbarung vollständig an den Zahlungen des Unternehmens. Das Optimierungskalkül von K zur Bestimmung seines optimalen Arbeitseinsatzes lautet: $\max_{e_K} U_K(f_K;e_K) - w_K(e_K)$. Den optimalen Arbeitseinsatz $e_K^*$ wird K gemäß $\frac{\partial U_K(f_K;e_K^*)}{\partial e_K} = \frac{\partial w_K(e_K^*)}{\partial e_K}$ festlegen und daraus seinen Grenzpreis

[358] Die Annahmen erfolgen gemäß der Annahmen bei spezifischen Fähigkeiten von V in Abschnitt 3.6.2.

$U_K(f_K;e_K^*)-w_K(e_K^*)$ ableiten. Die Bewertungsdifferenz bezüglich U beträgt dann $D^U = U_V(0;0)-U_K(f_K;e_K^*)+w_K(e_K^*)>0$. Der Einigungsbereich bezüglich des Unternehmenswertes von U beträgt $EB^U = -D^U$ und entspricht dem Einigungsbereich bei Barzahlung: $EB^{\Omega_B} = EB^U$.

### 3.6.3.2 Einführung des Kontrakts

Nach einem Kauf des Unternehmens U unter einem Kontrakt $\Omega_{EO}$ partizipiert der Käufer K nur noch in Höhe des Anteils $1-\beta$ an künftigen Zahlungen von U. Ks Optimierungskalkül verändert sich und lautet nun: $\max_{e_K}(1-\beta)U_K(f_K;e_K)-w_K(e_K)$. K wird den Arbeitseinsatz auf $e_K^\beta < e_K^*$ gemäß $(1-\beta)\frac{\partial U_K(f_K;e_K^\beta)}{\partial e_K}=\frac{\partial w_K(e_K^\beta)}{\partial e_K}$ festlegen. Durch seinen reduzierten Arbeitseinsatz unter $\Omega_{EO}$ wird K auch seinen Grenzpreis für das Unternehmen U auf $U_K(f_K;e_K^\beta)-w_K(e_K^\beta)<U_K(f_K;e_K^*)-w_K(e_K^*)$ reduzieren.[359] Den Kontrakt $\Omega_{EO}$ bewertet K entsprechend mit $EO_K = B+\beta U_K(f_K;e_K^\beta)$.

Der Verkäufer V wird bei Einführung des Kontrakts $\Omega_{EO}$ die Fähigkeiten und den erwarteten Arbeitseinsatz $e_K^e$ von K berücksichtigen.[360] Der Grenzpreis von V für U beträgt nach Einführung des Kontrakts $\Omega_{EO}$ unverändert $U_V(0;0)$. Durch Verkauf unter $\Omega_{EO}$ erwartet V einen Wertzuwachs des Unternehmens U auf $U_V(f_K;e_K^e)>U_V(0;0)$. Den Kontrakt $\Omega_{EO}$ bewertet V entsprechend mit $EO_V = B+\beta U_V(f_K;e_K^e)$.

Vs Grenzpreis für das Unternehmen U unter $\Omega_{EO}$ beträgt $U_V(0;0)$ und berücksichtigt keine Fähigkeiten des Käufers K. Ks Grenzpreis berücksichtigt den Arbeitseinsatz $e_K^\beta$ und beträgt $U_K(f_K;e_K^\beta)-w_K(e_K^\beta)$. Daraus folgt die aufgrund Ks reduziertem Arbeitseinsatz unter $\Omega_{EO}$ adjustierte Bewertungsdifferenz bezüglich des Unternehmens U mit $D_{EO}^U = U_V(0;0)-U_K(f_K;e_K^\beta)+w_K(e_K^\beta)>D^U$, die vom Verkäuferanteil $\beta$ beeinflusst wird. Die Bewertungsdifferenz bezüglich des Kontrakts $\Omega_{EO}$ ergibt sich auf Basis des Arbeitseinsatzes von K mit $D^{\Omega_{EO}} = \beta(U_V(f_K;e_K^e)-U_K(f_K;e_K^\beta))$.[361]

[359] Ohne Anpassung seines Grenzpreises würde K eine suboptimale Entscheidungsregel implementieren. Siehe dazu auch Anhang O.

[360] Auf die explizite Analyse, wie V diesen erwarteten Arbeitseinsatz von K ermittelt, wird hier verzichtet.

[361] Bei optimaler Gestaltung der Earn-out-Vereinbarung ist diese Bewertungsdifferenz immer positiv. Darauf wird weiter unten noch eingegangen.

Der Einigungsbereich unter einer Earn-out-Vereinbarung gemäß $\Omega_{EO}$ entspricht dann $EB^{\Omega_{EO}} = \beta U_V(f_K;e_K^e) + (1-\beta)U_K(f_K;e_K^\beta) - U_V(0;0) - w_K(e_K^\beta)$. Mit steigendem Arbeitsleid $w_K(e_K^\beta)$ sinkt $EB^{\Omega_{EO}}$. Die Veränderung des Einigungsbereiches durch $\Omega_{EO}$ beträgt $EB^{\Omega_{EO}} - EB^U = \beta U_V(f_K;e_K^e) + (1-\beta)U_K(f_K;e_K^\beta) - w_K(e_K^\beta) - U_K(f_K;e_K^*) + w_K(e_K^*)$. Mit Wahl von $\beta$ kann ein Kontrakt $\Omega_{EO}$ so gestaltet werden, dass er den Einigungsbereich verbessert und somit eine Barzahlung dominiert.[362] Ein nichtnegativer Einigungsbereich ist jedoch nur dann erreichbar, wenn der Verkäufer V nach Verkauf unter dem Kontrakt $\Omega_{EO}$ einen ausreichend hohen Wertzuwachs des Unternehmens U erwartet: $U_V(f_K;e_K^e) \geq U_K(f_K;e_K^\beta) + \frac{U_V(0;0) - U_K(f_K;e_K^\beta) + w_K(e_K^\beta)}{\beta} = U_K(f_K;e_K^\beta) + \frac{D_{EO}^U}{\beta}$. Mit sinkendem Anteil $\beta$ des Verkäufers V ist ein höherer erwarteter Wertzuwachs des Unternehmens U durch Ks Arbeitseinsatz erforderlich.

**Satz 5-3:** Bei spezifischen Fähigkeiten des Käufers K kann ein Earn-out $\Omega_{EO}$ immer so gestaltet werden, dass er den Einigungsbereich verbessert und somit eine Barzahlung dominiert. $\Omega_{EO}$ wird jedoch nur dann ausreichend, wenn V eine ausreichend hohe Wertsteigerung durch Ks Arbeitseinsatz erwartet: $U_V(f_K;e_K^e) \geq U_K(f_K;e_K^\beta) + \frac{D_{EO}^U}{\beta}$.

Zur Veranschaulichung der Ergebnisse zu einer Earn-out-Vereinbarung gemäß $\Omega_{EO}$ bei spezifischen Fähigkeiten des Verkäufers V folgt das numerische Beispiel 5-2.

---

[362] Diese Veränderung des Einigungsbereiches ist positiv, wenn folgende Bedingung erfüllt ist: $\beta U_V(f_K;e_K^e) + (1-\beta)U_K(f_K;e_K^\beta) - w_K(e_K^\beta) > U_K(f_K;e_K^*) - w_K(e_K^*)$. Mit einem ausreichend hohen $\beta \to 1$ ist dies aufgrund von $U_V(0;0) > U_K(f_K;e_K^*) - w_K(e_K^*)$ immer erfüllt.

**Beispiel 5-2**

Betrachteter Kontrakt: $\Omega_{EO}$ (Earn-out auf Aktienbasis)

Fähigkeitenkonstellation: nur Käufer K mit spezifischen Fähigkeiten

Arbeitseinsatz unter $\Omega_{EO}$: von Käufer K

| **Ausgangssituation** | **Verkäufer V** | **Käufer K** |
|---|---|---|
| Optimaler Arbeitseinsatz | - | $e_K^* = 0{,}6$ |
| Unternehmenswert | $U_V(0;0) = 100$ | $U_K(f_K; e_K^*) = 97$ |
| Arbeitseinsatzkosten | - | $w_K(e_K^*) = 2$ |
| Grenzpreis | $U_V(0;0) = 100$ | $U_K(f_K; e_K^*) - w_K(e_K^*) = 95$ |

Bewertungsdifferenz bzgl. U: $D^U = U_V(0;0) - U_K(f_K; e_K^*) + w_K(e_K^*) = 5$

| **Einführung Kontrakt** | **Verkäufer V** | **Käufer K** |
|---|---|---|
| Anteil von V unter $\Omega_{EO}$ | $\beta = 0{,}45$ | |
| Optimaler Arbeitseinsatz | - | $e_K^\beta = 0{,}4$ |
| Unternehmenswert | $U_V(f_K; e_K^e) = 108$ | $U_K(f_K; e_K^\beta) = 95$ |
| Arbeitseinsatzkosten | - | $w_K(e_K^\beta) = 0{,}5$ |

Adj. Bewertungsdifferenz: $D_{EO}^U = U_V(0;0) - U_K(f_K; e_K^\beta) + w_K(e_K^\beta) = 5{,}5$

Durch Einführung des Kontrakts erwartet K durch seinen reduzierten Arbeitseinsatz einen niedrigeren Unternehmenswert. Die adjustierte Bewertungsdifferenz bezüglich U ist daher höher als die ursprüngliche Bewertungsdifferenz. Darüber hinaus folgt:

Vs Bewertung seines Anteils: $\beta U_V(f_K; e_K^e) = 48{,}6$

Ks Bewertung von Vs Anteil: $\beta U_K(f_K; e_K^\beta) = 42{,}75$

Bewertungsdifferenz Kontrakt: $D^{\Omega_{EO}} = 5{,}85$.

Der Einigungsbereich unter dem eingeführten Kontrakt $\Omega_{EO}$ mit einem Anteil des Verkäufers V von $\beta = 0{,}45$ ist positiv: $EB^{\Omega_{EO}} = D^{\Omega_{EO}} - D_{EO}^U = 0{,}35$. Ein nichtnegativer Einigungsbereich wird hier mit einem Basispreis von $51{,}4 \leq B \leq 51{,}75$ erreicht.

Der vom Verkäufer V erwartete Unternehmenswert unter $\Omega_{EO}$ ist $U_V(f_K; e_K^e) = 108$ und liegt somit über dem Mindest-Unternehmenswert zur Erreichung eines nichtnegativen Einigungsbereiches von $U_K(f_K; e_K^\beta) + \frac{D_{EO}^U}{\beta} = 107{,}22$.

### 3.6.4 Spezifische Fähigkeiten beider Akteure

In diesem Abschnitt wird eine Situation betrachtet, in der Käufer K und Verkäufer V über spezifische Fähigkeiten verfügen. Ein bereits weiter oben vorgestelltes Beispiel ist der Verkauf eines Technologieunternehmens durch einen stark in dessen Produktentwicklung aktiven Verkäufer an einen in dieser Branche aktiven Vertriebsspezialist. Diese Situation erscheint daher als die für die Praxis relevanteste Konstellation. Dabei sind drei verschiedene Regelungen zur Gestaltung des Arbeitseinsatzes möglich, die jeweils separat betrachtet werden.

Wenn sowohl der Verkäufer V als auch der Käufer K über spezifische Fähigkeiten verfügen, können sie durch deren Einsatz Einfluss auf die erwarteten Zahlungen und damit den jeweils erwarteten Unternehmenswert von U ausüben. Die erwarteten Unternehmenswerte sind abhängig von den Fähigkeiten und Arbeitseinsätzen beider Akteure. Sie werden charakterisiert durch $U_V(f_V;e_V;f_K;e_K)$ und $U_K(f_V;e_V;f_K;e_K)$. Die Fähigkeiten $(f_V;f_K)$ und Arbeitseinsätze $(e_V;e_K)$ haben jeweils positive Wirkung auf die erwarteten Unternehmenswerte $(U_V;U_K)$ mit nichtansteigender Grenzwertsteigerung der Arbeitseinsätze $e_V$ und $e_K$ gemäß der vorangegangenen Abschnitte.[363] Die Fähigkeiten von K und V sowie die Zusammenhänge $w_V(e_V)$ und $w_K(e_K)$ sind den beiden Akteuren K und V bekannt und werden durch die Transaktion nicht verändert.[364]

### 3.6.4.1 Ausgangssituation

Wie im gesamten Modell wird von einem negativen Einigungsbereich zwischen K und V bezüglich des Unternehmenswertes von U ausgegangen. An dieser Stelle ist zunächst eine nähere Betrachtung der Grenzpreise von K und V ohne Berücksichtigung einer Earn-out-Vereinbarung unter $\Omega_{EO}$ notwendig.

Der Verkäufer V wird seinen Grenzpreis auf Basis des von ihm erwarteten Unternehmenswertes von U ohne Verkauf festlegen. Dazu ist zunächst sein optimaler Arbeitseinsatz ohne Verkauf des Unternehmens zu bestimmen. Die Fähigkeiten von K und dessen Arbeitseinsatz bleiben dabei unberücksichtigt. Das Optimierungskalkül von V zur Bestimmung seines optimalen Arbeitseinsatzes lautet: $\max\limits_{e_V} U_V(f_V;e_V;0;0)-w_V(e_V)$. Den optimalen Arbeitseinsatz $e_V^*$ wird V gemäß $\frac{\partial U_V(f_V;e_V^*;0;0)}{\partial e_V}=\frac{\partial w_V(e_V^*)}{\partial e_V}$ festlegen und daraus seinen Grenzpreis $U_V(f_V;e_V^*;0;0)-w_V(e_V^*)$ ableiten. Der Käufer K partizipiert nach einem Kauf von U ohne Earn-out-Vereinbarung vollständig an den Zahlungen des Unternehmens. Das Optimierungskalkül von K zur Bestimmung seines optimalen Arbeitseinsatzes lässt die Fähigkeiten von V und dessen Arbeitseinsatz unberücksichtigt und lautet: $\max\limits_{e_K} U_K(0;0;f_K;e_K)-w_K(e_K)$. Den optimalen Arbeitseinsatz $e_K^*$ wird K gemäß

[363] Siehe Abschnitte 3.6.2 und 3.6.3.

[364] Die Annahmen erfolgen gemäß der Annahmen bei spezifischen Fähigkeiten eines Akteurs. Siehe dazu auch Abschnitte 3.6.2 und 3.6.3.

$\frac{\partial U_K(0;0;f_K;e_K^*)}{\partial e_K} = \frac{\partial w_K(e_K^*)}{\partial e_K}$ festlegen und daraus seinen Grenzpreis $U_K(0;0;f_K;e_K^*) - w_K(e_K^*)$ ableiten. Die Bewertungsdifferenz bezüglich U beträgt dann $D^U = U_V(f_V;e_V^*;0;0) - w_V(e_V^*) - U_K(0;0;f_K;e_K^*) + w_K(e_K^*) > 0$. Der Einigungsbereich bezüglich des Unternehmenswertes von U beträgt $EB^U = -D^U$ und entspricht dem Einigungsbereich bei Barzahlung: $EB^{\Omega_B} = EB^U$.

Bei der Gestaltung einer Earn-out-Vereinbarung sind in der hier betrachteten Situation drei verschiedene Regelungen zum Arbeitseinsatz möglich. Entsprechende Regelungen, die den Arbeitseinsatz unter $\Omega_{EO}$ entweder nur durch Verkäufer V, nur durch Käufer K oder durch beide Akteure vorsehen, werden in den folgenden Abschnitten untersucht.

#### 3.6.4.2 Einführung des Kontrakts mit Arbeitseinsatz von V

In diesem Abschnitt wird die Eignung eines Kontraktes $\Omega_{EO}$ untersucht, der trotz spezifischer Fähigkeiten beider Akteure nur Arbeitseinsatz von Verkäufer V vorsieht.

Bei Verkauf des Unternehmens U unter einem Kontrakt $\Omega_{EO}$ partizipiert der Verkäufer V nur noch in Höhe des Anteils $\beta$ an künftigen Zahlungen. Das Optimierungskalkül lautet nun: $\max_{e_V} \beta U_V(f_V;e_V;0;0) - w_V(e_V)$. V wird seinen Arbeitseinsatz auf $e_V^\beta < e_V^*$ gemäß $\beta \frac{\partial U_V(f_V;e_V^\beta;0;0)}{\partial e_V} = \frac{\partial w_V(e_V^\beta)}{\partial e_V}$ reduzieren. V bewertet das Unternehmen U nach Verkauf niedriger als vor dem Verkauf: $U_V(f_V;e_V^\beta;0;0) < U_V(f_V;e_V^*;0;0)$. Vs Grenzpreis wird durch Einführung des Kontrakts $\Omega_{EO}$ nicht beeinflusst und beträgt weiterhin $U_V(f_V;e_V^*;0;0) - w_V(e_V^*)$. Zur Bewertung des Kontraktes $\Omega_{EO}$ verwendet V einen niedrigeren Arbeitseinsatz und Unternehmenswert als zur Bewertung des Unternehmens ohne Verkauf (und damit zur Festlegung seines Grenzpreises). Den Kontrakt $\Omega_{EO}$ bewertet V entsprechend mit $EO_V = B + \beta U_V(f_V;e_V^\beta;0;0) - w_V(e_V^\beta)$.

Der Käufer K wird das Optimierungskalkül von V antizipieren und unter $\Omega_{EO}$ den Arbeitseinsatz $e_V^e$ von V erwarten.[365] Bei Einführung des Kontrakts $\Omega_{EO}$ adjustiert K seinen Grenzpreis für U entsprechend auf $U_K(f_V;e_V^e;0;0)$.[366] Den Kontrakt $\Omega_{EO}$ wird K auf Basis des erwarteten Arbeitseinsatzes $e_V^e > 0$ von V entsprechend mit $EO_K = B + \beta U_K(f_V;e_V^e;0;0)$ bewerten.

---

[365] Auf die explizite Analyse, wie K diesen erwarteten Arbeitseinsatz von V ermittelt, wird hier verzichtet.

[366] Dies entspricht dem Vorgehen in Abschnitt 3.6.2 und wird an dieser Stelle nicht erneut betrachtet.

Vs Grenzpreis unter $\Omega_{EO}$ beträgt $U_V(f_V;e_V^*;0;0)-w_V(e_V^*)$ und basiert auf dem Arbeitseinsatz $e_V^*$. Ks Grenzpreis basiert jedoch auf dem erwarteten Arbeitseinsatz $e_V^e$ und beträgt $U_K(f_V;e_V^e;0;0)$. Daraus folgt die adjustierte Bewertungsdifferenz bezüglich des Unternehmens U mit $D_{EO}^U=U_V(f_V;e_V^*;0;0)-w_V(e_V^*)-U_K(f_V;e_V^e;0;0)$. $D_{EO}^U$ ist jedoch vom Verkäuferanteil $\beta$ abhängig, da $\beta$ den Arbeitseinsatz von V beeinflusst. Die Bewertungsdifferenz bezüglich $\Omega_{EO}$ ergibt sich auf Basis des Arbeitseinsatzes von V und beträgt $D^{\Omega_{EO}}=EO_V-EO_K=\beta(U_V(f_V;e_V^\beta;0;0)-U_K(f_V;e_V^e;0;0))-w_V(e_V^\beta)$.

Der Verkäufer V bewertet das nach dem Verkauf von U unter $\Omega_{EO}$ zusätzlich verfügbare Arbeitseinsatzvolumen $e_V^*-e_V^\beta$ mit $z_V=w_V(e_V^*)-w_V(e_V^\beta)\geq 0$. Es gilt die Relation $\beta(U_V(f_V;e_V^*;0;0)-U_V(f_V;e_V^\beta;0;0))<z_V<U_V(f_V;e_V^*;0;0)-U_V(f_V;e_V^\beta;0;0)$.[367]

Durch die Substitution $z_V=w_V(e_V^*)-w_V(e_V^\beta)\geq 0$ folgt der Einigungsbereich unter $\Omega_{EO}$ mit $EB^{\Omega_{EO}}=\beta U_V(f_V;e_V^\beta;0;0)+(1-\beta)U_K(f_V;e_V^e;0;0)+z_V-U_V(f_V;e_V^*;0;0)$. Die Fähigkeiten des Käufers K haben somit keinen Einfluss auf den Einigungsbereich. Das Ergebnis der Untersuchung entspricht einer Situation, in der K nicht über spezifische Fähigkeiten verfügt.[368] Ein Kontrakt $\Omega_{EO}$ kann durch Wahl des Anteils $\beta$ so gestaltet werden, dass er den Einigungsbereich verbessert und eine Barzahlung dominiert.[369] Ein nichtnegativer Einigungsbereich ist jedoch nur mit einem ausreichend hohen „Freizeitwert" $z_V>U_V(f_V;e_V^*;0;0)-\beta U_V(f_V;e_V^\beta;0;0)-(1-\beta)U_K(f_V;e_V^e;0;0)$ für den Verkäufer V erreichbar.[370] Da aufgrund des Optimierungskalküls zur Bestimmung der Arbeitseinsätze $e_V^*$ und $e_V^\beta$ zusätzlich $z_V<U_V(f_V;e_V^*;0;0)-U_V(f_V;e_V^\beta;0;0)$ gilt, ist auch $U_V(f_V;e_V^\beta;0;0)<U_K(f_V;e_V^e;0;0)$ erforderlich. Der Verkäufer V muss also nach dem Verkauf des Unternehmens U unter $\Omega_{EO}$ einen niedrigeren Unternehmenswert erwarten als der Käufer K. Dies ist beispielsweise dann möglich, wenn der Käufer K die Fähigkeiten des Verkäufers V oder dessen Arbeitseinsatz überschätzt.

---

367 Diese Relation muss gelten, da sonst $e_V^*$ kein optimaler Arbeitseinsatz von V ohne Verkauf von U ist.

368 Siehe dazu auch Abschnitt 3.6.2.

369 Dies ist eine Übertragung der Ergebnisse von Abschnitt 3.6.2, der eine Situation ohne spezifische Fähigkeiten von K untersucht. Mit ausreichend hohem $\beta \to 1$ ist die Veränderung des Einigungsbereiches aufgrund von $U_V(f_K;e_K^*;0;0)-w_V(e_V^*)>U_K(0;0;f_K;e_K^*)-w_K(e_K^*)$ positiv.

370 Dies entspricht $z_V>\beta(U_V(f_V;e_V^*)-U_V(f_V;e_V^\beta))+(1-\beta)(U_V(f_V;e_V^*)-U_K(f_V;e_V^\beta))$.

**Satz 5-4:** Bei spezifischen Fähigkeiten beider Akteure und einem Arbeitseinsatz nur von Verkäufer V sind die Fähigkeiten des Käufers K bei einem Verkauf unter $\Omega_{EO}$ irrelevant. Ein Kontrakt $\Omega_{EO}$ kann immer so gestaltet werden, dass er den Einigungsbereich verbessert und somit eine Barzahlung dominiert. $\Omega_{EO}$ wird jedoch nur dann ausreichend, wenn V durch seinen reduzierten Arbeitseinsatz einen niedrigeren Unternehmenswert als K und einen ausreichend hohen „Freizeitwert" erwartet. Es müssen die Bedingungen $z_V > U_V\left(f_V; e_V^*; 0; 0\right) - \beta U_V\left(f_V; e_V^\beta; 0; 0\right) - (1-\beta) U_K\left(f_V; e_V^e; 0; 0\right)$ und $U_V\left(f_V; e_V^\beta; 0; 0\right) < U_K\left(f_V; e_V^e; 0; 0\right)$ gelten.

Zur Veranschaulichung der Ergebnisse zu einer Earn-out-Vereinbarung gemäß $\Omega_{EO}$ bei spezifischen Fähigkeiten beider Akteure und einem Arbeitseinsatz nur von Verkäufer V folgt das numerische Beispiel 5-3.

---

**Beispiel 5-3**

Betrachteter Kontrakt: $\Omega_{EO}$ (Earn-out auf Aktienbasis)

Fähigkeitenkonstellation: beide Akteure mit spezifischen Fähigkeiten

Arbeitseinsatz unter $\Omega_{EO}$: nur von Verkäufer V

| **Ausgangssituation** | **Verkäufer V** | **Käufer K** |
|---|---|---|
| Optimaler Arbeitseinsatz | $e_V^* = 0{,}6$ | $e_K^* = 0{,}6$ |
| Unternehmenswert | $U_V\left(f_V; e_V^*; 0; 0\right) = 105$ | $U_K\left(0; 0; f_K; e_K^*\right) = 98$ |
| Arbeitseinsatzkosten | $w_V\left(e_v^*\right) = 5$ | $w_K\left(e_K^*\right) = 3$ |
| Grenzpreis | $105 - 5 = 100$ | $98 - 3 = 95$ |

Bewertungsdifferenz bzgl. U: $D^U = 100 - 95 = 5$

| **Einführung Kontrakt** | **Verkäufer V** | **Käufer K** |
|---|---|---|
| Anteil von V unter $\Omega_{EO}$ | $\beta = 0{,}20$ | |
| Optimaler Arbeitseinsatz | $e_V^\beta = 0{,}3$ | - |
| Unternehmenswert | $U_V\left(f_V; e_V^\beta; 0; 0\right) = 98$ | $U_K\left(f_V; e_V^e; 0; 0\right) = 102$ |
| Arbeitseinsatzkosten | $w_V\left(e_V^\beta\right) = 1$ | - |

Adj. Bewertungsdifferenz: $D_{EO}^U = 100 - 102 = -2$

Durch Einführung des Kontrakts erwartet K durch den Arbeitseinsatz von V einen anderen Unternehmenswert. Die adjustierte Bewertungsdifferenz bezüglich U ist in diesem Fall niedriger als die ursprüngliche Bewertungsdifferenz. Darüber hinaus folgt:

Vs Bewertung seines Anteils: $\beta U_V\left(f_V;e_V^\beta;0;0\right)-w_V\left(e_V^\beta\right)=18{,}6$

Ks Bewertung von Vs Anteil: $\beta U_K\left(f_V;e_V^e;0;0\right)=20{,}4$

Bewertungsdifferenz Kontrakt: $D^{\Omega_{EO}}=-1{,}8$.

Der Einigungsbereich unter dem eingeführten Kontrakt $\Omega_{EO}$ mit einem Anteil des Verkäufers V von $\beta=0{,}20$ ist positiv: $EB^{\Omega_{EO}}=D^{\Omega_{EO}}-D_{EO}^U=0{,}2$. Ein nichtnegativer Einigungsbereich wird hier mit einem Basispreis von $81{,}4\leq B\leq 81{,}6$ erreicht. Dieses Ergebnis entspricht dem des Beispiels 5-1. Die Fähigkeiten des Käufers K sind bei Earn-out-Vereinbarungen mit Arbeitseinsatz nur von V irrelevant.

Der Freizeitnutzen des Verkäufers V beträgt in diesem Beispiel $w_V\left(e_v^*\right)-w_V\left(e_V^\beta\right)=4$ und liegt über dem „Mindest-Freizeitnutzen" von V zur Erreichung eines nichtnegativen Einigungsbereiches $U_V\left(f_V;e_V^*;0;0\right)-\beta U_V\left(f_V;e_V^\beta;0;0\right)-(1-\beta)U_K\left(f_V;e_V^e;0;0\right)=3{,}8$.

An diesem Beispiel wird auch deutlich, dass der Arbeitseinsatz des Käufers K keinen direkten Einfluss auf den Einigungsbereich hat, sondern nur indirekt über den Grenzpreis des Käufers wirkt. Bei einer veränderten Ausgangssituation mit einem höheren von K erwarteten Unternehmenswert $U_K\left(0;0;f_K;e_K^*\right)=110$ bei hohen Arbeitseinsatzkosten von $w_K\left(e_K^*\right)=15$ folgt unverändert Ks Grenzpreis von $110-15=95$. Der oben betrachtete Kontrakt $\Omega_{EO}$ führt dann zum identischen Ergebnis.

---

### 3.6.4.3 Einführung des Kontrakts mit Arbeitseinsatz von K

In diesem Abschnitt wird die Eignung eines Kontraktes $\Omega_{EO}$ untersucht, der trotz spezifischer Fähigkeiten beider Akteure nur Arbeitseinsatz von Käufer K vorsieht.

Nach dem erfolgten Kauf des Unternehmens U unter einem Kontrakt $\Omega_{EO}$ partizipiert der Käufer K nur noch in Höhe des Anteils $1-\beta$ an künftigen Zahlungen von U. Ks Optimierungskalkül verändert sich und lautet: $\max_{e_K}(1-\beta)U_K\left(0;0;f_K;e_K\right)-w_K\left(e_K\right)$. K wird den Arbeitseinsatz auf $e_K^\beta<e_K^*$ gemäß $(1-\beta)\frac{\partial U_K\left(0;0;f_K;e_K^\beta\right)}{\partial e_K}=\frac{\partial w_K\left(e_K^\beta\right)}{\partial e_K}$ festlegen. Durch seinen reduzierten Arbeitseinsatz unter $\Omega_{EO}$ wird K auch seinen Grenzpreis für U auf $U_K\left(0;0;f_K;e_K^\beta\right)-w_K\left(e_K^\beta\right)<U_K\left(0;0;f_K;e_K^*\right)-w_K\left(e_K^*\right)$ anpassen.[371] Den Kontrakt $\Omega_{EO}$ bewertet K entsprechend mit $EO_K=B+\beta U_K\left(0;0;f_K;e_K^\beta\right)$.

[371] Dies entspricht dem Vorgehen in Abschnitt 3.6.3 und wird an dieser Stelle nicht erneut betrachtet.

Der Verkäufer V wird bei der Bewertung des Kontrakts $\Omega_{EO}$ die Fähigkeiten und den erwarteten Arbeitseinsatz $e_K^e$ von K berücksichtigen.[372] Durch Verkauf unter $\Omega_{EO}$ erwartet V somit einen Wert des Unternehmens U von $U_V(0;0;f_K;e_K^e)$. Den Kontrakt $\Omega_{EO}$ bewertet V entsprechend mit $EO_V = B + \beta U_V(0;0;f_K;e_K^e)$.

Vs Grenzpreis für das Unternehmen U beträgt unter einem Kontrakt $\Omega_{EO}$ unverändert $U_V(f_V;e_V^*;0;0) - w_V(e_V^*)$ und berücksichtigt keine Fähigkeiten des Käufers K. Ks Grenzpreis berücksichtigt den Arbeitseinsatz $e_K^\beta$ und beträgt $U_K(0;0;f_K;e_K^\beta) - w_K(e_K^\beta)$. Daraus folgt die adjustierte Bewertungsdifferenz bezüglich des Unternehmens U gemäß $D_{EO}^U = U_V(f_V;e_V^*;0;0) - w_V(e_V^*) - U_K(0;0;f_K;e_K^\beta) + w_K(e_K^\beta)$. $D_{EO}^U$ ist jedoch vom Verkäuferanteil $\beta$ abhängig, da $\beta$ den Arbeitseinsatz des Käufers K beeinflusst. Die Bewertungsdifferenz bezüglich des Kontrakts $\Omega_{EO}$ ergibt sich auf Basis des Arbeitseinsatzes von K und beträgt: $D^{\Omega_{EO}} = \beta(U_V(0;0;f_K;e_K^e) - U_K(0;0;f_K;e_K^\beta))$.

Der Einigungsbereich unter einem Kontrakt $\Omega_{EO}$ mit Earn-out-Vereinbarung entspricht $EB^{\Omega_{EO}} = \beta(U_V(0;0;f_K;e_K^e) + (1-\beta)U_K(0;0;f_K;e_K^\beta)) - U_V(f_V;e_V^*;0;0) + w_V(e_V^*) - w_K(e_K^\beta)$.
Durch Einführung einer Earn-out-Vereinbarung auf Aktienbasis gemäß $\Omega_{EO}$ kann der Einigungsbereich genau dann verbessert werden, wenn die folgende Bedingung erfüllt ist: $\beta U_V(0;0;f_K;e_K^e) + (1-\beta)U_K(0;0;f_K;e_K^\beta) - w_K(e_K^\beta) > U_K(0;0;f_K;e_K^*) - w_K(e_K^*)$. Es ist jedoch nicht gewährleistet, dass diese Bedingung immer erfüllt ist.[373] Falls V durch den Nichteinsatz seiner Fähigkeiten trotz des Arbeitseinsatzes von K einen ausreichend starken Rückgang des Unternehmenswertes erwartet, kann der Einigungsbereich durch einen solchen Kontrakt nicht verbessert werden.[374] Ein nichtnegativer Einigungsbereich ist genau dann erreichbar, wenn der Verkäufer V nach Verkauf unter $\Omega_{EO}$ einen ausreichend hohen Wert des Unternehmens U

[372] Auf die explizite Analyse, wie V diesen erwarteten Arbeitseinsatz von K ermittelt, wird hier verzichtet.

[373] Mit einem niedrigen $\beta \to 0$ ist diese Bedingung nicht erfüllbar. Mit $\beta \to 1$ ist diese Bedingung nur dann erfüllbar, wenn $U_V(0;0;f_K;0) > U_K(0;0;f_K;e_K^*) - w_K(e_K^*)$ gilt. Da jedoch eine lineare Kombination gemäß $\beta U_V(0;0;f_K;0) + (1-\beta)[U_K(0;0;f_K;e_K^*) - w_K(e_K^*)]$ nie größer ist als $\beta U_V(0;0;f_K;e_K^e) + (1-\beta)U_K(0;0;f_K;e_K^\beta) - w_K(e_K^\beta)$ lässt sich daraus zwar nicht schließen, dass im Fall $U_V(0;0;f_K;0) < U_K(0;0;f_K;e_K^*) - w_K(e_K^*)$ kein Earn-out-Kontrakt geschlossen werden kann, der den Einigungsbereich verbessert. Allerdings kann dies bei einem ausreichend niedrigen $U_V(0;0;f_K;0)$ vorkommen.

[374] Bei MERTENS, R. (2003), S. 16f. wurde festgestellt, dass Earn-out-Vereinbarungen bei Vernachlässigung von Risikoteilungseffekten immer die Barzahlung dominieren. Allerdings betrachtet MERTENS, R. (2003) nicht die Möglichkeit, dass der Verkäufer nicht weiter für das Unternehmen aktiv ist. Bei MERTENS, R. (2004) wird jedoch auch bei Arbeitseinsatz nur durch den Käufer eine Dominanz der Earn-out-Vereinbarung gegenüber der Barzahlung ermittelt.

durch den Arbeitseinsatz von K erwartet: $U_V(0;0;f_K;e_K^e) \geq U_K(0;0;f_K;e_K^\beta) + \frac{D_{EO}^U}{\beta}$. Dieser erforderliche Unternehmenswert liegt dann immer über der Summe von Vs Grenzpreis und Ks Arbeitseinsatzkosten: $U_V(0;0;f_K;e_K^e) > U_V(f_V;e_V^*;0;0) - w_V(e_V^*) + w_K(e_K^\beta)$. Bei niedrigen Arbeitseinsatzkosten von K, $w_K(e_K^\beta) < w_V(e_V^*)$, ist die Erfüllung dieser Bedingung auch dann möglich, wenn V durch den Verkauf unter $\Omega_{EO}$ mit Arbeitseinsatz nur von K eine Senkung des Unternehmenswertes erwartet: $U_V(0;0;f_K;e_K^e) < U_V(f_V;e_V^*;0;0)$. Mit sinkendem Anteil $\beta$ des Verkäufers V ist jedoch ein höherer von V erwarteter Wert des Unternehmens U durch Ks Arbeitseinsatz erforderlich.

**Satz 5-5:** Bei spezifischen Fähigkeiten beider Akteure und einem Arbeitseinsatz nur von Käufer K kann ein Kontrakt $\Omega_{EO}$ nur dann den Einigungsbereich verbessern, wenn V keine zu große Wertminderung durch den Nichteinsatz seiner Fähigkeiten erwartet. $\Omega_{EO}$ wird dann ausreichend, wenn V einen ausreichend hohen Unternehmenswert durch Ks Arbeitseinsatz erwartet: $U_V(0;0;f_K;e_K^e) \geq U_K(0;0;f_K;e_K^\beta) + \frac{D_{EO}^U}{\beta}$. $\Omega_{EO}$ kann sogar dann ausreichend sein, wenn V eine Wertminderung des Unternehmens erwartet.

Zur Veranschaulichung der Ergebnisse einer Earn-out-Vereinbarung gemäß $\Omega_{EO}$ bei spezifischen Fähigkeiten beider Akteure und einem Arbeitseinsatz unter $\Omega_{EO}$ nur von Käufer K folgt das numerische Beispiel 5-4.

---

**Beispiel 5-4**

Betrachteter Kontrakt: $\Omega_{EO}$ (Earn-out auf Aktienbasis)

Fähigkeitenkonstellation: beide Akteure mit spezifischen Fähigkeiten

Arbeitseinsatz unter $\Omega_{EO}$: nur durch Käufer K

| **Ausgangssituation** | **Verkäufer V** | **Käufer K** |
|---|---|---|
| Optimaler Arbeitseinsatz | $e_V^* = 0,6$ | $e_K^* = 0,6$ |
| Unternehmenswert | $U_V(f_V;e_V^*;0;0) = 105$ | $U_K(0;0;f_K;e_K^*) = 98$ |
| Arbeitseinsatzkosten | $w_V(e_v^*) = 5$ | $w_K(e_K^*) = 3$ |
| Grenzpreis | $105 - 5 = 100$ | $98 - 3 = 95$ |

Bewertungsdifferenz bzgl. U: $D^U = 100 - 95 = 5$

| **Einführung Kontrakt** | **Verkäufer V** | **Käufer K** |
|---|---|---|
| Anteil von V unter $\Omega_{EO}$ | $\beta = 0{,}45$ | |
| Optimaler Arbeitseinsatz | - | $e_K^\beta = 0{,}3$ |
| Unternehmenswert | $U_V\left(0;0;f_K;e_K^e\right) = 108$ | $U_K\left(0;0;f_K;e_K^\beta\right) = 95$ |
| Arbeitseinsatzkosten | - | $w_K\left(e_K^\beta\right) = 0{,}5$ |

Adj. Bewertungsdifferenz: $D_{EO}^U = 100 - 95 + 0{,}5 = 5{,}5$

Bei Einführung des Kontrakts erwartet K durch seinen reduzierten Arbeitseinsatz einen niedrigeren Unternehmenswert. Die adjustierte Bewertungsdifferenz bezüglich U ist daher höher als die ursprüngliche Bewertungsdifferenz. Darüber hinaus folgt:

Vs Bewertung seines Anteils: $\beta U_V\left(0;0;f_K;e_K^e\right) = 48{,}6$

Ks Bewertung von Vs Anteil: $\beta U_K\left(0;0;f_K;e_K^\beta\right) = 42{,}75$

Bewertungsdifferenz Kontrakt: $D^{\Omega_{EO}} = 5{,}85$.

Der Einigungsbereich unter dem eingeführten Kontrakt $\Omega_{EO}$ mit einem Anteil des Verkäufers V von $\beta = 0{,}45$ ist positiv: $EB^{\Omega_{EO}} = D^{\Omega_{EO}} - D_{EO}^U = 0{,}35$. Ein nichtnegativer Einigungsbereich wird hier mit einem Basispreis von $51{,}4 \leq B \leq 51{,}75$ erreicht.

Der vom Verkäufer V erwartete Unternehmenswert unter $\Omega_{EO}$ ist $U_V\left(0;0;f_K;e_K^e\right) = 108$ und liegt somit über dem Mindest-Unternehmenswert zur Erreichung eines nichtnegativen Einigungsbereiches von $U_K\left(0;0;f_K;e_K^\beta\right) + \frac{D_{EO}^U}{\beta} = 107{,}22$.

---

### 3.6.4.4 Einführung des Kontrakts mit Arbeitseinsatz von V und K

In diesem Abschnitt wird die Eignung eines Kontraktes $\Omega_{EO}$ untersucht, der bei spezifischen Fähigkeiten beider Akteure einen Arbeitseinsatz durch K und V vorsieht.

Bei Verkauf des Unternehmens U unter einem Kontrakt $\Omega_{EO}$ partizipiert der Verkäufer V nur noch in Höhe des Anteils $\beta$ an künftigen Zahlungen. Vs Optimierungskalkül lautet nun: $\max_{e_V} \beta U_V\left(f_V;e_V;f_K;e_K^e\right) - w_V\left(e_V\right)$. V wird seinen Arbeitseinsatz auf $e_V^\beta < e_V^*$ gemäß $\beta \frac{\partial U_V\left(f_V;e_V^\beta;f_K;e_K^e\right)}{\partial e_V} = \frac{\partial w_V\left(e_V^\beta\right)}{\partial e_V}$ reduzieren. V bewertet das Unternehmen U nach Verkauf mit $U_V\left(f_V;e_V^\beta;f_K;e_K^e\right)$. Vs Grenzpreis wird durch Einführung des Kontrakts $\Omega_{EO}$ nicht beeinflusst und beträgt weiterhin $U_V\left(f_V;e_V^*;0;0\right) - w_V\left(e_V^*\right)$.[375] Zur Bewertung des Kontraktes $\Omega_{EO}$ verwendet V einen niedrigeren eigenen Arbeitseinsatz als zur Bewertung des

[375] Das entspricht der Ausgangssituation in Abschnitt 3.6.4.1.

Unternehmens ohne Verkauf. Den Kontrakt $\Omega_{EO}$ bewertet V entsprechend mit $EO_V = B + \beta U_V\left(f_V; e_V^{\beta}; f_K; e_K^{e}\right) - w_V\left(e_V^{\beta}\right)$.

Nach dem erfolgten Kauf des Unternehmens U unter einem Kontrakt $\Omega_{EO}$ partizipiert der Käufer K nur noch in Höhe des Anteils $1-\beta$ an künftigen Wertentwicklungen. Ks Optimierungskalkül verändert sich und lautet: $\max_{e_K}(1-\beta)U_K\left(f_V; e_V^{e}; f_K; e_K\right) - w_K\left(e_K\right)$. K wird den Arbeitseinsatz auf $e_K^{\beta} < e_K^{*}$ gemäß $(1-\beta)\frac{\partial U_K\left(f_V; e_V^{e}; f_K; e_K^{\beta}\right)}{\partial e_K} = \frac{\partial w_K\left(e_K^{\beta}\right)}{\partial e_K}$ festlegen. Durch seinen reduzierten Arbeitseinsatz unter $\Omega_{EO}$ wird K auch seinen Grenzpreis für U auf $U_K\left(f_V; e_V^{e}; f_K; e_K^{\beta}\right) - w_K\left(e_K^{\beta}\right)$ anpassen.[376] Den Kontrakt $\Omega_{EO}$ bewertet K entsprechend mit $EO_K = B + \beta U_K\left(f_V; e_V^{e}; f_K; e_K^{\beta}\right)$.

Vs Grenzpreis für das Unternehmen U beträgt unter einem Kontrakt $\Omega_{EO}$ unverändert $U_V\left(f_V; e_V^{*}; 0; 0\right) - w_V\left(e_V^{*}\right)$ und berücksichtigt keine Fähigkeiten des Käufers K. Der Grenzpreis des Käufers K beträgt $U_K\left(f_V; e_V^{e}; f_K; e_K^{\beta}\right) - w_K\left(e_K^{\beta}\right)$ und berücksichtigt beide Arbeitseinsätze. Daraus folgt die adjustierte Bewertungsdifferenz bezüglich des Unternehmens U mit $D_{EO}^{U} = U_V\left(f_V; e_V^{*}; 0; 0\right) - w_V\left(e_V^{*}\right) - U_K\left(f_V; e_V^{e}; f_K; e_K^{\beta}\right) + w_K\left(e_K^{\beta}\right)$. $D_{EO}^{U}$ ist jedoch vom Verkäuferanteil $\beta$ abhängig, da $\beta$ den Arbeitseinsatz beider Akteure beeinflusst. Die Bewertungsdifferenz bezüglich $\Omega_{EO}$ ergibt sich auf Basis beider Arbeitseinsätze mit $D^{\Omega_{EO}} = \beta\left(U_V\left(f_V; e_V^{\beta}; f_K; e_K^{e}\right) - U_K\left(f_V; e_V^{e}; f_K; e_K^{\beta}\right)\right) - w_V\left(e_V^{\beta}\right)$.

Der Einigungsbereich unter einem Kontrakt $\Omega_{EO}$ mit Earn-out-Vereinbarung entspricht $EB^{\Omega_{EO}} = \beta U_V\left(f_V; e_V^{\beta}; f_K; e_K^{e}\right) + (1-\beta)U_K\left(f_V; e_V^{e}; f_K; e_K^{\beta}\right) - U_V\left(f_V; e_V^{*}; 0; 0\right) - w_K\left(e_K^{\beta}\right) + z_V$. Ein Kontrakt $\Omega_{EO}$ kann durch Wahl des Anteils $\beta$ immer so gestaltet werden, dass er den Einigungsbereich verbessert und somit eine Barzahlung dominiert.[377] V bewertet das nach dem Verkauf unter $\Omega_{EO}$ zusätzlich verfügbare Arbeitseinsatzvolumen $e_V^{*} - e_V^{\beta}$ mit $z_V = w_V\left(e_V^{*}\right) - w_V\left(e_V^{\beta}\right) \geq 0$. Ein nichtnegativer Einigungsbereich wird jedoch nur mit einem ausreichend hohem Freizeitwert des Verkäufers V unter $\Omega_{EO}$ erreicht:

---

[376] Dies entspricht dem Vorgehen in Abschnitt 3.6.3 und wird an dieser Stelle nicht erneut betrachtet.

[377] Der Einigungsbereich wird durch die Earn-out-Vereinbarung verbessert, wenn der Ausdruck $\beta U_V\left(f_V; e_V^{\beta}; f_K; e_K^{\beta}\right) + (1-\beta)U_K\left(f_V; e_V^{\beta}; f_K; e_K^{\beta}\right) - w_V\left(e_V^{\beta}\right) - w_K\left(e_K^{\beta}\right)$ den ursprünglichen Grenzpreis von K, $U_K\left(0; 0; f_K; e_K^{*}\right) - w_K\left(e_K^{*}\right)$, übersteigt. Mit ausreichend hohem $\beta \to 1$ ist diese Bedingung aufgrund von $U_V\left(f_K; e_K^{*}; 0; 0\right) - w_V\left(e_V^{*}\right) > U_K\left(0; 0; f_K; e_K^{*}\right) - w_K\left(e_K^{*}\right)$ erfüllt.

$z_V > U_V(f_V;e_V^*;0;0) - \beta U_V(f_V;e_V^\beta;f_K;e_K^e) - (1-\beta)U_K(f_V;e_V^e;f_K;e_K^\beta) + w_K(e_K^\beta)$.[378] Je höher die vom Verkäufer V erwartete Wertsteigerung des Unternehmens ist, desto niedriger ist der erforderliche Freizeitnutzen von V zur Erfüllung dieser Bedingung.

**Satz 5-6:** Bei spezifischen Fähigkeiten und Arbeitseinsätzen beider Akteure kann ein Kontrakt $\Omega_{EO}$ so gestaltet werden, dass er den Einigungsbereich verbessert und somit einen Kontrakt mit reiner Barzahlung dominiert. Ein Kontrakt $\Omega_{EO}$ wird jedoch nur genau dann ausreichend, wenn V einen ausreichend hohen „Freizeitwert" erwartet: $z_V > U_V(f_V;e_V^*;0;0) - \beta U_V(f_V;e_V^\beta;f_K;e_K^e) - (1-\beta)U_K(f_V;e_V^e;f_K;e_K^\beta) + w_K(e_K^\beta)$. Bei einer hohen von V erwarteten Wertsteigerung des Unternehmens durch gemeinsamen Arbeitseinsatz wird dies auch mit einem niedrigen Freizeitwert ermöglicht.

Zur Veranschaulichung der Ergebnisse zu einer Earn-out-Vereinbarung gemäß $\Omega_{EO}$ bei spezifischen Fähigkeiten beider Akteure und Arbeitseinsatz von beiden Akteuren unter $\Omega_{EO}$ folgt das numerische Beispiel 5-5.

---

**Beispiel 5-5**

Betrachteter Kontrakt: $\Omega_{EO}$ (Earn-out auf Aktienbasis)

Fähigkeitenkonstellation: beide Akteure mit spezifischen Fähigkeiten

Arbeitseinsatz unter $\Omega_{EO}$: von beiden Akteuren

| **Ausgangssituation** | **Verkäufer V** | **Käufer K** |
|---|---|---|
| Optimaler Arbeitseinsatz | $e_V^* = 0{,}6$ | $e_K^* = 0{,}6$ |
| Unternehmenswert | $U_V(f_V;e_V^*;0;0) = 105$ | $U_K(0;0;f_K;e_K^*) = 98$ |
| Arbeitseinsatzkosten | $w_V(e_v^*) = 5$ | $w_K(e_K^*) = 3$ |
| Grenzpreis | $105 - 5 = 100$ | $98 - 3 = 95$ |

Bewertungsdifferenz bzgl. U: $D^U = 100 - 95 = 5$

| **Einführung Kontrakt** | **Verkäufer V** | **Käufer K** |
|---|---|---|
| Anteil von V unter $\Omega_{EO}$ | $\beta = 0{,}45$ | |
| Optimaler Arbeitseinsatz | $e_V^\beta = 0{,}3$ | $e_K^\beta = 0{,}3$ |
| Unternehmenswert | $U_V(f_V;e_V^\beta;f_K;e_K^e) = 108$ | $U_K(f_V;e_V^e;f_K;e_K^\beta) = 97$ |
| Arbeitseinsatzkosten | $w_V(e_V^\beta) = 1$ | $w_K(e_K^\beta) = 0{,}5$ |

Adj. Bewertungsdifferenz: $D_{EO}^U = 100 - 97 + 0{,}5 = 3{,}5$

[378] Dies entspricht $z_V > \beta(U_V(f_V;e_V^*) - U_V(f_V;e_V^\beta)) + (1-\beta)(U_V(f_V;e_V^*) - U_K(f_V;e_V^e))$.

Durch Einführung des Kontrakts erwartet K wegen des gemeinsamen Arbeitseinsatzes einen anderen Unternehmenswert. Die adjustierte Bewertungsdifferenz bezüglich U ist in diesem Beispiel niedriger als die ursprüngliche Bewertungsdifferenz. Zudem folgt:

Vs Bewertung seines Anteils: $\beta U_V\left(f_V; e_V^\beta; f_K; e_K^e\right) - w_V\left(e_V^\beta\right) = 47{,}6$

Ks Bewertung von Vs Anteil: $\beta U_K\left(f_V; e_V^e; f_K; e_K^\beta\right) = 43{,}65$

Bewertungsdifferenz Kontrakt: $D^{\Omega_{EO}} = 3{,}95$.

Der Einigungsbereich unter dem eingeführten Kontrakt $\Omega_{EO}$ mit einem Anteil des Verkäufers V von $\beta = 0{,}45$ ist positiv: $EB^{\Omega_{EO}} = D^{\Omega_{EO}} - D_{EO}^U = 0{,}45$. Ein nichtnegativer Einigungsbereich wird hier mit einem Basispreis von $52{,}4 \leq B \leq 52{,}85$ erreicht.

Der Freizeitnutzen von V beträgt in diesem Beispiel $w_V\left(e_v^*\right) - w_V\left(e_V^\beta\right) = 4$ und liegt über dem „Mindest-Freizeitnutzen" zur Erreichung eines nichtnegativen Einigungsbereiches $U_V\left(f_V; e_V^*; 0; 0\right) - \beta U_V\left(f_V; e_V^\beta; f_K; e_K^e\right) - (1-\beta) U_K\left(f_V; e_V^e; f_K; e_K^\beta\right) + w_K\left(e_K^\beta\right) = 3{,}55$.

---

### 3.6.5 Eignung von Earn-out-Vereinbarungen gemäß $\Omega_{EO}$

Die untersuchten Earn-out-Vereinbarungen auf Aktienbasis gemäß $\Omega_{EO}$ mit variablen Zusatzzahlungen an den Verkäufer V in Höhe des Anteils $\beta$ an den Zahlungen des Unternehmens U können den Einigungsbereich zwischen K und V verbessern. Allerdings ist die spezifische Situation für den Kontrakteinsatz zu berücksichtigen.

Wenn weder der Käufer K noch der Verkäufer V über spezifische Fähigkeiten verfügen, wird der Einigungsbereich durch eine Earn-out-Vereinbarung auf Aktienbasis verbessert. Der Einigungsbereich bleibt jedoch immer negativ. Die Transaktion kann nicht stattfinden. Falls weder Käufer noch Verkäufer spezifische Fähigkeiten in das Unternehmen einbringen, sind Earn-out-Vereinbarungen auf Aktien-Basis gemäß $\Omega_{EO}$ somit nicht zur Erreichung nichtnegativer Einigungsbereiche geeignet.

Bei Einsatz spezifischer Fähigkeiten nur durch den Verkäufer V reduziert V seinen Arbeitseinsatz nach einem Verkauf unter $\Omega_{EO}$. Der daraus resultierende niedrigere Unternehmenswert beeinträchtigt die Wirkung von Earn-out-Vereinbarungen, wird aber durch Vs Freizeitwert überkompensiert. Die Transaktion kann jedoch nur dann stattfinden, wenn V durch den reduzierten Arbeitseinsatz einen niedrigeren Unternehmenswert als K und aus der Reduzierung seines Arbeitseinsatzes einen ausreichend hohen „Freizeitwert" erwartet. Für Fälle, in denen der Verkäufer durch seinen reduzierten Arbeitseinsatz nach dem Verkauf einen hohen „Freizeitwert" realisieren kann, sind Earn-out-Vereinbarungen auf Aktien-Basis gemäß $\Omega_{EO}$ somit zur Überbrückung negativer Einigungsbereiche geeignet. Dadurch könnte der besondere Einsatz von Earn-out-Vereinbarungen bei der Nachfolge-Regelung erklärt werden, da der bisherige Eigentümer durch die Übergabe an einen Nachfolger einen vergleichsweise hohen „Freizeitwert" realisieren kann.

Bei Einsatz spezifischer Fähigkeiten nur durch den Käufer K erwartet V einen Werteinfluss durch Ks Arbeitseinsatz. Der Einigungsbereich wird unter einem Kontrakt $\Omega_{EO}$ jedoch nur dann verbessert, wenn V keine zu hohe Wertminderung des Unternehmens durch den Nichteinsatz seiner eigenen Fähigkeiten erwartet. Das bedeutet, dass Earn-out-Vereinbarungen nicht, wie bei MERTENS, R. (2003) und MERTENS, R. (2004) festgestellt, in jedem Fall die Barzahlung dominieren.[379] Ein nichtnegativer Einigungsbereich ist nur dann erreichbar, wenn der Verkäufer V eine ausreichend hohe Wertsteigerung des Unternehmens erwartet. Für Fälle, in denen der Verkäufer durch den Verkauf hohe Wertsteigerungen erwartet, sind Earn-out-Vereinbarungen auf Aktien-Basis gemäß $\Omega_{EO}$ auch ohne Arbeitseinsatz des Verkäufers zur Überbrückung negativer Einigungsbereiche geeignet. Dadurch könnte der verstärkte Einsatz von Earn-out-Vereinbarungen durch börsennotierte Unternehmen bei der Übernahme nicht börsennotierter Unternehmen erklärt werden.[380] Bei der Übernahme mittelständischer, familiär geführter Unternehmen kann die Wertsteigerung durch spezifische Fähigkeiten börsennotierter Unternehmen höher ausfallen als bei der Übernahme börsennotierter Unternehmen, die möglicherweise bereits ähnliche Fähigkeiten besitzen.[381]

Wenn K und V spezifische Fähigkeiten einsetzen, reduziert V seinen Arbeitseinsatz nach einem Verkauf unter $\Omega_{EO}$. Der Einigungsbereich kann unter $\Omega_{EO}$ nur dann verbessert werden, wenn diese Reduzierung durch den Arbeitseinsatz von K ausreichend (teil-)kompensiert wird. Ein nichtnegativer Einigungsbereich ist jedoch nur dann erreichbar, wenn V trotz seines eigenen reduzierten Arbeitsaufwands eine ausreichend hohe Wertsteigerung erwartet. Mit steigendem „Freizeitwert" für V wird ein nichtnegativer Einigungsbereich jedoch auch dann möglich, wenn V durch den Verkauf eine Wertminderung des Unternehmens erwartet.

Die Untersuchung zeigt, dass Earn-out-Vereinbarungen zur Überbrückung negativer Einigungsbereiche geeignet sind. Während bei MERTENS, R. (2003) und MERTENS, R.

---

379 Bei MERTENS, R. (2003) und MERTENS, R. (2004) werden jedoch nur einzelne der der hier untersuchten Situationen untersucht. Insbesondere die dort angenommene Informationssymmetrie beeinflusst die bei MERTENS, R. (2003) und MERTENS, R. (2004) ermittelten Ergebnisse.

380 Zur verstärkten Nutzung von Earn-out-Vereinbarungen bei der Übernahme von nicht börsennotierten Unternehmen vgl. REUM, W. R./STEELE, T. A. (1970), S. 84, BOSE, M. (1992), S. 45, DATAR, S./FRANKEL, R./WOLFSON, M. (2001), S. 227ff. und CAIN, M. D./DENIS, D. J./DENIS, D. K. (2006), S. 5ff.

381 Zu diesen Fähigkeiten können u.a. kapitalmarktorientierte Managementstrukturen oder ein leichterer Zugang zu Ressourcen (z.B. Kapital) zählen.

(2004) diese Möglichkeit ohne weitergehende Analyse abstrakt dargestellt wurde, wurden hier die erforderlichen Bedingungen hergeleitet und untersucht.[382] Dabei wurde die bei MERTENS (2003) und MERTENS (2004) unter Anreizaspekten durchgeführte Betrachtung um den Aspekt der asymmetrischen Informationsverteilung erweitert.[383] Außerdem konnte gezeigt werden, dass Earn-out-Vereinbarungen nicht in jedem Fall eine Barzahlung dominieren. Insbesondere, wenn der Verkäufer trotz spezifischer Fähigkeiten diese unter einer Earn-out-Vereinbarung nicht mehr einbringt, kann der Einigungsbereich durch eine derartige Earn-out-Vereinbarung verschlechtert werden.[384]

382 Die bei MERTENS (2003) und MERTENS (2004) getroffene Annahme symmetrischer Informationsverteilung und Risikoaversion der Akteure hat zudem die Existenz negativer Einigungsbereiche auf unterschiedliche Risikopräferenzen oder Arbeitseinsatzkosten beschränkt. Mit der in Abschnitt 3.8.1 zugelassenen Risikoaversion der Akteure können MERTENS (2003) und MERTENS (2004) daher als Untersuchungen von Spezialfällen der hier vorgenommenen Analyse betrachtet werden.

383 Vgl. MERTENS (2003), S. 16f. und MERTENS (2004), S. 139.

384 Bei MERTENS (2004), S. 150f. wird aufgrund der angenommenen Informationssymmetrie jedoch der Schluss gezogen, dass eine Earn-out-Vereinbarung auch ohne Arbeitseinsatz des Verkäufers nie von einer Barzahlung dominiert wird.

## 3.7 Kontraktmodifikationen

In den folgenden Abschnitten werden Kontrakte betrachtet, die als Modifikationen der bisher untersuchten Kontrakte auftreten können. Zunächst erfolgt eine Analyse von Earn-out-Vereinbarungen auf Optionsbasis und Earn-out-Vereinbarungen mit Zahlung der variablen Komponente in Aktien. Danach wird die mögliche Kombination von Call- und Put-Optionen in einem Kontrakt untersucht. Abschließend wird ausfallbedrohtes Fremdkapital eines fusionierten Unternehmens betrachtet. Bei der Untersuchung der kombinierten Kontrakte wird jeweils auf die Ergebnisse der zugrundeliegenden Kontrakte zurückgegriffen (siehe Abb. 58).

| **Kontraktmodifikation** | **Zugrundeliegende Kontrakte** |
|---|---|
| Earn-out-Vereinbarung auf Optionsbasis | Kontrakte mit Kaufoptionen (Abschnitt 3.4)<br>Earn-out-Vereinbarung auf Aktienbasis (Abschnitt 3.6) |
| Earn-out-Vereinbarung mit Zahlung der variablen Komponente in Aktien | Zahlung mit Aktien (Abschnitt 3.2)<br>Earn-out-Vereinbarungen auf Aktienbasis bzw. Optionsbasis (Abschnitte 3.6, 3.7.1) |
| Kombination von Kauf- und Verkaufsoptionen | Kontrakte mit Kaufoptionen bzw. Verkaufsoptionen (Abschnitte 3.3, 3.4) |
| Ausfallbedrohtes Fremdkapital des fusionierten Unternehmens | Ausfallbedrohtes Fremdkapital des verkauften Unternehmens (Abschnitt 3.5) |

**Abb. 58:** Übersicht der betrachteten Kontraktmodifikationen

### 3.7.1 Earn-out-Vereinbarung auf Optionsbasis

Unter einem Kontrakt $\Omega_{OE}$ wird zwischen Käufer und Verkäufer eine Earn-out-Vereinbarung auf Optionsbasis abgeschlossen. Dabei wird auf die im Rahmen der Earn-out-Vereinbarung auf Aktienbasis erweiterte zeitliche Modellstruktur zurückgegriffen.[385] Das Unternehmen U wird gegen Barzahlung des Basispreises $B$ im Zeitpunkt $t=1$ an den Käufer K übertragen. Der Verkäufer V erhält jedoch weitere variable Kaufpreiszahlungen in Abhängigkeit von der Unternehmensentwicklung. Nach Abschluss des Kontraktes $\Omega_{OE}$ im Zeitpunkt $t=1$ wählen beide Akteure ihren Arbeitseinsatz, wodurch die erwarteten Zahlungen und damit die erwarteten Unternehmenswerte beeinflusst werden. Im Zeitpunkt $t=2$ wird die realisierte Zahlung des Unternehmens U durch beide Akteure beobachtet. Es besteht somit wie im bisherigen Modell symmetrische ex post Informationsverteilung bezüglich der realisierten Zahlung $E^*$.

Der wesentliche Unterschied des hier betrachteten Kontrakts $\Omega_{OE}$ zu einer Earn-out-Vereinbarung auf Aktienbasis gemäß $\Omega_{EO}$ ist, dass der Verkäufer V Zahlungen in Höhe eines

[385] Siehe dazu Abschnitt 3.6 (insbesondere Abbildung 56).

Anteils $\beta \in (0;1)$ an der einen Schwellenwert $S_C \geq 0$ übersteigenden Zahlung $E^* - S_C$ des Unternehmens U bei $t = 2$ erhält.[386] Der Käufer K erhält die Zahlungen des Unternehmens bis zur Erreichung des Schwellenwertes $S_C$ vollständig und einen Anteil $1-\beta$ an den $S_C$ übersteigenden Zahlungen $\max(E^* - S_C;0)$. In Abbildung 59 werden beide Earn-out-Vereinbarungen schematisch dargestellt. Eine Earn-out-Vereinbarung auf Aktienbasis entspricht somit einer Earn-out-Vereinbarung auf Optionsbasis mit dem Schwellenwert $S_C = 0$.[387]

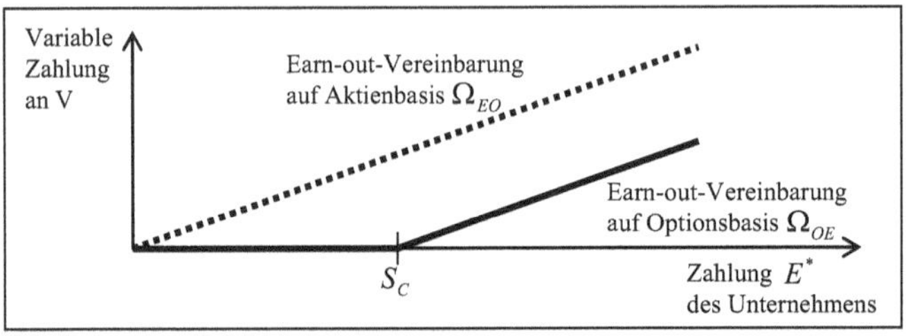


**Abb. 59:** Unterschied Earn-out-Vereinbarungen $\Omega_{EO}$ und $\Omega_{OE}$ (schematisch)

### 3.7.1.1 Ausgangssituation

Wie im gesamten Modell wird von einem negativen Einigungsbereich zwischen K und V bezüglich des Unternehmenswertes von U ausgegangen. Beide Akteure verfügen über spezifische Fähigkeiten und können die Zahlungen des Unternehmens durch ihren Arbeitseinsatz beeinflussen. An dieser Stelle erfolgt zunächst eine nähere Betrachtung der Grenzpreise von K und V ohne Berücksichtigung einer Earn-out-Vereinbarung.

Die erwarteten Unternehmenswerte $U_V(f_V;e_V;f_K;e_K)$ und $U_K(f_V;e_V;f_K;e_K)$ werden auf Basis der erwarteten Zahlungen formuliert. Der Verkäufer V erwartet die Zahlungen $E_V^g(f_V;e_V;f_K;e_K)$ und $E_V^s(f_V;e_V;f_K;e_K)$ für den guten bzw. schlechten Zustand. K erwartet entsprechend die Zahlungen $E_K^g(f_V;e_V;f_K;e_K)$ und $E_K^s(f_V;e_V;f_K;e_K)$ für den guten bzw. schlechten Zustand. Die Fähigkeiten $(f_V;f_K)$ und Arbeitseinsätze $(e_V;e_K)$ haben jeweils positive Wirkung auf die erwarteten Zahlungen $(E_V^g;E_V^s;E_K^g;E_K^s)$ und auf die Unternehmenswerte $(U_V;U_K)$ mit nichtansteigender Grenzwertsteigerung der Arbeitseinsätze $e_V$ und $e_K$ gemäß der Formulierung von $\Omega_{EO}$.[388] Vereinfachend wird angenommen, dass sich

[386] In der Literatur werden häufig Schwellenwerte bei Earn-out-Vereinbarungen beschrieben. Siehe dazu u.a. REUM, W. R./STEELE, T. A. (1970), S. 85f., BAUMS, T. (1993), S. 1274, MEULI, H. M. (1996b), S. 943 und LABBÉ, M. (2004), S. 120.

[387] Die im Abschnitt 3.4 ermittelten Ergebnisse zum Kontrakt $\Omega_C$ mit Call-Option werden in den folgenden Abschnitten ohne besondere Verweise übertragen.

[388] Siehe dazu Abschnitt 3.6.

die Funktionen $E_V^g(f_V;e_V;f_K;e_K)$ und $E_V^s(f_V;e_V;f_K;e_K)$ nur in ihrer absoluten Höhe unterscheiden. Entsprechend wird für die Funktionen $E_K^g(f_V;e_V;f_K;e_K)$ und $E_K^s(f_V;e_V;f_K;e_K)$ angenommen, dass sie sich nur in ihrer absoluten Höhe unterscheiden. Die Grenzkosten der Arbeitseinsätze $w_V(e_V) \geq 0$ und $w_K(e_K) \geq 0$ ansteigend sind gemäß $\Omega_{EO}$.

Der Verkäufer V wird seinen Grenzpreis auf Basis des durch ihn erwarteten Unternehmenswertes von U ohne Verkauf festlegen.[389] V legt den Arbeitseinsatz auf $e_V^*$ nach $\frac{\partial U_V(f_V;e_V^*;0;0)}{\partial e_V} = \frac{\partial w_V(e_V^*)}{\partial e_V}$ fest und leitet den Grenzpreis $U_V(f_V;e_V^*;0;0) - w_V(e_V^*)$ ab. Der Käufer K partizipiert nach einem Kauf des Unternehmens ohne Earn-out-Vereinbarung vollständig an den Zahlungen von U. Der Käufer K legt seinen Arbeitseinsatz auf $e_K^*$ gemäß $\frac{\partial U_K(0;0;f_K;e_K^*)}{\partial e_K} = \frac{\partial w_K(e_K^*)}{\partial e_K}$ fest und ermittelt seinen Grenzpreis $U_K(0;0;f_K;e_K^*) - w_K(e_K^*)$.

Die Bewertungsdifferenz bezüglich U beträgt dann $D^U = U_V(f_V;e_V^*;0;0) - w_V(e_V^*) - U_K(0;0;f_K;e_K^*) + w_K(e_K^*) > 0$. Der Einigungsbereich bezüglich des Unternehmenswertes von U beträgt $EB^U = -D^U$ und entspricht dem Einigungsbereich bei Barzahlung: $EB^{\Omega_B} = EB^U$.

### 3.7.1.2 Arbeitsanreize bei Einführung des Kontrakts

Mit $\Omega_{OE}$ wird eine Earn-out-Vereinbarung eingeführt, die bei spezifischen Fähigkeiten beider Akteure einen Arbeitseinsatz durch K und V vorsieht.[390]

Der Verkäufer V berücksichtigt bei der Bewertung eines Kontrakts $\Omega_{OE}$ dessen Auswirkungen auf den optimalen Arbeitseinsatz beider Akteure. Dabei erwartet V einen Arbeitseinsatz des Käufers K von $e_K^e$.[391] Der optimale Arbeitseinsatz von V ist von dem in $\Omega_{OE}$ festgelegten Schwellenwert $S_C$ abhängig (siehe Abbildung 60).[392]

---

[389] Die folgenden Ergebnisse zu Grenzpreisen von K und V wurden aus Abschnitt 3.6.4.1 übernommen.

[390] Diese Konstellation von Fähigkeiten und Arbeitseinsatz wurde hier gewählt, da sie in Abschnitt 3.6 die wesentlichen Ergebnisse der weiteren dort betrachteten Konstellationen enthielt.

[391] Auf die explizite Analyse, wie V diesen erwarteten Arbeitseinsatz von K ermittelt, wird hier verzichtet.

[392] Dabei ist jedoch zu beachten, dass die von V erwarteten Zahlungen $E_V^g$ und $E_V^s$ selbst durch die Arbeitseinsätze beider Akteure beeinflusst werden.

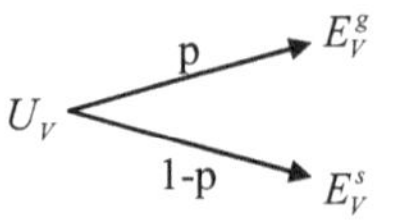


| Ausübungspreis | Anreizstärke |
|---|---|
| $S_C > E_V^g$ | 0 |
| $E_V^s \leq S_C \leq E_V^g$ | $p\beta$ |
| $S_C < E_V^s$ | $\beta$ |

**Abb. 60:** Arbeitsanreiz für Verkäufer V unter $\Omega_{OE}$

Falls ein niedriger Schwellenwert $S_C < E_V^s(0;0;f_K;e_K^e)$ vorliegt, erwartet V eine Partizipation in Höhe des Anteils $\beta$ an zusätzlichen Zahlungen $\max(E^* - S_C;0)$.[393] Entsprechend wird der Verkäufer V seinen Arbeitseinsatz auf $e_V^\beta < e_V^*$ gemäß $\beta\frac{\partial U_V(f_V;e_V^\beta;f_K;e_K^e)}{\partial e_V} = \frac{\partial w_V(e_V^\beta)}{\partial e_V}$ reduzieren. Für alle $S_C < E_V^s(f_V;e_V^\beta;f_K;e_K^e)$ beträgt der Arbeitsanreiz für den Verkäufer V somit $\beta$. Für mittlere Schwellenwerte $E_V^s(f_V;e_V^\beta;f_K;e_K^e) \leq S_C \leq E_V^g(0;0;f_K;e_K^e)$ partizipiert V in Höhe des Anteils $\beta$ an zusätzlichen Zahlungen $\max(E^* - S_C;0)$, die jedoch nur mit der Wahrscheinlichkeit $p$ auftreten.[394] Entsprechend wird V seinen Arbeitseinsatz auf $e_V^{p\beta} < e_V^*$ gemäß $p\beta\frac{\partial U_V(f_V;e_V^{p\beta};f_K;e_K^e)}{\partial e_V} = \frac{\partial w_V(e_V^{p\beta})}{\partial e_V}$ reduzieren. Für alle Schwellenwerte $S_C$ gemäß $E_V^s(f_V;e_V^\beta;f_K;e_K^e) \leq S_C \leq E_V^g(f_V;e_V^{p\beta};f_K;e_K^e)$ beträgt der Arbeitsanreiz für den Verkäufer V somit $p\beta$. Für alle hohen Schwellenwerte $S_C > E_V^g(f_V;e_V^{p\beta};f_K;e_K^e)$ hat der Verkäufer V keinen Arbeitsanreiz.

Der Käufer V berücksichtigt bei der Bewertung eines Kontrakts $\Omega_{OE}$ ebenfalls dessen Auswirkungen auf den optimalen Arbeitseinsatz beider Akteure. Dabei erwartet K einen Arbeitseinsatz des Verkäufers V von $e_V^e$.[395] Der optimale Arbeitseinsatz von K ist entsprechend dem Arbeitseinsatz von V vom in $\Omega_{OE}$ festgelegten Schwellenwert $S_C$ abhängig (siehe Abbildung 61).[396]

---

[393] Dieser Bereich wird mit der Optimalitätsregel für $e_V^\beta$ auf $S_C < E_V^s(f_V;e_V^\beta;f_K;e_K^e)$ erweitert.

[394] Die Obergrenze wird mit der Optimalitätsregel für $e_V^{p\beta}$ auf $S_C < E_V^g(f_V;e_V^{p\beta};f_K;e_K^e)$ erweitert.

[395] Auf die explizite Analyse, wie K diesen erwarteten Arbeitseinsatz von V ermittelt, wird hier verzichtet.

[396] Dabei ist jedoch zu beachten, dass die von K erwarteten Zahlungen $E_K^g$ und $E_K^s$ selbst durch die Arbeitseinsätze beider Akteure beeinflusst werden.

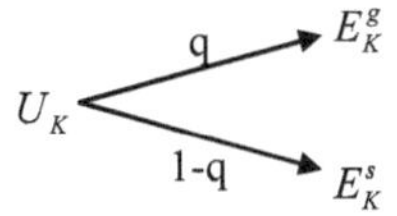


| Ausübungspreis | Anreizstärke |
|---|---|
| $S_C > E_K^g$ | 1 |
| $E_K^s \leq S_C \leq E_K^g$ | $1-q\beta$ |
| $S_C < E_K^s$ | $1-\beta$ |

**Abb. 61:** Arbeitsanreiz für Käufer K unter $\Omega_{OE}$

Für niedrige Schwellenwerte $S_C < E_K^s\left(f_V; e_V^e; f_K; e_K^\beta\right)$ mit $e_K^\beta < e_K^*$ gemäß $(1-\beta)\frac{\partial U_K\left(f_V; e_V^e; f_K; e_K^\beta\right)}{\partial e_K} = \frac{\partial w_K\left(e_K^\beta\right)}{\partial e_K}$ beträgt der Arbeitsanreiz für K $1-\beta$. Für mittlere Schwellenwerte $E_K^s\left(f_V; e_V^e; f_K; e_K^\beta\right) \leq S_C \leq E_K^g\left(f_V; e_V^e; f_K; e_K^{q\beta}\right)$ mit reduziertem Arbeitseinsatz $e_K^{q\beta} < e_K^*$ gemäß $(1-q\beta)\frac{\partial U_K\left(f_V; e_V^e; f_K; e_K^{q\beta}\right)}{\partial e_K} = \frac{\partial w_K\left(e_K^{q\beta}\right)}{\partial e_K}$ beträgt der Arbeitsanreiz für den Käufer K somit $1-q\beta$. Für alle hohen Schwellenwerte $S_C > E_K^g\left(f_V; e_V^e; f_K; e_K^{q\beta}\right)$ hat K einen Arbeitsanreiz von 1. Er legt seinen Arbeitseinsatz dann auf $e_K^1$ gemäß $\frac{\partial U_K\left(f_V; e_V^e; f_K; e_K^1\right)}{\partial e_K} = \frac{\partial w_K\left(e_K^1\right)}{\partial e_K}$ fest.

Ohne Stattfinden der Transaktion beträgt der Arbeitsanreiz für den Verkäufer genau eins. Je nach Ausgestaltung einer Earn-out-Vereinbarung auf Optionsbasis gemäß $\Omega_{OE}$ treten bei beiden Akteure jedoch unterschiedliche Arbeitsanreize auf. Insbesondere ist es möglich, dass durch eine solche Vereinbarung der Gesamtarbeitsanreiz als Summe beider Arbeitsanreize größer als eins ist (siehe Abbildung 62). Durch entsprechende Gestaltung eines Kontrakts $\Omega_{OE}$ kann somit der Gesamtarbeitsanreiz gesteigert werden.

| Schwellenwert aus Sicht von K \ Schwellenwert aus Sicht von V | $S_C < E_V^s$ | $E_V^s \leq S_C \leq E_V^g$ | $S_C > E_V^g$ |
|---|---|---|---|
| $S_C > E_K^g$ | $1+\beta$ | $1+p\beta$ | 1 |
| $E_K^s \leq S_C \leq E_K^g$ | $1+(1-q)\beta$ | $1+(p-q)\beta$ | $1-q\beta$ |
| $S_C < E_K^s$ | 1 | $1-(1-p)\beta$ | $1-\beta$ |

**Abb. 62:** Gesamtarbeitsanreiz für beide Akteure unter $\Omega_{OE}$

**Satz 6-1:** Durch eine Earn-out-Vereinbarung auf Optionsbasis gemäß $\Omega_{OE}$ kann der Arbeitsanreiz im Vergleich zum Nichtstattfinden der Transaktion gesteigert werden.

### 3.7.1.3 Bewertungsdifferenzen und Einigungsbereich

Im vorangegangenen Abschnitt wurden jeweils drei Schwellenwert-Bereiche für Verkäufer V und Käufer K betrachtet. Zur Ermittlung von Bewertungsdifferenzen und Auswirkungen auf den Einigungsbereich sind somit insgesamt neun verschiedene Fälle zu unterscheiden (siehe Abbildung 63). Dabei werden Ergebnisse zum Kontrakt $\Omega_C$ mit Call-Option verwendet.[397]

| Schwellenwert aus Sicht von K | $S_C < E_V^{s,\beta}$ | $E_V^{s,\beta} \le S_C \le E_V^{g,p\beta}$ | $S_C > E_V^{g,p\beta}$ |
|---|---|---|---|
| $S_C > E_K^{g,q\beta}$ | 1 | 2 | 3 |
| $E_K^{s,\beta} \le S_C \le E_K^{g,q\beta}$ | 4 | 5 | 6 |
| $S_C < E_K^{s,\beta}$ | 7 | 8 | 9 |
| | Schwellenwert aus Sicht von V | | |

**Abb. 63:** Ausübungspreis-Bereiche bei Earn-out-Vereinbarung auf Optionsbasis

Zunächst werden die Fälle eines hohen Schwellenwertes aus Sicht von K gemäß $S_C > E_K^{g,q\beta}$ betrachtet. K erwartet dann keine variablen Zahlungen, hat einen Arbeitsanreiz von eins und bewertet den Kontrakt $\Omega_{OE}$ auf Basis des Basispreises mit $OE_K = B$. Entsprechend passt K seinen Grenzpreis für U unter $\Omega_{OE}$ auf $U_K^1 - w_K^1$ an. Die Bewertungsdifferenz bezüglich des Unternehmenswertes von U unter $\Omega_{OE}$ entspricht somit $D_{OE}^U = U_V^* - w_V^* - U_K^1 + w_K^1$. Die Bewertung des Kontrakts durch V ist vom Schwellenwert abhängig.

(1) Im Fall eines niedrigen Schwellenwertes gemäß $S_C < E_V^{s,\beta}$ bewertet V den Kontrakt mit $OE_V = B + \beta\left(U_V^\beta - S_C\right) - w_V^\beta$. Die Bewertungsdifferenz bezüglich des Kontrakts beträgt $D^{\Omega_{OE}} = \beta\left(U_V^\beta - S_C\right) - w_V^\beta$. Daraus folgt der Einigungsbereich unter $\Omega_{OE}$ als $EB^{\Omega_{OE}} = \beta\left(U_V^\beta - S_C\right) - U_V^* + U_K^1 - w_K^1 + z_V$ mit dem Freizeitwert $z_V = w_V^* - w_V^\beta$ aus zusätzlich verfügbarem Arbeitseinsatzvolumen $e_V^* - e_V^\beta$ des Verkäufers V unter $\Omega_{OE}$.

Ein nichtnegativer Einigungsbereich ist nur mit einem ausreichend hohen Freizeitnutzen $z_V \ge U_V^* - \beta\left(U_V^\beta - S_C\right) - U_K^1 + w_K^1$ erreichbar. Aufgrund der Optimierungskalküle zur

[397] Für die Ergebnisse zum Kontrakt $\Omega_C$ mit Call-Option siehe Abschnitt 3.4. Zur Übersichtlichkeit der Untersuchung werden ab hier verkürzte Bezeichnungen verwendet: $E_V^{g,p\beta} = E_V^g\left(f_V; e_V^{p\beta}; f_K; e_K^e\right)$, $E_V^{s,\beta} = E_V^s\left(f_V; e_V^\beta; f_K; e_K^e\right)$, $E_K^{g,q\beta} = E_K^g\left(f_V; e_V^e; f_K; e_K^{q\beta}\right)$, $E_K^{s,\beta} = E_K^s\left(f_V; e_V^e; f_K; e_K^\beta\right)$, $U_V^* = U_V\left(f_V; e_V^*; 0; 0\right)$, $U_V^\beta = U_V\left(f_V; e_V^\beta; f_K; e_K^e\right)$, $U_V^{p\beta} = U_V\left(f_V; e_V^{p\beta}; f_K; e_K^e\right)$, $U_K^1 = U_K\left(f_V; e_V^e; f_K; e_K^1\right)$, $U_K^{q\beta} = U_K\left(f_V; e_V^e; f_K; e_K^{q\beta}\right)$, $U_K^\beta = U_K\left(f_V; e_V^e; f_K; e_K^\beta\right)$, $w_V^* = w_V\left(e_V^*\right)$, $w_V^\beta = w_V\left(e_V^\beta\right)$, $w_V^{p\beta} = w_V\left(e_V^{p\beta}\right)$, $w_K^1 = w_K\left(e_K^1\right)$ und $w_K^{q\beta} = w_K\left(e_K^{q\beta}\right)$.

Bestimmung von $e_V^*$ und $e_V^\beta$ ist zusätzlich $U_K^1 - w_K^1 > \beta S_C + (1-\beta)U_V^\beta$ erforderlich.[398] Der Käufer K muss also unter $\Omega_{OE}$ eine ausreichend hohe Wertsteigerung von U durch den gemeinsamen Arbeitseinsatz erwarten. Mit steigendem Schwellenwert $S_C$ steigen der erforderliche Freizeitnutzen für V und die erforderliche durch K erwartete Wertsteigerung von U zur Erreichung eines nichtnegativen Einigungsbereiches.

(2) Im Fall eines mittleren Schwellenwertes gemäß $E_V^{s,\beta} \leq S_C \leq E_V^{g,p\beta}$ bewertet V den Kontrakt mit $OE_V = B + p\beta(E_V^{g,p\beta} - S_C) - w_V^{p\beta}$. Die Bewertungsdifferenz bezüglich des Kontrakts beträgt $D^{\Omega_{OE}} = p\beta(E_V^{g,p\beta} - S_C) - w_V^{p\beta}$. Der Einigungsbereich unter $\Omega_{OE}$ ist $EB^{\Omega_{OE}} = p\beta(E_V^{g,p\beta} - S_C) - U_V^* + U_K^1 - w_K^1 + z_V$ mit dem Freizeitwert $z_V = w_V^* - w_V^{p\beta}$ aus dem zusätzlich verfügbaren Arbeitseinsatzvolumen $e_V^* - e_V^{p\beta}$ von V unter $\Omega_{OE}$. Ein nichtnegativer Einigungsbereich ist nur mit einem ausreichend hohen Freizeitnutzen $z_V \geq U_V^* - p\beta(E_V^{g,p\beta} - S_C) - U_K^1 + w_K^1$ erreichbar. Wegen der Optimierungskalküle zur Bestimmung von $e_V^*$ und $e_V^{p\beta}$ ist zudem $U_K^1 - w_K^1 > U_V^{p\beta} - p\beta(E_V^{g,p\beta} - S_C)$ notwendig.[399] Der Käufer K muss also unter $\Omega_{OE}$ eine ausreichend hohe Wertsteigerung von U durch den gemeinsamen Arbeitseinsatz erwarten. Mit steigendem Schwellenwert $S_C$ steigen der erforderliche Freizeitnutzen für V und die erforderliche durch K erwartete Wertsteigerung von U zur Erreichung eines nichtnegativen Einigungsbereiches.

(3) Im Fall eines hohen Schwellenwertes gemäß $S_C > E_V^{g,p\beta}$ erwartet V keine variablen Zahlungen, hat keinen Arbeitsanreiz und bewertet den Kontrakt mit $OE_V = B$. Es liegt keine Bewertungsdifferenz bezüglich des Kontrakts vor: $D^{\Omega_{OE}} = 0$. Der Einigungsbereich beträgt $EB^{\Omega_{OE}} = U_K^1 - w_K^1 - U_V^* + w_V^*$ und wird nur dann nichtnegativ, wenn $U_K^1 - w_K^1 \geq U_V^* - w_V^*$. Falls K die Erwartungen von V bekannt sind, wird diese Bedingung wegen des in der Ausgangssituation vorliegenden negativen Einigungsbereiches $U_K(0;0;f_K;e_K^*) - w_K(e_K^*) < U_V^* - w_V^*$ nie erfüllt. Es ist somit nur dann ein nichtnegativer Einigungsbereich erreichbar, wenn K einen Arbeitseinsatz von V erwartet, der gemeinsam mit dem eigenen Arbeitseinsatz von K zu einer ausreichend hohen Wertsteigerung des Unternehmens U führt. Asymmetrische Informationsverteilung bezüglich der Erwartungen des Verkäufers V (und des daraus erwarteten Arbeitseinsatzes von V) kann dann einen nichtnegativen Einigungsbereich ermöglichen.

---

[398] Das folgt aus der Bedingung $z_V < U_V^* - U_V^\beta$.

[399] Das folgt aus der Bedingung $z_V < U_V^* - U_V^{p\beta}$.

Jetzt werden die Fälle eines mittleren Schwellenwertes aus Sicht von K gemäß $E_K^{s,\beta} \leq S_C \leq E_K^{g,q\beta}$ betrachtet. K bewertet $\Omega_{OE}$ dann mit $OE_K = B + q\beta\left(E_K^{g,q\beta} - S_C\right)$. Entsprechend passt K seinen Grenzpreis für U unter $\Omega_{OE}$ auf $U_K^{q\beta} - w_K^{q\beta}$ an. Die Bewertungsdifferenz bezüglich des Unternehmenswertes von U unter $\Omega_{OE}$ entspricht somit $D_{OE}^U = U_V^* - w_V^* - U_K^{q\beta} + w_K^{q\beta}$. Die Bewertung des Kontrakts durch V ist vom Schwellenwert abhängig.

(4) Im Fall eines niedrigen Schwellenwertes gemäß $S_C < E_V^{s,\beta}$ bewertet V den Kontrakt mit $OE_V = B + \beta\left(U_V^\beta - S_C\right) - w_V^\beta$. Die Bewertungsdifferenz bezüglich des Kontrakts ist $D^{\Omega_{OE}} = \beta\left(U_V^\beta - S_C\right) - w_V^\beta - q\beta\left(E_K^{g,q\beta} - S_C\right)$ und führt zu einem Einigungsbereich von $EB^{\Omega_{OE}} = \beta\left(U_V^\beta - S_C\right) - q\beta\left(E_K^{g,q\beta} - S_C\right) - U_V^* + U_K^{q\beta} - w_K^{q\beta} + z_V$ mit dem Freizeitwert $z_V = w_V^* - w_V^\beta$. Ein nichtnegativer Einigungsbereich ist nur mit einem ausreichend hohen Freizeitwert von $z_V \geq U_V^* - U_K^{q\beta} + w_K^{q\beta} - \beta\left(U_V^\beta - qE_K^{g,q\beta} - (1-q)S_C\right)$ erreichbar. Wegen der Optimierungskalküle zur Bestimmung von $e_V^*$ und $e_V^\beta$ ist zudem $U_K^{q\beta} - w_K^{q\beta} > (1-\beta)U_V^\beta + \beta\left(qE_K^{g,q\beta} + (1-q)S_C\right)$ notwendig.[400] Der Käufer K muss also unter $\Omega_{OE}$ eine ausreichend hohe Wertsteigerung von U durch den gemeinsamen Arbeitseinsatz erwarten. Mit steigendem Schwellenwert $S_C$ steigen der erforderliche Freizeitnutzen für V und die erforderliche durch K erwartete Wertsteigerung von U zur Erreichung eines nichtnegativen Einigungsbereiches.

(5) Im Fall eines mittleren Schwellenwertes gemäß $E_V^{s,\beta} \leq S_C \leq E_V^{g,p\beta}$ bewertet V den Kontrakt mit $OE_V = B + p\beta\left(E_V^{g,p\beta} - S_C\right) - w_V^{p\beta}$. Die Bewertungsdifferenz bezüglich des Kontrakts beträgt $D^{\Omega_{OE}} = p\beta\left(E_V^{g,p\beta} - S_C\right) - w_V^{p\beta} - q\beta\left(E_K^{g,q\beta} - S_C\right)$ und führt zu einem Einigungsbereich von $EB^{\Omega_{OE}} = p\beta\left(E_V^{g,p\beta} - S_C\right) - q\beta\left(E_K^{g,q\beta} - S_C\right) - U_V^* + U_K^{q\beta} - w_K^{q\beta} + z_V$ mit dem Freizeitwert $z_V = w_V^* - w_V^{p\beta}$. Nur mit einem ausreichend hohen Freizeitwert $z_V \geq U_V^* - U_K^{q\beta} - \beta\left(pE_V^{g,p\beta} - qE_K^{g,q\beta} + (q-p)S_C\right) + w_K^{q\beta}$ ist ein nichtnegativer Einigungsbereich erreichbar. Wegen der Optimierungskalküle zur Bestimmung von $e_V^*$ und $e_V^{p\beta}$ ist zudem $U_K^{q\beta} - w_K^{q\beta} > U_V^{p\beta} - \beta\left(pE_V^{g,p\beta} - qE_K^{g,q\beta} + (q-p)S_C\right)$ notwendig.[401] Der Käufer K muss also unter $\Omega_{OE}$ eine ausreichend hohe Wertsteigerung von U durch den gemeinsamen Arbeitseinsatz erwarten. Der Einfluss des Schwellenwertes $S_C$ auf den erforderlichen

[400] Das folgt aus der Bedingung $z_V < U_V^* - U_V^\beta$.

[401] Das folgt aus der Bedingung $z_V < U_V^* - U_V^{p\beta}$.

Freizeitnutzen für V und die erforderliche durch K erwartete Wertsteigerung von U zur Erreichung eines nichtnegativen Einigungsbereiches ist vom Verhältnis der erwarteten Eintrittswahrscheinlichkeiten für den guten Zustand abhängig. Falls V den Eintritt des guten Zustands mit einer höheren Wahrscheinlichkeit erwartet als K $(p > q)$, dann steigen erforderlicher Freizeitnutzen und erforderliche erwartete Wertsteigerung mit steigendem Schwellenwert $S_C$.

(6) Im Fall eines hohen Schwellenwertes gemäß $S_C > E_V^{g,p\beta}$ erwartet V keine variablen Zahlungen, hat keinen Arbeitsanreiz und bewertet den Kontrakt mit $OE_V = B$. Die Bewertungsdifferenz bezüglich $\Omega_{OE}$ ist $D^{\Omega_{OE}} = -q\beta\left(E_K^{g,q\beta} - S_C\right) < 0$. Der Einigungsbereich beträgt $EB^{\Omega_{OE}} = U_K^{q\beta} - w_K^{q\beta} - U_V^* - q\beta\left(E_K^{g,q\beta} - S_C\right) + w_V^*$ und wird nur dann nichtnegativ, wenn der Käufer K eine ausreichend hohe Wertsteigerung des Unternehmens U erwartet, so dass $U_K^{q\beta} - w_K^{q\beta} \geq U_V^* + q\beta\left(E_K^{g,q\beta} - S_C\right) - w_V^*$ gilt. Falls dem Käufer K die Erwartungen des Verkäufers V bekannt sind, wird diese Bedingung wegen des in der Ausgangssituation bestehenden negativen Einigungsbereiches $U_K\left(0;0;f_K;e_K^*\right) - w_K\left(e_K^*\right) < U_V^* - w_V^*$ nie erfüllt. Es ist somit nur dann ein nichtnegativer Einigungsbereich erreichbar, wenn K einen Arbeitseinsatz von V erwartet, der gemeinsam mit dem eigenen Arbeitseinsatz von K zu einer ausreichend hohen Wertsteigerung von U führt. Asymmetrische Informationsverteilung zu den Erwartungen des Verkäufers V (und des daraus erwarteten Arbeitseinsatzes von V) kann dann einen nichtnegativen Einigungsbereich ermöglichen.

Abschließend werden die Fälle eines niedrigen Schwellenwertes aus Sicht des Käufers K gemäß $S_C < E_K^{s,\beta}$ betrachtet. K bewertet $\Omega_{OE}$ dann mit $OE_K = B + \beta\left(U_K^{\beta} - S_C\right)$. Entsprechend passt K seinen Grenzpreis für U unter $\Omega_{OE}$ auf $U_K^{\beta} - w_K^{\beta}$ an. Die Bewertungsdifferenz bezüglich des Unternehmenswertes von U unter $\Omega_{OE}$ entspricht somit $D_{OE}^U = U_V^* - w_V^* - U_K^{\beta} + w_K^{\beta}$. Die Bewertung des Kontrakts durch V ist vom Schwellenwert abhängig.

(7) Im Fall eines niedrigen Schwellenwertes gemäß $S_C < E_V^{s,\beta}$ bewertet V den Kontrakt mit $OE_V = B + \beta\left(U_V^{\beta} - S_C\right) - w_V^{\beta}$. Die Bewertungsdifferenz bezüglich des Kontrakts $\Omega_{EO}$ beträgt $D^{\Omega_{OE}} = \beta\left(U_V^{\beta} - U_K^{\beta}\right) - w_V^{\beta}$ und führt zu einem Einigungsbereich von $EB^{\Omega_{OE}} = \beta U_V^{\beta} + (1-\beta)U_K^{\beta} - U_V^* - w_K^{\beta} + z_V$ mit dem Freizeitwert $z_V = w_V^* - w_V^{\beta}$. Der Einigungsbereich entspricht somit dem Einigungsbereich unter einer Earn-out-Vereinbarung

auf Aktienbasis gemäß $\Omega_{EO}$.[402] Ein nichtnegativer Einigungsbereich wird mit einem ausreichend hohen Freizeitwert $z_V \geq U_V^* - \beta U_V^\beta - (1-\beta)U_K^\beta + w_K^\beta$ erreicht. Wegen der Optimierungskalküle zur Bestimmung von $e_V^*$ und $e_V^\beta$ ist zudem $(1-\beta)U_K^\beta - w_K^\beta > (1-\beta)U_V^\beta$ erforderlich.[403] Der Käufer K muss also unter $\Omega_{OE}$ eine ausreichend hohe Wertsteigerung von U durch den gemeinsamen Arbeitseinsatz erwarten. Der Schwellenwert $S_C$ hat jedoch keinen Einfluss auf den Einigungsbereich.

**Satz 6-2:** Earn-out-Vereinbarungen unter $\Omega_{OE}$ mit einem niedrigen Schwellenwert von $S_C < \min(E_K^{s,\beta}; E_V^{s,\beta})$ haben die gleiche Wirkung wie Earn-out-Vereinbarungen auf Aktienbasis unter $\Omega_{EO}$ mit gleichem Partizipationsanteil $\beta$ des Verkäufers V.

(8) Im Fall eines mittleren Schwellenwertes gemäß $E_V^{s,\beta} \leq S_C \leq E_V^{g,p\beta}$ bewertet V den Kontrakt mit $OE_V = B + p\beta(E_V^{g,p\beta} - S_C) - w_V^{p\beta}$. Die Bewertungsdifferenz bezüglich des Kontrakts beträgt $D^{\Omega_{OE}} = p\beta(E_V^{g,p\beta} - S_C) - w_V^{p\beta} - \beta(U_K^\beta - S_C)$ und führt zu einem Einigungsbereich von $EB^{\Omega_{OE}} = (1-\beta)U_K^\beta + \beta S_C + p\beta(E_V^{g,p\beta} - S_C) - U_V^* - w_K^\beta + z_V$ mit einem Freizeitwert $z_V = w_V^* - w_V^{p\beta}$. Ein nichtnegativer Einigungsbereich wird mit einem ausreichend hohen Freizeitwert $z_V \geq U_V^* - (1-\beta)U_K^\beta - \beta(pE_V^{g,p\beta} + (1-p)S_C) + w_K^\beta$ erreicht. Wegen der Optimierungskalküle zur Bestimmung von $e_V^*$ und $e_V^{p\beta}$ ist zudem $(1-\beta)U_K^\beta - w_K^\beta > U_V^{p\beta} - \beta(pE_V^{g,p\beta} + (1-p)S_C)$ notwendig.[404] Der Käufer K muss also unter $\Omega_{OE}$ eine ausreichend hohe Wertsteigerung des Unternehmens U durch den gemeinsamen Arbeitseinsatz erwarten. Mit steigendem Schwellenwert $S_C$ sinken der erforderliche Freizeitnutzen für V und die erforderliche durch K erwartete Wertsteigerung von U zur Erreichung eines nichtnegativen Einigungsbereiches.

**Satz 6-3:** Earn-out-Vereinbarungen auf Optionsbasis gemäß $\Omega_{OE}$ können einen nichtnegativen Einigungsbereich ermöglichen, wenn der Verkäufer V einen ausreichend hohen Freizeitwert und gleichzeitig der Käufer K eine ausreichend hohe Wertsteigerung des Unternehmens U durch den gemeinsamen Arbeitseinsatz erwartet.

---

[402] Siehe dazu Abschnitt 3.6.4.4.

[403] Das folgt aus der Bedingung $z_V < U_V^* - U_V^\beta$.

[404] Das folgt aus der Bedingung $z_V < U_V^* - U_V^{p\beta}$.

(9) Im Fall eines hohen Schwellenwertes gemäß $S_C > E_V^{g,p\beta}$ erwartet V keine variablen Zahlungen, hat keinen Arbeitsanreiz und bewertet den Kontrakt mit $OE_V = B$. Die Bewertungsdifferenz bezüglich des Kontrakts $\Omega_{OE}$ ist $D^{\Omega_{OE}} = -\beta\left(U_K^{\beta} - S_C\right) < 0$. Der Einigungsbereich beträgt $EB^{\Omega_{OE}} = U_K^{\beta} - w_K^{\beta} - \beta\left(U_K^{\beta} - S_C\right) - U_V^{*} + w_V^{*}$ und wird nur dann nichtnegativ, wenn der Käufer K eine ausreichend hohe Wertsteigerung des Unternehmens U erwartet, so dass $U_K^{\beta} - w_K^{\beta} > U_V^{*} + \beta\left(U_K^{\beta} - S_C\right) - w_V^{*}$ gilt. Falls K die Erwartungen von V bekannt sind, wird diese Bedingung wegen des ursprünglich negativen Einigungsbereiches $U_K\left(0;0;f_K;e_K^{*}\right) - w_K\left(e_K^{*}\right) < U_V^{*} - w_V^{*}$ nie erfüllt. Zudem kann dieser Fall nur dann auftreten, wenn $E_K^{s,\beta} > E_V^{g,p\beta}$ gilt. Der Käufer K muss also durch den erwarteten Arbeitseinsatz des Verkäufers für den schlechten Zustand eine Zahlung $E_K^{s,\beta}$ erwarten, die über der von V erwarteten Zahlung im guten Zustand $E_V^{g,p\beta}$ liegt. Es ist somit nur dann ein nichtnegativer Einigungsbereich erreichbar, wenn K einen Arbeitseinsatz von V erwartet, der gemeinsam mit dem eigenen Arbeitseinsatz von K zu einer ausreichend hohen Wertsteigerung von U führt. Asymmetrische Informationsverteilung zu den Erwartungen des Verkäufers V (und des daraus erwarteten Arbeitseinsatzes von V) kann dann einen nichtnegativen Einigungsbereich ermöglichen.

**Satz 6-4:** Earn-out-Vereinbarungen unter $\Omega_{OE}$ mit einem hohen Schwellenwert $S_C > E_V^{g,p\beta}$ können nur dann einen nichtnegativen Einigungsbereich ermöglichen, wenn dem Käufer K die Erwartungen des Verkäufers V nicht bekannt sind.

#### 3.7.1.4 Eignung einer Earn-out-Vereinbarung auf Optionsbasis

Die untersuchten Earn-out-Vereinbarungen auf Optionsbasis gemäß $\Omega_{OE}$ mit variablen Zahlungen an den Verkäufer V in Höhe des Anteils $\beta$ an den einen Schwellenwert $S_C$ übersteigenden Zahlungen des Unternehmens U können den Gesamtarbeitsanreiz steigern. Ein nichtnegativer Einigungsbereich wird jedoch nur möglich, falls der Verkäufer V einen ausreichend hohen Freizeitwert durch die Reduzierung seines Arbeitseinsatzes unter $\Omega_{OE}$ erwartet und gleichzeitig der Käufer K eine ausreichend hohe Wertsteigerung des Unternehmens U durch den gemeinsamen Arbeitseinsatz erwartet. Je größer die von K erwartete Wertsteigerung ist, desto geringer kann der von V erwartete Freizeitnutzen sein. Earn-out-Vereinbarungen $\Omega_{OE}$ mit einem niedrigen Schwellenwert $S_C < \min\left(E_K^{s,\beta}; E_V^{s,\beta}\right)$ haben die gleiche Wirkung wie Earn-out-Vereinbarungen auf Aktienbasis unter $\Omega_{EO}$ mit gleichem Partizipationsanteil $\beta$ des Verkäufers V. Earn-out-Vereinbarungen $\Omega_{OE}$ mit hohen Schwellenwerten $S_C > E_V^{g,p\beta}$ können jedoch nur dann einen nichtnegativen Einigungsbereich ermöglichen, wenn dem Käufer K die Erwartungen des Verkäufers V nicht bekannt sind.

### 3.7.2 Earn-out-Vereinbarung mit Zahlung in Aktien

Earn-out-Vereinbarungen auf Aktienbasis und auf Optionsbasis wurden oben bereits untersucht.[405] Unter beiden Kontrakten erhält der Verkäufer V zusätzliche Zahlungen in Höhe des Anteils $\beta$ an Zahlungen des Unternehmens U. Der wesentliche Unterschied zwischen beiden Kontrakten besteht darin, dass unter einer Earn-out-Vereinbarung auf Aktienbasis die gesamten Zahlungen des Unternehmens betrachtet werden, während unter einer Earn-out-Vereinbarung auf Optionsbasis nur die einen bestimmten Schwellenwert $S_C$ übersteigenden Zahlungen als Bemessungsgrundlage dienen. Bei beiden bisher untersuchten Earn-out-Vereinbarungen erfolgt jedoch eine Barzahlung der variablen Komponente. In diesem Abschnitt wird die Zahlung der variablen Kaufpreiskomponente durch Aktien betrachtet.[406] Die Aktien beziehen sich auf ein fusioniertes Unternehmen, das aus einer Zusammenführung des zu verkaufenden Unternehmens U mit dem bereits im Eigentum des Käufers befindlichen Unternehmen X entsteht.

Zur Untersuchung wird angenommen, dass unter dem hier betrachteten Kontrakt $\Omega_{EA}$ Käufer und Verkäufer über spezifische Fähigkeiten verfügen und beide Akteure unter der Earn-out-Vereinbarung jeweils ihren Arbeitseinsatz im Unternehmen U leisten. Unter $\Omega_{EA}$ wird die unter $\Omega_{EO}$ vereinbarte Barzahlung durch die Übertragung von Aktien ersetzt. Der Konversionsfaktor wird als konstant angenommen. Pro vereinbarter Geldeinheit unter $\Omega_{EO}$ erhält der Verkäufer dann eine fest definierte Anzahl Aktien.

Die Zahlung in Aktien hat eine Wirkung auf die Anreizstärke der Akteure, da das Zahlungsmittel Aktien zusätzliche Anreizwirkung entfaltet. Im Ergebnis wird der Arbeitsanreiz für den Verkäufer nicht konstant sein. Durch seinen Arbeitsanreiz erwartet er eine Zuteilung von mehr Aktien und einen höheren Unternehmenswert. Der Gesamtwert der zugeteilten Aktien steigt dann überproportional, da jede einzelne Aktie einen höheren Wert verkörpert. Zudem steigt durch die steigende Zuteilung von Aktien auch seine Partizipation an den Zahlungen des Unternehmens. Der Arbeitsanreiz für den Verkäufer wird steigen und der Arbeitsanreiz für den Käufer wird sinken. Auf eine Modellierung dieser veränderten Anreizstruktur wird hier jedoch verzichtet.[407]

---

[405] Siehe dazu die Abschnitte 3.6 und 3.7.1.

[406] Eine solche Regelung wird unter anderem bei HECHT, C. L. (1967), S. 2 und RAYNEY, P. (1989), S. 95 beschrieben.

[407] Um eine konstante Anreizstärke für beide Akteure zu erreichen, kann ein sinkender Konversionsfaktor vereinbart werden. Mit steigendem Unternehmenswert erhält der Verkäufer V dann eine geringere Anzahl Aktien pro Geldeinheit. Eine in der Literatur beschriebene Möglichkeit eines sinkenden Konversionsfaktors ist die Verwendung des tatsächlich festgestellten Aktienkurses im Zeitpunkt der Zuteilung zur Ermittlung der Anzahl zuzuteilender Aktien. Das beschreibt z.B. HECHT, C. L. (1967), S. 4, 6. Selbst dann verbleibt jedoch ein nichtkonstanter Arbeitsanreiz, da der Verkäufer V mit zunehmendem Aktienbesitz einen steigenden Arbeitsanreiz hat. Für konstante Arbeitsanreize müsste also eine weitere Absenkung des Konversionsfaktors erfolgen.

Ausgehend von einem Kontrakt $\Omega_{EO}$ ist ein nichtnegativer Einigungsbereich dann möglich, wenn der Verkäufer einen ausreichend hohen Nutzen aus zusätzlicher Freizeit zieht. Das Verhältnis der Bewertungen des fusionierten Unternehmens unter $\Omega_{EO}$ ist jedoch nicht näher bestimmt. Ein Wechsel von Barzahlung auf die Zahlung mit Aktien hat daher ebenfalls zunächst unbestimmte Wirkung. Falls der Verkäufer V das fusionierte Unternehmen bei gemeinsamem Arbeitseinsatz höher bewertet als der Käufer K, wird er dessen Aktien höher bewerten als der Käufer. Der Einigungsbereich verbessert sich dann ceteris paribus durch einen Übergang von einer Barzahlung auf eine Zahlung in Aktien. Im gegenteiligen Fall wird der Einigungsbereich verschlechtert.

**Satz 6-5:** Durch den Wechsel von Zahlung in bar auf Zahlung mit Aktien unter einem Kontrakt $\Omega_{EA}$ kann der Einigungsbereich bei einer Earn-out-Vereinbarung dann verbessert werden, wenn der Verkäufer das fusionierte Unternehmen bei Arbeitseinsatz beider Akteure höher bewertet als der Käufer K.

### 3.7.3 Kombination von Kauf- und Verkaufsoptionen

Bisher wurden Kauf- und Verkaufsoptionen in den Kontrakten $\Omega_C$ und $\Omega_P$ jeweils separat betrachtet.[408] Beide Instrumente können jedoch auch in einem Kontrakt $\Omega_{CP}$ kombiniert werden. Der Verkäufer wird die Kaufoption (Call) ausüben, wenn die realisierte Zahlung über dem Ausübungspreis der Option liegt: $E^* > S_C$. Der Käufer wird die Verkaufsoption (Put) ausüben, wenn die realisierte Zahlung unter dem Ausübungspreis der Option liegt: $E^* < S_P$. Dabei sind grundsätzlich drei verschiedene Kombinationen beider Optionen möglich (siehe Abbildung 64).

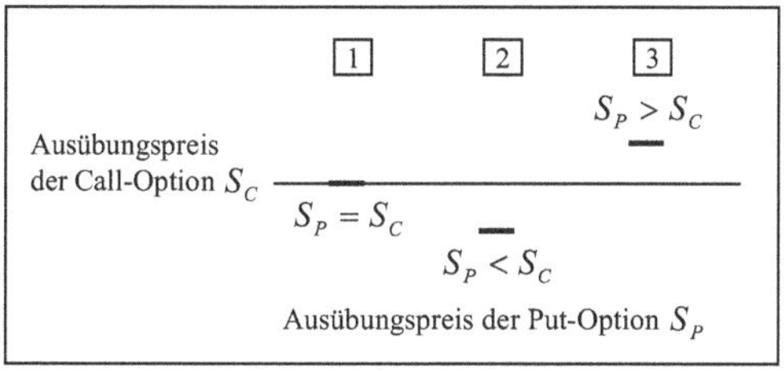


**Abb. 64:** Kombinationen von Kauf- und Verkaufsoptionen

(1) Falls die Put-Option den gleichen Ausübungspreis wie die Call-Option aufweist ($S_P = S_C$), verbleibt das Zahlungsrisiko des Unternehmens U vollständig beim Verkäufer V (siehe Abbildung 65). Wenn die realisierte Zahlung den Ausübungspreis über- oder unterschreitet, erfolgt die Rückabwicklung der Transaktion oder eine entsprechende Ausgleichszahlung. Die Bewertungsdifferenz bezüglich des Kontrakts $\Omega_{CP}$ entspricht somit

[408] Vgl. dazu die Abschnitte 3.3 und 3.4.

der Bewertungsdifferenz bezüglich des Unternehmens U. Damit wird ein nichtnegativer Einigungsbereich $EB^{\Omega_{CP}} = D^{\Omega_{CP}} - D^{U} = 0$ erreicht.[409]

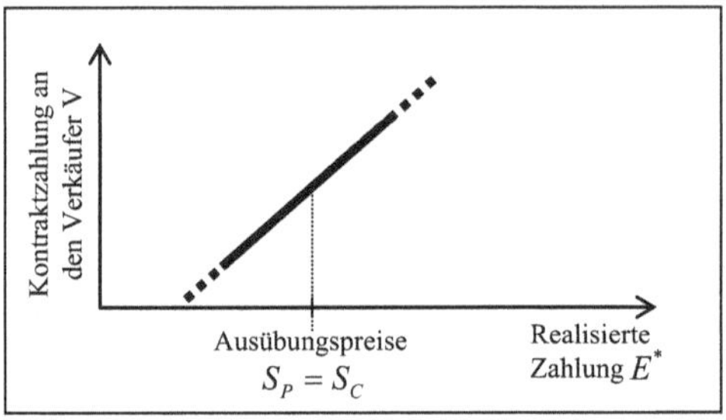


**Abb. 65:** Zahlungsprofil unter $\Omega_{CP}$ – Fall 1

**Satz 6-6:** Unter einem Kontrakt $\Omega_{CP}$ aus einer Kombination von Call- und Put-Option mit identischen Ausübungspreisen $S_P = S_C$ wird ein nichtnegativer Einigungsbereich $EB^{\Omega_{CP}} = 0$ erreicht. Allerdings verbleibt das Zahlungsrisiko des Unternehmens U vollständig beim Verkäufer V.

(2) Falls die Put-Option einen niedrigeren Ausübungspreis als die Call-Option aufweist ($S_P < S_C$), wird das Zahlungsrisiko des Unternehmens teilweise auf den Käufer übertragen (siehe Abbildung 66). Wenn die realisierte Zahlung $E^*$ im Intervall $[S_P, S_C]$ liegt, wird keine weitere Zahlung durch den Kontrakt $\Omega_{CP}$ ausgelöst. Das Zahlungsrisiko liegt in diesem Bereich vollständig beim Käufer K. Wenn die realisierte Zahlung $E^*$ außerhalb des Intervalls $[S_P, S_C]$ liegt, wird eine Rückabwicklung der Transaktion bzw. eine entsprechende Ausgleichszahlung erfolgen. Das Zahlungsrisiko außerhalb dieses Intervalls verbleibt somit beim Verkäufer V. Je nach Ausgestaltung des Kontrakts und in Abhängigkeit von der vorliegenden Erwartungskonstellation ist eine Verbesserung des Einigungsbereiches bis zu einem positiven Einigungsbereich möglich.

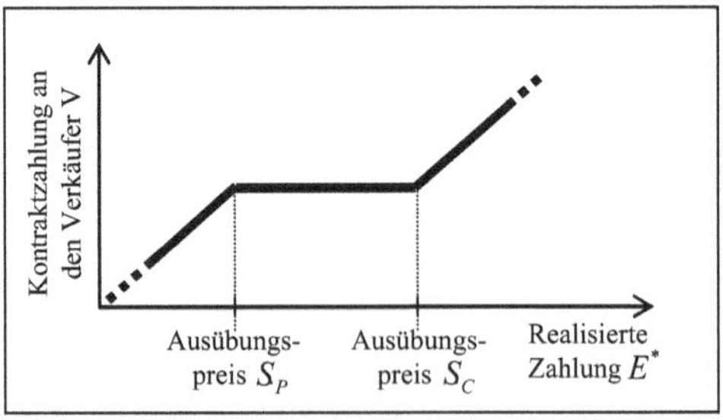


**Abb. 66:** Zahlungsprofil unter $\Omega_{CP}$ – Fall 2

[409] Zur Herleitung siehe Anhang P.

**Satz 6-7:** Unter einem Kontrakt $\Omega_{CP}$ aus einer Kombination von Call- und Put-Option mit niedrigerem Ausübungspreisen der Verkaufsoption $S_P < S_C$ ist eine Verbesserung des Einigungsbereiches möglich. Je nach Ausgestaltung kann ein nichtnegativer Einigungsbereich erreicht werden.

(3) Falls die Put-Option einen höheren Ausübungspreis als die Call-Option aufweist ($S_P > S_C$), wird das Zahlungsrisiko des Unternehmens teilweise auf den Käufer übertragen. Im Intervall $[S_C, S_P]$ leistet der Käufer zusätzliche „Straf-"Zahlungen an den Verkäufer. Der Käufer wird dann für eine bessere Unternehmensentwicklung „bestraft". Der Verkäufer partizipiert in doppelter Höhe an der Unternehmensentwicklung in diesem Bereich (siehe Abbildung 67). Durch diese Konstruktion wird es möglich, den negativen Einigungsbereich in einen positiven Einigungsbereich zu transformieren. Wenn der Ausübungspreis der Put-Option mindestens der höchsten erwarteten Unternehmenszahlung und der Ausübungspreis der Call-Option maximal der niedrigsten erwarteten Unternehmenszahlung entspricht, wird der Einigungsbereich negiert und ist positiv: $EB^{\Omega_{CP}} = -EB^U = D^U$.[410]

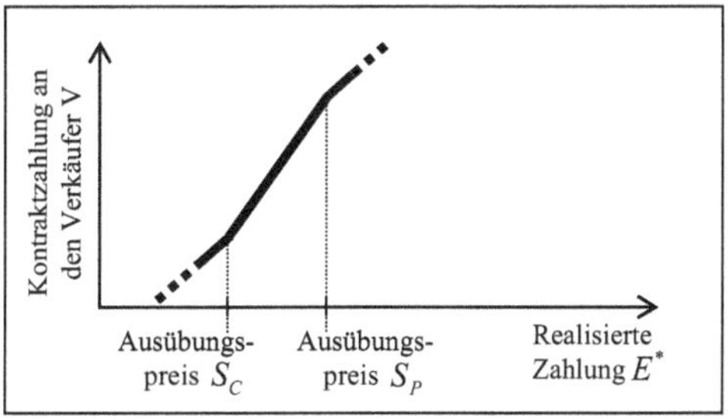


**Abb. 67:** Zahlungsprofil unter $\Omega_{CP}$ – Fall 3

**Satz 6-8:** Unter einem Kontrakt $\Omega_{CP}$ aus einer Kombination von Call- und Put-Option mit höherem Ausübungspreis der Put-Option ($S_P > S_C$) kann der ursprünglich negative Einigungsbereich in einen positiven Einigungsbereich transformiert werden.

### 3.7.4 Fremdkapital des fusionierten Unternehmens

Bisher wurden bei der Berücksichtigung ausfallbedrohten Fremdkapitals solche Kontrakte untersucht, bei denen das ausfallbedrohte Fremdkapital vom verkauften Unternehmen U emittiert wird.[411] In diesem Abschnitt wird ausfallbedrohtes Fremdkapital betrachtet, das vom fusionierten Unternehmen emittiert wird (siehe Abbildung 68).

[410] Zur Herleitung siehe Anhang Q.

[411] Siehe Abschnitt 3.5.

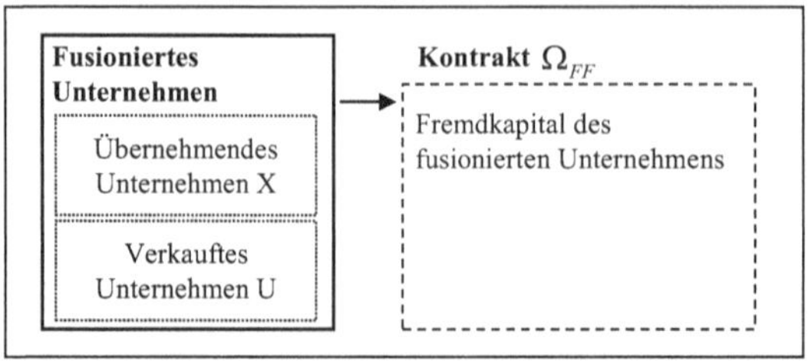


**Abb. 68:** Kontrakt $\Omega_{FF}$ mit Fremdkapital des fusionierten Unternehmens

Um das emittierte Fremdkapital als ausfallbedroht zu charakterisieren, muss mindestens einer der beiden Akteure einen (Teil-)Ausfall erwarten. Dazu muss der Nennwert des Fremdkapitals über der niedrigsten erwarteten Zahlung aus dem fusionierten Unternehmen liegen: $N > \min\left(E_V^s + X_V^s; E_K^s + X_K^s\right)$.[412] Unter dem hier betrachteten Kontrakt $\Omega_{FF}$ wird der Kaufpreis für das Unternehmen U vollständig durch ausfallbedrohtes Fremdkapital des fusionierten Unternehmens gezahlt. Da unter $\Omega_{FF}$ keine sicheren Barzahlungen vorgesehen sind, werden explizit die Partizipationsbedingungen von V und K betrachtet.

Der Verkäufer V wird die Rückzahlung des Fremdkapitals mit einem Nennwert N mit $p\min\left(N; E_V^g + X_V^g\right) + (1-p)\min\left(N; E_V^s + X_V^s\right)$ bewerten. Für V wird ein Fremdkapitalvolumen $N \geq E_V^g$ immer die Partizipationsbedingung erfüllen.[413] Zunächst sind jedoch zwei Fälle zu unterscheiden. Falls V das Fremdkapital als nicht ausfallbedroht betrachtet ($N \leq E_V^s + X_V^s$), entspricht Vs Partizipationsbedingung $N \geq U_V$. Falls V das Fremdkapital jedoch als ausfallbedroht betrachtet ($N > E_V^s + X_V^s$), entspricht seine Partizipationsbedingung $p\min\left(N; E_V^g + X_V^g\right) + (1-p)\left(E_V^s + X_V^s\right) \geq U_V$. Wegen $X_V^s > 0$ kann dann mit einem Nennwert gemäß $N < E_V^g$ die Partizipationsbedingung von V erfüllt werden. Vs Partizipationsbedingung wird somit für diesen Fall neu formuliert als $pN + (1-p)\left(E_V^s + X_V^s\right) \geq U_V$. Daraus folgt $N \geq E_V^g - \frac{1-p}{p} X_V^s$.

Der Käufer K bewertet das Fremdkapital mit einem Nennwert N gemäß $q\min\left(N; E_K^g + X_K^g\right) + (1-q)\min\left(N; E_K^s + X_K^s\right)$. Zur Erfüllung von Ks Partizipationsbedingung gilt die Restriktion $N \leq E_K^g$. Die Partizipationsbedingung von K entspricht dann $qN + (1-q)\min\left(N; E_K^s + X_K^s\right) \leq U_K$. Falls K das Fremdkapital als nicht ausfallbedroht

---

412 Wenn diese Bedingung nicht erfüllt ist, handelt es sich nicht um ausfallbedrohtes Fremdkapital. Dann trifft die Betrachtung der Barzahlung (bzw. des sicheren Fremdkapitals) gemäß Abschnitt 3.2.1 zu.

413 Siehe dazu auch Abschnitt 3.5.1. Das übernehmende Unternehmen X erwirtschaftet annahmegemäß keine negativen Zahlungen ($X_V^g > 0$, $X_V^s > 0$, $X_K^g > 0$, $X_K^s > 0$). Siehe dazu Abschnitt 3.1.5.

betrachtet ($N \leq E_K^s + X_K^s$), entspricht Ks Partizipationsbedingung $N \leq U_K$. Falls K das Fremdkapital als ausfallbedroht betrachtet ($N > E_K^s + X_K^s$), entspricht Ks Partizipationsbedingung $qN + (1-q)(E_K^s + X_K^s) \leq U_K$. Daraus folgt $N \leq E_K^g - \frac{1-q}{q} X_K^s$.

Die Erwartungen beider Akteure beeinflussen die Partizipationsbedingungen. Daher werden nun die möglichen Konstellationen separat untersucht (siehe Abbildung 69).

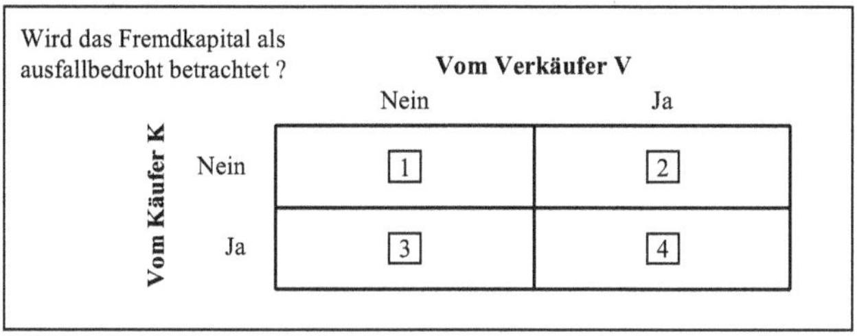


**Abb. 69:** Konstellationen bei ausfallbedrohtem Fremdkapital unter $\Omega_{FF}$

(1) Falls beide Akteure das Fremdkapital als nicht ausfallbedroht betrachten, entspricht dies einem Kontrakt $\Omega_B$ mit Barzahlung des Kaufpreises.[414] Der Einigungsbereich kann nicht verbessert werden und bleibt negativ.

(2) Falls nur der Verkäufer V das Fremdkapital als ausfallbedroht ($N > E_V^s + X_V^s$) betrachtet, bleibt der Einigungsbereich negativ. Das maximale Angebot des Käufers K gemäß $N = U_K$ bewertet der Verkäufer mit $pN + (1-p)(E_V^s + X_V^s) \leq U_K < U_V$. Es ist nicht möglich, beide Partizipationsbedingungen zu erfüllen.

(3) Falls nur der Käufer das Fremdkapital als ausfallbedroht ($N > E_K^s + X_K^s$) betrachtet, ist ein nichtnegativer Einigungsbereich möglich. Der Verkäufer K wird Fremdkapital in Höhe von mindestens $N = U_V$ fordern. Der Käufer wird maximal Fremdkapital in Höhe von $N = E_K^g - \frac{1-q}{q} X_K^s$ anbieten. Ein nichtnegativer Einigungsbereich wird erreicht, wenn die Bedingung $U_V \leq N \leq E_K^g - \frac{1-q}{q} X_K^s$ erfüllt wird. Die Transaktion wird somit ermöglicht, wenn der Käufer K eine ausreichend niedrige Zahlung des übernehmenden Unternehmens im schlechten Zustand erwartet: $X_K^s \leq \frac{q}{1-q}(E_K^g - U_V)$.

[414] Siehe Abschnitt 3.2.1.

(4) Falls beide Akteure das Fremdkapital als ausfallbedroht betrachten, wird der Käufer K maximal Fremdkapital in Höhe von $N = E_K^g - \frac{1-q}{q} X_K^s$ anbieten, während der Verkäufer mindestens Fremdkapital in Höhe von $N = E_V^g - \frac{1-p}{p} X_V^s$ fordert. Ein nichtnegativer Einigungsbereich wird dann mit $E_V^g - \frac{1-p}{p} X_V^s \leq N \leq E_K^g - \frac{1-q}{q} X_K^s$ erreicht. Die Transaktion wird somit ermöglicht, wenn der Käufer K eine ausreichend hohe Zahlung des Zielunternehmens $E_K^g > E_V^g - \frac{(1-p)}{p} X_V^s$ im guten Zustand und eine ausreichend niedrige Zahlung des übernehmenden Unternehmens im schlechten Zustand erwartet: $X_K^s \leq \frac{q}{1-q}\left[E_K^g - E_V^g + \frac{(1-p)}{p} X_V^s\right]$.

**Satz 6-9:** Unter einem Kontrakt $\Omega_{FF}$ mit Zahlung des Kaufpreises durch ausfallbedrohtes Fremdkapital des fusionierten Unternehmens ist nur dann ein nichtnegativer Einigungsbereich möglich, wenn zumindest der Käufer K das Fremdkapital als ausfallbedroht betrachtet und K eine ausreichend niedrige Zahlung des übernehmenden Unternehmens X im schlechten Zustand erwartet.

### 3.7.5 Weitere mögliche Kontrakte

Neben den in den vorangegangenen Abschnitten betrachteten Kontraktmodifikationen können weitere Kombinationen der vorgestellten Kontrakte auftreten. Diese Kombinationen verknüpfen Eigenschaften der jeweils zugrunde liegenden Kontrakte. Ein Beispiel ist der vorgestellte Übergang von einer Barzahlung auf die Zahlung mit Aktien unter einer Earn-out-Vereinbarung. Solche kombinierten Kontrakte können in ihrer Ausgestaltung jedoch sehr vielfältig sein und hier nicht abschließend betrachtet werden. Die vorgestellten Modifikationen können jedoch als Ansatzpunkte für weitere Untersuchungen dienen.

## 3.8 Lockerung der gesetzten Annahmen

In den vorangegangenen Abschnitten wurden Kontrakte im Rahmen des anfangs formulierten Basismodells untersucht. Dabei wurden Annahmen getroffen, die in der Realität nicht immer zutreffen werden. Dies betrifft insbesondere die Annahmen zur Risikoneutralität der Akteure, zur symmetrischen Informationsverteilung bezüglich der realisierten Zahlung $E^*$ bei $t=2$ und zur (wert-)neutralen Transaktion. In den folgenden Abschnitten werden diese Annahmen gelockert.

### 3.8.1 Mögliche Risikoaversion der Akteure

In diesem Abschnitt wird die Annahme der Risikoneutralität beider Akteure aufgehoben. Im Folgenden wird daher Risikoaversion des Verkäufers V und des Käufers K zugelassen. Die Untersuchung wird an einer Earn-out-Vereinbarung auf Aktien-Basis gemäß $\Omega_{EO}$ durchgeführt. Nach einer Anpassung des Modellrahmens wird der Earn-out-Kontrakt $\Omega_{EO}$ unter Risikoaversion mit spezifischen Fähigkeiten nur von V, nur von K und von beiden Akteuren untersucht. Dabei wird jeweils unterstellt, dass Akteure mit spezifischen Fähigkeiten diese auch unter $\Omega_{EO}$ einsetzen.[415]

#### 3.8.1.1 Anpassung des Modellrahmens

Zunächst werden die Wirkungen der Risikoaversion auf die Bewertungskalküle der Akteure betrachtet. Im Folgenden wird unterstellt, dass die erwarteten Zahlungen des Unternehmens nicht mehr digital (guter bzw. schlechter Zustand) verteilt sind, sondern eine stetige Verteilung der erwarteten Zahlung gemäß $\widetilde{U}_V = U_V + \widetilde{\Theta}_V$ bzw. $\widetilde{U}_K = U_K + \widetilde{\Theta}_K$ aufweisen. Die durch die Umwelt geprägten Störgrößen $\widetilde{\Theta}_V$ und $\widetilde{\Theta}_K$ sind unabhängig von $U_V$ bzw. $U_K$ und normalverteilt mit Erwartungswert Null und Varianz $\sigma_V^2 > 0$ bzw. $\sigma_K^2 > 0$.[416]

Das Sicherheitsäquivalent für eine „Lotterie" mit erwarteten Zahlungen $\widetilde{U}_V = U_V + \widetilde{\Theta}_V$ ermittelt der Verkäufer V gemäß $SÄQ_V(\widetilde{U}_V) = U_V - R_V$.[417] Der Erwartungswert der Verteilung $\widetilde{U}_V = U_V + \widetilde{\Theta}_V$ wird um die Risikoprämie reduziert. Für Verkäufer V und Käufer K wird eine konstante absolute Risikoaversion unterstellt.[418] Der Term $R_V = \frac{r_V}{2}\sigma_V^2$ stellt dann die Risikoprämieneinheit des Verkäufers V für die Übernahme des Risikos bezüglich der

[415] In Abschnitt 3.6 wurden im Fall spezifischer Fähigkeiten beider Akteure auch die Fälle betrachtet, in denen jeweils einer der Akteure keinen Arbeitseinsatz unter $\Omega_{EO}$ leistet. Die Ergebnisse in beiden Fällen waren ähnlich zu den Fällen, in denen dieser Akteur nicht über spezifische Fähigkeiten verfügt. Diese Fälle sollen daher hier nicht erneut betrachtet werden.

[416] Diese Annahme wird regelmäßig getroffen. Vgl. u.a. SPREMANN, K. (1989), S. 3ff.

[417] Vgl. KRUSCHWITZ, L. (2004), S. 112ff.

[418] Das ist die üblicherweise getroffene Annahme. Vgl. KRUSCHWITZ, L. (2004), S. 116ff.

Störgröße $\widetilde{\Theta}_V$ dar. Dabei repräsentiert $r_V \geq 0$ den Risikoaversionsparameter von V. Je größer $r_V$, desto größer ist Vs Risikoprämie und desto kleiner ist Vs Sicherheitsäquivalent. Mit $r_V = 0$ ist Risikoneutralität des Verkäufers V gegeben. Die erwartete Varianz des Störterms $\widetilde{\Theta}_V$ hat dann keinen Einfluss auf das Sicherheitsäquivalent und vom Verkäufer V wird keine Risikoprämie gefordert.

Der Käufer K wird das Sicherheitsäquivalent für eine „Lotterie" mit erwarteten Zahlungen $\widetilde{U}_K = U_K + \widetilde{\Theta}_K$ gemäß $SÄQ_K(\widetilde{U}_K) = U_K - R_K$ ermitteln. Der Erwartungswert der Verteilung $\widetilde{U}_K = U_K + \widetilde{\Theta}_K$ wird um eine Risikoprämie $R_K$ reduziert. Der Term $R_K = \frac{r_K}{2}\sigma_K^2$ stellt die Risikoprämieneinheit des Käufers K für die Übernahme des Risikos der Störgröße $\widetilde{\Theta}_K$ dar. Dabei ist $r_K \geq 0$ der Risikoaversionsparameter von K. Je größer $r_K$, desto größer ist Ks Risikoprämie und desto kleiner ist Ks Sicherheitsäquivalent. Mit $r_K = 0$ ist Risikoneutralität des Käufers K gegeben. Die erwartete Varianz des Störterms $\widetilde{\Theta}_K$ hat dann keinen Einfluss auf das Sicherheitsäquivalent und Käufer K fordert keine Risikoprämie.

### 3.8.1.2 Spezifische Fähigkeiten des Verkäufers V

In diesem Abschnitt wird eine Situation betrachtet, in der der Verkäufer V mit seinen spezifischen Fähigkeiten Einfluss auf den erwarteten Unternehmenswert ausüben kann und der Käufer K nicht über spezifische Fähigkeiten verfügt.[419]

Das Optimierungskalkül von V zur Festlegung seines Arbeitseinsatzes vor Einführung des Kontrakts $\Omega_{EO}$ beträgt $\max\limits_{e_V} U_V(f_V; e_V) - w_V(e_V) - R_V$. Da die Störgröße $\widetilde{\Theta}_V$ annahmegemäß nicht durch $U_V(f_V; e_V)$ oder $e_V$ beeinflusst wird, entspricht die Lösung dieses Optimierungskalküls der des Optimierungskalküls bei Risikoneutralität. V legt seinen Grenzpreis für U auf $U_V(f_V; e_V^*) - w_V(e_V^*) - R_V$ mit $\frac{\partial U_V(f_V; e_V^*)}{\partial e_V} = \frac{\partial w_V(e_V^*)}{\partial e_V}$ fest. Der Käufer K berücksichtigt bei der Festlegung seines Grenzpreises zunächst nicht die Fähigkeiten von V und setzt seinen Grenzpreis auf $U_K(0;0) - R_K$. Die Bewertungsdifferenz bezüglich U beträgt $D^U = U_V(f_V; e_V^*) - w_V(e_V^*) - U_K(0;0) - R_V + R_K > 0$. Der Einigungsbereich bezüglich des Unternehmenswertes von U beträgt $EB^U = -D^U$ und entspricht dem Einigungsbereich bei Barzahlung: $EB^{\Omega_B} = EB^U$.

419 Dies entspricht der Situation in Abschnitt 3.6.2. Im Folgenden werden die dort hergeleiteten Zusammenhänge ohne expliziten Verweis aufgegriffen.

Bei Einführung des Kontrakts $\Omega_{EO}$ partizipiert V in Höhe des Anteils $\beta$ an den Zahlungen des Unternehmens U und wird seinen Arbeitseinsatz auf $e_V^{\beta} < e_V^*$ gemäß $\beta \frac{\partial U_V(f_V; e_V^{\beta})}{\partial e_V} = \frac{\partial w_V(e_V^{\beta})}{\partial e_V}$ reduzieren. Den Kontrakt $\Omega_{EO}$ bewertet V entsprechend mit $EO_V = B + \beta U_V(f_V; e_V^{\beta}) - w_V(e_V^{\beta}) - \beta^2 R_V$. Der Käufer K berücksichtigt Vs Fähigkeiten und Arbeitseinsatz unter $\Omega_{EO}$. Der von K erwartete Unternehmenswert vor Risikoprämie steigt auf $U_K(f_V; e_V^e) > U_K(0;0)$. Die Tätigkeit von V für U kann auch eine Wirkung auf die von K erwartete Störgröße haben.[420] Ohne Vs Tätigkeit erwartet K die Störgröße $\widetilde{\Theta}_K$. Durch Vs Tätigkeit für U erwartet K eine Veränderung der Störgröße auf $\sqrt{k_K}\widetilde{\Theta}_K$.[421] Der Risikokonversionskoeffizient $k_K \geq 0$ bestimmt dabei, ob K eine Verringerung $(k_K < 1)$ oder Vergrößerung $(k_K > 1)$ des Risikos durch Vs Tätigkeit erwartet. Der Käufer K bewertet $\Omega_{EO}$ mit $EO_K = B + \beta U_K(f_V; e_V^e) - \beta^2 k_K R_K$ und passt seinen Grenzpreis unter $\Omega_{EO}$ auf $U_K(f_V; e_V^e) - [(1-\beta)^2 + \beta^2] k_K R_K$ an.[422] Die adjustierte Bewertungsdifferenz unter $\Omega_{EO}$ bezüglich des Unternehmenswertes U lautet $D_{EO}^U = U_V(f_V; e_V^*) - w_V(e_V^*) - U_K(f_V; e_V^e) - R_V + [(1-\beta)^2 + \beta^2] k_K R_K$. Die Bewertungsdifferenz bezüglich der Earn-out-Vereinbarung auf Aktien-Basis gemäß $\Omega_{EO}$ beträgt $D^{\Omega_{EO}} = \beta U_V(f_V; e_V^{\beta}) - w_V(e_V^{\beta}) - \beta^2 R_V - \beta U_K(f_V; e_V^e) + \beta^2 k_K R_K$.

Mit den Substitutionen $z_V = w_V(e_V^*) - w_V(e_V^{\beta}) \geq 0$ und $n_{RV} = (1-\beta^2)R_V - (1-\beta)^2 k_K R_K$ folgt der Einigungsbereich unter dem Kontrakt $\Omega_{EO}$ bei Risikoaversion der Akteure mit $EB^{\Omega_{EO}} = \beta U_V(f_V; e_V^{\beta}) + (1-\beta) U_K(f_V; e_V^e) - U_V(f_V; e_V^*) + z_V + n_{RV}$. Der Risikoteilungseffekt $n_{RV}$ beeinflusst den Einigungsbereich. Im Vergleich zum Einigungsbereich bei risikoneutralen Akteuren ist der Einigungsbereich unter Risikoaversion dann größer, falls die Bedingung $(1-\beta^2)R_V > (1-\beta)^2 k_K R_K$ erfüllt ist. Dann liegt ein positiver Risikoteilungseffekt $n_{RV}$ vor. Ein nichtnegativer Einigungsbereich ist unter einer Earn-out-Vereinbarung bei

---

420 Durch Vs Fähigkeiten kann zum Beispiel eine Reduzierung des Risikos erreicht werden, die durch den Käufer K in diesem Umfang nicht möglich ist.

421 Diese Veränderung wird hier unabhängig von Vs Arbeitseinsatz formuliert.

422 Die Anpassung von Ks Grenzpreis wurde entsprechend des Vorgehens in Abschnitt 3.6 zur Earn-out-Vereinbarung auf Aktienbasis bei Risikoneutralität hergeleitet. Ausgangspunkt ist Ks Gesamtposition unter $\Omega_{EO}$ von $(1-\beta) U_K(f_V; e_V^e) - (1-\beta)^2 k_K R_K - B$ aufgrund seines Anteils von $1-\beta$. Mit seiner Kontraktbewertung $EO_K = B + \beta U_K(f_V; e_V^e) - \beta^2 k_K R_K$ folgt für eine optimale Entscheidungsregel (Partizipationsbedingung) dann sein adjustierter Grenzpreis für U in Höhe von $U_K(f_V; e_V^e) - [(1-\beta)^2 + \beta^2] k_K R_K$.

Risikoaversion der Akteure nur mit einem ausreichend hohen „Freizeitnutzen" von V gemäß $z_V > U_V(f_V; e_V^*) - \beta U_V(f_V; e_V^\beta) - (1-\beta) U_K(f_V; e_V^\beta) - n_{RV}$ erreichbar. Mit steigendem Risikoteilungseffekt $n_{RV}$ ist ein geringerer Freizeitnutzen von V erforderlich, um einen nichtnegativen Einigungsbereich zu erreichen. Andererseits kann ein negativer Risikoteilungseffekt den Einigungsbereich verschlechtern und sogar die Transaktion verhindern. Daher werden nun verschiedene Fälle mit ihrer Wirkung auf $n_{RV}$ betrachtet.

Bei identischen Risikoprämieneinheiten beider Akteure ($R_V = R_K > 0$) und ohne eine von K erwartete Risikoänderung durch die Transaktion ($k_K = 1$) ist der Risikoteilungseffekt immer positiv: $n_{RV} = R_V \left[2\beta - 2\beta^2\right] > 0$.

Der Risikoteilungseffekt $n_{RV} = (1-\beta^2)\frac{r_V}{2}\sigma_V^2 - (1-\beta)^2 k_K \frac{r_K}{2}\sigma_K^2$ steigt mit steigender Risikoaversion $r_V$ des Verkäufers V und sinkt mit steigender Risikoaversion $r_K$ des Käufers K. Falls der Verkäufer V risikoavers ($r_V > 0$) und der Käufer K risikoneutral ist ($r_K = 0$), ist der Risikoteilungseffekt immer positiv ($n_{RV} = (1-\beta^2)R_V > 0$) und steigt mit einem sinkenden Verkäuferanteil $\beta$. Falls jedoch der Verkäufer V risikoneutral ($r_V = 0$) und der Käufer K risikoavers ist ($r_K > 0$), ist der Risikoteilungseffekt negativ: $n_{RV} = -(1-\beta)^2 k_K R_K < 0$. Ein steigender Verkäuferanteil $\beta$ würde den Risikoteilungseffekt dann verbessern. Bei Risikoneutralität beider Akteure ($r_V = r_K = 0$) ist der Risikoteilungseffekt Null: $n_{RV} = 0$.

Der Risikoteilungseffekt $n_{RV}$ steigt mit steigender von V erwarteter Varianz $\sigma_V^2$ und sinkt mit steigender von K erwarteter Varianz $\sigma_K^2$. Falls der Verkäufer eine höhere Risikoaversion als der Käufer aufweist ($r_V > r_K > 0$) und unter $\Omega_{EO}$ kein geringeres Risiko als der Käufer erwartet ($\sigma_V^2 \geq k_K \sigma_K^2 > 0$), ist der Risikoteilungseffekt immer positiv: $n_{RV} > 0$. Mit sinkendem Risikokonversionskoeffizienten steigt der Risikoteilungseffekt. Eine vom Käufer K erwartete Reduzierung der Zahlungsvarianz durch die Tätigkeit des Verkäufers V für U verbessert somit den Einigungsbereich.

**Satz 7-1:** Bei spezifischen Fähigkeiten von V wird der Einigungsbereich unter $\Omega_{EO}$ bei risikoaversen Akteuren im Vergleich zum Einigungsbereich bei Risikoneutralität um einen Risikoteilungseffekt $n_{RV}$ verändert. Der Risikoteilungseffekt steigt in der von V erwarteten Varianz der Zahlungen $\sigma_V^2$ und in Vs Risikoaversion $r_V$ und fällt in der von K unter $\Omega_{EO}$ erwarteten Varianz der Zahlungen $k_K \sigma_K^2$ und in Ks Risikoaversion $r_K$.

### 3.8.1.3 Spezifische Fähigkeiten des Käufers K

In diesem Abschnitt wird eine Situation betrachtet, in der der Käufer K mit spezifischen Fähigkeiten Einfluss auf den erwarteten Unternehmenswert ausüben kann und der Verkäufer V nicht über spezifische Fähigkeiten verfügt.[423]

Das Optimierungskalkül von K zur Festlegung seines Arbeitseinsatzes vor Einführung des Kontrakts $\Omega_{EO}$ beträgt $\max\limits_{e_K} U_K(f_K;e_K)-w_K(e_K)-R_K$. Da die Störgröße $\widetilde{\Theta}_K$ annahmegemäß nicht durch $U_K(f_K;e_K)$ oder $e_K$ beeinflusst wird, entspricht die Lösung dieses Optimierungskalküls der des Optimierungskalküls bei Risikoneutralität. Der Käufer K legt seinen Grenzpreis für U auf $U_K(f_K;e_K^*)-w_K(e_K^*)-R_K$ gemäß $\frac{\partial U_K(f_K;e_K^*)}{\partial e_K}=\frac{\partial w_K(e_K^*)}{\partial e_K}$ fest. Der Verkäufer V berücksichtigt bei der Festlegung seines Grenzpreises zunächst nicht die Fähigkeiten von K und setzt seinen Grenzpreis auf $U_V(0;0)-R_V$. Die Bewertungsdifferenz bezüglich U vor Einführung des Kontrakts beträgt somit $D^U=U_V(0;0)-U_K(f_K;e_K^*)-w_K(e_K^*)-R_V+R_K>0$. Der Einigungsbereich bezüglich des Unternehmenswertes von U beträgt $EB^U=-D^U$ und entspricht dem Einigungsbereich bei Barzahlung: $EB^{\Omega_B}=EB^U$.

Bei Einführung des Kontrakts $\Omega_{EO}$ partizipiert K in Höhe des Anteils $1-\beta$ an den Zahlungen des Unternehmens U und wird seinen Arbeitseinsatz auf $e_K^\beta<e_K^*$ gemäß $(1-\beta)\frac{\partial U_K(f_K;e_K^\beta)}{\partial e_K}=\frac{\partial w_K(e_K^\beta)}{\partial e_K}$ reduzieren. Der Käufer K bewertet den Kontrakt $\Omega_{EO}$ dann mit $EO_K=B+\beta U_K(f_K;e_K^\beta)-\beta^2 R_K$ und passt wegen seines reduzierten Arbeitseinsatzes seinen Grenzpreis auf $U_K(f_K;e_K^\beta)-[(1-\beta)^2+\beta^2]R_K-w_K(e_K^\beta)$ an.[424] Der Verkäufer V berücksichtigt Ks Fähigkeiten und Arbeitseinsatz unter $\Omega_{EO}$. Der von V erwartete Unternehmenswert vor Risikoprämie steigt auf $U_V(f_K;e_K^e)>U_V(0;0)$. Die Tätigkeit von K für U kann auch eine Wirkung auf die erwartete Störgröße haben.[425] Ohne Ks Tätigkeit erwartet V die Störgröße $\widetilde{\Theta}_V$. Durch Ks Tätigkeit für U erwartet V eine Veränderung der Störgröße auf $\sqrt{k_V}\widetilde{\Theta}_V$.[426] Der Risikokonversionskoeffizient $k_V\geq 0$ bestimmt dabei, ob V

423 Dies entspricht der Situation in Abschnitt 3.6.3. Im Folgenden werden die dort hergeleiteten Zusammenhänge ohne expliziten Verweis aufgegriffen.

424 Ks Gesamtposition unter $\Omega_{EO}$ beträgt somit $(1-\beta)U_K(f_K;e_K^\beta)-(1-\beta)^2R_K-B$.

425 Durch Ks Fähigkeiten kann zum Beispiel eine Reduzierung des Risikos erreicht werden, die durch den Verkäufer V in diesem Umfang nicht möglich ist.

426 Diese Veränderung wird hier unabhängig von Ks Arbeitseinsatz formuliert.

eine Verringerung $(k_V < 1)$ oder Vergrößerung $(k_V > 1)$ des Risikos durch Ks Tätigkeit erwartet. Der Verkäufer V bewertet den Kontrakt $\Omega_{EO}$ dann mit $EO_V = B + \beta U_V(f_K; e_K^e) - \beta^2 k_V R_V$. Die adjustierte Bewertungsdifferenz bezüglich U lautet dann $D_{EO}^U = U_V(0;0) - U_K(f_K; e_K^\beta) + w_K(e_K^\beta) - R_V + [(1-\beta)^2 + \beta^2]R_K$. Die Bewertungsdifferenz bezüglich der Earn-out-Vereinbarung gemäß $\Omega_{EO}$ beträgt $D^{\Omega_{EO}} = \beta U_V(f_K; e_K^e) - \beta^2 k_V R_V - \beta U_K(f_K; e_K^\beta) + \beta^2 R_K$.

Mit der Substitution $n_{RK} = (1 - k_V \beta^2)R_V - (1-\beta)^2 R_K$ folgt der Einigungsbereich unter $\Omega_{EO}$ mit $EB^{\Omega_{EO}} = \beta U_V(f_K; e_K^e) + (1-\beta)U_K(f_K; e_K^\beta) - U_V(0;0) - w_K(e_K^\beta) + n_{RK}$. Der Einigungsbereich wird durch den Risikoteilungseffekt $n_{RK}$ beeinflusst. Im Vergleich zum Einigungsbereich bei risikoneutralen Akteuren ist der Einigungsbereich unter Risikoaversion dann größer, falls die Bedingung $(1 - k_V \beta^2)R_V > (1-\beta)^2 R_K$ erfüllt ist. Dann liegt ein positiver Risikoteilungseffekt $n_{RK}$ vor. Ein nichtnegativer Einigungsbereich ist nur mit einem ausreichend hohen von V erwarteten Unternehmenswert unter $\Omega_{EO}$ erreichbar: $U_V(f_K; e_K^e) \geq U_K(f_K; e_K^\beta) + \dfrac{U_V(0;0) - U_K(f_K; e_K^\beta) + w_K(e_K^\beta) - n_{RK}}{\beta}$. Ein höherer Risikoteilungseffekt $n_{RK}$ erfordert einen geringeren von V erwarteten Unternehmenswert, um einen nichtnegativen Einigungsbereich zu erreichen. Andererseits kann ein negativer Risikoteilungseffekt den Einigungsbereich verschlechtern und sogar die Transaktion verhindern. Daher werden nun verschiedene Fälle mit ihrer Wirkung auf den Risikoteilungseffekt $n_{RK}$ betrachtet.

Bei identischen Risikoprämieneinheiten beider Akteure ($R_V = R_K > 0$) und ohne eine von V erwartete Risikoänderung durch die Transaktion ($k_V = 1$) ist der Risikoteilungseffekt immer positiv: $n_{RK} = R_K[2\beta - 2\beta^2] > 0$.

Der Risikoteilungseffekt $n_{RK} = (1 - k_V \beta^2)\frac{r_V}{2}\sigma_V^2 - (1-\beta)^2 \frac{r_K}{2}\sigma_K^2$ steigt mit steigender Risikoaversion $r_V$ des Verkäufers V und sinkt mit steigender Risikoaversion $r_K$ des Käufers K. Falls der Verkäufer V risikoavers ($r_V > 0$) und der Käufer K risikoneutral ist ($r_K = 0$), ist der Risikoteilungseffekt immer positiv ($n_{RK} = (1 - k_V \beta^2)R_V > 0$) und steigt mit einem sinkenden Verkäuferanteil $\beta$. Falls jedoch der Verkäufer risikoneutral ($r_V = 0$) und der Käufer K risikoavers ist ($r_K > 0$), ist der Risikoteilungseffekt negativ: $n_{RK} = -(1-\beta)^2 R_K < 0$. Ein steigender Verkäuferanteil $\beta$ würde den Risikoteilungseffekt dann verbessern. Bei Risikoneutralität beider Akteure ($r_V = r_K = 0$) ist der Risikoteilungseffekt Null: $n_{RK} = 0$.

Der Risikoteilungseffekt $n_{RK}$ steigt mit steigender von V erwarteter Varianz $\sigma_V^2$ und sinkt mit steigender von K erwarteter Varianz $\sigma_K^2$. Falls der Verkäufer durch Ks Tätigkeit für U eine Reduzierung der Zahlungsvarianz erwartet, ist der Risikoteilungseffekt bei Risikoprämieneinheiten gemäß $R_V \geq R_K$ positiv und der Einigungsbereich wird verbessert. Mit steigendem Risikokonversionskoeffizienten $k_V$ sinkt jedoch der Risikoteilungseffekt.

**Satz 7-2:** Bei spezifischen Fähigkeiten von K wird der Einigungsbereich unter $\Omega_{EO}$ bei risikoaversen Akteuren im Vergleich zum Einigungsbereich bei Risikoneutralität um einen Risikoteilungseffekt $n_{RK}$ verändert. Der Risikoteilungseffekt steigt in der von V erwarteten Varianz der Zahlungen $\sigma_V^2$ und in Vs Risikoaversion $r_V$ und fällt in der von K erwarteten Varianz der Zahlungen $\sigma_K^2$, in Ks Risikoaversion $r_K$ und in der von V unter $\Omega_{EO}$ erwarteten Risikoänderung $k_V$.

### 3.8.1.4 Spezifische Fähigkeiten beider Akteure

In diesem Abschnitt wird eine Situation betrachtet, in der beide Akteure mit spezifischen Fähigkeiten ausgestattet sind und durch deren Einsatz einen Einfluss auf den erwarteten Unternehmenswert ausüben können. Unter der Earn-out-Vereinbarung gemäß $\Omega_{EO}$ ist die Tätigkeit beider Akteure für das Unternehmen U vorgesehen.[427]

Das Optimierungskalkül von V zur Festlegung seines Arbeitseinsatzes vor Einführung des Kontrakts $\Omega_{EO}$ beträgt $\max_{e_V} U_V(f_V;e_V;0;0) - w_V(e_V) - R_V$. Da die Störgröße $\tilde{\Theta}_V$ annahmegemäß nicht durch $U_V(f_V;e_V;0;0)$ oder $e_V$ beeinflusst wird, entspricht die Lösung dieses Optimierungskalküls der Lösung des Optimierungskalküls bei Risikoneutralität.[428] Der Verkäufer V legt seinen Grenzpreis für U auf $U_V(f_V;e_V^*;0;0) - w_V(e_V^*) - R_V$ mit $\frac{\partial U_V(f_V;e_V^*;0;0)}{\partial e_V} = \frac{\partial w_V(e_V^*)}{\partial e_V}$ fest. Das Optimierungskalkül von K zur Festlegung seines Arbeitseinsatzes vor Einführung von $\Omega_{EO}$ beträgt $\max_{e_K} U_K(0;0;f_K;e_K) - w_K(e_K) - R_K$. Da die Störgröße $\tilde{\Theta}_K$ annahmegemäß nicht durch $U_K(0;0;f_K;e_K)$ oder $e_K$ beeinflusst wird, entspricht die Lösung dieses Optimierungskalküls der des Optimierungskalküls bei

[427] Dies entspricht der Situation in Abschnitt 3.6.4 (insbesondere Abschnitt 3.6.4.4). Im Folgenden werden die dort hergeleiteten Zusammenhänge ohne expliziten Verweis aufgegriffen.

[428] Dies wurde bereits in Abschnitt 3.8.1.2 behandelt.

Risikoneutralität.[429] Der Käufer K legt seinen Grenzpreis auf $U_K(0;0;f_K;e_K^*)-w_K(e_K^*)-R_K$ gemäß $\frac{\partial U_K(0;0;f_K;e_K^*)}{\partial e_K}=\frac{\partial w_K(e_K^*)}{\partial e_K}$ fest. Mit $D^U=U_V(f_V;e_V^*;0;0)-w_V(e_V^*)-U_K(0;0;f_K;e_K^*)-w_K(e_K^*)-R_V+R_K>0$ folgt der Einigungsbereich bezüglich des Unternehmenswertes von U: $EB^U=-D^U=EB^{\Omega_B}$.

Bei Einführung des Kontrakts $\Omega_{EO}$ partizipiert K in Höhe des Anteils $1-\beta$ an den Zahlungen des Unternehmens U und wird seinen Arbeitseinsatz auf $e_K^\beta<e_K^*$ gemäß $(1-\beta)\frac{\partial U_K(f_V;e_V^e;f_K;e_K^\beta)}{\partial e_K}=\frac{\partial w_K(e_K^\beta)}{\partial e_K}$ reduzieren. Durch die gemeinsame Tätigkeit beider Akteure unter $\Omega_{EO}$ erwartet K eine Veränderung der Störgröße $\widetilde{\Theta}_K$ auf $\sqrt{k_K}\widetilde{\Theta}_K$.[430] K bewertet $\Omega_{EO}$ dann mit $EO_K=B+\beta U_K(f_V;e_V^e;f_K;e_K^\beta)-\beta^2k_KR_K$ und passt wegen des gemeinsamen Arbeitseinsatzes beider Akteure seinen Grenzpreis für U auf $U_K(f_V;e_V^e;f_K;e_K^\beta)-[(1-\beta)^2+\beta^2]k_KR_K-w_K(e_K^\beta)$ an.[431] Der von V unter $\Omega_{EO}$ erwartete Unternehmenswert vor Risikoprämie beträgt $U_V(f_V;e_V^\beta;f_K;e_K^e)$. Durch die gemeinsame Tätigkeit beider Akteure unter $\Omega_{EO}$ erwartet V eine Veränderung der Störgröße von $\widetilde{\Theta}_V$ auf $\sqrt{k_V}\widetilde{\Theta}_V$.[432] Den Kontrakt $\Omega_{EO}$ bewertet V entsprechend mit $EO_V=B+\beta U_V(f_V;e_V^\beta;f_K;e_K^e)-w_V(e_V^\beta)-\beta^2k_VR_V$. Die adjustierte Bewertungsdifferenz bezüglich des Unternehmenswertes von U unter $\Omega_{EO}$ lautet dann $D_{EO}^U=U_V(f_V;e_V^*;0;0)-w_V(e_V^*)-U_K(f_V;e_V^e;f_K;e_K^\beta)+w_K(e_K^\beta)+[(1-\beta)^2+\beta^2]k_KR_K-R_V$. Die Bewertungsdifferenz bezüglich der Earn-out-Vereinbarung gemäß $\Omega_{EO}$ beträgt $D^{\Omega_{EO}}=\beta U_V(f_V;e_V^\beta;f_K;e_K^e)-w_V(e_V^\beta)-\beta^2k_VR_V-\beta U_K(f_V;e_V^e;f_K;e_K^\beta)+\beta^2k_KR_K$.

Mit dem Freizeitwert von V, $z_V=w_V(e_V^*)-w_V(e_V^\beta)\geq 0$, und dem Risikoteilungseffekt $n_R=(1-k_V\beta^2)R_V-(1-\beta)^2k_KR_K$ folgt der Einigungsbereich unter $\Omega_{EO}$ als $EB^{\Omega_{EO}}=\beta U_V(f_V;e_V^\beta;f_K;e_K^e)+(1-\beta)U_K(f_V;e_V^e;f_K;e_K^\beta)-U_V(f_V;e_V^*;0;0)-w_K(e_K^\beta)+z_V+n_R$. Der Risikoteilungseffekt $n_R$ beeinflusst den Einigungsbereich. Im Vergleich zum Einigungsbereich bei risikoneutralen Akteuren ist der Einigungsbereich unter Risikoaversion dann größer, falls die Bedingung $(1-k_V\beta^2)R_V>(1-\beta)^2k_KR_K$ erfüllt ist. Dann liegt ein positiver Risikoteilungseffekt $n_R$ vor. Ein nichtnegativer Einigungsbereich ist jedoch nur mit

---

429 Dies wurde bereits in Abschnitt 3.8.1.3 behandelt.

430 Diese von K erwartete Risikoänderung wurde in Abschnitt 3.8.1.2 eingeführt.

431 Ks Gesamtposition unter $\Omega_{EO}$ beträgt somit $(1-\beta)U_K(f_V;e_V^\beta;f_K;e_K^\beta)-(1-\beta)^2k_KR_K-B$.

432 Diese von K erwartete Risikoänderung wurde in Abschnitt 3.8.1.3 eingeführt.

ausreichend hohem „Freizeitnutzen" des Verkäufers V, $z_V > U_V(f_V; e_V^*; 0; 0) - \beta U_V(f_V; e_V^\beta; f_K; e_K^\beta) - (1-\beta) U_K(f_V; e_V^\beta; f_K; e_K^\beta) + w_K(e_K^\beta) - n_R$, erreichbar. Mit steigendem Risikoteilungseffekt $n_R$ ist ein geringerer Freizeitnutzen von V zur Erreichung eines nichtnegativen Einigungsbereichs erforderlich. Andererseits kann ein negativer Risikoteilungseffekt den Einigungsbereich verschlechtern und sogar die Transaktion verhindern. Daher werden nun verschiedene Fälle betrachtet.

Bei identischen Risikoprämieneinheiten beider Akteure ($R_V = R_K > 0$) und ohne eine von K oder V erwartete Risikoänderung durch die Transaktion ($k_K = k_V = 1$) ist der Risikoteilungseffekt immer positiv: $n_R = R_K[2\beta - 2\beta^2] > 0$.

Der Risikoteilungseffekt $n_R = (1 - k_V\beta^2)\frac{r_V}{2}\sigma_V^2 - (1-\beta)^2 k_K \frac{r_K}{2}\sigma_K^2$ steigt mit steigender Risikoaversion $r_V$ des Verkäufers V und sinkt mit steigender Risikoaversion $r_K$ des Käufers K. Falls der Verkäufer risikoavers ($r_V > 0$) und der Käufer K risikoneutral ist ($r_K = 0$), ist der Risikoteilungseffekt immer positiv ($n_R = (1 - k_V\beta^2)R_V > 0$) und steigt mit einem sinkenden Verkäuferanteil $\beta$. Falls jedoch der Verkäufer risikoneutral ($r_V = 0$) und der Käufer K risikoavers ist ($r_K > 0$), ist der Risikoteilungseffekt negativ: $n_R = -(1-\beta)^2 k_K R_K < 0$. Ein steigender Verkäuferanteil $\beta$ würde den Risikoteilungseffekt dann verbessern. Bei Risikoneutralität beider Akteure ($r_V = r_K = 0$) ist der Risikoteilungseffekt Null: $n_R = 0$.

Der Risikoteilungseffekt $n_R$ steigt mit steigender von V erwarteter Varianz $\sigma_V^2$ und sinkt mit steigender von K erwarteter Varianz $\sigma_K^2$. Falls Verkäufer oder Käufer durch die gemeinsame Tätigkeit für U eine ausreichende Reduzierung der Zahlungsvarianz erwarten, ist der Risikoteilungseffekt positiv und der Einigungsbereich wird verbessert. Mit steigenden Risikokonversionskoeffizienten $k_V$ und $k_K$ sinkt jedoch der Risikoteilungseffekt.

**Satz 7-3:** Bei spezifischen Fähigkeiten von K wird der Einigungsbereich unter $\Omega_{EO}$ bei risikoaversen Akteuren im Vergleich zum Einigungsbereich bei Risikoneutralität um einen Risikoteilungseffekt $n_R$ verändert. Der Risikoteilungseffekt steigt in der von V erwarteten Varianz der Zahlungen $\sigma_V^2$ und in Vs Risikoaversion $r_V$ und fällt in der von K erwarteten Varianz der Zahlungen $\sigma_K^2$, in Ks Risikoaversion $r_K$ und in der von V bzw. K unter $\Omega_{EO}$ erwarteten Risikoänderung $k_V$ bzw. $k_K$.

#### 3.8.1.5 Auswirkung möglicher Risikoaversion der Akteure

In den vorangegangenen Abschnitten wurden die Auswirkungen möglicher Risikoaversion der Akteure auf die bei Risikoneutralität ermittelten Ergebnisse untersucht. Dabei wurde eine Earn-out-Vereinbarung auf Aktienbasis gemäß $\Omega_{EO}$ eingesetzt.[433]

Die Einigungsbereiche bei Risikoaversion der Akteure weichen um einen Risikoteilungseffekt von den Einigungsbereichen bei Risikoneutralität der Akteure ab. Bei Risikoneutralität beider Akteure ist der Risikoteilungseffekt Null. Mit zunehmender Risikoaversion des Verkäufers V oder sinkender Risikoaversion des Käufers K wird der Einigungsbereich verbessert und der optimale Verkäuferanteil $\beta$ unter $\Omega_{EO}$ sinkt. Dieses Ergebnis entspricht dem bei MERTENS (2003) und bei MERTENS (2004) gewonnenen Ergebnis, dass der weniger risikoaverse Akteur stärker am Zahlungsrisiko beteiligt werden sollte.[434] In Verbindung mit den Ergebnissen zu Earn-out-Vereinbarungen bei Risikoneutralität in Abschnitt 3.6 bietet diese Untersuchung daher eine breitere Analyse einschließlich der bei MERTENS (2003) und MERTENS (2004) untersuchten Spezialfälle.

Bei identischen Risikoprämieneinheiten beider Akteure und ohne eine von K oder V erwartete Risikoänderung durch die Transaktion ist der Risikoteilungseffekt positiv. Ceteris paribus steigt der Risikoteilungseffekt mit steigender Risikoaversion des Verkäufers V und sinkt mit steigender Risikoaversion des Käufers K. Falls der Verkäufer risikoavers und der Käufer K risikoneutral ist, ist der Risikoteilungseffekt immer positiv und steigt mit einem sinkenden Verkäuferanteil $\beta$. Falls jedoch der Verkäufer risikoneutral und der Käufer K risikoavers ist, wird der Risikoteilungseffekt negativ. Ein steigender Verkäuferanteil $\beta$ würde den Risikoteilungseffekt dann verbessern. Falls Verkäufer oder Käufer eine Reduzierung der Zahlungsvarianz unter $\Omega_{EO}$ erwarten, steigt der Risikoteilungseffekt und der Einigungsbereich wird verbessert.

### 3.8.2 Mögliche Verzerrung durch den geschäftsführenden Akteur

In diesem Abschnitt wird die Annahme der symmetrischen Informationsverteilung bezüglich der realisierten Zahlung $E^*$ des Unternehmens U bei $t = 2$ aufgehoben. Die Untersuchung wird an einer Earn-out-Vereinbarung auf Aktien-Basis gemäß $\Omega_{EO}$ durchgeführt. Nach einer Anpassung des Modellrahmens wird der Earn-out-Kontrakt $\Omega_{EO}$ bei Geschäftsführung entweder durch den Verkäufer V oder durch den Käufer K untersucht. Dabei wird jeweils

[433] Die so gewonnenen Ergebnisse gelten daher zunächst nur für entsprechende Earn-out-Vereinbarungen, sind aber grundsätzlich auch auf die anderen untersuchten Kontrakte übertragbar.

[434] Vgl. MERTENS (2003), S. 18f. und MERTENS (2003), S. 143, 147.

unterstellt, dass der jeweils geschäftsführende Akteur über spezifische Fähigkeiten verfügt und diese unter $\Omega_{EO}$ einsetzt.[435]

### 3.8.2.1 Anpassung des Modellrahmens

In diesem Abschnitt wird die zeitliche Struktur des Basismodells erweitert (siehe Abbildung 70). Zunächst beobachtet nur der jeweils geschäftsführende Akteur die Realisation der Zahlung $E^*$. Er verfasst einen Bericht über die Auszahlung für den nicht geschäftsführenden Akteur und kann seinen Informationsvorteil nutzen, um die wahre Ausprägung der Zahlung $E^*$ um einen Betrag $I$ („Bias") zu verzerren.[436] Auf Basis der berichteten Größe $R = E^* + I$ werden die ausstehenden Zahlungen des vereinbarten Kontraktes $\Omega_{EO}$ geleistet. Erst nach Erfüllung des Kontraktes $\Omega_{EO}$ wird die Auszahlung $E^*$ durch den nicht geschäftsführenden Akteur beobachtet. Der nicht geschäftsführende Akteur hat jedoch keine Möglichkeit mehr, die unter dem Kontrakt $\Omega_{EO}$ geleisteten Zahlungen zu korrigieren oder entsprechende Ausgleichsforderungen durchzusetzen.[437] Die beiden folgenden Abschnitte untersuchen die Geschäftsführung durch Verkäufer V oder durch Käufer K.

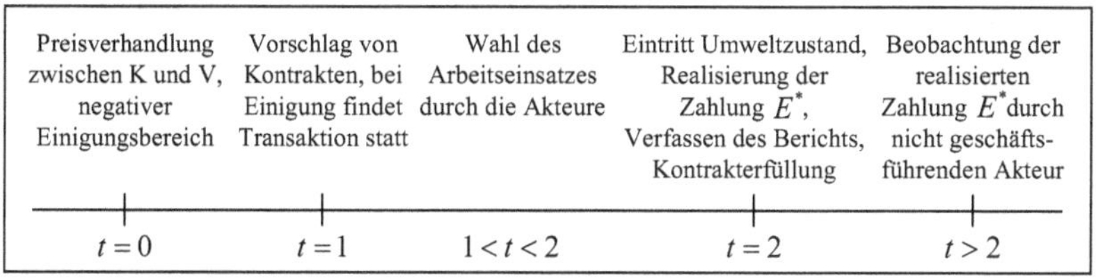


**Abb. 70:** Zeitliche Modellstruktur bei möglicher Verzerrung

### 3.8.2.2 Geschäftsführung durch V

Wenn der Verkäufer V auch nach Verkauf des Unternehmens U die Geschäftsführung ausübt, setzt er seine spezifischen Fähigkeiten ein und beobachtet zunächst allein die realisierte Auszahlung $E^*$. Nach Beobachtung von $E^*$ verfasst V einen Bericht für K. Der Verkäufer V

---

[435] Es wird davon ausgegangen, dass die spezifischen Fähigkeiten derartige Geschäftsführungsrelevanz haben, dass sie eine Verzerrung bei der Berichterstattung der Erfolgsgrößen (hier: Zahlungen von U) ermöglichen Der Fall, dass beide Akteure über spezifische Fähigkeiten verfügen und Geschäftsführungsbefugnisse haben, wird nicht betrachtet. Für diesen Fall wird angenommen, dass beide Akteure die Zahlung $E^*$ des Unternehmens U zeitgleich beobachten (symmetrische Informationsverteilung). In Abschnitt 3.6 wurden im Fall spezifischer Fähigkeiten beider Akteure auch die Fälle betrachtet, in denen jeweils einer der Akteure keinen Arbeitseinsatz unter $\Omega_{EO}$ leistet. Die Ergebnisse in beiden Fällen waren ähnlich zu den Fällen, in denen dieser Akteur nicht über spezifische Fähigkeiten verfügt. Diese Fälle sollen daher hier nicht erneut betrachtet werden.

[436] Eine ähnliche Vorgehensweise durch zeitliches Verschieben der Bemessungsgrundlage beschreibt BAUMS, T. (1993), S. 1274.

[437] Die verwendete Formulierung der Verzerrung orientiert sich an FISCHER, P. E./VERRECCHIA, R. E. (2000), auf die auch EWERT, R./WAGENHOFER, A. (2004) und KORN, E. (2004) zurückgreifen.

kann die beobachtete Größe $E^*$ um einen Betrag $I$ verzerren und berichtet an den Käufer K die Größe $R = E^* + I$.

Die Verzerrung von $E^*$ um $I$ verursacht bei V die Kosten $c_V(I) \geq 0$.[438] Falls V keine Verzerrung vornimmt ($I = 0$), entstehen ihm daraus keine Kosten: $c_V(0) = 0$. Die Kosten sind ansteigend im absoluten Betrag der Verzerrung, $\frac{dc_V(I)}{dI} > 0 \;\forall I > 0$ und $\frac{dc_V(I)}{dI} < 0 \;\forall I < 0$, mit steigenden Grenzkosten $\frac{d^2 c_V(I)}{dI^2} > 0$.[439] Dem Käufer K ist die Kostenfunktion $c_V(I)$ nicht vollständig bekannt, K geht von einer Funktion $d_V(I) = \gamma c_V(I)$ aus. Der Parameter $\gamma > 0$ kennzeichnet, ob K für V höhere ($\gamma > 1$) oder niedrigere ($\gamma < 1$) Kosten der Verzerrung berücksichtigt als V selbst.

Zur Bestimmung der optimalen Verzerrung unter einem Kontrakt $\Omega_{EO}$ berücksichtigt V die anfallenden Kosten der Verzerrung $c_V(I)$ und seine Partizipation an einer positiven Verzerrung ($I > 0$) in Höhe seines Anteils $\beta$ an der berichteten Auszahlung $R$. Das Optimierungskalkül von V entspricht dann $\max_I \beta(E^* + I) - c_V(I)$. Nach Beobachtung der Realisation $E^*$ wird V daher eine Verzerrung in Höhe von $I^*$ gemäß $\frac{dc_V(I^*)}{dI} = \beta$ wählen. K erwartet eine Verzerrung durch V in Höhe von $I^\gamma$ gemäß $\frac{dc_V(I^\gamma)}{dI} = \frac{\beta}{\gamma}$. Wenn K niedrigere Kosten berücksichtigt als V ($\gamma < 1$), gilt $\frac{dc_V(I^\gamma)}{dI} > \frac{dc_V(I^*)}{dI}$. K erwartet dann eine stärkere Verzerrung als V: $I^\gamma > I^*$.

---

438 Zu diesen Kosten zählen Reputationskosten. Es wird Unabhängigkeit der Verzerrungskosten $c_V(I)$ von der Höhe der wahren Zahlung $E$ angenommen. Diese Annahme wird unter anderem auch bei FISCHER, P. E./VERRECCHIA, R. E. (2000), S. 232 getroffen.

439 FISCHER, P. E./VERRECCHIA, R. E. (1998), S. 5ff. und FISCHER, P. E./VERRECCHIA, R. E. (2000), S. 231ff. verwenden beispielsweise eine quadratische Funktion mit Minimum bei $I = 0$.

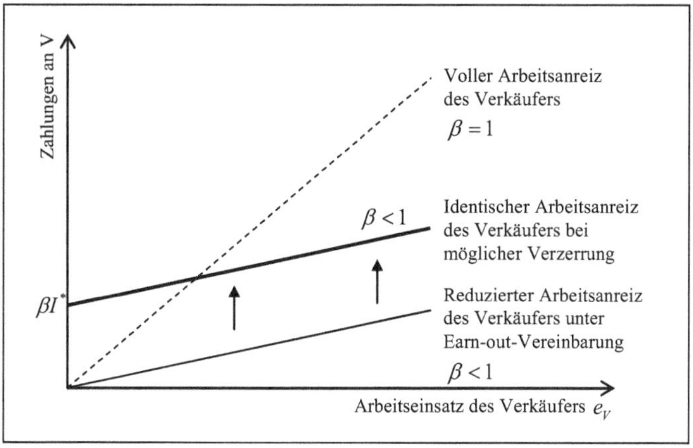


**Abb. 71:** Einfluss einer möglichen Verzerrung auf Vs Arbeitsanreiz

Der optimale Arbeitseinsatz des Verkäufers V wird durch eine mögliche Verzerrung der realisierten Zahlung nicht beeinflusst.[440] In Abbildung 71 wird diese Situation grafisch dargestellt. Dabei wird vereinfachend eine lineare Produktionsfunktion gemäß $\frac{\partial U_V(f_V;e_V)}{\partial e_V} > 0$ und $\frac{\partial^2 U_V(f_V;e_V)}{\partial e_V^{\;2}} = 0$ angenommen. Falls V das Unternehmen nicht verkauft ($\beta = 1$), partizipiert er vollständig an den Zahlungen des Unternehmens und hat einen vollen Arbeitsanreiz von 1. Unter einer Earn-out-Vereinbarung $\Omega_{EO}$ sinkt sein Arbeitsanreiz auf $\beta < 1$. Er wird jedoch die tatsächlich realisierte Unternehmenszahlung um $I^*$ verzerren. Die von ihm erwarteten Zahlungen werden somit um $\beta I^*$ gesteigert. Dabei bleibt sein Arbeitsanreiz konstant und beträgt $\beta < 1$.

Ohne Verkauf bewertet V das Unternehmen mit $U_V(f_V;e_V^*)$ und setzt seinen Grenzpreis auf $U_V(f_V;e_V^*) - w_V(e_V^*)$. Ks Grenzpreis für das Unternehmen U ohne einen Kontrakt $\Omega_{EO}$ liegt bei $U_K(0;0)$. Die Bewertungsdifferenz bezüglich U vor der Einführung des Kontrakts $\Omega_{EO}$ beträgt $D^U = U_V(f_V;e_V^*) - w_V(e_V^*) - U_K(0;0) > 0$. Bei einem Verkauf von U unter $\Omega_{EO}$ wird V seinen Arbeitseinsatz auf $e_V^\beta < e_V^*$ reduzieren. Entsprechend bewertet er U nach Verkauf unter $\Omega_{EO}$ niedriger: $U_V(f_V;e_V^\beta) < U_V(f_V;e_V^*)$. K antizipiert das Optimierungskalkül von V und bewertet das Unternehmen bei einem Verkauf unter $\Omega_{EO}$ auf Basis des Arbeitseinsatzes

[440] Aufgrund der Unabhängigkeit der Verzerrungskosten von der Höhe der wahren Auszahlung besteht auch Unabhängigkeit zwischen optimalem Arbeitseinsatz und Verzerrung. Daher kann auf die hergeleiteten Kalküle der Akteure ohne Verzerrung gemäß Abschnitt 3.6.2 zurückgegriffen werden.

$e_V^e$ mit $U_K(f_V;e_V^e) > U_K(0;0)$. Daraus folgt die adjustierte Bewertungsdifferenz $D_{EO}^U = U_V(f_V;e_V^*) - w_V(e_V^*) - U_K(f_V;e_V^e) < D^U$.

Bei der Bewertung des Kontrakts $\Omega_{EO}$ wird V seinen reduzierten Arbeitseinsatz und die Verzerrung des Berichts berücksichtigen. V bewertet den Kontrakt $\Omega_{EO}$ daher mit $EO_V = B + \beta U_V(f_V;e_V^\beta) + \beta I^* - w_V(e_V^\beta) - c_V(I^*)$. Der Käufer K bewertet den Kontrakt $\Omega_{EO}$ mit $EO_K = B + \beta U_K(f_V;e_V^e) + \beta I^\gamma$. Die Bewertungsdifferenz bezüglich $\Omega_{EO}$ beträgt dann $D^{\Omega_{EO}} = \beta(U_V(f_V;e_V^\beta) - U_K(f_V;e_V^e)) - w_V(e_V^\beta) + \beta(I^* - I^\gamma) - c_V(I^*)$.

Daraus folgt der Einigungsbereich unter einer Earn-out-Vereinbarung $\Omega_{EO}$ gemäß $EB^{\Omega_{EO}} = \beta(U_V(f_V;e_V^\beta) + I^* - I^\gamma) + (1-\beta)U_K(f_V;e_V^e) - U_V(f_V;e_V^*) + z_V - c_V(I^*)$ und wird durch den Nettoeffekt der Verzerrung $n_V = \beta(I^* - I^\gamma) - c_V(I^*)$ beeinflusst. Falls K und V gleiche Kosten der Verzerrung berücksichtigen, ist dieser Term negativ: $n_V = -c_V(I^*) < 0$.[441] Dann wird der Einigungsbereich durch eine mögliche Verzerrung im Vergleich zum Einigungsbereich ohne mögliche Verzerrung verschlechtert. Durch Ks genaue Antizipation der Verzerrung kann V nicht mehr von einer Verzerrung profitieren, wird aber mit deren Kosten belastet („shoot oneself in the foot").[442] Wenn keine genaue Antizipation durch K erfolgt, ist eine Verbesserung des Einigungsbereiches durch die Möglichkeit zur Verzerrung nur mit einem positiven Nettoeffekt der Verzerrung $n_V > 0$ möglich. Dazu ist wiederum notwendig, dass K ausreichend höhere Kosten der Verzerrung berücksichtigt als V, so dass $\beta(I^* - I^\gamma) > c_V(I^*)$ gilt.

**Satz 7-4:** Bei Möglichkeit zur Verzerrung durch V wird eine Earn-out-Vereinbarung gemäß $\Omega_{EO}$ nur dann ausreichend, wenn Vs „Freizeitnutzen" $z_V$ ausreichend hoch ist: $z_V > U_V(f_V;e_V^*) - \beta U_V(f_V;e_V^\beta) + (1-\beta)U_K(f_V;e_V^\beta) - n_V$. Ein positiver Nettoeffekt $n_V$ aus einer möglichen Verzerrung wird nur dann erreicht, wenn K die Verzerrungskosten für V ausreichend überschätzt. Sonst wird der Einigungsbereich durch die Möglichkeit zur Verzerrung verschlechtert.

### 3.8.2.3 Geschäftsführung durch K

Wenn der Käufer K nach Kauf des Unternehmens U die Geschäftsführung ausübt, setzt er seine spezifischen Fähigkeiten ein und beobachtet zunächst allein die realisierte Auszahlung $E^*$. Nach Beobachtung von $E^*$ verfasst K einen Bericht für V. Der Käufer K kann die

---

441 Bei $\gamma = 1$ gilt $I^* = I^\gamma$.

442 Vgl. FISCHER, P. E./VERRECCHIA, R. E. (1998), S. 3.

beobachtete Größe $E^*$ um einen Betrag $I$ verzerren und berichtet an den Verkäufer V die Größe $R = E^* + I$.

Die Verzerrung von $E^*$ um $I$ verursacht bei K die Kosten $c_K(I) \geq 0$.[443] Falls K keine Verzerrung vornimmt ($I = 0$), entstehen ihm daraus keine Kosten: $c_K(0) = 0$. Die Kosten sind ansteigend im absoluten Betrag der Verzerrung, $\frac{dc_K(I)}{dI} > 0 \ \forall I > 0$ und $\frac{dc_K(I)}{dI} < 0 \ \forall I < 0$, mit steigenden Grenzkosten $\frac{d^2 c_K(I)}{dI^2} > 0$.[444] Dem Verkäufer V ist die Kostenfunktion $c_K(I)$ nicht vollständig bekannt, K geht von einer Funktion $d_K(I) = \gamma c_K(I)$ aus. Der Parameter $\gamma > 0$ bestimmt, ob V für K höhere ($\gamma > 1$) oder niedrigere ($\gamma < 1$) Kosten der Verzerrung berücksichtigt als K selbst.

Zur Bestimmung der optimalen Verzerrung unter einem Kontrakt $\Omega_{EO}$ berücksichtigt K die anfallenden Kosten der Verzerrung $c_K(I)$ und seine Partizipation an einer negativen Verzerrung ($I < 0$) in Höhe des ihm zusätzlich zufallenden Anteils $\beta$ an der negativen Verzerrung.[445] Ks Optimierungskalkül entspricht dann $\max_I E - \beta(E^* + I) - c_K(I)$. Nach Beobachtung der Realisation $E$ wird K daher eine Verzerrung in Höhe $I^*$ gemäß $\frac{dc_K(I^*)}{dI} = -\beta$ wählen. V erwartet entsprechend eine Verzerrung durch K in Höhe $I^\gamma$ gemäß $\frac{dc_K(I^\gamma)}{dI} = -\frac{\beta}{\gamma}$. Wenn V niedrigere Kosten berücksichtigt als K ($\gamma < 1$), gilt $\frac{dc_K(I^\gamma)}{dI} < \frac{dc_K(I^*)}{dI}$. V erwartet dann eine stärkere Verzerrung als K: $I^\gamma < I^*$.[446]

443 Die Formulierung der Verzerrung erfolgt entsprechend der Formulierung in Abschnitt 3.8.2.2.

444 Die Formulierung erfolgt für Käufer und Verkäufer äquivalent.

445 K fließt der Anteil $1 - \beta$ an berichteten Zahlungen zu, er erhält jedoch zusätzlich Vs Anteil $\beta$ an einer negativen Verzerrung (berichtete Zahlung R liegt unter tatsächlicher Zahlung E).

446 Dies entspricht einer stärkeren absoluten Verzerrung: $|I^\gamma| > |I^*|$.

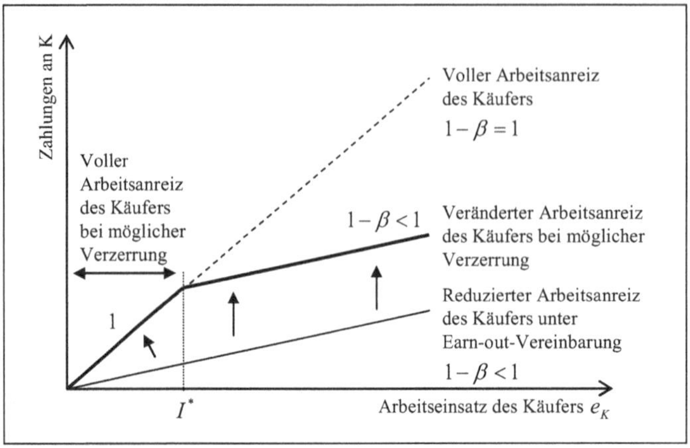


**Abb. 72:** Einfluss einer möglichen Verzerrung auf Ks Arbeitsanreiz

Der optimale Arbeitseinsatz des Käufers K kann durch eine mögliche Verzerrung beeinflusst werden.[447] In Abbildung 72 wird diese Situation grafisch dargestellt. Dabei wird vereinfachend eine lineare Produktionsfunktion gemäß $\frac{\partial U_K(f_K; e_K)}{\partial e_K} > 0$ und $\frac{\partial^2 U_K(f_K; e_K)}{\partial e_K^2} = 0$ angenommen. Wenn K dem Verkäufer keinen Anteil an den Unternehmenszahlungen gewähren müsste ($\beta = 0$), würde er vollständig an den Zahlungen des Unternehmens partizipieren und einen vollen Arbeitsanreiz von $1 - \beta = 1$ haben. Unter einer Earn-out-Vereinbarung $\Omega_{EO}$ sinkt sein Arbeitsanreiz auf $1 - \beta < 1$. Er wird jedoch die tatsächlich realisierte Unternehmenszahlung um $I^*$ verzerren. Die von ihm erwarteten Auszahlungen an V werden somit um $\beta I^*$ verringert. V wird jedoch keine negativen Zahlungen erhalten. Falls V somit eine geringere Zahlung als $I^*$ erwartet, kann er durch Verzerrung eine Zahlung an V vermeiden. In diesem Bereich wird K vollständig an den Zahlungen des Unternehmens partizipieren. Entsprechend steigt sein Arbeitsanreiz bei niedrigen erwarteten Zahlungen auf 1. Dieser Sonderfall wird hier jedoch nicht weiter betrachtet.

Bei einem Kauf ohne Kontrakt $\Omega_{EO}$ würde K seinen Arbeitseinsatz auf $e_K^*$ und seinen Grenzpreis für U auf $U_K(f_K; e_K^*) - w_K(e_K^*)$ festlegen. Vs Grenzpreis für das Unternehmen U liegt bei $U_V(0;0)$. Die Bewertungsdifferenz bezüglich U vor Einführung des Kontrakts $\Omega_{EO}$ beträgt dann $D^U = U_V(0;0) - U_K(f_K; e_K^*) + w_K(e_K^*) > 0$. Bei einem Kauf von U unter $\Omega_{EO}$

[447] Aufgrund der Unabhängigkeit der Verzerrungskosten von der Höhe der wahren Zahlung besteht auch Unabhängigkeit zwischen optimalem Arbeitseinsatz und Verzerrung. Daher kann auf die hergeleiteten Kalküle der Akteure ohne Verzerrung gemäß Abschnitt 3.6.3 zurückgegriffen werden.

wird K seinen Arbeitseinsatz auf $e_K^\beta < e_K^*$ und seinen Grenzpreis auf $U_K(f_K;e_K^\beta) - w_K(e_K^\beta) < U_K(f_K;e_K^*) - w_K(e_K^*)$ reduzieren. V antizipiert das Optimierungskalkül von K und bewertet das Unternehmen bei einem Verkauf unter $\Omega_{EO}$ auf Basis des erwarteten Arbeitseinsatzes $e_K^e$ mit $U_V(f_K;e_K^e) > U_V(0;0)$. Daraus folgt die adjustierte Bewertungsdifferenz $D_{EO}^U = U_V(0;0) - U_K(f_K;e_K^\beta) + w_K(e_K^\beta) > D^U$.

Bei der Bewertung des Kontrakts $\Omega_{EO}$ wird K seinen reduzierten Arbeitseinsatz und die Verzerrung des Berichts berücksichtigen. K bewertet den Kontrakt $\Omega_{EO}$ daher mit $EO_K = B + \beta U_K(f_K;e_K^\beta) + \beta I^* + c_K(I^*)$. V antizipiert das Optimierungskalkül von K und bewertet den Kontrakt $\Omega_{EO}$ auf Basis des erwarteten Arbeitseinsatzes $e_K^e$ und unter Berücksichtigung der erwarteten Verzerrung $I^\gamma$ mit $EO_V = B + \beta U_V(f_K;e_K^e) + \beta I^\gamma$. Die Bewertungsdifferenz zwischen K und V bezüglich des Kontraktes $\Omega_{EO}$ beträgt somit $D^{\Omega_{EO}} = \beta(U_V(f_K;e_K^e) - U_K(f_K;e_K^\beta)) + \beta(I^\gamma - I^*) - c_K(I^*)$.

Daraus folgt unter $\Omega_{EO}$ mit möglicher Verzerrung ein Einigungsbereich gemäß $EB^{\Omega_{EO}} = \beta(U_V(f_K;e_K^e) + I^\gamma - I^*) + (1-\beta)U_K(f_K;e_K^\beta) - U_V(0;0) - c_K(I^*) - w_K(e_K^\beta)$. Der Nettoeffekt der Verzerrung, $n_K = \beta(I^\gamma - I^*) - c_K(I^*)$, beeinflusst den Einigungsbereich unter $\Omega_{EO}$. Falls K und V gleiche Kosten einer Verzerrung berücksichtigen, ist dieser Term negativ: $n_K = -c_K(I^*) < 0$.[448] Dann wird der Einigungsbereich durch die mögliche Verzerrung im Vergleich zum Einigungsbereich ohne mögliche Verzerrung verschlechtert. Durch Vs genaue Antizipation der Verzerrung kann K nicht mehr von einer Verzerrung profitieren, wird aber mit deren Kosten belastet („shoot oneself in the foot“).[449] Wenn keine genaue Antizipation durch V erfolgt, ist eine Verbesserung des Einigungsbereiches durch die Möglichkeit zur Verzerrung nur mit einem positiven Nettoeffekt der Verzerrung $n_K > 0$ möglich. Dies kann aber nur zutreffen, wenn V die Kosten der Verzerrung ausreichend höher einschätzt als K, so dass $\beta(I^\gamma - I^*) > c_K(I^*)$ gilt.

**Satz 7-5:** Bei Möglichkeit zur Verzerrung durch K wird eine Earn-out-Vereinbarung gemäß $\Omega_{EO}$ nur dann ausreichend, wenn V nach Verkauf einen ausreichend hohen Wert $U_V(f_K;e_K^e) \geq U_K(f_K;e_K^\beta) + \frac{D_{EO}^U - n_K}{\beta}$ erwartet. Ein positiver Nettowert $n_K$ aus einer möglichen Verzerrung wird nur dann erreicht, wenn V die Verzerrungskosten für K

---

448 Bei $\gamma = 1$ gilt $I^* = I^\gamma$.

449 Vgl. FISCHER, P. E./VERRECCHIA, R. E. (1998), S. 3.

ausreichend überschätzt. Sonst wird der Einigungsbereich durch die Möglichkeit zur Verzerrung verschlechtert.

#### 3.8.2.4 Auswirkungen möglicher Verzerrung

In den vorangegangenen Abschnitten wurden die Auswirkungen einer möglichen Verzerrung der realisierten Zahlung $E^*$ durch den geschäftsführenden Akteur untersucht. Dabei wurde der Kontrakt $\Omega_{EO}$ mit einer Earn-out-Vereinbarung auf Aktienbasis eingesetzt.[450]

Die Berücksichtigung einer möglichen Verzerrung der realisierten Auszahlung durch den geschäftsführenden Akteur führt nicht zu wesentlichen Änderungen der bisherigen Ergebnisse bei symmetrischer Informationsverteilung zur realisierten Zahlung. Wenn die Kosten der Verzerrung durch beide Akteur identisch berücksichtigt werden, wird der Einigungsbereich durch die mögliche Verzerrung jedoch verschlechtert. Der geschäftsführende Akteur wird mit den Kosten der Verzerrung belastet, durch vollständige Antizipation wird die Verzerrung in der Kontraktgestaltung bereits berücksichtigt („shoot oneself in the foot"). Eine Verbesserung des Einigungsbereiches durch die Möglichkeit zur Verzerrung kann nur dann auftreten, wenn der nicht geschäftsführende Akteur die Verzerrungskosten des geschäftsführenden Akteurs ausreichend überschätzt.

### 3.8.3 Mögliche nicht-neutrale Transaktionen

In diesem Abschnitt wird die Annahme einer (wert-)neutralen Transaktion ohne erwartete Synergien, Externalitäten oder ähnliche Effekte aufgehoben. Dabei werden jeweils die Wirkungen dieser Effekte auf die Kalküle der Akteure, die Transaktionsbedingung und den Einigungsbereich untersucht. Durch dieses allgemeine Vorgehen wird der Bezug auf einen bestimmten der oben betrachteten Kontrakte vermieden.

#### 3.8.3.1 Erwartete Cashflow-Transformationen durch K

Als eine Modifikation des Basismodells wird hier eine Cashflow-Transformation durch den Käufer K eingeführt. K kann nach Kauf des Unternehmens U Aktivitäten ergreifen, die die aus dem Unternehmen U erwarteten Zahlungen verändern. Zunächst wird der Einfluss dieser Modellmodifikation auf die Kalküle der Akteure formuliert. Danach wird die Auswirkung auf die Einigungsbereiche der Kontrakte betrachtet.

Vom Verkäufer V wird durch den Verkauf an K eine Transformation des Unternehmens und der daraus erwarteten Cashflows erwartet.[451] Diese erwartete Cashflow-Transformation durch K sei bezeichnet als $\Delta(.)$. Jeder erwarteten Auszahlung $E$ vor Veräußerung an K wird eine

[450] Die so gewonnenen Ergebnisse gelten daher zunächst nur für entsprechende Earn-out-Vereinbarungen, sind aber grundsätzlich auch auf die anderen untersuchten Kontrakte übertragbar.

[451] Alternativ kann auch eine Veränderung der Eintrittswahrscheinlichkeiten für den guten bzw. schlechten Zustand angenommen werden. Hier soll jedoch die Betrachtung auf den Auszahlungen liegen.

erwartete Auszahlung $\Delta(E)$ zugeordnet. Eine erwartete streng positive Transformation mit $\Delta(E) > E \, \forall E$ sei beispielsweise dadurch gegeben, dass K Restrukturierungsmaßnahmen oder andere Effizienzsteigerungsprogramme umsetzt, die V nicht umsetzen würde.[452] Eine erwartete streng negative Transformation mit $\Delta(E) < E \, \forall E$ ist beispielsweise dann gegeben, falls K das Potenzial des Unternehmens nicht so gut nutzen kann, wie es V nutzen könnte.

Der Käufer K wird seinerseits eine Transformation der von ihm erwarteten Zahlungen durch seine Aktivitäten schätzen. Sowohl für die Bewertung des Unternehmens (zur Festlegung seines Grenzpreises $U_K$) als auch für die Bewertung von davon abgeleiteten Instrumenten wird er diese erwartete Transformation berücksichtigen. In den Auszahlungen $E_K^g$ und $E_K^s$, dem erwarteten Unternehmenswert $U_K = qE_K^g + (1-q)E_K^s$ und somit auch in der Bewertung von daraus abgeleiteten Instrumenten (z.B. Optionen) ist die von K erwartete Cashflow-Transformation dann bereits berücksichtigt. Am Entscheidungskalkül von K ändert sich daher nichts.

Die erwartete Transformation hat jedoch Einfluss auf das Entscheidungskalkül von V. Falls die Transaktion nicht zustande kommt, ist die erwartete Cashflow-Transformation durch K irrelevant. Die Bewertung des Unternehmens durch V zur Ermittlung seines Grenzpreises $U_V$ wird durch die erwartete Cashflow-Transformation daher nicht beeinflusst. Falls die Transaktion jedoch zustande kommt, werden für die Bewertung eines Kontraktes $\Omega$ die erwarteten Zahlungen nach Cashflow-Transformation berücksichtigt. Abbildung 73 stellt die Auswirkungen der Modellmodifikation „erwartete Cashflow-Transformation" auf die Bewertung des Unternehmens und eines Kontraktes dar.

| | Einfluss auf den Grenzpreis | Einfluss auf die Kontraktbewertung |
|---|---|---|
| ... des Verkäufers V | Nein | Ja (Anpassung) |
| ... des Käufers K | Nein (bereits enthalten) | Nein (bereits enthalten) |

**Abb. 73:** Übersicht zur Modellmodifikation „Cashflow-Transformation"

[452] In der Literatur wird zur Sicherung von positiven Einigungsbereichen unter anderem häufig angenommen, dass $\Delta(E) > E \; \forall E$ gilt. Der Unternehmenswert steigt durch den Übergang an K. Siehe dazu z.B. HANSEN, R. (1987), S. 77.

Basis der bisherigen Betrachtung unter der Annahme (wert-)neutraler Transaktionen war die allgemeine Transaktionsbedingung: $D^{\Omega} = \sum_t G_t^{V,\Omega} - \sum_t G_t^{K,\Omega} \geq U_V - U_K = D^U$.[453] Mit Berücksichtigung der Modellmodifikation „Cashflow-Transformation" wird V einen Kontrakt $\Omega$ nicht mehr auf Basis der Auszahlungen $E_V^g$ und $E_V^s$ sowie des Unternehmenswerts $U_V = pE_V^g + (1-p)E_V^s$ bewerten. Statt dessen wird V die Bewertung von $\Omega$ auf Basis der erwarteten Auszahlungen $\Delta(E_V^g)$ und $\Delta(E_V^s)$ sowie des daraus resultierenden Unternehmenswertes $U_V^{\Delta} = p\Delta(E_V^g) + (1-p)\Delta(E_V^s)$ durchführen. Die von V unter $\Omega$ erwarteten variablen Zahlungen verändern sich dann von $G_t^{V,\Omega}$ auf $G_{t,\Delta}^{V,\Omega}$. Zur Erreichung eines nichtnegativen Einigungsbereichs ist somit die um die erwartete Transformation adjustierte Bedingung $D_{\Delta}^{\Omega} = \sum_t G_{t,\Delta}^{V,\Omega} - \sum_t G_t^{K,\Omega} \geq U_V - U_K = D^U$ zu erfüllen. Der Einigungsbereich beträgt somit $EB_{\Delta}^{\Omega} = D_{\Delta}^{\Omega} - D^U$.

Falls der Verkäufer V eine streng positive Cashflow-Transformation mit $\Delta(E) > E \, \forall E$ erwartet, gilt $U_V^{\Delta} > U_V$. Daraus folgt $\sum_t G_{t,\Delta}^{V,\Omega} \geq \sum_t G_t^{V,\Omega}$ für Kontrakte, unter denen V an besseren Unternehmenszahlungen partizipiert, was zu einer höheren Bewertungsdifferenz $D_{\Delta}^{\Omega} = \sum_t G_{t,\Delta}^{V,\Omega} - \sum_t G_t^{K,\Omega} \geq \sum_t G_t^{V,\Omega} - \sum_t G_t^{K,\Omega} = D^{\Omega}$ führt. Die Einigungsbereiche werden auf $EB_{\Delta}^{\Omega} = D_{\Delta}^{\Omega} - D^U \geq D^{\Omega} - D^U = EB^{\Omega}$ verbessert.[454] Insbesondere können einzelne Kontrakte, die ohne diese Transformation nicht ausreichend waren, bei einer vom Verkäufer V in ausreichender Höhe erwarteten Cashflow-Transformation einen nichtnegativen Einigungsbereich ermöglichen.

Falls der Verkäufer V eine streng negative Cashflow-Transformation mit $\Delta(E) < E \, \forall E$ erwartet, gilt $U_V^{\Delta} < U_V$. Daraus folgt $\sum_t G_{t,\Delta}^{V,\Omega} \leq \sum_t G_t^{V,\Omega}$ für Kontrakte, unter denen V an besseren Unternehmenszahlungen partizipiert, was zu einer niedrigeren Bewertungsdifferenz $D_{\Delta}^{\Omega} = \sum_t G_{t,\Delta}^{V,\Omega} - \sum_t G_t^{K,\Omega} \leq \sum_t G_t^{V,\Omega} - \sum_t G_t^{K,\Omega} = D^{\Omega}$ führt. Die Einigungsbereiche werden auf

[453] Siehe dazu Abschnitt 3.1.6.

[454] Die Einigungsbereiche bleiben bei Kontrakten $\Omega_P$ mit einem Ausübungspreis $S_P \leq E_V^s$ und bei Kontrakten $\Omega_C$ mit einem Ausübungspreis $S_C \geq E_V^g$ sowie den zugeordneten Kontrakten mit ausfallbedrohtem Fremdkapital in Höhe $N \geq E_V^g$ unverändert. Diese Kontrakte werden nicht weiter betrachtet.

$EB_{\Delta}^{\Omega} = D_{\Delta}^{\Omega} - D^{U} \leq D^{\Omega} - D^{U} = EB^{\Omega}$ verschlechtert.[455] Insbesondere können einzelne Kontrakte, die ohne diese Transformation ausreichend waren, nur noch einen negativen Einigungsbereich erreichen.

Vom Verkäufer V erwartete positive Cashflow-Transformationen können somit die Einigungsbereiche unter den untersuchten Kontrakten verbessern und erwartete negative Cashflow-Transformationen die Einigungsbereiche verschlechtern.

### 3.8.3.2 Erwartete externe Effekte für K

Als weitere Modifikation des Basismodells werden externe Effekte für den Käufer K betrachtet. K kann dann durch den Erwerb des Unternehmens U Effekte generieren, die außerhalb des Unternehmens U wirken, aber keine Wirkungen auf Zahlungen von U haben. Dazu zählen beispielsweise persönliche Nutzeneffekte aus Geschäftsführung oder Reputationseffekte sowie externe Effekte auf andere Unternehmen im Eigentum von K. Zunächst wird der Einfluss dieser Modellmodifikation auf die Kalküle der Akteure formuliert. Danach wird die Auswirkung auf die Einigungsbereiche der Kontrakte betrachtet.

Vom Verkäufer V werden aus dem Unternehmenskauf externe Effekte für den Käufer K erwartet, die sich jedoch nicht auf Zahlungen von U auswirken. Falls die Transaktion nicht stattfindet, ist diese Erwartung irrelevant. Falls die Transaktion stattfindet, ist sie für die Bewertung des Kontrakts $\Omega$, der sich lediglich auf Zahlungen von U beziehungsweise darauf basierende Instrumente (z.B. Optionen) bezieht, ebenfalls irrelevant. Am Entscheidungskalkül des Verkäufers V ändert sich daher nichts.

K erwartet durch den Kauf des Unternehmens U Zahlungen aus U und zusätzliche externe Effekte. Die erwarteten Gesamtzahlungen einschließlich externer Effekte seien bezeichnet mit $\Phi(.)$. Jeder erwarteten Auszahlung $E$ aus dem Unternehmen U wird eine erwartete Gesamtzahlung $\Phi(E)$ zugeordnet. Im Fall $\Phi(E) > E\,\forall E$ erwartet K streng positive externe Effekte. Andere Unternehmen im Eigentum des Käufers K können dann beispielsweise durch bessere Marktinformationen höhere Zahlungen generieren. Im Fall $\Phi(E) < E\,\forall E$ erwartet K streng negative externe Effekte. Beispielsweise würden andere Unternehmen im Eigentum des Käufers K durch negative Imageeffekte belastet und dadurch niedrigere Zahlungen generieren. K wird in seinem Grenzpreis für U die externen Effekte berücksichtigen. Der Kontrakt $\Omega$ bezieht sich jedoch nur auf die Zahlungen des Unternehmens U und berücksichtigt keine externen Effekte. Die Modellmodifikation beeinflusst somit nicht die Bewertung des

[455] Wie in der vorangegangenen Fußnote beschrieben, werden die Einigungsbereiche bei einzelnen Kontrakten unverändert. Diese Kontrakte werden nicht weiter betrachtet.

Kontrakts Ω durch K. In Abbildung 74 werden die Auswirkungen der Modifikation „externe Effekte für K“ auf die Bewertung des Unternehmens und eines Kontraktes dargestellt.

| | Einfluss auf den Grenzpreis | Einfluss auf die Kontraktbewertung |
|---|---|---|
| ... des Verkäufers V | Nein | Nein |
| ... des Käufers K | Ja (Anpassung) | Nein |

**Abb. 74:** Übersicht zur Modellmodifikation „externe Effekte für K“

Basis der bisherigen Betrachtung unter der Annahme (wert-)neutraler Transaktionen war die allgemeine Transaktionsbedingung: $D^{\Omega} = \sum_t G_t^{V,\Omega} - \sum_t G_t^{K,\Omega} \geq U_V - U_K = D^U$.[456] Mit Berücksichtigung der Modellmodifikation „externe Effekte für K“ wird K seinen Grenzpreis für das Unternehmen U nicht mehr auf Basis der erwarteten Zahlungen $E_K^g$ und $E_K^s$ mit $U_K = qE_K^g + (1-q)E_K^s$ festlegen. Statt dessen wird K mit den erwarteten Zahlungen $\Phi(E_K^g)$ und $\Phi(E_K^s)$ seinen Grenzpreis auf $U_K^{\Phi} = q\Phi(E_K^g) + (1-q)\Phi(E_K^s)$ setzen. Zur Erreichung nichtnegativer Einigungsbereiche ist somit die um die erwarteten externen Effekte adjustierte Bedingung $D^{\Omega} = \sum_t G_t^{V,\Omega} - \sum_t G_t^{K,\Omega} \geq U_V - U_K^{\Phi} = D_{\Phi}^U$ zu erfüllen. Der Einigungsbereich beträgt somit $EB_{\Phi}^{\Omega} = D^{\Omega} - D_{\Phi}^U$.

Falls der Käufer K streng positive externe Effekte mit $\Phi(E) > E \,\forall E$ erwartet, gilt zunächst $U_K^{\Phi} > U_K$, was wiederum zu $D_{\Phi}^U = U_V - U_K^{\Phi} > U_V - U_K = D^U$ führt. Die Einigungsbereiche werden auf $EB_{\Phi}^{\Omega} = D^{\Omega} - D_{\Phi}^U > D^{\Omega} - D^U = EB^{\Omega}$ verbessert. Insbesondere können einzelne Kontrakte, die ohne diese Effekte den Einigungsbereich nicht ausreichend waren, bei vom Käufer K erwarteten externen Effekten in ausreichender Höhe einen nichtnegativen Einigungsbereich ermöglichen.

Falls der Käufer K streng negative externe Effekte mit $\Phi(E) < E \,\forall E$ erwartet, gilt zunächst $U_K^{\Phi} < U_K$, was wiederum zu $D_{\Phi}^U = U_V - U_K^{\Phi} < U_V - U_K = D^U$ führt. Die Einigungsbereiche werden auf $EB_{\Phi}^{\Omega} = D^{\Omega} - D_{\Phi}^U < D^{\Omega} - D^U = EB^{\Omega}$ verschlechtert. Insbesondere können einzelne Kontrakte, die ohne diese Effekte ausreichend waren, nur noch einen negativen Einigungsbereich ermöglichen.

456 Siehe Abschnitt 3.1.6.

Vom Käufer K erwartete positive externe Effekte für K können somit die Einigungsbereiche unter den untersuchten Kontrakten verbessern und erwartete negative externe Effekte für K die Einigungsbereiche verschlechtern.

#### 3.8.3.3 Erwartete externe Effekte für V

In einer weiteren Modifikation des Basismodells werden erwartete externe Effekte für den Verkäufer V betrachtet. V kann dann durch den Verkauf von U Effekte generieren, die außerhalb des Unternehmens wirken, aber keine Wirkungen auf Zahlungen von U haben. Dazu zählen beispielsweise persönliche Nutzeneffekte aus der Aufgabe der Geschäftsführung oder Reputationseffekte sowie externe Effekte auf andere Unternehmen im Eigentum von V. Zunächst wird hier der Einfluss dieser Modellmodifikation auf die Kalküle der Akteure formuliert.

Vom Käufer K werden dann externe Effekte aus dem Unternehmenskauf für V erwartet, die sich nicht auf Zahlungen von U auswirken. Falls die Transaktion nicht stattfindet, ist diese Erwartung irrelevant. Falls die Transaktion stattfindet, ist sie für die Bewertung des Unternehmens U und des Kontrakts $\Omega$, der sich lediglich auf Zahlungen von U bezieht, ebenfalls irrelevant. Am Entscheidungskalkül von K ändert sich daher nichts.

Die erwarteten externen Effekte haben jedoch Einfluss auf das Entscheidungskalkül des Verkäufers V. Falls die Transaktion nicht zustande kommt, sind die erwarteten externen Effekte für V irrelevant. Falls die Transaktion jedoch stattfindet, werden die externen Effekte zusätzlich berücksichtigt. Die direkten Zahlungen aus dem Kontrakt $\Omega$ bleiben zwar unverändert, allerdings treten zusätzliche Zahlungen durch die externen Effekte auf. Mathematisch ist dies entsprechend der von V erwarteten Cashflow-Transformation durch K formulierbar, es ist also keine separate Formulierung notwendig.[457] Abbildung 75 stellt die Auswirkungen der Modellmodifikation „externe Effekte für V" auf die Bewertung des Unternehmens und des Kontraktes dar.

| | Einfluss auf den Grenzpreis | Einfluss auf die Kontraktbewertung |
|---|---|---|
| ... des Verkäufers V | Nein | Ja (Anpassung) |
| ... des Käufers K | Nein | Nein |

**Abb. 75:** Übersicht zur Modellmodifikation „externe Effekte für V"

[457] Zur erwarteten Cashflow-Transformation durch K vgl. Abschnitt 3.8.3.1.

In der weiteren Untersuchung werden erwartete externe Effekte für den Verkäufer V nicht mehr explizit betrachtet. Positive externe Effekte für V (z.B. Sicherung der Unternehmensnachfolge) sind als positive erwartete Cashflow-Transformation formulierbar. Negative externe Effekte für V (z.B. Reputationsverlust wegen aufgegebener Eigentümerschaft) sind entsprechend als negative erwartete Cashflow-Transformationen formulierbar. Die Ergebnisse zur erwarteten Cashflow-Transformation können somit auf erwartete externe Effekte für V übertragen werden. Erwartete positive externe Effekte für V können die Einigungsbereiche unter den untersuchten Kontrakten verbessern und erwartete negative externe Effekte für V die Einigungsbereiche verschlechtern.[458]

#### 3.8.3.4 Erwartete Verlagerungen durch K

Als eine weitere Modifikation des Basismodells werden erwartete Verlagerungseffekte durch den Käufer K nach Kauf des Unternehmens betrachtet. Dazu zählen insbesondere Wertverlagerungen aus dem Unternehmen heraus („asset stripping") mit negativen Auswirkungen auf erwartete Zahlungen von U. Es können aber auch Wertverlagerungen in das Unternehmen hinein mit entsprechend positiven Auswirkungen auf die Zahlungen von U auftreten. Zunächst wird hier der Einfluss dieser Modellmodifikation auf die Kalküle der Akteure formuliert.

Vom Verkäufer V werden Verlagerungen erwartet, die das Unternehmen U nach dem erfolgten Verkauf betreffen. Die erwarteten Zahlungen von U nach Verkauf bewertet V daher anders als die erwarteten Zahlungen von U ohne Verkauf. Das Kalkül von V wird sich daher entsprechend einer erwarteten Cashflow-Transformation verändern.[459] Erwartete Verlagerungen aus dem Unternehmen heraus (z.B. „asset stripping") können aus Sicht von V daher als erwartete negative Cashflow-Transformation formuliert werden. Erwartete Verlagerungen in das Unternehmen sind entsprechend als erwartete positive Cashflow-Transformation formulierbar.

Vom Käufer K werden nach Kauf des Unternehmens U zunächst Verlagerungen vorgesehen, die außerhalb des Unternehmens die gleichen Zahlungen generieren wie innerhalb des Unternehmens.[460] Der von K erwartete Wert des Unternehmens U ändert sich daher nicht. Bei der Bewertung des Kontrakts $\Omega$ wird K jedoch vorgesehene Verlagerungen berücksichtigen, da sich $\Omega$ lediglich auf Zahlungen des Unternehmens U bezieht (siehe Abbildung 76). K wird den Kontrakt $\Omega$ bei vorgesehenen Verlagerungen auf Basis anderer erwarteter Zahlungen

[458] Hier wurden die in Abschnitt 3.8.3.1 beschriebenen Sonderfälle ohne Änderung des Einigungsbereiches vernachlässigt.

[459] Zur erwarteten Cashflow-Transformation durch K vgl. Abschnitt 3.8.3.1.

[460] Falls die Verlagerungen außerhalb des Unternehmens zu anderen Zahlungen führen als im Unternehmen, kann dies durch eine Kombination mit zusätzlichen externen Effekten für K formuliert werden. Zur Übersichtlichkeit wird hier davon abgesehen.

bewerten als U. Bei der Untersuchung externer Effekte für K wurde eine ähnliche Auswirkung auf das Kalkül von K festgestellt.[461] Vorgesehene Verlagerungen aus dem Unternehmen heraus können somit als erwartete positive externe Effekte für K formuliert werden. Verlagerungen in das Unternehmen sind entsprechend als negative externe Effekte für K formulierbar.

| | Einfluss auf den Grenzpreis | Einfluss auf die Kontraktbewertung |
|---|---|---|
| ... des Verkäufers V | Nein | Ja (Anpassung) |
| ... des Käufers K | Nein | Ja (Anpassung) |

**Abb. 76:** Übersicht zur Modellmodifikation „Verlagerungen durch K“

In der weiteren Untersuchung werden erwartete Verlagerungen durch den Käufer K nicht mehr explizit betrachtet. Erwartete Verlagerungen können im Rahmen des verwendeten Modells als Kombination einer von V erwarteten Cashflow-Transformation und von K erwarteten externen Effekten formuliert werden. Beispielhaft ist eine Verlagerung aus dem Unternehmen heraus (z.B. „asset stripping“) als eine durch V erwartete negative Cashflow-Transformation mit erwarteten positiven externen Effekten für K formulierbar. Die Ergebnisse zu erwarteten Cashflow-Transformationen und erwarteten externen Effekten für K können somit auf erwartete Verlagerungen durch K übertragen werden. Die Auswirkung den Einigungsbereich wird somit durch zwei Effekte bestimmt. In Abhängigkeit vom Verhältnis beider Effekte kann der Einigungsbereich verbessert oder verschlechtert werden.

### 3.8.3.5 Weitere mögliche Effekte

Neben den bereits betrachteten Effekten (Cashflow-Transformationen, externe Effekte und Verlagerungen) können noch weitere Effekte auftreten, die die Kalküle der Akteure beeinflussen. Diese Effekte führen dazu, dass K oder V das Unternehmen U auf Basis anderer erwarteter Zahlungen bewerten als einen Kontrakt $\Omega$. Mit den oben betrachteten Modellmodifikationen oder deren Kombination können solche Effekte jedoch abgebildet werden.[462] Hier erfolgt daher keine weitere Analyse.

### 3.8.3.6 Auswirkungen nicht-neutraler Transaktionen

In den vorangegangenen Abschnitten wurden die Auswirkungen nicht-neutraler Transaktionen auf den Einigungsbereich untersucht. Vom Verkäufer V erwartete positive Cashflow-Transformationen durch den Käufer K sowie positive externe Effekte für Käufer K oder Verkäufer V können die Einigungsbereiche verbessern. Insbesondere können einzelne Kontrakte, die bei

[461] Zu erwarteten externen Effekten für K vgl. Abschnitt 3.8.3.2.

[462] Vgl. dazu beispielhaft auch die Betrachtung von externen Effekte für V in Abschnitt 3.8.3.3 und von erwarteten Verlagerungen durch K in Abschnitt 3.8.3.4.

neutralen Transaktionen nicht ausreichend waren, einen nichtnegativen Einigungsbereich ermöglichen. Das Ausmaß dieser Wirkung ist jedoch vom jeweiligen Kontrakt abhängig. Andererseits wird der Einigungsbereich durch vom Verkäufer V erwartete negative Cashflow-Transformationen durch den Käufer K sowie negative externe Effekte für Käufer K oder Verkäufer V verschlechtert. Teilweise werden Transaktionen dadurch verhindert.

**Satz 7-6:** Durch nicht-neutrale Transaktionen werden die Wirkungen der analysierten Kontrakte auf den Einigungsbereich beeinflusst. Eine Verbesserung des Einigungsbereiches gegenüber neutralen Transaktionen wird durch von V erwartete positive Cashflow-Transformationen sowie durch von K oder V erwartete positive externe Effekte möglich.

### 3.8.4 Beurteilung der Annahmenlockerung

In den vorangegangenen Abschnitten wurden ausgewählte Annahmen des Basismodells gelockert. Die Zulassung von Risikoaversion bei Käufer und Verkäufer verändert den Einigungsbereich um einen Risikoteilungseffekt. Mit zunehmender Risikoaversion des Verkäufers V oder sinkender Risikoaversion des Käufers K wird der Einigungsbereich durch einen steigenden Risikoteilungseffekt verbessert und der optimale Verkäuferanteil $\beta$ unter einer Earn-out-Vereinbarung $\Omega_{EO}$ sinkt. Die Zulassung einer möglichen Verzerrung der tatsächlichen wirtschaftlichen Situation des Unternehmens durch den geschäftsführenden Akteur führt zu keiner wesentlichen Veränderung der bisherigen Ergebnisse. Wenn beide Akteure identische Kosten der Verzerrung berücksichtigen, wird der Einigungsbereich durch die mögliche Verzerrung jedoch verschlechtert („shoot oneself in the foot"). Eine Verbesserung ist nur dann möglich, wenn der nicht geschäftsführende Akteur die Verzerrungskosten des geschäftsführenden Akteurs ausreichend überschätzt. Bei der Zulassung nicht-neutraler Transaktionen kann der Einigungsbereich durch von V erwartete positive Cashflow-Transformationen sowie durch von K oder V erwartete positive externe Effekte verbessert werden.

Die betrachteten Annahmenlockerungen beeinflussen die Wirkung von Kontrakten auf den Einigungsbereich. Die wesentlichen Modellergebnisse bleiben jedoch bestehen. Allerdings können unter den gelockerten Annahmen auch dann Kontrakte nichtnegative Einigungsbereiche ermöglichen, wenn dies unter den Annahmen des Basismodells nicht möglich ist. Beispielsweise kann durch vom Verkäufer ausreichend hoch erwartete Synergien (positive Cashflow-Transformation) die Zahlung mit Aktien unter $\Omega_A$ ausreichend sein, wenn dies mit niedrigen oder ohne Synergien nicht möglich ist.[463] Andererseits können im

[463] Das führt zurück zu den üblichen Modellen unter der Annahme ausreichend hoher Synergien. Siehe dazu auch Abschnitt 2.4.2.

Basismodell ausreichende Kontrakte unter den gelockerten Annahmen an Wirkung verlieren. Beispielsweise kann eine erwartete Verzerrung der wirtschaftlichen Situation des Unternehmens durch den geschäftsführenden Akteur eine Verschlechterung des Einigungsbereiches verursachen, die die Transaktion verhindert.

## 3.9 Zusammenfassung der Modellergebnisse

In diesem Kapitel wurde zunächst ein formales Modell zur Untersuchung von Kontrakten mit bedingten Zahlungsstrukturen im Rahmen von M&A-Transaktionen entwickelt. Ausgangssituation ist ein negativer Einigungsbereich zwischen Käufer und Verkäufer bezüglich des Unternehmenswertes aufgrund asymmetrischer ex ante Informationsverteilung. Asymmetrische Informationsverteilung nach Transaktion wurde bezüglich einer möglichen Verzerrung der Erfolgsgröße berücksichtigt, für einen Großteil der Untersuchung wurde jedoch symmetrische Informationsverteilung nach Transaktion angenommen. Ziel ist die Gestaltung von Kontrakten zur Verbesserung des Einigungsbereiches. Dazu werden Bewertungsdifferenzen von Kontrakten mit bedingten Zahlungsstrukturen zwischen K und V genutzt. Die untersuchten Kontrakte eignen sich im Rahmen der gesetzten Modellannahmen jedoch unterschiedlich gut zur Erreichung nichtnegativer Einigungsbereiche (siehe Abbildung 77).[464]

| **Untersuchte Kontrakte** | **Erreichung nichtnegativer Einigungsbereiche** |
|---|---|
| Barzahlung (oder sicheres Fremdkapital) | Nicht möglich |
| Zahlung mit Aktien | Nur in Ausnahmefällen möglich |
| Kombination von Barzahlung und Aktien | Dominiert durch die Reinformen |
| Kontrakt mit Put-Option | Immer möglich (teilweise wird Call-Option dominiert) |
| Kontrakt mit Call-Option | Kontrakt mit Call-Option (teilweise wird Put-Option dominiert) |
| Kombination von Call- und Put-Option | Immer möglich |
| Ausfallbedrohtes Fremdkapital | Bei ausreichend hohem Fremdkapital |
| ... kombiniert mit Barzahlung | Entspricht Kontrakt mit Put-Option |
| ... kombiniert mit Aktien | Ähnlich zum Kontrakt mit Put-Option |
| ... kombiniert mit Aktien und Barzahlung | Ähnlich zum Kontrakt mit Put-Option |
| ... des fusionierten Unternehmens | Möglich, wenn der Käufer einen hohen Fremdkapitalausfall erwartet |
| Earn-out-Vereinbarungen | Bei ausreichend hohem Freizeitnutzen des Verkäufers möglich |

**Abb. 77:** Übersicht zur Eignung der untersuchten Kontrakte

Die Standardinstrumente Barzahlung und Zahlung mit Aktien eignen sich in Fällen negativer Einigungsbereiche nur begrenzt. Durch Barzahlung ist kein nichtnegativer Einigungsbereich erreichbar. Bei Zahlung des Kaufpreises mit Aktien eines fusionierten Unternehmens kann nur dann ein nichtnegativer Einigungsbereich erreicht werden, wenn der Verkäufer über Informationsvorteile bezüglich des übernehmenden Unternehmens verfügt oder zu verfügen glaubt. Bei asymmetrischer Informationsverteilung bezüglich des Wertes von Unternehmen wird jedoch regelmäßig unterstellt, dass das Unternehmen und dessen bisherige Anteilseigner

[464] Dabei werden die Ergebnisse unter den Annahmen des Basismodells dargestellt.

über den Unternehmenswert besser informiert sind als Externe. Bei Antizipation durch einen rationalen Verkäufer ist mit Aktien daher kein nichtnegativer Einigungsbereich erreichbar. Eine Kombination aus Aktien und positiver Barzahlung an den Verkäufer wird durch reine Aktien- oder reine Barzahlungskontrakte dominiert.

Durch den Einsatz eines Kontrakts mit Put-Option oder Call-Option ist bei optimaler Gestaltung in jeder Erwartungskonstellation ein nichtnegativer Einigungsbereich erreichbar. Durch Wahl eines ausreichend hohen Ausübungspreises der Put-Option oder eines ausreichend niedrigen Ausübungspreises der Call-Option sind robuste Kontrakte möglich. Diese Kontrakte sichern unabhängig von der tatsächlichen Erwartungskonstellation einen nichtnegativen Einigungsbereich. Bei einem Vergleich beider Kontrakttypen wird die besondere Eignung dieser Kontrakte sichtbar. Kontrakte mit Put-Option eignen sich besser im Fall einer „hohen Zahlungsvolatilität“, während sich Kontrakte mit Call-Option besser für Fälle „niedriger Zahlungsvolatilität“ eignen.[465] Auch eine Kombination von Call-Option und Put-Option ermöglicht nichtnegative Einigungsbereiche. Durch einen Kontrakt, bei dem der Ausübungspreis der Call-Option unter dem Ausübungspreis der Put-Option liegt, ist eine Negation des ursprünglichen negativen Einigungsbereiches möglich. Der Käufer wird dann für eine bessere als die erwartete Unternehmensentwicklung „bestraft“.

Wenn zur Kaufpreiszahlung ausfallbedrohtes Fremdkapital des verkauften Unternehmens eingesetzt wird, ist bei optimaler Gestaltung ein nichtnegativer Einigungsbereich erreichbar. Beim Einsatz von reinem ausfallbedrohten Fremdkapital ist dazu ein ausreichend hoher Nennwert des Fremdkapitals erforderlich, der mindestens der höchsten vom Verkäufer erwarteten Zahlung entspricht. Eine solche Position kann der Verkäufer jedoch auch ohne M&A-Transaktion generieren. Durch Kombination ausfallbedrohten Fremdkapitals mit einer Barkomponente wird faktisch ein Kontrakt mit Put-Option abgebildet. Die zusätzliche Einbindung von Aktien des fusionierten Unternehmens führt insbesondere dann zu einem größeren Einigungsbereich, wenn der Verkäufer das übernehmende Unternehmen höher bewertet als der Käufer. Im Grenzfall wird der Verkäufer dann einen hohen Aktienanteil am fusionierten Unternehmen halten. Der Einsatz von ausfallbedrohtem Fremdkapital des fusionierten Unternehmens ermöglicht jedoch nur dann einen nichtnegativen Einigungsbereich, wenn der Käufer eine ausreichend niedrige Zahlung des übernehmenden Unternehmens im schlechten Zustand erwartet und das Fremdkapital als ausfallbedroht betrachtet.

Der Einsatz von Earn-out-Vereinbarungen auf Aktienbasis kann den Einigungsbereich verbessern. Jedoch dominieren Earn-out-Vereinbarungen nicht in jedem Fall die Barzahlung, wie bei MERTENS (2003) und MERTENS (2004) hergeleitet. Diese Dominanz ist nur dann

[465] Siehe dazu die Abschnitte 3.3 und 3.4 und dort insbesondere die Abbildungen 33 und 49.

gewährleistet, wenn der Verkäufer nicht am Einsatz seiner spezifischen Fähigkeiten gehindert wird. Allerdings ist die Überbrückung negativer Einigungsbereiche nur in bestimmten Situationen möglich. Von besonderer Bedeutung dafür ist der Freizeitnutzen des Verkäufers aus seinem reduzierten Arbeitseinsatz. Der Einsatz einer Earn-out-Vereinbarung kann die M&A-Transaktion nur ermöglichen, wenn der Verkäufer einen ausreichend hohen Freizeitnutzen generieren kann. Die Transaktion kann dann sogar stattfinden, obwohl der Verkäufer eine Wertsenkung des Unternehmens nach der Transaktion erwartet. Die Einführung von Schwellenwerten, durch die der Verkäufer erst ab einem Grenzwert partizipiert, führt zu keinen wesentlichen Veränderungen der Ergebnisse. Allerdings kann durch entsprechende Ausgestaltung des Kontrakts der Gesamtarbeitsanreiz gesteigert werden. Der Wechsel auf eine Zahlung der variablen Kaufpreiskomponente mit Aktien hat jedoch nur dann einen positiven Einfluss auf den Einigungsbereich, wenn der Verkäufer das fusionierte Unternehmen nach der M&A-Transaktion höher bewertet als der Käufer.

Bei Zulassung risikoaverser Akteure wird die Wirkung der untersuchten Kontrakte durch einen Risikoteilungseffekt beeinflusst. Wenn der Käufer eine geringere Risikoaversion aufweist als der Verkäufer, wird eine weitere Verbesserung der Einigungsbereiche möglich. Allerdings kann der Risikoteilungseffekt auch negativ sein. Dies ist beispielsweise dann möglich, wenn der Verkäufer durch die M&A-Transaktion eine Steigerung des Unternehmensrisikos erwartet.

Bei der Zulassung von ex post Informationsasymmetrie wird dem geschäftsführenden Akteur die Verzerrung der Bemessungsgrundlage von Kontrakten ermöglicht. Wenn Käufer und Verkäufer gleiche Kosten der Verzerrung berücksichtigen, wird der Einigungsbereich verschlechtert. Allerdings kann eine Verbesserung des Einigungsbereiches auftreten, wenn der nicht geschäftsführende Akteur die Verzerrungskosten des geschäftsführenden Akteurs ausreichend überschätzt.

Mögliche Veränderungen des Unternehmens nach der Transaktion können dessen erwartete Zahlungen und somit auch dessen Wert beeinflussen. Durch solche nicht-neutralen Transaktionen werden die Wirkungen der Kontrakte beeinflusst. Vom Verkäufer erwartete positive Cashflow-Transformationen sowie von Käufer oder Verkäufer erwartete positive externe Effekte können den Einigungsbereich verbessern. Dann können Earn-out-Vereinbarungen auch bei einem niedrigeren Freizeitnutzen des Verkäufers die M&A-Transaktion ermöglichen. Auch bei Zahlung des Kaufpreises durch Aktien kann bei ausreichend hohen erwarteten Wertsteigerungen die M&A-Transaktion ermöglicht werden.[466]

[466] Dies reflektiert die regelmäßige Annahme ausreichend hoher erwarteter Synergien in den bisherigen Arbeiten zu Zahlungsmitteln bei M&A-Transaktionen. Siehe dazu Abschnitt 2.4.2.

Das entwickelte Modell hat erstmals die Wirkung von Kontraktdesigns bei negativen Einigungsbereichen aufgrund asymmetrischer ex ante Informationsverteilung untersucht. Insbesondere wurden die bisherigen Erkenntnisse zu den Standardinstrumenten Barzahlung und Aktien erweitert. Darüber hinaus wurde der mögliche Einsatz von Optionen zur Überbrückung abweichender Werteinschätzungen nachgewiesen. Zudem wurde gezeigt, dass Earn-out-Vereinbarungen zur Überbrückung von Bewertungsdifferenzen eingesetzt werden können und unter welchen Bedingungen dies möglich ist.

# 4 Gestaltungsempfehlungen

Nach der theoretischen Untersuchung von Kontrakten zur Verbesserung des Einigungsbereiches im vorangegangenen Kapitel liegt der Schwerpunkt dieses Kapitels auf der Anwendung der Ergebnisse. Zunächst werden Gestaltungsempfehlungen für den Einsatz von Kontrakten in realen Situationen erarbeitet. Der Schwerpunkt liegt nach der Wahl eines Kontrakts auf dessen Ausgestaltung, die unter anderem auch asymmetrische Informationsverteilung nach Transaktion berücksichtigen muss.[467] Ergänzt wird diese Betrachtung um rechtliche Aspekte und einen Gestaltungsentwurf für mögliche empirische Arbeiten. Abschließend wird auf die Bedeutung von Kontrakten in Verhandlungen eingegangen.

## 4.1 Wahl eines Kontrakts

Beim Abschluss von M&A-Transaktionen steht eine Vielzahl möglicher Kontrakte zur Auswahl. Bevor jedoch im Detail die konkrete Ausgestaltung von Kontrakten betrachtet werden kann, ist zunächst die Entscheidung zwischen verschiedenen Kontrakten erforderlich. Je nach spezifischer Situation sind die betrachteten Kontrakte unterschiedlich gut zur Verbesserung des Einigungsbereiches geeignet.[468] Neben ihrer Eignung zur Verbesserung des Einigungsbereiches ist jedoch auch deren Umsetzung zu berücksichtigen. Schließlich werden in der Praxis regelmäßig Transaktionskosten auftreten und Verträge unvollständig sein.[469] Die Umsetzung von Vertragskonstruktionen in der Unternehmenspraxis wird daher die Entscheidung zwischen Kontrakten beeinflussen.

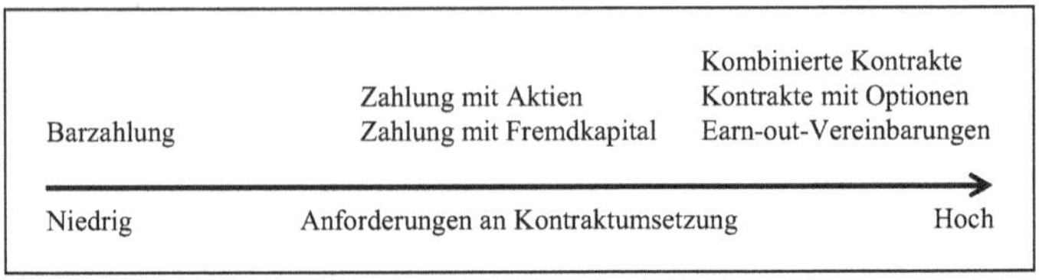


**Abb. 78:** Anforderungen an die Umsetzung von Kontrakten

Bei einer reinen Barzahlung des Kaufpreises ist die Umsetzung des Kontrakts einfacher als bei anderen Kontrakten. Es ist keine künftige Anpassung des Kaufpreises vorgesehen und die Werthaltigkeit der Barzahlung wird zwischen den Akteuren unstrittig sein. Kontrakte mit bedingten Zahlungsstrukturen stellen im Vergleich zur Barzahlung höhere Umsetzungsanforderungen (siehe Abbildung 78).

Bei der Zahlung in Aktien eines fusionierten Unternehmens sind zur Vertragserfüllung zusätzliche Aktien zu emittieren. Je nach Situation können dazu bestehende Aktiengattungen

---

467 Im betrachteten formalen Modell in Kapitel 3 wurde die asymmetrische Informationsverteilung nach Transaktion auf die Möglichkeit zur Verzerrung der Erfolgsgröße (Abschnitt 3.8.2) begrenzt.

468 Siehe dazu die Untersuchungen in Kapitel 3 und insbesondere die Zusammenfassung in Abschnitt 3.9.

469 Zur Theorie unvollständiger Verträge siehe u.a. HART, O./MOORE, J. (1988) und HART, O./MOORE, J. (1999).

aufgestockt oder neue Aktiengattungen geschaffen werden.[470] Die Umsetzung eines Kontrakts mit Zahlung in Aktien ist daher aufwendiger als eine Barzahlung. Im Kontrakt kann die Einführung der Aktien an einem geregelten Markt (Wertpapierbörse) vorgesehen sein. Börsennotierte Aktien bieten einen Vorteil im Vergleich zu anderen Instrumenten mit bedingten Zahlungen. Die (börsennotierten) Aktien reflektieren den Wert des Unternehmens und bilden die Wertentwicklung somit direkt ab. Eine ähnlich direkte Wertabbildung bietet ausfallbedrohtes Fremdkapital. Sofern das Unternehmen den Zahlungsverpflichtungen nicht mehr vollständig nachkommen kann, findet ein Eigentumswechsel an die Fremdkapitalgläubiger statt. Das ausfallbedrohte Fremdkapital bildet den Unternehmenswert dann ebenfalls direkt ab. Eine Schwierigkeit beim Einsatz ausfallbedrohten Fremdkapitals ist für den Käufer jedoch die Sicherstellung des Ausfallbezugs. Ziel des Käufers wird es dabei sein, einen Durchgriff der Fremdkapitalgläubiger auf andere Vermögensgegenstände in seinem Eigentum zu verhindern.

Earn-out-Vereinbarungen und Optionen bilden die Wertentwicklung des Unternehmens nicht direkt ab. Diese Instrumente beziehen sich auf den Unternehmenswert und unterstellen dessen Messbarkeit. Darin besteht eine wesentliche Einschränkung für den Einsatz dieser Kontrakte. Falls für ein Unternehmen kein objektiv ermittelbarer (Markt-) Wert gemessen werden kann, stellt die Ausgestaltung dieser Kontrakte daher besondere Anforderungen.[471] Das ist beispielsweise dann der Fall, wenn das Unternehmen in ein anderes Unternehmen eingegliedert wird, da sich börsennotierte Aktien des Käuferunternehmens nicht genau auf das verkaufte Unternehmen beziehen. Der Ermittlung der Wertentwicklung des verkauften Unternehmens kommt dann eine besondere Bedeutung zu.[472] Earn-out-Vereinbarungen und Optionen werden aufgrund dieser Herausforderungen nur in spezifischen Situationen eingesetzt werden. Entsprechend wird eine individuelle Formulierung erfolgen müssen.

---

[470] Hier wird vom Käuferunternehmen als Aktiengesellschaft ausgegangen. Bei anderen Gesellschaftsformen können entsprechend andere Anteile eingesetzt werden.

[471] Vgl. HOLZAPFEL, H.-J./PÖLLATH, R. (2005), S. 453.

[472] Die Ausgestaltung dieser Instrumente wird daher in Abschnitt 4.2 näher betrachtet.

## 4.2 Ausgestaltung eines Kontrakts

Jeder gewählte Kontrakt muss einer spezifischen realen M&A-Transaktion angepasst werden. Dieser Abschnitt stellt wesentliche Aspekte der Ausgestaltung von Kontrakten vor. Zur Vereinfachung wird dazu das Beispiel einer Earn-out-Vereinbarung verwendet. Die Ergebnisse sind jedoch auch auf andere Kontrakte übertragbar.

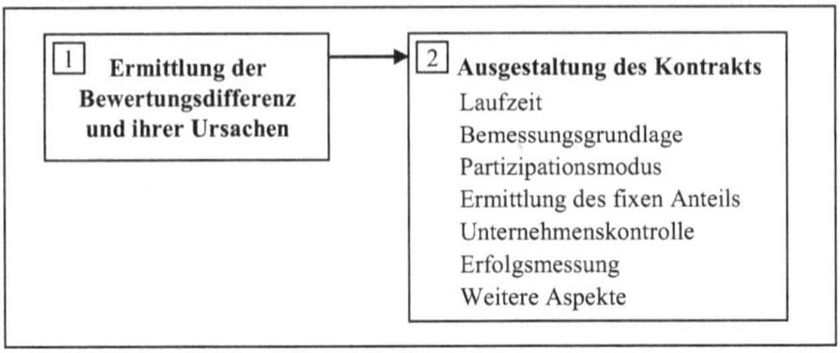


**Abb. 79:** Ausgestaltung einer Earn-out-Vereinbarung

Durch den Einsatz der Earn-out-Vereinbarung soll eine bestehende Bewertungsdifferenz bezüglich des Unternehmens überwunden werden. Für die Ausgestaltung einer Earn-out-Vereinbarung ist daher zunächst die Ursache der Bewertungsdifferenz zu ermitteln. Insbesondere ist es erforderlich, die wert(differenz-)bestimmenden Faktoren zu identifizieren.[473] Die Vereinbarung kann dann insbesondere durch die Wahl von Laufzeit und Bemessungsgrundlage auf die Bewertungsdifferenz ausgerichtet werden (siehe Abbildung 79). Zudem sind die Partizipation des Verkäufers sowie die Aufteilung von fixer und variabler Kaufpreiskomponente zu bestimmen. Wesentliche weitere Aspekte sind die Unternehmenskontrolle und die Erfolgsmessung.

### 4.2.1 Laufzeit

Die Laufzeit der Earn-out-Vereinbarung sollte so gewählt werden, dass sie eine ausreichend sichere Abbildung des tatsächlichen Wertes ermöglicht.[474] Innerhalb der gewählten Laufzeit ist dann für beide Akteure eine Auflösung der ursprünglichen Bewertungsdifferenz gegeben.[475] Zusätzlich ist die Auswirkung der Vereinbarungslaufzeit auf andere Interessen der Akteure zu berücksichtigen. Der Käufer wird während der Laufzeit in seinem Handlungsspielraum deutlich eingeschränkt sein.[476] Dazu zählen beispielsweise eine beschränkte Veräußerbarkeit des Unternehmens während der Laufzeit sowie die verzögerte oder reduzierte

[473] Vgl. SHERMAN, S. J. (2004), S. 12.

[474] Auch BAUMS, T. (1993), S. 1274 weist darauf hin, dass eine zu kurze Laufzeit kein zutreffendes Bild liefert.

[475] Die Notwendigkeit der in Abschnitt 4.2 angesprochenen Ermittlung der Bewertungsdifferenz als Ausgangspunkt der Kontraktgestaltung wird dadurch unterstrichen. Zusätzlich ist beispielsweise auch die angestrebte Bindung des bisherigen Managements zu berücksichtigen. Vgl. HAMILTON, A. H./METCALF, B. W./WALTON, L. (2004), S. 15.

[476] Vgl. BAUMS, T. (1993), S. 1275 und HAMILTON, A. H./METCALF, B. W./WALTON, L. (2004), S. 15.

Nutzung von Synergien.[477] Die optimale Laufzeit einer Earn-out-Vereinbarung wird aus Sicht des Käufers durch zwei gegenläufige Effekte bestimmt. Eine längere Laufzeit ermöglicht eine genauere Abbildung des tatsächlichen Unternehmenswertes. Allerdings verursacht eine längere Laufzeit zusätzliche Kosten. Die Entscheidungssituation des Verkäufers ist ähnlich. Eine längere Laufzeit ermöglicht eine genauere Abbildung des tatsächlichen Unternehmenswertes, sie verursacht jedoch ebenfalls zusätzliche Kosten. Zu diesen Kosten zählen bei eigenem Arbeitseinsatz unter anderem die Bindung seiner eigenen Fähigkeiten an das verkaufte Unternehmen und damit ein Verzicht auf Alternativen.

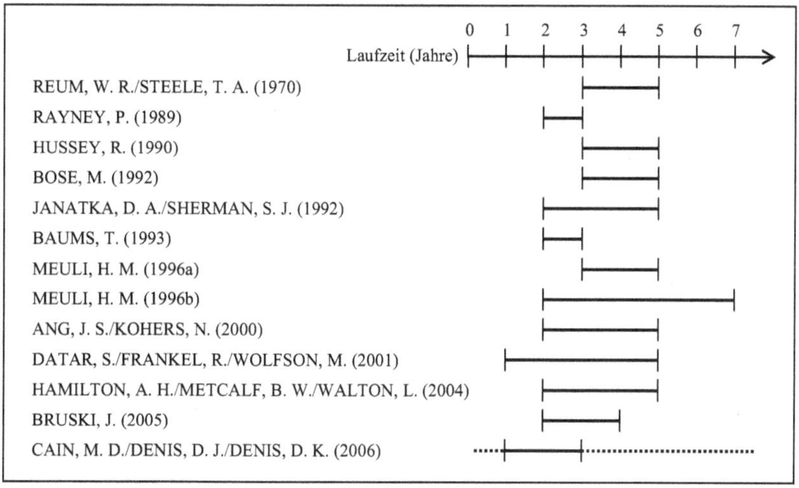


**Abb. 80:** Übliche Laufzeiten von Earn-out-Vereinbarungen

Die Frage nach der optimalen Vereinbarungslaufzeit kann daher an dieser Stelle nicht allgemeingültig beantwortet werden. In der Literatur werden übliche Laufzeiten von zwei bis fünf Jahren genannt (siehe Abbildung 80).[478] In Einzelfällen werden jedoch deutlich längere Laufzeiten vereinbart.[479] Grundsätzlich sollte sie sich am erforderlichen Zeitrahmen zur Auflösung der ursprünglichen Bewertungsdifferenz orientieren.

### 4.2.2 Bemessungsgrundlage

Eine wichtige Entscheidung ist die Wahl der Bemessungsgrundlage für variable Zahlungen. Grundsätzlich sollte eine Bemessungsgrundlage gewählt werden, die durch beide Akteure als

[477] Vgl. BAUMS, T. (1993), S. 1274f.

[478] Vgl. REUM, W. R./STEELE, T. A. (1970), S. 85, RAYNEY, P. (1989), S. 94, HUSSEY, R. (1990), S. 104, BOSE, M. (1992), S. 42, JANATKA, D. A./SHERMAN, S. J. (1992), S. 27 und BAUMS, T. (1993), S. 1273, MEULI, H. M. (1996a), S. 66, 69ff., 109, MEULI, H. M. (1996b), S. 943, ANG, J. S./KOHERS, N. (2000), S. 467, DATAR, S./FRANKEL, R./WOLFSON, M. (2001), S. 202, HAMILTON, A. H./METCALF, B. W./WALTON, L. (2004), S. 15, BRUSKI, J. (2005), S. 28 und CAIN, M. D./DENIS, D. J./DENIS, D. K. (2006), S. 39.

[479] Bei CAIN, M. D./DENIS, D. J./DENIS, D. K. (2006), S. 16, 39 werden Laufzeiten von unter einem Jahr bis zu 20 Jahren angegeben. 50% der Vereinbarungen haben jedoch ein bis drei Jahre Laufzeit.

wert(differenz-)bestimmender Faktor anerkannt wird.[480] Bei dieser Wahl ist der Grad der Manipulierbarkeit der Bemessungsgrundlage zu berücksichtigen. Neben finanziellen können auch nicht-finanzielle Unternehmenskenngrößen als Bemessungsgrundlage herangezogen werden (siehe Abbildung 81). Vereinzelt treten auch nicht unternehmensbezogene Kenngrößen auf.

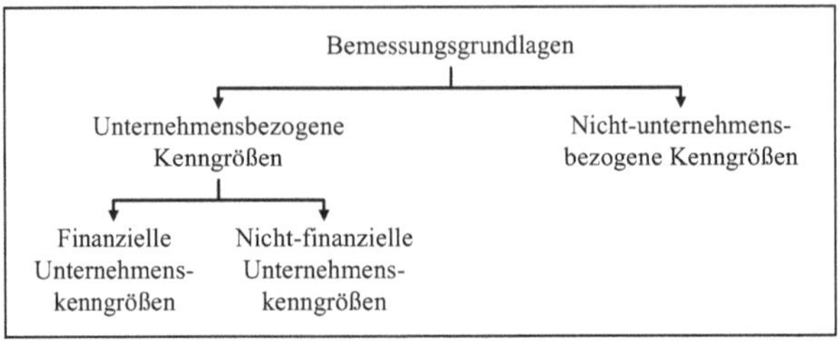


**Abb. 81:** Übersicht zu Bemessungsgrundlagen

### 4.2.2.1 Finanzielle Unternehmenskenngrößen

Bei der Gestaltung von Earn-out-Vereinbarungen werden häufig finanzielle Unternehmenskenngrößen als Bemessungsgrundlage gewählt. Bei der Durchführung von Unternehmensbewertungen wird ebenfalls regelmäßig auf finanzielle Unternehmenskenngrößen zurückgegriffen. Die DCF-Verfahren verwenden erwartete Cashflows zur Ermittlung von Unternehmenswerten.[481] In einer empirischen Untersuchung werden Cashflows und ähnliche Größen wie EBIT oder EBITDA sowie Umsatz als die häufigsten Bemessungsgrundlagen identifiziert (siehe Abbildung 82).[482] Diese Größen werden auch in anderen Arbeiten häufig genannt.[483] Darüber hinaus werden auch Ergebnisgrößen als Bemessungsgrundlagen gewählt.[484] Dazu zählen üblicherweise Rohertrag, Betriebsergebnis, Vorsteuerergebnis und Jahresüberschuss.[485]

[480] Die Notwendigkeit der in Abschnitt 4.2 angesprochenen Ermittlung der Bewertungsdifferenz als Ausgangspunkt der Kontraktgestaltung wird dadurch unterstrichen.

[481] Siehe dazu auch Abschnitt 2.3.2.1.

[482] Die Abbildung erfolgt in Anlehnung an CAIN, M. D./DENIS, D. J./DENIS, D. K. (2006), S. 38. EBIT bzw. EBITDA bezeichnen „Earnings before interest and tax“ bzw. „Earnings before interest, tax, depreciation, and amortization“.

[483] Vgl. REUM, W. R./STEELE, T. A. (1970), S. 85, JANATKA, D. A./SHERMAN, S. J. (1992), S. 27, BAUMS, T. (1993), S. 1274, MEULI, H. M. (1996b), S. 943, ANG, J. S./KOHERS, N. (2000), S. 467, DATAR, S./FRANKEL, R./WOLFSON, M. (2001), S. 207, CRAIG, B./SMITH, A. (2003), S. 46, GERSTEIN, M. D. (2004), S. 2f., HAMILTON, A. H./METCALF, B. W./WALTON, L. (2004), S. 13, SHERMAN, S. J. (2004), S. 11 und FRANKEL, M. E. S. (2005), S. 23.

[484] Vgl. REUM, W. R./STEELE, T. A. (1970), S. 85, HUSSEY, R. (1990), S. 104 und MEULI, H. M. (1996b), S. 943.

[485] Vgl. JANATKA, D. A./SHERMAN, S. J. (1992), S. 27f., BAUMS, T. (1993), S. 1274, ANG, J. S./KOHERS, N. (2000), S. 467, DATAR, S./FRANKEL, R./WOLFSON, M. (2001), S. 207, CRAIG, B./SMITH, A. (2003), S. 46, SHERMAN, S. J. (2004), S. 11, FRANKEL, M. E. S. (2005), S. 23 und CAIN, M. D./DENIS, D. J./DENIS, D. K. (2006), S. 38.

| **Earn-out-Bemessungsgrundlage** | **Häufigkeit** | **%** |
|---|---|---|
| Cashflow-Größen (inkl. EBIT, EBITDA u.ä.) | 160 | 32,1% |
| Umsatz | 157 | 31,5% |
| Vorsteuerergebnis | 51 | 10,2% |
| Rohertrag | 24 | 4,8% |
| Jahresüberschuss | 23 | 4,6% |
| Aktienkurs | 6 | 1,2% |
| Gewinn pro Aktie | 3 | 0,6% |
| Return on Investment | 2 | 0,4% |
| Nicht-finanzielle Kenngrößen | 61 | 12,2% |
| Andere Kenngrößen | 3 | 0,6% |
| Kombination von Kenngrößen | 8 | 1,6% |
| **Gesamt** | **498** | **100,0%** |

**Abb. 82:** Übliche Bemessungsgrundlagen von Earn-out-Vereinbarungen

Diese allgemein üblichen Bemessungsgrundlagen werden jedoch nicht in allen Fällen als angemessen betrachtet. Insbesondere können genauere Definitionen der vorgestellten Größen gewählt werden. Wenn beispielsweise die Bewertungsdifferenz durch eine abweichende Einschätzung der Geschäftsentwicklung mit einem Teil des Kundenstammes verursacht wird, kann eine entsprechende Eingrenzung der Bemessungsgrundlage erfolgen.[486] In Einzelfällen werden erzielte Synergien oder Umweltkosten als Bemessungsgrundlagen genannt.[487] Derartige Kosten können jedoch nicht nur in ihrer Beziehung zum Unternehmenswert unsicher sein. Sie werden grundsätzlich Probleme in ihrer Ermittlung verursachen und sollten durch leichter messbare Kenngrößen ersetzt werden. Andere selten eingesetzte Bemessungsgrundlagen sind Gewinn pro Aktie, Umsatzwachstum, Return on operating Assets, Return on Investment und bilanzbasierte Größen wie das Nettovermögen.[488]

Der bisherige Eigentümer wird unter den finanziellen Unternehmenskenngrößen regelmäßig den Umsatz oder umsatznahe Kenngrößen bevorzugen.[489] Mögliche Kostenverzerrungen durch Aktivitäten des Käufers werden dann die Earn-out-Zahlungen nicht beeinflussen. Der Käufer wird seinerseits Ergebnisgrößen wie Jahresüberschuss bevorzugen.[490] Dadurch werden die Kosten der weiteren Geschäftsentwicklung berücksichtigt. Eine gesenkte Rohertragsmarge oder ein erhöhter Werbeaufwand zur Erreichung eines Umsatzwachstums werden dann bei den Earn-out-Zahlungen berücksichtigt. Durch Wahl einer Bemessungsgrundlage werden also Anreize für das Verhalten des jeweils geschäftsführenden Akteurs gesetzt.[491] Um die

[486] Vgl. BAUMS, T. (1993), S. 1274.
[487] Vgl. JANATKA, D. A./SHERMAN, S. J. (1992), S. 27.
[488] Vgl. REUM, W. R./STEELE, T. A. (1970), S. 85, JANATKA, D. A./SHERMAN, S. J. (1992), S. 27, ANG, J. S./KOHERS, N. (2000), S. 467, HAMILTON, A. H./METCALF, B. W./WALTON, L. (2004), S. 13, FRANKEL, M. E. S. (2005), S. 23 und CAIN, M. D./DENIS, D. J./DENIS, D. K. (2006), S. 38.
[489] Vgl. HAMILTON, A. H./METCALF, B. W./WALTON, L. (2004), S. 13.
[490] Vgl. HAMILTON, A. H./METCALF, B. W./WALTON, L. (2004), S. 13.
[491] Dies wird in Abschnitt 4.2.5 näher betrachtet.

Argumente beider Akteure zu berücksichtigen, kann eine Bemessungsgrundlage zwischen Umsatz und Jahresüberschuss gewählt werden. Eine mögliche Größe ist der Rohertrag.[492] Zum einen wird der Verkäufer nicht mit nachgelagerten Kosten belastet und muss keine Kostenverzerrung durch den Käufer mehr befürchten. Zum anderen wird eine durch den Käufer befürchtete Umsatzausweitung zu Lasten der Rohertragsmarge berücksichtigt. Eine ähnliche Möglichkeit bietet eine Bemessungsgrundlage auf Basis von EBIT oder EBITDA.[493] Die operativen Aufwendungen werden dann die Earn-out-Zahlungen beeinflussen. Finanzierungsentscheidungen, steuerliche Gestaltungen und im Falle des EBITDA auch die Abschreibungspolitik können dann durch den Käufer verantwortet werden, ohne die Bemessungsgrundlage zu beeinflussen.

#### 4.2.2.2 Nicht-finanzielle Unternehmenskenngrößen

Insbesondere bei Wachstums- oder Technologieunternehmen können nicht-finanzielle Unternehmenskenngrößen wertbestimmend sein und sogar größere Bedeutung als die im gleichen Zeitraum vorliegenden finanziellen Größen haben.[494] Schließlich können neue Produkte oder Technologien entscheidende Elemente oder sogar Voraussetzungen der künftigen Unternehmensentwicklung sein. Entsprechend können Produktentwicklungsschritte, z.B. klinische Studien oder Zulassungen im Pharmabereich, als Grundlage für Earn-out-Zahlungen dienen.[495] Im Technologiebereich kann auch die Berücksichtigung spezifischer Veröffentlichungen oder das Gewinnen eines renommierten Technologiepreises vorgesehen sein.[496] Weniger spektakulär sind nicht-finanzielle Größen mit direktem Bezug zur aktuellen Geschäftsentwicklung, wie die Anzahl von Kunden und Verträgen, die Kundenbindungsrate sowie die Erhaltung oder Dauer von Vertragsbeziehungen.[497] Grundsätzlich ist auch bei nicht-finanziellen Kenngrößen der Bezug zur bestehenden Bewertungsdifferenz herzustellen und eine Isolierung von anderen Einflüssen anzustreben. Ein Beispiel für ein gut isolierbares Einzelereignis ist ein Rechtsstreit. Falls unterschiedliche Erwartungen zwischen Käufer und Verkäufer zum Ergebnis einer Rechtsstreitigkeit die Ursache der Bewertungsdifferenz sind, kann dessen Ausgang als Bemessungsgrundlage für eine variable Zahlung dienen.[498]

---

[492] Vgl. JANATKA, D. A./SHERMAN, S. J. (1992), S. 27 und CRAIG, B./SMITH, A. (2003), S. 46.

[493] Vgl. HAMILTON, A. H./METCALF, B. W./WALTON, L. (2004), S. 13.

[494] Vgl. u.a. HAMILTON, A. H./METCALF, B. W./WALTON, L. (2004), S. 14.

[495] Vgl. DATAR, S./FRANKEL, R./WOLFSON, M. (2001), S. 209, HAMILTON, A. H./METCALF, B. W./WALTON, L. (2004), S. 14, FRANKEL, M. E. S. (2005), S. 23 und CAIN, M. D./DENIS, D. J./DENIS, D. K. (2006), S. 9.

[496] Vgl. HAMILTON, A. H./METCALF, B. W./WALTON, L. (2004), S. 14.

[497] Vgl. BAUMS, T. (1993), S. 1274, FRANKEL, M. E. S. (2005), S. 23 und CAIN, M. D./DENIS, D. J./DENIS, D. K. (2006), S. 9.

[498] Vgl. DATAR, S./FRANKEL, R./WOLFSON, M. (2001), S. 209.

#### 4.2.2.3 Nicht unternehmensbezogene Kenngrößen

In der Praxis werden teilweise auch Bemessungsgrundlagen für Earn-out-Vereinbarungen gewählt, die keinen direkten Bezug zum Unternehmen haben. Solche Ausgestaltungen scheinen aber sehr selten zu sein. Die berichteten Größen sind ausschließlich Rohstoffpreise, insbesondere Gas- und Ölpreise.[499] Solche Größen mögen durchaus wesentlichen Einfluss auf den Wert eines Unternehmens haben, z.B. bei Ölförderunternehmen. Als Ursache einer Bewertungsdifferenz scheinen sie jedoch nicht plausibel zu sein.[500] Schließlich bestehen für Standardrohstoffe wie Öl und Gas entwickelte und hochliquide Märkte. Die festgestellten Marktpreise und die verfügbaren Absicherungsinstrumente lassen eine effiziente Regelung über den Markt zu. Kenngrößen, für die regelmäßig Marktpreise gebildet werden, sollten daher nicht als Bemessungsgrundlage im Rahmen einer Earn-out-Vereinbarung verwendet werden.

Allerdings kann der Einbezug unternehmensexterner Kenngrößen in Sonderfällen durchaus sinnvoll sein. So kann der Wert eines Unternehmens in einer stark wachsenden Branche wesentlich davon abhängen, ob es bestimmte Ziele (Meilensteine) schneller erreicht als seine Wettbewerber. Die Bemessungsgrundlage für eine Earn-out-Vereinbarung kann dann durch eine Relation zwischen unternehmensinternen und -externen Größen gebildet werden. Unternehmensexterne Größen ohne direkten Unternehmensbezug können somit als Orientierungspunkt für die Unternehmensentwicklung dienen und in Earn-out-Vereinbarungen berücksichtigt werden.

### 4.2.3 Partizipationsmodus

Der Partizipationsmodus legt fest, wie der Verkäufer während der Vereinbarungslaufzeit an der Entwicklung der Bemessungsgrundlage partizipiert. Der Partizipationsmodus ist somit quasi die Berechnungsformel der variablen Kaufpreiskomponente. Diese Berechnungsformel ist grundsätzlich in zwei Teile zerlegbar. Zunächst ist die Art der Partizipation festzulegen. Dann ist die Höhe der Partizipation zu bestimmen.[501]

Bei der Art der Partizipation ist zunächst festzulegen, ob die Bemessungsgrundlage insgesamt oder erst ab Überschreiten eines Schwellenwertes zu berücksichtigen ist.[502] Bei der Verwendung von Schwellenwerten kommen verschiedene Methoden zum Einsatz. Zum einen werden Einzelperioden betrachtet. In Perioden, in denen der Schwellenwert überschritten

---

[499] Vgl. ANG, J. S./KOHERS, N. (2000), S. 467, DATAR, S./FRANKEL, R./WOLFSON, M. (2001), S. 209, CAIN, M. D./DENIS, D. J./DENIS, D. K. (2006), S. 33.

[500] Darüber hinaus können sie auch keine Anreizwirkung entfalten, da die Entwicklung dieser Marktpreise nicht durch Fähigkeiten und Arbeitseinsatz einzelner Akteure beeinflusst werden kann.

[501] Die weitere Betrachtung erfolgt unter Bezug auf eine finanzielle Unternehmenskenngröße. Bei Verwendung anderer Bemessungsgrundlagen sind entsprechende Konversionen in monetäre Größen notwendig.

[502] Vgl. MEULI, H. M. (1996b), S. 943 und LABBÉ, M. (2004), S. 119.

wird, erfolgen Earn-out-Zahlungen. In Perioden, in denen der Schwellenwert nicht erreicht wird, finden keine Zahlungen statt. Bei Wahl eines festen Schwellenwertes („set standard") wird für alle Perioden der Earn-out-Laufzeit der gleiche Schwellenwert gewählt.[503] Teilweise werden auch variable Schwellenwerte („moving standard") vereinbart, die für verschiedene Perioden unterschiedlich hoch sind.[504] Wenn das Unternehmen in einer Wachstumsbranche agiert, kann so das erwartete Wachstum abgebildet werden. Eine Möglichkeit ist, die Überschreitung des in der vorhergehenden Periode erreichten Wertes zu fordern.[505] Im Gegensatz zu den Methoden auf Basis von Einzelperioden kann auch eine kumulative Betrachtung erfolgen.[506] Eine Earn-out-Zahlung findet dann statt, wenn über einen definierten Zeitraum (z.B. gesamte Earn-out-Laufzeit) ein Schwellenwert überschritten wird. Die Zahlung erfolgt dann üblicherweise am Ende der Earn-out-Laufzeit.[507] In jedem Fall ist die Vereinbarung realistischer Zielgrößen entscheidend. Sonst geht die Anreizwirkung verloren und es werden möglicherweise Nachverhandlungen notwendig.[508]

Die Wahl zwischen den vorgestellten Methoden ist in Anlehnung an eine spezifische Situation zu treffen. Eine Betrachtung von Einzelperioden kann jedoch zusätzliche Anreize zu opportunistischem Verhalten des geschäftsführenden Akteurs setzen. Wenn eine Verschiebung der Bemessungsgrundlage um eine Periode weniger Kosten verursacht als eine Verschiebung um mehrere Perioden, wird durch die Betrachtung von Einzelperioden ein Häufungsanreiz gesetzt.[509] Da in Perioden ohne Erreichen des Schwellenwertes in keine Earn-out-Zahlung oder bei geringem Überschreiten nur eine geringe Earn-out-Zahlung erfolgt, kann durch weiteres Absenken der Bemessungsgrundlage und Verschieben in eine andere Periode eine Steigerung der gesamten Earn-out-Zahlungen erreicht werden (siehe dazu schematisch Abbildung 83). Allgemein ist daher eine kumulative Betrachtung vorzuziehen, die um eine Gewichtung von Einzelperioden ergänzt werden. Insbesondere bei Unternehmen in Wachstumsbranchen wird die zeitliche Dimension der Unternehmensentwicklung wertbestimmend sein und sollte daher in Earn-out-Vereinbarungen berücksichtigt werden.

---

503 Vgl. HECHT, C. L. (1967), S. 4, REUM, W. R./STEELE, T. A. (1970), S. 85f., MEULI, H. M. (1996a), S. 65f. und LABBÉ, M. (2004), S. 120.

504 Vgl. MEULI, H. M. (1996a), S. 66f. und LABBÉ, M. (2004), S. 120.

505 Vgl. HECHT, C. L. (1967), S. 4, REUM, W. R./STEELE, T. A. (1970), S. 86.

506 Vgl. HECHT, C. L. (1967), S. 7f., REUM, W. R./STEELE, T. A. (1970), S. 86f., MEULI, H. M. (1996a), S. 67f., CRAIG, B./SMITH, A. (2003), S. 47 und LABBÉ, M. (2004), S. 120.

507 Vgl. REUM, W. R./STEELE, T. A. (1970), S. 86.

508 Vgl. HARRIS, R. (2002), S. 34 und CRAIG, B./SMITH, A. (2003), S. 47.

509 Ein solcher Effekt wird auch bei REUM, W. R./STEELE, T. A. (1970), S. 86 erwähnt.

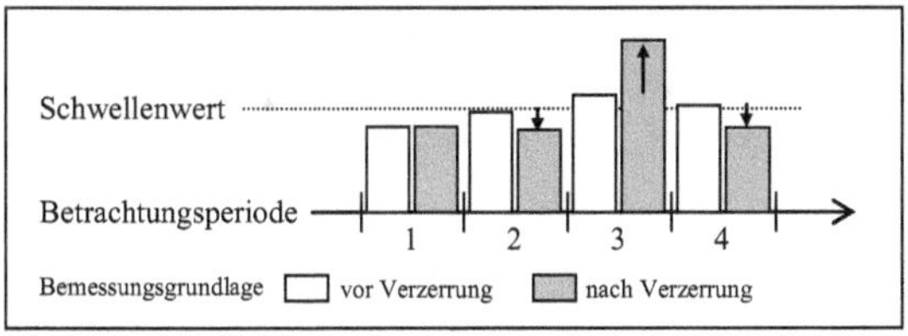


**Abb. 83:** Häufungsanreiz bei Betrachtung von Einzelperioden

Grundsätzlich ist bei allen Methoden eine Unterscheidung zwischen stetigen und nicht-stetigen Partizipationsmodi möglich. Nicht-stetige Partizipationsmodi enthalten Sprungstellen der variablen Kaufpreiskomponente. Falls die Bemessungsgrundlage einen bestimmten Wert erreicht, springt die variable Zahlung um einen bestimmten Betrag. Es ist beispielsweise möglich, dass bei Erreichen oder Überschreiten definierter Ziele einmalige Sonderzahlungen vorgesehen sind. Solche Vereinbarungen geben besondere Anreize zu opportunistischem Verhalten.[510] An einer solchen Sprungstelle sind die Anreize für den geschäftsführenden Akteur zu einer Verzerrung der Bemessungsgrundlage sehr groß.[511] Unter Umständen ist der Nettoeffekt für den Käufer aus dem Erreichen oder Überschreiten des Schwellenwertes wegen einer hohen Sonderzahlung sogar negativ. Vereinbarungen mit nicht-stetigen Partizipationsmodi sollten aus diesem Grund vermieden werden. Vereinbarungen mit einem stetigen Verlauf der variablen Kaufpreiskomponente verringern die Anreize opportunistischen Verhaltens und sollten daher bevorzugt werden.[512]

Bei der Festlegung der Partizipationshöhe des Verkäufers ist zu berücksichtigen, dass ihm als geschäftsführenden Akteur ein ausreichender Arbeitsanreiz verbleibt. Die Partizipationshöhe wird bei finanziellen Bemessungsgrundlagen regelmäßig durch einen prozentualen Anteil oder Multiplikator der Bemessungsgrundlage festgelegt.[513] Bei Arbeitseinsatz beider Akteure kann vorgesehen sein, dass die Partizipation des Verkäufers mit steigender Bemessungsgrundlage oder im Zeitablauf abnimmt, um dem Käufer einen höheren Arbeitsanreiz zu bieten.[514] Bei Abweichen von einer Zielentwicklung können zudem negative Abweichungen stärker in der Earn-out-Zahlung berücksichtigt werden als positive Abweichungen.[515]

### 4.2.4 Aufteilung von fixem und variablem Kaufpreis

In einer Verhandlung über eine Earn-out-Vereinbarung wird auch die Höhe des fixen Basispreises festgelegt werden müssen. In der bisherigen Literatur wird zunächst die

510 Vgl. BAUMS, T. (1993), S. 1274.

511 Im Rahmen der in Abschnitt 3.8.2 betrachteten Möglichkeit zur Verzerrung ist der Verzerrungsanreiz an der Sprungstelle unendlich hoch, während die Kosten der Verzerrung endlich sind.

512 Vgl. BAUMS, T. (1993), S. 1274.

513 Vgl. HUSSEY, R. (1990), S. 104 und BAUMS, T. (1993), S. 1274.

514 Vgl. BAUMS, T. (1993), S. 1274.

515 Einen solchen Vorschlag liefert LACHER, J./POPPE, H. (1988), S. 1762f.

Festlegung der festen Kaufpreiskomponente oder eine Aufteilung zwischen fester und variabler Kaufpreiskomponente vorgeschlagen, an die sich die konkrete Ausgestaltung des variablen Anteils anschließt.[516] Dieses Vorgehen kann durch die gewählte Fokussierung auf die Anreizwirkung einer Earn-out-Vereinbarung bedingt sein, wird hier aber für eine Verbesserung des Einigungsbereiches nicht geteilt. Um eine Verbesserung des Einigungsbereiches bis zu einem nichtnegativen Einigungsbereich zu ermöglichen, ist zunächst die konkrete Ausgestaltung der variablen Kaufpreiskomponente erforderlich (siehe Abbildung 84). Schließlich wird sich eine Bewertungsdifferenz bezüglich des Kontraktes nur in der variablen Komponente und nicht in der Barzahlungskomponente niederschlagen.[517] Nach der Festlegung von Laufzeit und Bemessungsgrundlage folgt die Wahl des Partizipationsmodus. Die mögliche Bandbreite der fixen Kaufpreiskomponente verbleibt dann ausgehend von den Grenzpreisen beider Akteure als Residuum. Mit höherer Unsicherheit wird ein risikoaverser Käufer jedoch einen höheren variablen Anteil am Kaufpreis bevorzugen, wofür ein risikoaverser Verkäufer einen höheren fixen Basispreis oder eine höhere Partizipationsquote fordern wird.[518]

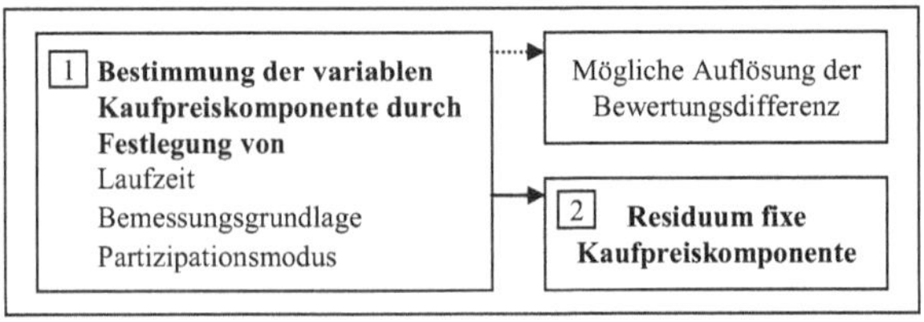


**Abb. 84:** Festlegung der fixen Kaufpreiskomponente

### 4.2.5 Unternehmenskontrolle

Die Unternehmenskontrolle während der Laufzeit der Earn-out-Vereinbarung muss eindeutig geregelt werden. Durch die Trennung von Ansprüchen und Kontrolle entsteht eine Principal-Agent-Beziehung zwischen Verkäufer und Käufer. Der geschäftsführende Akteur übt die Kontrolle über das Unternehmen aus (Agent) und hat Anreize für opportunistisches Verhalten.[519] Der nicht geschäftsführende Akteur (Principal) ist Eigentümer des Unternehmens (Käufer) oder hat Ansprüche auf Zahlungen in Abhängigkeit der Unternehmensentwicklung (Verkäufer). Kennzeichen einer Earn-out-Vereinbarung ist eine asymmetrische Partizipationsverteilung. Während der Verkäufer nur während der vereinbarten Laufzeit an der Unternehmensentwicklung partizipiert, kann der Käufer an der gesamten künftigen Unternehmensentwicklung teilhaben.[520] Falls der Verkäufer die Geschäftsführung wahrnimmt, sollte der

[516] Vgl. REUM, W. R./STEELE, T. A. (1970), S. 84f. und MEULI, H. M. (1996a), S. 54ff., 85.
[517] Siehe dazu auch die Vorgehensweise in der formalen Modellanalyse in Abschnitt 3.1.
[518] Vgl. REUM, W. R./STEELE, T. A. (1970), S. 84.
[519] Vgl. u.a. HAMILTON, A. H./METCALF, B. W./WALTON, L. (2004), S. 12. Der Anreiz zur Verzerrung eines Berichts wurde im Modell in Abschnitt 3.8.2 untersucht.
[520] Die Partizipation des Käufers ist während der Earn-out-Laufzeit jedoch entsprechend reduziert.

Käufer nur begrenzt eingreifen, da sonst rechtliche Auseinandersetzungen folgen können.[521] In jedem Fall sind die Zuständigkeiten von Käufer und Verkäufer eindeutig voneinander abzugrenzen und so zu gestalten, dass der Handlungsspielraum des Verkäufers ausreicht, um die Zahlungen unter der Earn-out-Vereinbarung zu maximieren.[522] Um ein Zusammenfallen von Leistung und Entlohnung zu erreichen, sollte dem Verkäufer umfangreiche Verantwortung für die Unternehmensentwicklung übertragen werden.[523] In der Praxis nehmen nur der Käufer, nur der Verkäufer oder beide Akteure die Kontrolle wahr.[524]

Wenn der Käufer die Unternehmenskontrolle ausübt, wird er eine Reduzierung der Earn-out-Zahlungen anstreben.[525] Gleichzeitig wird er jedoch eine positive Unternehmensentwicklung nach der Earn-out-Laufzeit anstreben. Wenn er eine Verlagerung der berichteten Bemessungsgrundlage in die Zeit nach Ablauf der Earn-out-Vereinbarung vornimmt, kann er die Earn-out-Zahlungen senken, ohne die Unternehmensentwicklung wesentlich zu beeinflussen.[526] Als weitere Möglichkeit kann er für sich positive externe Effekte zu Lasten des Unternehmens generieren.[527]

Wenn der Verkäufer die Unternehmenskontrolle ausübt, wird er eine Steigerung der Earn-out-Zahlungen anstreben.[528] Zum einen kann er dazu die langfristige Unternehmensentwicklung zu Gunsten der kurzfristigen vernachlässigen.[529] Beispiele für ein solches Vorgehen sind der Verzicht auf eine notwendige Verlagerung und Vergrößerung eines Betriebs im letzten Jahr der Earn-out-Vereinbarung, eine Umsatzausweitung mit bonitätsschwachen Kunden, der Verkauf des gesamten Fuhrparks zur Hebung stiller Reserven, ein Verzicht auf Wartung und Instandhaltung, die Reduzierung von Forschungs- und Entwicklungsaufwand oder die Vermeidung von Personaleinstellungen und Mitarbeiterschulungen.[530] Zum anderen kann der Verkäufer die Bemessungsgrundlage verzerren. Die Verzerrung muss aber nicht buch-

---

[521] Vgl. CRAIG, B./SMITH, A. (2003), S. 47.

[522] Vgl. REUM, W. R./STEELE, T. A. (1970), S. 90 und BAUMS, T. (1993), S. 1276.

[523] Vgl. HECHT, C. L. (1967), S. 2, REUM, W. R./STEELE, T. A. (1970), S. 84 und LACHER, J./POPPE, H. (1988), S. 1763.

[524] Vgl. LACHER, J./POPPE, H. (1988), S. 1763, HUSSEY, R. (1990), S. 104, BAUMS, T. (1993), S. 1276 und FRANKEL, M. E. S. (2005), S. 24.

[525] Vgl. JANATKA, D. A./SHERMAN, S. J. (1992), S. 27, BRAUNSCHWEIG, P. V. (2002), S. 1817 und HAMILTON, A. H./METCALF, B. W./WALTON, L. (2004), S. 12, 22.

[526] Vgl. BAUMS, T. (1993), S. 1274. Die Berichtsverzerrung gemäß Abschnitt 3.8.2.3 bildet eine solche Möglichkeit ab.

[527] Bei HECHT, C. L. (1967), S. 9 wird das Beispiel eines „faulen Schwiegersohns" angeführt, der vom Käufer im Unternehmen platziert wird.

[528] Vgl. HUSSEY, R. (1990), S. 104ff. und JANATKA, D. A./SHERMAN, S. J. (1992), S. 27. Dieses Ziel ist auch die Annahme für eine Anreizwirkung von Earn-out-Vereinbarungen.

[529] Vgl. BOSE, M. (1992), S. 44 und HAMILTON, A. H./METCALF, B. W./WALTON, L. (2004), S. 12, 22.

[530] Vgl. HUSSEY, R. (1990), S. 104f. und BAUMS, T. (1993), S. 1276.

halterisch verursacht sein.[531] Eine besondere Form der Verzerrung ist die private Übernahme von Aufwendungen des Unternehmens durch den Verkäufer. Ein Beispiel ist eine Earn-out-Zahlung in Höhe des Vielfachen einer Ergebnisgröße. Der Verkäufer wird dann alle in der Ergebnisgröße berücksichtigten Kosten des Unternehmens mit dem Vielfachen der tatsächlichen Kosten bewerten, da die von ihm erwartete Earn-out-Zahlung entsprechend beeinflusst wird. Zur Steigerung seiner Earn-out-Zahlung kann der Verkäufer dann durch Dritte nicht überprüfbare Kosten privat übernehmen und die Bemessungsgrundlage entsprechend entlasten.[532] Der Käufer wird dann die Höhe der tatsächlichen Kosten erst nach Ablauf der Vereinbarung beobachten.[533]

Als Begrenzung von Handlungsspielräumen des geschäftsführenden Akteurs können verschiedene Instrumente eingesetzt werden. Dazu zählen insbesondere Informations-, Mitwirkungs- und Zustimmungsregelungen, Mindest- oder Referenzwerte sowie Handlungsverzichte und Eingriffsrechte. Nachfolgend werden diese Instrumente für den Fall betrachtet, dass der Verkäufer als Geschäftsführer agiert.

Als grundlegendes Instrument ist ein regelmäßiges Reporting anzusehen.[534] Die zeitnahe Information des Käufers über die Unternehmensentwicklung schränkt den bilanziellen Verzerrungsspielraum am Ende einer Abrechnungsperiode ein und reduziert eine mögliche Divergenz der Erwartungen. Zudem kann die Teilnahme des Käufers an wichtigen Sitzungen oder dessen Sitz im Aufsichtsorgan vereinbart werden.[535] Zusätzlich kann die Earn-out-Vereinbarung eine notwendige Zustimmung des Käufers bei Entscheidungen zu ausgewählten wichtigen Geschäftsvorfällen vorsehen.[536] Als Regelungen für das laufende Geschäft können auch Mindestaufwendungen, z.B. für Vertrieb und Marketing sowie Forschung und Entwicklung, vorgesehen sein.[537] Zudem können Referenzwerte, z.B. für Wartung und Instandhaltung, Abschreibungen und Investitionen, Verrechnungspreise und Managementvergütung, fixiert werden.[538] Über den Zeitraum der Earn-out-Vereinbarung hinaus können dem Verkäufer die Kosten aus überdurchschnittlichen Forderungsausfällen, die aus der Earn-out-Laufzeit stammen, belastet werden.[539] Durch ein Wettbewerbsverbot für den Verkäufer

[531] Eine solche finanzbuchhalterische Verzerrung wurde in Abschnitt 3.8.2 untersucht. Die weiteren beschriebenen Verzerrungsmöglichkeiten wirken jedoch äquivalent.

[532] Bei HUSSEY, R. (1990), S. 105 werden die Bewirtungskosten von Kunden oder der Ersatz von verlorenen Bürogegenständen als Beispiele angeführt.

[533] Das entspricht der erfolgten Modellierung in Abschnitt 3.8.2.

[534] Vgl. HUSSEY, R. (1990), S. 105f. und BOSE, M. (1992), S. 43f.

[535] Vgl. REUM, W. R./STEELE, T. A. (1970), S. 85, HUSSEY, R. (1990), S. 105f. und JANATKA, D. A./SHERMAN, S. J. (1992), S. 28.

[536] Vgl. BAUMS, T. (1993), S. 1275 und LACHER, J./POPPE, H. (1988), S. 1763.

[537] Vgl. BAUMS, T. (1993), S. 1276 und FRANKEL, M. E. S. (2005), S. 24.

[538] Vgl. REUM, W. R./STEELE, T. A. (1970), S. 85, HUSSEY, R. (1990), S. 105, BAUMS, T. (1993), S. 1274.

[539] Vgl. BAUMS, T. (1993), S. 1276.

kann zudem das Risiko einer Abwerbung von Mitarbeitern am Ende der Earn-out-Laufzeit gesenkt werden.[540] Außerdem kann ein Verzicht auf wesentliche Änderungen im Geschäftsmodell vereinbart werden.[541] Um eine schlechte Unternehmensentwicklung verhindern zu können, kann sogar ein Eingriffsrecht des Käufers und damit ein Kontrollwechsel vorgesehen sein.[542] Grundsätzlich steht somit eine Vielzahl von Instrumenten zur Begrenzung opportunistischen Verhaltens zur Verfügung.

### 4.2.6 Erfolgsmessung

Durch die Erfolgsmessung wird die Bemessungsgrundlage ermittelt. Daraus werden mögliche Earn-out-Zahlungen gemäß der Vertragsregelungen abgeleitet. Die Erfolgsmessung ist somit ein wichtiges Element der Kontraktumsetzung. Dazu müssen insbesondere Häufigkeit und Durchführung der Messung festgelegt werden.

In einer empirischen Untersuchung wurden die Häufigkeiten der Erfolgsmessung untersucht (siehe Abbildung 85).[543] Demnach werden meist jährliche Erfolgsmessungen vorgenommen. Bei kürzeren Messintervallen werden halbjährliche oder quartalsweise Rhythmen bevorzugt. Als eine Ursache für diese Rhythmen kann die Erstellung von Quartals-, Halbjahres- oder Jahresabschlüssen betrachtet werden. Die Erfolgsmessung kann dann auf geprüfte Unterlagen des Rechnungswesens zurückgreifen. Für eine derartige Messung des Unternehmenserfolgs ist eine zumindest betriebliche Eigenständigkeit des Unternehmens mit separater Rechnungslegung auch nach der M&A-Transaktion erforderlich.[544] Längere Messintervalle von über einem Jahr treten primär bei nicht-finanziellen Bemessungsgrundlagen, z.B. Entwicklungsschritten, auf.

| **Earn-out-Messrhythmus** | **Häufigkeit** | **%** |
|---|---|---|
| Monatlich | 2 | 0,4% |
| Quartalsweise | 23 | 4,3% |
| Jeden vierten Monat | 1 | 0,2% |
| Halbjährlich | 26 | 4,9% |
| Jeden achten Monat | 2 | 0,4% |
| Jeden neunten Monat | 3 | 0,6% |
| Jährlich | 411 | 77,4% |
| Über einem Jahr, bis fünf Jahre | 60 | 11,3% |
| Mehr als fünf Jahre | 3 | 0,6% |
| **Gesamt** | **531** | **100,0%** |

**Abb. 85:** Übliche Messrhythmen

540 Vgl. REUM, W. R./STEELE, T. A. (1970), S. 88 und BAUMS, T. (1993), S. 1276.

541 Vgl. FRANKEL, M. E. S. (2005), S. 24.

542 Bei REUM, W. R./STEELE, T. A. (1970), S. 90 wird eine derartige „Desaster"-Regelung erwähnt, bei der bereits ein Kontrollwechsel erfolgt, wenn in einem Monat eine fixe Schwelle unterschritten wird.

543 Die Abbildung erfolgt in Anlehnung an CAIN, M. D./DENIS, D. J./DENIS, D. K. (2006), S. 39.

544 Vgl. HECHT, C. L. (1967), S. 2. REUM, W. R./STEELE, T. A. (1970), S. 84, HUSSEY, R. (1990), S. 104, BAUMS, T. (1993), S. 1274 und HAMILTON, A. H./METCALF, B. W./WALTON, L. (2004), S. 15, 24f.

Auch wenn die Messung auf Basis von offiziellen Unterlagen wie Jahresabschlüssen erfolgt, sind zur Vermeidung von künftigen Auseinandersetzungen Rahmenbedingungen zu definieren. Grundsätzlich kann die Erstellung dieser Unterlagen durch einen der beiden Akteure oder in dessen Auftrag erfolgen.[545] Es treten auch Mischformen auf, indem beispielsweise bei Geschäftsführung durch den Verkäufer die Rechnungslegung durch den Käufer erfolgt.[546] Alternativ kann die Feststellung der Bemessungsgrundlage auch durch Dritte erfolgen oder eine zusätzliche Prüfung vorgesehen sein.[547] Grundsätzlich sollte die Ermittlung der Bemessungsgrundlage in Übereinstimmung mit dem bisherigen Vorgehen erfolgen oder vorgesehene Veränderungen in deren Ermittlung explizit festgelegt werden. Dazu zählen beispielsweise Regelungen zu Aufwandsaktivierung, Rückstellungsbildung, Umsatzrealisierung, Abgrenzungen sowie Bewertungs- und Abschreibungsmethoden.[548] Neben diesen allgemeinen Rahmenbedingungen sollte auch der Umgang mit Kosten der Transaktion oder Kosten des Käufers geregelt werden. Neben transaktionsbezogenen Kosten wie Zinsaufwand des Kaufpreises, Abschreibung des Goodwill oder anderen Kosten der Konsolidierung sind auch Kosten für laufende Aktivitäten zu berücksichtigen.[549] Dazu zählen Kosten eines zusätzlichen Reportings, Verrechnungspreise sowie sonstige durch den Käufer ausgelöste oder außerordentliche Effekte.[550]

### 4.2.7 Weitere Aspekte

Da Earn-out-Vereinbarungen zwischen den Akteuren weitgehend frei verhandelt werden können, sind der Vertragsgestaltung kaum Grenzen gesetzt. In den folgenden Abschnitten werden daher ausgewählte weitere Aspekte zur Ausgestaltung von Earn-out-Vereinbarungen betrachtet.

#### 4.2.7.1 Wahl des Zahlungsmittels

Die variablen Zahlungen unter Earn-out-Vereinbarungen werden häufig durch Barzahlung geleistet. Die variable Kaufpreiskomponente kann aber auch durch andere Zahlungsmittel geleistet werden. Neben der Barzahlung werden auch Aktien, Fremdkapital oder Kombinationen dieser Instrumente eingesetzt (siehe Abbildung 86).[551] Ein Wechsel von Barzahlung auf ein anderes Zahlungsmittel kann jedoch zusätzliche Anforderungen stellen und die

[545] Dies verursacht eventuell Kosten aus möglicher Verzerrung. Siehe dazu auch Abschnitt 3.8.2.

[546] Vgl. REUM, W. R./STEELE, T. A. (1970), S. 85.

[547] Vgl. REUM, W. R./STEELE, T. A. (1970), S. 85 und BAUMS, T. (1993), S. 1275.

[548] Vgl. HECHT, C. L. (1967), S. 9, REUM, W. R./STEELE, T. A. (1970), S. 85 und HAMILTON, A. H./METCALF, B. W./WALTON, L. (2004), S. 10, 19.

[549] Vgl. JANATKA, D. A./SHERMAN, S. J. (1992), S. 27, BAUMS, T. (1993), S. 1274 und HAMILTON, A. H./METCALF, B. W./WALTON, L. (2004), S. 17.

[550] Vgl. HECHT, C. L. (1967), S. 9f., HUSSEY, R. (1990), S. 105, JANATKA, D. A./SHERMAN, S. J. (1992), S. 27, BAUMS, T. (1993), S. 1274 und HAMILTON, A. H./METCALF, B. W./WALTON, L. (2004), S. 17

[551] Die Abbildung erfolgt in Anlehnung an CAIN, M. D./DENIS, D. J./DENIS, D. K. (2006), S. 39.

Wirkung einer Earn-out-Vereinbarung beeinflussen.[552] Zudem werden zusätzliche rechtliche oder steuerliche Regelungen zu beachten sein.[553]

| Earn-out-Zahlungsmittel | Häufigkeit | % |
|---|---|---|
| Barzahlung | 186 | 38,7% |
| Zusätzliche Aktien (inkl. Vorzugsaktien) | 139 | 28,9% |
| Kombination von Barzahlung und Aktien | 125 | 26,0% |
| Fremdkapital | 10 | 2,1% |
| Kombination von Barzahlung und Fremdkapital | 9 | 1,9% |
| Kombination von Aktien und Fremdkapital | 3 | 0,6% |
| Andere (inkl. Wandelpapiere) | 9 | 1,9% |
| **Gesamt** | **481** | **100,0%** |

**Abb. 86:** Übliche Earn-out-Zahlungsmittel

### 4.2.7.2 Isolationswirkung innerhalb des Käuferunternehmens

Wenn das Unternehmen als eine Unternehmenssparte im Käuferunternehmen weitergeführt wird, wird der Verkäufer mit anderen Spartenverantwortlichen interagieren. Zu berücksichtigen ist dann die mögliche Isolationswirkung einer Earn-out-Vereinbarung im Verhältnis zum restlichen Management des Käuferunternehmens.[554] Der Verkäufer kann durch die Earn-out-Vereinbarung stärker an der Entwicklung der von ihm verantworteten Sparte beteiligt sein als andere Spartenverantwortliche am Erfolg der von ihnen verantworteten Sparten. Sie können durch andere Anreizinstrumente, wie Aktien des Käuferunternehmens, stärker am Erfolg des gesamten Käuferunternehmens und zu einem geringeren Anteil am Erfolg einzelner Sparten interessiert sein. Insbesondere in Situationen, die ein enges Zusammenwirken einzelner Unternehmenssparten erfordern, kann eine solch asymmetrische Anreizverteilung problematisch sein und die Unternehmensentwicklung beeinträchtigen.

### 4.2.7.3 Auskaufsrechte und -pflichten

Während der Laufzeit einer Earn-out-Vereinbarung sind die Handlungsmöglichkeiten des Käufers beschränkt. Zur Erhaltung seiner Handlungsflexibilität kann jedoch ein Auskaufsrecht des Käufers vereinbart werden. Beim Weiterverkauf des Unternehmens innerhalb der Earn-out-Laufzeit ist dann eine Ablösung der weiteren Earn-out-Zahlungen gegen eine einmalige Abfindung möglich.[555] Da ein Auskaufsrecht des Käufers auch bei einer unerwartet guten

[552] Siehe dazu die Modell-Untersuchungen zu einer Zahlung in Aktien in Abschnitt 3.7.2.

[553] Vgl. HAMILTON, A. H./METCALF, B. W./WALTON, L. (2004), S. 20f. Grundsätzlich sind bei der Gestaltung von Earn-out-Vereinbarungen steuerliche Aspekte zu berücksichtigen. So wird beispielsweise die Einordnung der variablen Earn-out-Zahlungen als nachträgliche Kaufpreiszahlung für einen Geschäftswert, als laufender Gewinnanteil der Folgejahre oder als laufende Managementvergütung steuerliche Auswirkungen haben. Vgl. dazu HAAS, G. (1975), S. 182. Im Rahmen dieser Arbeit erfolgt jedoch keine Betrachtung steuerlicher Aspekte.

[554] Vgl. REUM, W. R./STEELE, T. A. (1970), S. 91.

[555] Vgl. CRAIG, B./SMITH, A. (2003), S. 47 und HAMILTON, A. H./METCALF, B. W./WALTON, L. (2004), S. 15.

Unternehmensentwicklung ausgeübt werden könnte und der Verkäufer dann nicht mehr an der weiteren Entwicklung partizipieren würde, verdient insbesondere die Bestimmung der Abfindungszahlung besondere Aufmerksamkeit.[556] Auch eine betragsmäßige Begrenzung der variablen Zahlungen wird entsprechende Aufmerksamkeit bei der Gestaltung erfordern.[557]

Auch der Verkäufer ist bei einem vereinbarten Arbeitseinsatz während der Earn-out-Laufzeit und durch mögliche Wettbewerbsverbote nach Ablauf der Vereinbarung in seinen Handlungsmöglichkeiten stark eingeschränkt.[558] Daher können Klauseln zur Sicherung des Verkäuferinteresses vorgesehen sein. Falls das Käuferunternehmen oder ein wesentlicher Teil veräußert wird, kann eine Auskaufspflicht des Käufers vereinbart werden.[559] Damit wird erreicht, dass der Vertragspartner des Verkäufers nicht unkontrolliert wechselt oder dessen wirtschaftliche Situation durch derartige Transaktionen nicht vorsätzlich verschlechtert wird. Mit einer Auskaufspflicht des Käufers oder einem Rückkaufsrecht des Verkäufers bei einer Eingliederung des Zielunternehmens in eine andere Einheit wird die wirtschaftliche Eigenständigkeit und Identifizierbarkeit des Unternehmenserfolges für die Laufzeit der Earn-out-Vereinbarung weitgehend abgesichert. Die Ermittlung der Abfindungszahlung wird jedoch auch hier besondere Regelungen erfordern.

#### 4.2.7.4 Verhältnis zu anderen Ansprüchen

Unabhängig von den bisher betrachteten Aspekten bleibt der Verkäufer ein Gläubiger des Käufers, da er zusätzliche Zahlungen erwartet.[560] Insofern ist der Verkäufer auf die finanzielle Stabilität des Käufers (bzw. des Käuferunternehmens) angewiesen.[561] Wenn die Ziele der Earn-out-Vereinbarung zwar erreicht werden, aber der Käufer zahlungsunfähig ist, wird der Verkäufer regelmäßig als unbesicherter Gläubiger behandelt. Die Beziehung der Earn-out-Vereinbarung zu anderen Verpflichtungen des Käufers bzw. des Käuferunternehmens sollte daher klar geregelt sein.[562] Zur Sicherstellung der Zahlungen bei Zielerreichung kann daher die Einschaltung eines Treuhänders angebracht sein.[563] Zudem sollte eine Klarstellung zu

[556] Bei HARRIS, R. (2002), S. 34 wird der Einsatz eines Auskaufsrechts zur vorzeitigen Beendigung einer Earn-out-Vereinbarung bei guter Unternehmensentwicklung beschrieben.

[557] Vgl. HAMILTON, A. H./METCALF, B. W./WALTON, L. (2004), S. 14 und SHERMAN, S. J. (2004), S. 11.

[558] Vgl. PENTTILA, C. (2005), S. 106f.

[559] Vgl. HAMILTON, A. H./METCALF, B. W./WALTON, L. (2004), S. 24f.

[560] Eine Ausnahme sind sogenannte „Reverse Earn-outs“, bei denen der Verkäufer bei einer schlechten Unternehmensentwicklung Teile des Kaufpreises zurückerstatten muss. Siehe dazu VISCHER, M. (2002), S. 510, SHERMAN, S. J. (2004), S. 12 und ähnlich auch HAMILTON, A. H./METCALF, B. W./WALTON, L. (2004), S. 11. Eine solche Regelung kann demnach durch die Zahlung des Kaufpreises mit einer Anleihe umgesetzt werden, deren Nennwert sich bei schlechter Unternehmensentwicklung verringert.

[561] Vgl. CRAIG, B./SMITH, A. (2003), S. 46f.

[562] Vgl. HAMILTON, A. H./METCALF, B. W./WALTON, L. (2004), S. 14f. und SHERMAN, S. J. (2004), S. 12.

[563] Vgl. BOSE, M. (1992), S. 45, BAUMS, T. (1993), S. 1275, HAMILTON, A. H./METCALF, B. W./WALTON, L. (2004), S. 7f., 24 und PICOT, G. (2004a), S. 111.

Möglichkeiten einer Verrechnung von Earn-out-Zahlungen mit anderen Ansprüchen erfolgen.[564]

#### 4.2.7.5 Formulierung und spätere Auseinandersetzungen

Earn-out-Vereinbarungen sind komplexe Verträge. Es ist daher notwendig, solche Vereinbarungen klar und eindeutig sowie leicht umsetzbar zu formulieren.[565] Sonst kann es später zu Auseinandersetzungen über die Interpretation der Vereinbarungen kommen. Derartige mögliche Auseinandersetzungen können jedoch jahrelang unbeachtet bleiben und am Laufzeitende hohe Kosten verursachen.[566] Aus diesem Grund sollten in die Gestaltung einer Earn-out-Vereinbarung auch Buchhalter von Käufer und Verkäufer eingebunden werden.[567] Falls die variablen Zahlungen einen großen Teil des Kaufpreises darstellen, ist eine mögliche spätere Auseinandersetzung wahrscheinlich.[568] Teilweise wird sogar argumentiert, dass ein Käufer in der Praxis immer, also unabhängig von der tatsächlichen Unternehmensentwicklung, mit einer vollständigen Earn-out-Zahlung zu rechnen hat.[569] In jedem Fall sollte eine klare Regelung für den Fall einer Auseinandersetzung, insbesondere auch zu einem möglichen Schiedsgutachter oder Schiedsgericht, getroffen werden.[570] Bei Einbezug mehrerer Verkäufer in die Earn-out-Vereinbarung kann in Antizipation möglicher Auseinandersetzungen die Bildung eines Vertretungsgremiums angebracht sein.[571] So wird eine einfachere Verhandlungsführung und Streitbeilegung ermöglicht.

### 4.2.8 Zusammenfassung und Bewertung

Die Gestaltung von Earn-out-Vereinbarungen zur Überbrückung negativer Einigungsbereiche ist nur unter Berücksichtigung der spezifischen Situation möglich. Dazu ist zunächst eine intensive Betrachtung der bestehenden Bewertungsdifferenz und ihrer Ursachen notwendig. Davon ausgehend können Laufzeit, Bemessungsgrundlage und Partizipation des Verkäufers festgelegt werden. Dabei sind diese Parameter so zu gestalten, dass eine Auflösung der Bewertungsdifferenz möglich wird. Die Bandbreite einer zu leistenden fixen Zahlung ergibt sich dann ausgehend von den Grenzpreisen der Akteure als Residuum. Wesentlich für die Wirkung von Earn-out-Vereinbarungen ist jedoch die Regelung von Unternehmenskontrolle

[564] Vgl. HAMILTON, A. H./METCALF, B. W./WALTON, L. (2004), S. 7, 11.

[565] Vgl. Vgl. HUSSEY, R. (1990), S. 105f., JANATKA, D. A./SHERMAN, S. J. (1992), S. 27, FRANKEL, M. E. S. (2005), S. 22f.

[566] Vgl. FRANKEL, M. E. S. (2005), S. 23 und SHEARER, B. (2005), S. 36f.

[567] Vgl. CRAIG, B./SMITH, A. (2003), S. 47. Die Notwendigkeit einer genauen (buchhalterischen) Definition finanzieller Kenngrößen sieht auch VISCHER, M. (2002), S. 511f. Zur Bedeutung der Vertragsgestaltung für die bilanzielle Behandlung von Earn-out-Vereinbarungen und ähnlichen Kontrakten siehe auch LÜDENBACH, N./VÖLKNER, B. (2006), S. 1435ff.

[568] Vgl. FRANKEL, M. E. S. (2005), S. 25.

[569] Vgl. FRANKEL, M. E. S. (2005), S. 24. Siehe dazu auch die Rechtsprechung in Abschnitt 4.3.

[570] Vgl. JANATKA, D. A./SHERMAN, S. J. (1992), S. 27, BAUMS, T. (1993), S. 1275 und HAMILTON, A. H./METCALF, B. W./WALTON, L. (2004), S. 25.

[571] Vgl. HAMILTON, A. H./METCALF, B. W./WALTON, L. (2004), S. 24

und Erfolgsmessung während der gesamten Laufzeit. Bei Käufer und Verkäufer bestehen Anreize zu opportunistischem Verhalten. Die Wirkung von Earn-out-Vereinbarungen wird dadurch beeinträchtigt. Durch spezielle Unternehmensklauseln kann der Handlungsspielraum zwar begrenzt werden, eine vollständige Auflösung der Interessenkonflikte ist jedoch nicht möglich.

### 4.2.9 Alternative Gestaltungsmöglichkeiten

Um Anreize zu opportunistischem Verhalten zu reduzieren, können neben der Begrenzung von Handlungsspielräumen auch alternative Instrumente eingesetzt werden. Dazu zählen Tracking Stocks, Contingent Payment Units und externes Benchmarking.

#### 4.2.9.1 Tracking stocks

Tracking Stocks sind börsennotierte Finanzinstrumente, die weitgehend gleiche Rechte wie „normale“ Aktien verbriefen.[572] Sie beziehen sich in wesentlichen Rechten (z.B. Ausschüttungsrechten) jedoch nur auf einen bestimmten Unternehmensbereich.[573] Sie können allgemein zur Aufdeckung eines bisher nicht wahrgenommenen Wertes führen und durch die Ausrichtung auf eine bestimmte Investorengruppe Vorteile bieten.[574]

Tracking Stocks vereinigen die direkte Wertabbildung ähnlich wie „normale“ Aktien und den Bezug auf einen bestimmten Unternehmensbereich. Mit einer Nutzung von Tracking Stocks im Rahmen von Earn-out-Vereinbarungen kann somit der Gestaltungsaufwand gesenkt werden. Die Definition von Laufzeit und Bemessungsgrundlage ist dann nicht notwendig. Allerdings werden stattdessen Regelungen zur Festlegung von Ausschüttungen notwendig.[575] Zudem führt eine Börsennotierung aufgrund der kapitalmarktrechtlichen Regelungen zu höheren Kosten für mögliche Verzerrungen. Opportunistisches Verhalten wird dann reduziert.

Die einfachere Gestaltung bei reduziertem opportunistischem Verhalten spricht für einen Einsatz von Tracking Stocks bei Earn-out-Vereinbarungen. Allerdings schaffen Tracking Stocks neue Probleme.[576] Durch Zuordnung unterschiedlicher Ausschüttungsrechte zu Tracking Stocks und „normalen“ Aktien erfolgt eine Abkehr von der traditionellen „One

572 Vgl. NATUSCH, I. (1995), S. 49f., NATUSCH, I. (1997), S. 1141 und WUNSCH, T. (2004), S. 76.

573 Erstmals wurden derartige separate Aktiengattungen durch General Motors bei M&A-Transaktionen als „Alphabet Stocks“ (Class E stocks für EDS 1984 und Class H stocks für Hughes 1985) zur Zahlung des Kaufpreises eingesetzt. Vgl. ABAHOONIE, E. J./HERZ, R. H. (1986), S. 24ff. Neben den Bezeichnungen „Tracking stocks“ und „Alphabet stocks“ sind auch die Bezeichnungen „Targeted stock“ und „Letter stock“ gebräuchlich. Vgl. NATUSCH, I. (1995), S. 46f. und KENNEDY, T. H. (1993), S. 24.

574 Bei ELDER, J./JAIN, P. K./KIM, J.-C. (2005), S. 197ff. wird empirisch jedoch kein wesentlicher positiver Effekt auf die Liquidität im Börsenhandel nach der Emission von Tracking stocks festgestellt. Für Verweise auf weitere empirische Arbeiten siehe NIPPEL, P./MERTENS, R. (2002), S. 6f. und ELDER, J./JAIN, P. K./KIM, J.-C. (2005), S. 198f.

575 Vgl. dazu NATUSCH, I. (1997), S. 1145f. und KENNEDY, T. H. (1993), S. 25.

576 Vgl. WUNSCH, T. (2004), S. 76ff. für eine Übersicht zu diesen Problemen und Lösungsansätzen.

share, one vote"-Regelung.[577] Dann kann durch die Dividendenpolitik eine Vermögensumverteilung zwischen verschiedenen Anteilseignergruppen erfolgen. Zudem können Anreize zur Bevorzugung bestimmter Unternehmensbereiche bei der Ressourcenallokation gesetzt werden.[578] Ausgehend von einer modelltheoretischen Untersuchung vermuten NIPPEL, P./MERTENS, R. (2002), dass die Allokationseffizienz bei der Emission von Tracking Stocks nachlässt.[579] Weiterhin kann der Markt für Unternehmenskontrolle beschränkt werden, da beispielsweise der Verkauf eines Unternehmensbereichs unterbleibt und statt dessen Tracking Stocks emittiert werden. Suboptimale Geschäftsführung wird dann nicht durch den Markt für Unternehmenskontrolle korrigiert. Zudem ist zu berücksichtigen, dass Tracking Stocks Eigenkapital des emittierenden Gesamtunternehmens darstellen. Dies wird insbesondere dadurch bedeutsam, dass Tracking Stocks sich in einzelnen Rechten zwar nur auf einen Unternehmensbereich beziehen, aber gegenüber dem Fremdkapital des gesamten Unternehmens nachrangig zu behandeln sind.[580] Außerdem können Ausschüttungsbeschränkungen auf Ebene des emittierenden Gesamtunternehmens die Ausschüttung von Erträgen eines profitablen Unternehmensbereichs an die Inhaber der Tracking Stocks verhindern.

Tracking Stocks erscheinen zwar zunächst als eine ideale Alternative bei der Gestaltung von Earn-out-Vereinbarungen. Sie schaffen jedoch neue Probleme, die je nach Situation die Vorteilhaftigkeit ihres Einsatzes beeinflussen.

#### 4.2.9.2 Contingent Payment Units

Contingent Payment Units (CPUs) sind Finanzinstrumente, die Ansprüche auf bedingte Zahlungen verbriefen. Vereinfachend könnten sie als börsennotierte Earn-out-Vereinbarungen bezeichnet werden. Wie bei Earn-out-Vereinbarungen werden in Abhängigkeit von der künftigen Geschäftsentwicklung Zahlungen ausgelöst.[581] Die ersten Vertreter dieser Finanzinstrumente waren die CPUs von Eli Lilly im Jahr 1986, mit denen die Unsicherheit bezüglich des Erfolgs neuer Produkte des Zielunternehmens (monoklonale Antikörper zur Krebstherapie) bewältigt werden sollte. Über einen Zeitraum von 10 Jahren wurden in Abhängigkeit von der Erreichung definierter Umsatz- und Rohertragsziele Zahlungen geleistet. Im Gegensatz zu Tracking Stocks verbriefen CPUs keine Mitgliedschafts- oder Stimmrechte. Die Inhaber von CPUs werden daher nicht als Anteilseigner, sondern als Gläubiger betrachtet. Ein weiterer Unterschied besteht darin, dass CPUs keine direkte Wertabbildung wie Aktien bieten, sondern wie klassische Earn-out-Vereinbarungen auf

[577] Vgl. dazu die Arbeit von GROSSMAN, S. J./HART, O. D. (1988).
[578] Vgl. WUNSCH, T. (2004), S. 76f.
[579] Vgl. NIPPEL, P./MERTENS, R. (2002), S. 7ff. Diesen Aspekt spricht auch KENNEDY, T. H. (1993), S. 26 an.
[580] Vgl. KENNEDY, T. H. (1993), S. 25.
[581] Vgl. ABAHOONIE, E. J./HERZ, R. H. (1986), S. 24ff.

Bemessungsgrundlagen zurückgreifen. Im Vergleich zu klassischen Earn-out-Vereinbarungen wird durch die Börsennotierung von CPUs eine Markteinschätzung der künftigen Earn-out-Zahlungen erreicht. Damit wird quasi die bisher zwischen Käufer und Verkäufer bestehende Bewertungsdifferenz bezüglich des Kontraktes durch die Preisbildung des Marktes aufgelöst. Durch den Markt wird ein eindeutiger Preis für die erwarteten bedingten Zahlungen und damit implizit auch ein eindeutiger Wert des Unternehmens gebildet. Die Börsennotierung von CPUs führt wie bei Tracking Stocks aufgrund der kapitalmarktrechtlichen Regelungen zu höheren Kosten für mögliche Verzerrungen. Opportunistisches Verhalten wird dann reduziert.

#### 4.2.9.3 Externes Benchmarking

Eine weitere Alternative ist die Nutzung externer Bezugsgrößen im Rahmen eines Benchmarking. Wenn unternehmensinterne Bemessungsgrundlagen leicht verzerrt werden können und die Branche des verkauften Unternehmens mehrere ähnliche Unternehmen aufweist, können Kenngrößen dieser vergleichbaren Unternehmen herangezogen werden. Beispielsweise ist ihr Einsatz zur Abbildung angemessener Aufwandspositionen möglich. Falls der Verkäufer das Unternehmen führt und als Bemessungsgrundlage der Earn-out-Vereinbarung zunächst der Rohertrag gewählt wurde, wird er einen Anreiz haben, eine Umsatzausweitung durch überproportionalen Werbeaufwand zu erzielen. Um diesen Anreiz zu begrenzen, kann vorgesehen sein, einen im externen Vergleich überproportionalen Werbeaufwand nachträglich in der Bemessungsgrundlage zu berücksichtigen. Die Anreize zu opportunistischem Verhalten werden dann gesenkt. Allerdings ist eine solche Regelung mit den üblichen Problemen von Benchmarking-Ansätzen verbunden. Insbesondere die Verfügbarkeit der externen Daten und deren Vergleichbarkeit begrenzt den Einsatz dieses Instruments. Falls die vergleichbaren Unternehmen eine Börsennotierung aufweisen, wird die Verfügbarkeit von Daten zu deren Unternehmensentwicklung verbessert. Dann sollte die Einbeziehung externer Daten erwogen werden. Grundsätzlich kann auch die Börsennotierung vergleichbarer Unternehmen genutzt werden, um deren Wertentwicklung in die Bemessungsgrundlage einfließen zu lassen. So könnte ein Index aus den Börsenkursen vergleichbarer Unternehmen als Indikator für die Entwicklung des verkauften Unternehmens dienen. Allerdings könnten ein solcher Index und die durch dessen Entwicklung beeinflussten Zahlungen auch außerhalb einer Earn-out-Vereinbarung über den Kapitalmarkt abgebildet werden.

#### 4.2.9.4 Bewertung der alternativen Gestaltungsmöglichkeiten

Die alternativen Gestaltungsmöglichkeiten von Earn-out-Vereinbarungen durch Einbindung von Tracking Stocks, Contingent Payment Units und externem Benchmarking ermöglichen eine Reduzierung opportunistischen Verhaltens. Tracking Stocks und CPUs leisten dies insbesondere durch erhöhte Verzerrungskosten für den geschäftsführenden Akteur. Externes Benchmarking reduziert den Anreiz für opportunistisches Verhalten durch die Einbindung von durch den geschäftsführenden Akteur nicht beeinflussbaren Größen in die

Bemessungsgrundlage. Diese Instrumente können jedoch nur teilweise zur Lösung der Verhaltensunsicherheit beitragen. Sie verursachen neue Probleme und erfordern für ihrem Einsatz daher eine detaillierte Betrachtung.

## 4.3 Rechtliche Aspekte

Beim Einsatz von Kontrakten mit bedingten Zahlungsstrukturen spielt die Möglichkeit opportunistischen Verhaltens eine wesentliche Rolle.[582] Käufer und Verkäufer verfolgen unterschiedliche Ziele im Hinblick auf die variablen Kontraktzahlungen. Die Milderung dieses Problems ist durch die Vertragsgestaltung möglich, eine vollständige Lösung wird jedoch nicht erreicht. Nach Abschluss solcher Vereinbarungen sind somit Auseinandersetzungen zwischen Käufer und Verkäufer möglich. Diese Auseinandersetzungen können wichtige Informationen zur Ausgestaltung künftiger Vereinbarungen liefern. In diesem Abschnitt wird daher die Rechtsprechung zu Auseinandersetzungen nach Transaktionsabschluss betrachtet.

In Deutschland liegt nur eine geringe Zahl von Gerichtsentscheidungen zu Auseinandersetzungen über bedingte Kaufpreiszahlungen nach Abschluss von M&A-Transaktionen vor.[583] Dazu zählen vor allem Kaufpreisanpassungsklauseln bis zum Closing (z.B. Verlustausgleich), steuerliche Aspekte von Kaufpreisanpassungen sowie Mehrerlösklauseln bei Immobilientransaktionen oder Privatisierungen der Treuhandanstalt.[584] Durch die erfolgte Diskussion des Unternehmenskaufrechts in der Literatur ist eine Vielzahl möglicher Streitpunkte bereits im Vorfeld regelbar.[585] Allerdings werden Kontrakte mit bedingten Zahlungsstrukturen (z.B. Earn-out-Vereinbarungen) in der Literatur bisher nicht intensiv betrachtet.[586] Zudem werden in der Praxis häufig Schiedsgerichtsverfahren bevorzugt.[587] Neben der geringeren Öffentlichkeitswirkung sind diese Verfahren regelmäßig schneller und kostengünstiger als normale Gerichtsverfahren. Die Nicht-Öffentlichkeit solcher Verfahren bedeutet jedoch auch die Nicht-Öffentlichkeit konkreter Ansatzpunkte zur Vermeidung künftiger Auseinandersetzungen. Die deutsche Rechtsprechung liefert für M&A-Transaktionen, insbesondere bei bedingten Zahlungsstrukturen, daher nur wenig Anhaltspunkte. Auch in den USA liegen nur einzelne Fälle der Rechtsprechung zu entsprechenden Auseinandersetzungen zwischen Käufer

[582] Dies wurde im Abschnitt 4.2 am Beispiel einer Earn-out-Vereinbarung diskutiert und in Abschnitt 3.8.2 modelltheoretisch abgebildet.

[583] Vgl. HÖLTERS, W. (2005), S. 68.

[584] Vgl. HOLZAPFEL, H.-J./PÖLLATH, R. (2005), S. 453f. und beispielsweise die Urteile des Kammergerichts Berlin, 2. Zivilsenat vom 02.02.1995 (Aktenzeichen: 2 U 7876/93), des Oberlandesgerichts Frankfurt vom 31.1.2001 (Aktenzeichen: 13 U 187/98), des BGH, 5. Zivilsenat vom 06.07.2001 (Aktenzeichen: V ZR 82/00), des BGH, 5. Zivilsenat vom 28.06.2002 (Aktenzeichen: V ZR 438/00) sowie das anhängige Verfahren beim Bundesfinanzgerichtshof, 2. Senat (Aktenzeichen II R 3/05).

[585] Siehe dazu auch Abschnitt 2.2.6.

[586] Bei MEISSNER, M. H. (2005), S. 752ff. wird beispielweise auf die Besonderheit und Zulässigkeit von Anteilsübertragungen im Rahmen von Earn-out-Vereinbarungen bei GmbHs eingegangen. Auch dort wird auf die Neuheit dieses Themas verwiesen. Grundsätzlich werden finanzielle Unternehmenskenngrößen wie Umsatz und Ertrag jedoch nur dann als zusicherungsfähige Eigenschaften angenommen, wenn sie sich auf einen mehrjährigen Zeitraum beziehen, da sie nur dann einen zuverlässigen Anhaltspunkt für die Bewertung der Ertragsfähigkeit des Unternehmens darstellen. Vgl. dazu RITTMEISTER, M. (2004), S. 58.

[587] Das trifft nicht nur auf Deutschland zu. Vgl. HAMILTON, A. H./METCALF, B. W./WALTON, L. (2004), S. 25 und HÖLTERS, W. (2005), S. 68.

und Verkäufer nach M&A-Transaktionen vor. Die wesentlichen Orientierungspunkte zu Earn-out-Vereinbarungen werden hier vorgestellt.

Im Jahr 1998 wurde in Ohio der Fall Richmond vs. Peters entschieden.[588] Das zugrunde liegende Unternehmen wurde unter einer Earn-out-Vereinbarung verkauft und danach durch den Käufer geführt. Der Verkäufer gab damit seinen Einfluss auf die weitere Geschäftsentwicklung des Unternehmens auf. Für die Weiterführung des Unternehmens durch den Käufer wurde einwandfreies Geschäftsverhalten („sound business practices") vereinbart. Gemäß der Earn-out-Vereinbarung sollte der Käufer variable Zahlungen in Abhängigkeit vom Unternehmensergebnis ab Erreichen eines Schwellenwertes leisten. Der Verkäufer reichte aufgrund der aus seiner Sicht nicht zufriedenstellenden Unternehmensentwicklung und unzureichenden variablen Zahlungen Klage gegen den Käufer ein. Die Klage wurde seitens des Verkäufers mit Vertragsbruch des Käufers durch Verletzung einer impliziten treuhänderischen Pflicht begründet. Das Gericht sah jedoch keine implizite treuhänderische Pflicht des Käufers aus der Earn-out-Vereinbarung gegeben. Da der Verkäufer keine weiteren Beweise vorlegte, wurde kein Vertragsbruch festgestellt. Die entscheidende, durch ein Berufungsgericht bestätigte Aussage ist, dass Earn-out-Vereinbarungen keine treuhänderische Pflicht des Käufers implizieren.

Im Jahr 2004 wurde in Kansas der Fall Horizon Holdings vs. Genmar Holdings entschieden.[589] Das Unternehmen („Horizon") wurde unter einer Earn-out-Vereinbarung verkauft und danach weiterhin durch den Verkäufer geführt. Bemessungsgrundlage der variablen Earn-out-Zahlungen war der Umsatz, jedoch erst ab Erreichen einer fixierten Rohertragsquote. Auslöser der Auseinandersetzung war keine konkrete Klausel der Vereinbarung. Allerdings wurde die als Schwellenwert für variable Zahlungen fixierte Rohertragsquote nicht erreicht. Dem Verkäufer war durch den Käufer die Handlungsfreiheit als Manager zugesichert worden. Der Käufer nahm nach der Transaktion jedoch weitreichende Eingriffe in das Unternehmen vor. Zunächst wurde der Markenname geändert. Zusätzlich wurden Produktlinien des Unternehmens „Horizon" eingestellt und einzelne Vertriebswege von „Horizon" gelöst und dem übernehmenden Unternehmen („Genmar") zugeordnet. Dies bedeutete eine Schwächung der Vertriebskraft von „Horizon". Zudem wurden die Produktionspriorität zum übernehmenden Unternehmen „Genmar" verlagert und die bestehende Produktionskapazität von „Horizon" zur Herstellung von „Genmar"-Produkten eingesetzt. Zudem wurde „Horizon" verpflichtet, „Genmar"-Produkte herzustellen und wurde dafür lediglich in Höhe der Produktionskosten entschädigt. Dadurch wurde unmittelbar die Rohertragsquote belastet und das Erreichen des Schwellenwerts der Earn-out-Vereinbarung

[588] Zu diesem Fall siehe HAMILTON, A. H./METCALF, B. W./WALTON, L. (2004), S. 23f.

[589] Zu diesem Fall siehe HAMILTON, A. H./METCALF, B. W./WALTON, L. (2004), S. 22f. und BONENFANT, M. A. (2005), S. 10ff.

zusätzlich erschwert. Den Abschluss bildete die Schließung der Produktionsanlage von „Horizon“. In der Vereinbarung war zwar keine dieser Maßnahmen ausgeschlossen worden, allerdings sah sich der Verkäufer durch diese Aktivitäten des Käufers stark benachteiligt. Das Gericht entschied, dass die Gesamtzielsetzung der Earn-out-Vereinbarung betrachtet werden muss. Entsprechend muss dem Verkäufer die Möglichkeit gegeben werden, die Earn-out-Zahlungen zu maximieren. Diese Ansicht wird mit einer impliziten Begrenzung der Handlungsfreiheit nach Treu und Glauben („implied covenant of good faith“) begründet.[590] Falls die Parteien bei Vertragsschluss diese Aktionen des Käufers als möglich erachtet hätten, würde der Verkäufer diese Handlungen nicht zugelassen haben. Entsprechend wurde eine anteilige Zahlung des Earn-out-Volumens ausgelöst.[591] Der Verkäufer darf demnach gutgläubig sein und auf die Möglichkeit zur Maximierung der Earn-out-Zahlungen vertrauen.

Im Jahr 2005 wurde in Massachusetts der Fall Instrument Industries vs. Danaher Corporation entschieden.[592] Das Unternehmen „NEAT“ wurde unter einer Earn-out-Vereinbarung verkauft und weiterhin durch den Verkäufer geführt. Die Vereinbarung sah die Zahlung des maximalen Earn-out-Volumens für den Fall vor, dass „NEAT“ vor Ablauf der Vereinbarung mit einer anderen Gesellschaft verschmolzen („konsolidiert“) wurde. Danaher übernahm den ursprünglichen Käufer. Nach dieser Übernahme musste „NEAT“ gemeinsam mit einer insolvenznahen deutschen Danaher-Niederlassung in einer Unternehmenssparte operieren. Diese Niederlassung war verlustträchtig, konnte aber wegen des deutschen Arbeitsrechts kaum Personal abbauen. Aufgrund der gemeinsamen Organisation als Unternehmenssparte wurde der Personalabbau in „NEAT“ vollzogen. Zudem musste „NEAT“ Vermögensgegenstände der Danaher-Niederlassung aufkaufen. Der Verkäufer betrachtete dies als „Konsolidierung“ und forderte die Zahlung des maximalen Earn-out-Volumens. Danaher verweigerte die Zahlung und argumentierte seinerseits mit der nicht präzisen Erfüllung des Begriffes „Konsolidierung“. Obwohl die Earn-out-Vereinbarung 106 Begriffe definierte, war der Begriff der „Konsolidierung“ nicht in diesen Definitionen enthalten. Das Gericht entschied, dass der Konsolidierungsbegriff nicht notwendigerweise in seiner präzisen Auslegung zu erfüllen ist. Vielmehr ist der beabsichtigte Gesamtzusammenhang zu berücksichtigen. Daher wurde die Zahlung des Earn-out-Volumens ausgelöst.

---

[590] BONENFANT, M. A. (2005), S. 12 zitiert: „This implied covenant is a judical convention designed to protect the spirit of an agreement when without violating the expressed terms of the agreement, one side uses oppressive or underhanded tactics to deny the other side the fruits of the parties' bargain." Diese Ansicht ähnelt den Regelungen im deutschen Recht gemäß §162 BGB (Verhinderung oder Herbeiführung des Bedingungseintritts wider Treu und Glauben) in Verbindung mit §242 BGB (Leistung nach Treu und Glauben). Vgl. dazu ARMGARDT, M. (2004), § 162.

[591] Das maximale Earn-out-Volumen betrug 5,2 Millionen US-Dollar. Es wurde die Zahlung von 2,5 Millionen US-Dollar festgelegt.

[592] Zu diesem Fall siehe HIRSCHOFF, J. T./MELVILLE, J. C./WHITTAKER, S. (2005), S. 19f. und SOULE, A. (2005).

Die vorgestellten Fälle stellen die wesentlichen Orientierungspunkte der US-amerikanischen Rechtsprechung zu Earn-out-Vereinbarungen dar. Earn-out-Vereinbarungen führen demnach nicht zu treuhänderischen Pflichten. Zudem sind bei Auseinandersetzungen die jeweilige Gesamtzielsetzung und der beabsichtigte Gesamtzusammenhang der Vereinbarungen zu berücksichtigen. Auch bei unvollständiger Vertragsgestaltung wird opportunistisches Verhalten durch diese Orientierungspunkte begrenzt.

## 4.4 Gestaltungsentwurf für empirische Tests

In diesem Abschnitt wird ein Rahmen zur Gestaltung empirischer Tests entworfen. Zunächst werden aus den Ergebnissen dieser Arbeit mögliche Ansatzpunkte empirischer Überprüfungen abgeleitet. Anschließend werden einige Gedanken zur Durchführung entsprechender Tests und insbesondere zur Messung von Parametern vorgestellt.

Die Ergebnisse des Modells lassen die Formulierung von Thesen zu. Allerdings sollen und können die hier skizzierten Thesen nur Ausgangspunkt einer detaillierten Hypothesenformulierung sein. Bei ausreichend hohen Synergien ist die Kaufpreiszahlung mit Aktien eines fusionierten Unternehmens geeignet, bestehende Bewertungsdifferenzen zu überwinden.[593] Im Vergleich zu den anderen betrachteten Kontrakten mit bedingten Zahlungsstrukturen ist die Zahlung mit Aktien relativ einfach umsetzbar. Zudem wird durch die Aktien auch ein möglicherweise gewünschter Arbeitsanreiz gesetzt. Bei hohen erwarteten Synergien und geringer Informationsasymmetrie bezüglich des übernehmenden Unternehmens müsste demnach eine bevorzugte Zahlung mit Aktien gegenüber anderen Kontrakten mit bedingten Zahlungen (wie Earn-out-Vereinbarungen) zu beobachten sein. Der Einsatz von Kontrakten mit Optionen oder Earn-out-Vereinbarungen bliebe damit auf Transaktionen beschränkt, aus denen nur geringe Synergien erwartet werden oder die durch hohe Informationsasymmetrie bezüglich des übernehmenden Unternehmens geprägt sind. Beim Einsatz von Kontrakten mit Put-Optionen wird zur Überbrückung abweichender Werteinschätzungen die Absicherung eines „Worst case“-Szenarios nicht ausreichend sein.[594] Entsprechend müssten relativ hohe Ausübungspreise der Put-Option zu beobachten sein. Beim Einsatz von Call-Optionen zur Überbrückung abweichender Werteinschätzungen wird das Abtreten einer „unerwartet guten“ Unternehmensentwicklung an den Verkäufer nicht ausreichend sein.[595] Entsprechend müssten relativ niedrige Ausübungspreise der Call-Option zu beobachten sein. Zudem eignen sich Call-Optionen in Fällen „niedriger Zahlungsvolatilität“ besser als Put-Optionen, während in Fällen „hoher Zahlungsvolatilität“ Put-Optionen besser geeignet sind als Call-Optionen.[596] Beim Einsatz von Earn-out-Vereinbarungen zur Überbrückung abweichender Werteinschätzungen ist ein hoher „Freizeitwert“ des Verkäufers erforderlich. Demnach würden Earn-out-Verinbarungen verstärkt in Situationen eingesetzt, in denen der Verkäufer einen hohen Nutzen aus zusätzlicher Freizeit ziehen kann. Grundsätzlich ist auch ein Test am Prozess der Vereinbarungs-

[593] Siehe dazu Abschnitt 3.8.3. Der Begriff der Synergie wird hier zur Vereinfachung als Sammelbegriff der in den Abschnitten 2.3.2.2 und 3.8.3 aufgeführten Ausprägungen verwendet.

[594] Hier werden zunächst die Sonderfälle in den Erwartungskonstellationen „hohe Zahlungsvolatilität“ und „niedrige Zahlungsausprägungen“ vernachlässigt. Siehe dazu Abschnitt 3.3. Nach Abschnitt 3.5 kann eine ähnliche These auch für den Einsatz ausfallbedrohten Fremdkapitals formuliert werden.

[595] Hier werden zunächst die Sonderfälle in den Erwartungskonstellationen „niedrige Zahlungsvolatilität“ und „niedrige Zahlungsausprägungen“ vernachlässigt. Siehe dazu Abschnitt 3.4.

[596] Siehe dazu Abschnitte 3.3 und 3.4 in Verbindung mit Abschnitt 3.9.

gestaltung möglich. In allen Kontrakten mit bedingten Zahlungsstrukturen sollte zur Überbrückung abweichender Werteinschätzungen die variable Kaufpreiskomponente ausgestaltet werden, bevor die fixe Kaufpreiskomponente (als Residuum) vereinbart wird.

Für empirische Tests ist die Überführung möglicher Thesen in (statistisch) testbare, operationalisierte Hypothesen erforderlich. Insbesondere die Messung von Erwartungen ist jedoch nicht trivial. An dieser Stelle werden daher einige Gedanken zur Durchführung solcher Tests ausgeführt. Stellvertretend für andere Kontrakte wird eine Earn-out-Vereinbarung betrachtet.

Der Ausgangspunkt des formalen Modells ist ein negativer Einigungsbereich bei M&A-Transaktionen auf Basis der Grenzpreise.[597] Grenzpreise werden jedoch regelmäßig geheim gehalten. Somit ist es beim Einsatz von Earn-out-Vereinbarungen offen, ob eine abgeschlossene M&A-Transaktion überhaupt durch einen negativen Einigungsbereich bezüglich des Wertes des Zielunternehmens geprägt war.[598] Befragungen werden zwar nur begrenzt zur Klärung dieser Frage beitragen können, sollten aber trotzdem die Erwartungen der Akteure zur Geschäftsentwicklung im Zeitpunkt des Vertragsabschlusses zu ermitteln versuchen. Grundsätzlich können Befragungen der Akteure Aufschlüsse zu Motiven des Einsatzes von Earn-out-Vereinbarungen geben. Neben der Überbrückung abweichender Werteinschätzungen können auch Risiko-, Finanzierungs-, Steuer- oder andere Effekte den Einsatz solcher Kontrakte begründen. Durch Zuordnung von Prioritäten könnte die Bedeutung der „Erwartungsüberbrückungs"-Funktion einer Earn-out-Vereinbarung für die jeweilige Transaktion abgeschätzt werden. Eine solche Befragung sollte grundsätzlich Käufer und Verkäufer einbeziehen, um Abweichungen in der Wahrnehmung beider Akteure zu ermitteln. Für eine geringe Verzerrung der Ergebnisse kann es hilfreich sein, die Befragung nach Ablauf der Earn-out-Vereinbarung durchzuführen.[599] Das Instrument der Befragung bei erfolgten M&A-Transaktionen kann also zumindest teilweise die Überprüfung der entworfenen Thesen ermöglichen. Alternativ könnten die Befragungen auf abgebrochene M&A-Transaktionen konzentriert werden. Der Ausschluss von Transaktionen, bei denen der Abbruch durch Dritte verursacht wurde (z.B. Kartellamt), sichert die Existenz eines negativen Einigungsbereiches. Wenn bei solchen Transaktionen der Einsatz von Earn-out-Vereinbarungen vorgesehen war, sind daraus Rückschlüsse auf die begrenzten Einsatzmöglichkeiten von Earn-out-Vereinbarungen möglich. Ein Test auf Basis abgebrochener Transaktionen erscheint für die empirische Überprüfung daher geeigneter als ein Test auf Basis abgeschlossener Transaktionen. Die Kombination beider Ansätze ermöglicht eine detaillierte Befragung von

[597] Siehe dazu Abschnitt 3.1.

[598] Es wäre beispielsweise auch möglich, die Volatilität von Aktien zur Abschätzung von Unsicherheit zu verwenden. Der Schluss auf einen negativen Einigungsbereich ist daraus jedoch nicht möglich.

[599] So können mögliche strategische Aspekte der Akteure reduziert werden.

Unternehmen, die regelmäßig M&A-Transaktionen durchführen und dazu auch Earn-out-Vereinbarungen einsetzen. Dies ermöglicht die Betrachtung abgeschlossener und abgebrochener Transaktionen und kann die Identifizierung von Regelmäßigkeiten erleichtern.[600]

Wesentliche Bedeutung für die Wirkung von Kontrakten haben erwartete Synergien und der Freizeitnutzen des Verkäufers.[601] Als relevante Synergien für diese Abgrenzung sind die Auswirkungen auf die einzelnen Kontrakte zu betrachten. Die relevanten Synergien bei einer Zahlung in Aktien können von den relevanten Synergien für eine Earn-out-Vereinbarung abweichen. Aktien werden die Marktbewertung erwarteter Synergien für das fusionierte Unternehmen widerspiegeln, während Earn-out-Vereinbarungen nur die Auswirkungen auf die jeweilige Bemessungsgrundlage berücksichtigen. Die Marktbewertung erwarteter Synergien kann durch die Marktwertveränderung des Unternehmens abgeschätzt werden. Auswirkungen auf einzelne Kenngrößen werden jedoch nur schwer messbar sein. Vergleiche mit ähnlichen Unternehmen oder intertemporale Vergleiche können eine Abschätzung ermöglichen. Dazu muss allerdings auf tatsächlich realisierte Größen zurückgegriffen werden. Die Messung von Synergieeerwartungen ist so nicht möglich. Unter der Annahme, dass Earn-out-Vereinbarungen bei ihrer Ausgestaltung die wertrelevanten Faktoren berücksichtigen, ist die Annäherung beider Synergiebetrachtungen möglich.[602] Dann kann auf die Marktbewertung erwarteter Synergien zurückgegriffen werden.[603] Der Freizeitwert des Verkäufers ist eine weitere kritische Größe bei einer empirischen Überprüfung der entwickelten Thesen. Besondere Bedeutung hat der Freizeitwert für die Eignung von Earn-out-Vereinbarungen. Ein solcher Freizeitwert ist jedoch nicht direkt ermittelbar. Im Rahmen einer Befragung werden Verkäufer zumindest bei laufenden Earn-out-Vereinbarungen kaum einen erwarteten hohen Freizeitwert aus solchen Vereinbarungen angeben. Allerdings sollte eine Abschätzung versucht werden. Als Anhaltspunkte können das Alter des Verkäufers und Veränderungen des Lebensstils dienen. Insbesondere ein Wechsel in den Ruhestand nach der M&A-Transaktion kann ein Indikator für einen hohen Freizeitwert sein.[604] Eine eindeutige Interpretation ist dabei kaum möglich und bleibt auf Einzelfälle beschränkt. Eine möglicherweise objektivere, wenn auch weitaus sensiblere Herangehensweise ist die Analyse von Terminkalendern oder ähnlichen Quellen. Sofern die Verfügbarkeit solcher Informationen gegeben ist, könnte eine veränderte Aktivitätsstruktur als Indikator für eine Verhaltensänderung dienen. Eine

---

[600] Zudem ist durch die relative Konstanz eines Akteurs die Variabilität der Akteure reduziert.

[601] Zur Vermeidung einer tiefen Diskussion des Synergiebegriffs und der verschiedenen Ausprägungen in der empirischen Forschung sei hier auf die einschlägig e Literatur verwiesen.

[602] Die empfohlene Ausgestaltung von Earn-out-Vereinbarungen in Anlehnung an die wertbestimmenden Faktoren wurde in Abschnitt 4.2 behandelt.

[603] Die Marktbewertung der Synergien wird jedoch nicht zwangsläufig die Synergieerwartung des Verkäufers darstellen. Eine Annäherung an die Erwartungen des Verkäufers wird jedoch nur über eine Befragung möglich sein.

[604] Grundsätzlich könnten auch andere Ereignisse (z.B. Geburt der Kinder oder Enkel, Aufbau eines Zweitunternehmens oder Karriere als Künstler) derart interpretiert werden.

Ausweitung nicht unternehmensbezogener Aktivitäten des Verkäufers könnte dann den Einfluss des Freizeitwertes auf den Einsatz von Earn-out-Vereinbarungen stützen. Allerdings wird es kaum möglich sein, derartige Untersuchungen mit einer großen Stichprobe durchzuführen.

Dieser Gestaltungsentwurf soll Anregungen für weitere empirische Untersuchungen zur Kontraktgestaltung bei M&A-Transaktionen geben, kann jedoch nur ein Anhaltspunkt sein. Schließlich wird jede empirische Arbeit gemäß ihrer Zielsetzung die zu testenden Hypothesen und das gewählte Testvorgehen schlüssig und fundiert herleiten.

## 4.5 Einsatz von Kontrakten in Verhandlungen

In der bisherigen Untersuchung wurde die Verhandlungsführung im Rahmen von M&A-Transaktionen nicht explizit betrachtet. Statt dessen wird ein Kontrakt als Ergebnis der Verhandlungen angenommen. Die Vertragsgestaltung wird in der Praxis jedoch nicht, wie in dieser Arbeit bisher dargestellt, zu einem Zeitpunkt erfolgen, sondern einen Prozess darstellen. In diesem durch Interaktion geprägten Prozess werden die Akteure die erwarteten Auswirkungen ihrer eigenen Handlungen auf andere Akteure berücksichtigen. Durch Anbieten eines Kontrakts offenbart ein Akteur, dass er die M&A-Transaktion zu diesen Konditionen abschließen würde. Durch das Vorschlagen oder Ablehnen eines Kontrakts bzw. einer bestimmten Kontraktausgestaltung werden somit Signale gesendet. Diese Signale können durch die anderen Akteure interpretiert werden und zu einer Aktualisierung ihrer Informationsbasis führen. Verhandlungen stellen somit einen Lernprozess für alle beteiligten Akteure dar. Kontrakte nehmen dabei als Instrumente zum Signalling, Screening oder zur Selbstselektion eine wichtige Rolle ein.[605] Diese Rolle von Kontrakten wurde im Rahmen dieser Arbeit nicht betrachtet. In weiteren Arbeiten sollte dieser spieltheoretische Aspekt jedoch näher beleuchtet werden.

[605] Zu Signalling, Screening und Selbstselektion siehe Abschnitt 2.2.3.1.

# 5 Fazit

Die vorliegende Arbeit beschäftigt sich mit der optimalen Kontraktgestaltung bei M&A-Transaktionen. Ein wesentliches Kennzeichen von M&A-Transaktionen ist die asymmetrische Verteilung wertrelevanter Informationen zwischen den Akteuren. Diese ex ante Informationsasymmetrie kann eine Ursache negativer Einigungsbereiche bezüglich des Wertes des zu verkaufenden Unternehmens sein. Selbst wenn Käufer und Verkäufer eine Wertsteigerung durch die M&A-Transaktion erwarten, kann diese aufgrund abweichender Grenzpreise unterbleiben.

Als Standardinstrumente bei M&A-Transaktionen zur Begleichung des Kaufpreises werden die Barzahlung und die Zahlung mit Aktien eingesetzt. Mehrere theoretische Arbeiten haben die Wahlentscheidung zwischen beiden Instrumenten oder deren Mischung untersucht. Ausgangspunkt war dabei jedoch regelmäßig ein positiver Einigungsbereich. Ob die Standardinstrumente zu einer Verbesserung eines negativen Einigungsbereiches beitragen können, wurde bisher nicht untersucht. Empirische Untersuchungen legten den Schwerpunkt bisher ebenfalls häufig auf die Standardinstrumente. In den letzten Jahren sind weitere Instrumente wie Earn-out-Vereinbarungen in das Blickfeld empirischer Untersuchungen getreten. Eine oft angeführte Begründung für deren Einsatz ist die Überbrückung von Bewertungsdifferenzen. Die konsequente Untersuchung dieser Eigenschaft von Earn-out-Vereinbarungen blieb bisher jedoch offen.

Den Schwerpunkt dieser Arbeit bildet eine Untersuchung von Kontrakten auf ihre Eignung zur Verbesserung des Einigungsbereiches. Dazu wurde zunächst ein formales Modell entwickelt. Ausgangssituation ist ein negativer Einigungsbereich zwischen Käufer und Verkäufer bezüglich des Unternehmenswertes aufgrund asymmetrischer ex ante Informationsverteilung. Asymmetrische Informationsverteilung nach Transaktion wurde bezüglich einer möglichen Verzerrung der Erfolgsgröße berücksichtigt, für einen Großteil der Untersuchung wurde jedoch symmetrische Informationsverteilung nach Transaktion angenommen. Ziel ist die Gestaltung von Kontrakten zur Erreichung eines nichtnegativen Einigungsbereiches. Dazu werden Bewertungsdifferenzen von Kontrakten mit bedingten Zahlungsstrukturen genutzt. Die untersuchten Kontrakte sind im Rahmen der gesetzten Modellannahmen jedoch unterschiedlich gut zur Erreichung nichtnegativer Einigungsbereiche geeignet.

Die Standardinstrumente Barzahlung und Zahlung mit Aktien eignen sich in Fällen negativer Einigungsbereiche nur begrenzt. Durch Barzahlung ist kein nichtnegativer Einigungsbereich erreichbar. Bei Zahlung des Kaufpreises mit Aktien eines fusionierten Unternehmens kann nur dann ein nichtnegativer Einigungsbereich erreicht werden, wenn der Verkäufer über Informationsvorteile bezüglich des übernehmenden Unternehmens verfügt oder zu verfügen glaubt. Eine Kombination aus Barzahlung und Aktien wird durch reine Barzahlung oder reine Aktienzahlung dominiert.

Durch den Einsatz eines Kontrakts mit Put-Option oder Call-Option ist bei optimaler Gestaltung in jeder Erwartungskonstellation ein nichtnegativer Einigungsbereich erreichbar. Durch Wahl eines ausreichend hohen Ausübungspreises der Put-Option oder eines ausreichend niedrigen Ausübungspreises der Call-Option sind robuste Kontrakte möglich. Diese Kontrakte sichern unabhängig von der tatsächlichen Erwartungskonstellation einen nichtnegativen Einigungsbereich. Bei einem Vergleich beider Kontrakttypen eignen sich in bestimmten Situationen Call-Optionen besser als Put-Optionen und umgekehrt. In ausgewählten Fällen kann auch eine Kombination beider Optionen angebracht sein.

Der Einsatz ausfallbedrohten Fremdkapitals des verkauften Unternehmens ermöglicht die implizite Abbildung eines Kontrakts mit Put-Option. Die Kombination mit Aktien wird jedoch nur dann einen größeren Einigungsbereich ermöglichen, wenn der Verkäufer das übernehmende Unternehmen höher bewertet als der Käufer. Im Grenzfall wird der Verkäufer dann einen hohen Aktienanteil am fusionierten Unternehmen halten. Falls das ausfallbedrohte Fremdkapital jedoch vom fusionierten Unternehmen emittiert wird, muss der Käufer zur Erreichung eines nichtnegativen Einigungsbereichs einen ausreichend hohen Zahlungsausfall erwarten.

Der Einsatz von Earn-out-Vereinbarungen kann den Einigungsbereich verbessern. Jedoch dominieren sie nicht in jedem Fall die Barzahlung, wie bei MERTENS (2003) und MERTENS (2004) hergeleitet. Diese Dominanz ist nur dann gewährleistet, wenn der Verkäufer nicht am Einsatz seiner spezifischen Fähigkeiten gehindert wird. Allerdings ist die Überbrückung negativer Einigungsbereiche nur in bestimmten Situationen möglich. Besondere Bedeutung dafür hat der Freizeitnutzen des Verkäufers aus seinem reduzierten Arbeitseinsatz. Eine Earn-out-Vereinbarung kann nur dann die M&A-Transaktion ermöglichen, wenn der Verkäufer einen ausreichend hohen Freizeitnutzen generiert. Die Transaktion kann dann sogar stattfinden, obwohl der Verkäufer eine Wertsenkung des Unternehmens nach der Transaktion erwartet. Wenn der Verkäufer erst ab einem positiven Schwellenwert an Zahlungen des Unternehmens partizipiert, kann eine Earn-out-Vereinbarung bei Arbeitseinsatz beider Akteure so gestaltet werden, dass der Gesamtarbeitsanreiz steigt.

Bei ex post Informationsasymmetrie wird dem geschäftsführenden Akteur die Verzerrung der jeweiligen Bemessungsgrundlage von Kontrakten möglich. Eine Verbesserung des Einigungsbereiches kann nur auftreten, wenn der nicht geschäftsführende Akteur die Verzerrungskosten des geschäftsführenden Akteurs ausreichend überschätzt. Sonst wird der Einigungsbereich verschlechtert („shoot oneself in the foot“). Auch durch Risikoaversion der

Akteure wird die Wirkung der untersuchten Kontrakte beeinflusst. Die Kontraktgestaltung ermöglicht die Risikoteilung zwischen beiden Akteuren. Wenn der Käufer eine geringere Risikoaversion aufweist als der Verkäufer, wird der Einigungsbereich weiter verbessert. Allerdings kann der Risikoteilungseffekt auch negativ sein. Dies ist beispielsweise dann möglich, wenn der Verkäufer durch die Transaktion eine Steigerung des Unternehmensrisikos erwartet. Allgemein beeinflussen Veränderungen des Unternehmens nach der Transaktion dessen erwartete Zahlungen und somit auch dessen Wert. Von Käufer oder Verkäufer erwartete positive externe Effekte sowie vom Verkäufer erwartete positive Cashflow-Transformationen können dann die Wirkung der untersuchten Kontrakte verbessern.

Das entwickelte Modell hat erstmals die Wirkung von Kontraktdesigns bei negativen Einigungsbereichen untersucht. Insbesondere wurden die bisherigen Erkenntnisse zu den Standardinstrumenten Barzahlung und Aktien erweitert. Darüber hinaus wurde der mögliche Einsatz von Optionen zur Überbrückung abweichender Werteinschätzungen nachgewiesen. Zudem wurde gezeigt, dass Earn-out-Vereinbarungen zur Überbrückung von Bewertungsdifferenzen eingesetzt werden können und unter welchen Bedingungen dies möglich ist.

Beim Abschluss von M&A-Transaktionen stehen somit verschiedene Kontrakte zur Auswahl. Je nach spezifischer Situation sind sie jedoch unterschiedlich gut zur Verbesserung des Einigungsbereiches geeignet. Neben dieser Eignung ist jedoch auch ihre Umsetzung zu berücksichtigen. Schließlich werden in der Praxis regelmäßig Transaktionskosten auftreten und Verträge unvollständig sein. Die Umsetzung von Vertragskonstruktionen in der Unternehmenspraxis wird daher die Entscheidung zwischen unterschiedlichen Kontrakten beeinflussen.

Für die Ausgestaltung von Kontrakten ist zunächst die Ursache der Bewertungsdifferenz zu ermitteln. Insbesondere ist die Identifizierung der wert(differenz-)bestimmenden Faktoren erforderlich. Der Kontrakt kann dann gezielt auf die Bewertungsdifferenz ausgerichtet werden. Beim Einsatz von Barzahlung, Aktien oder Fremdkapital besteht ein geringerer Umsetzungsaufwand als bei Kontrakten mit Optionen oder Earn-out-Vereinbarungen. Bei letzteren ist eine detaillierte Betrachtung unumgänglich.

Grundsätzlich sollte zunächst die Definition der variablen Kaufpreiskomponente erfolgen, aus der sich ein fixer Kaufpreisanteil als Residuum ergibt. Die Laufzeit von Kontrakten sollte so gewählt werden, dass sie eine ausreichend sichere Abbildung des tatsächlichen Wertes und damit eine Auflösung der Bewertungsdifferenz ermöglicht. Üblich sind Laufzeiten von zwei bis fünf Jahren. Es sollte eine Bemessungsgrundlage gewählt werden, die beide Akteure als wert(differenz-)bestimmenden Faktor anerkennen. Dabei ist jedoch der Grad ihrer Manipulierbarkeit zu berücksichtigen. Häufig verwendete Bemessungsgrundlagen sind

Umsatz, Rohertrag und EBIT(DA). Neben finanziellen können nicht-finanzielle Unternehmenskenngrößen große Wertrelevanz haben und deutlich früher eine Wertfindung zulassen als finanzielle Größen. Bei Auswahl nicht-finanzieller Größen ist deren Bezug zum Unternehmenswert jedoch eingehend zu beleuchten. Entsprechend sollte die Verwendung von Größen, für die regelmäßig Marktpreise gebildet werden, vermieden werden und statt dessen eine Regelung über Marktinstrumente angestrebt werden. Für die Partizipation des Verkäufers sollten, ausgehend von möglichem opportunistischen Verhalten, nicht-stetige Vereinbarungen vermieden werden. Zudem sollte von einer isolierten Betrachtung einzelner Perioden abgesehen werden. Statt dessen sollten stetige Vereinbarungen getroffen werden, die eine Glättung über mehrere Perioden vorsehen. Damit werden die Anreize zur Verzerrung oder Häufung der Bemessungsgrundlage reduziert.

Der Unternehmenskontrolle und Erfolgsmessung kommt eine besondere Bedeutung zu. Grundsätzlich sollte dem Verkäufer umfangreiche Verantwortung für die Unternehmensentwicklung übertragen werden und der Käufer nur begrenzt in das Management eingreifen. In jedem Fall sind die Zuständigkeiten von Käufer und Verkäufer eindeutig voneinander abzugrenzen und so zu gestalten, dass der Handlungsspielraum des Verkäufers ausreicht, um die Kontraktzahlungen zu maximieren. Häufigkeit und Durchführung der Erfolgsmessungen sollten bei Vertragsabschluss genau definiert werden. Um spätere Auseinandersetzungen zu vermeiden, ist insgesamt eine klare und eindeutige Formulierung der Kontrakte erforderlich. Trotzdem sollten Regelungen für den Fall möglicher Auseinandersetzungen explizit aufgenommen werden.

Alternative Lösungsansätze wie der Einsatz von Tracking Stocks, Contingent Payment Units und externem Benchmarking ermöglichen eine Reduzierung opportunistischen Verhaltens. Tracking Stocks und Contingent Payment Units leisten dies insbesondere durch erhöhte Verzerrungskosten für den geschäftsführenden Akteur. Externes Benchmarking reduziert den Anreiz für opportunistisches Verhalten durch die Einbindung von durch den geschäftsführenden Akteur nicht beeinflussbaren Größen in die Bemessungsgrundlage. Diese Instrumente verursachen jedoch neue Probleme und können nur teilweise zur Lösung der Verhaltensunsicherheit beitragen. Die Rechtsprechung zu Auseinandersetzungen nach dem Abschluss von M&A-Transaktionen ist in Deutschland nur gering ausgeprägt. Die Orientierungspunkte der US-amerikanischen Rechtsprechung begrenzen jedoch den Spielraum für opportunistisches Verhalten.

In dieser Arbeit wurde die Verhandlungsführung im Rahmen von M&A-Transaktionen bewusst nicht näher betrachtet. Im durch Interaktion geprägten Verhandlungsprozess werden Akteure jedoch die erwarteten Auswirkungen ihrer eigenen Handlungen auf andere Akteure berücksichtigen. Kontrakte sind dabei wesentliche Instrumente zur Informationsvermittlung durch Signalling, Screening oder Selbstselektion. Diese Rolle wurde im Rahmen dieser Arbeit jedoch nicht untersucht. Die Ergebnisse dieser Arbeit zur Gestaltung von Kontrakten sollen als ein Ausgangspunkt für die spieltheoretische Untersuchung dieser Signalwirkungen dienen. Der Gestaltungsentwurf für empirische Tests soll zudem Anregungen für weitere empirische Untersuchungen zur Kontraktgestaltung bei M&A-Transaktionen geben.

**Anhang**

## Anhang A Herleitung der konkretisierten Transaktionsbedingung für $\Omega_P$

Ausgangspunkt der konkretisierten Transaktionsbedingung für $\Omega_P$ ist die allgemeine Transaktionsbedingung $D^{\Omega} = \sum_t G_t^{V,\Omega} - \sum_t G_t^{K,\Omega} \geq U_V - U_K = D^U$.[606]

Unter $\Omega_P$ nimmt V eine Stillhalter-Position ein und muss bei Ausübung der Put-Option durch K gegen Rückverkauf des Unternehmens den Ausübungspreis $S_P$ oder einen entsprechenden Barausgleich zahlen. Die erwarteten Zahlungen an K mindern den Kontraktwert. Die erwarteten unsicheren Zahlungen unter dem Kontrakt $\Omega_P$ werden durch V bewertet mit

$$\sum_t G_t^{V,\Omega_P} = -p\left(\max\left(S_P - E_V^g, 0\right)\right) - (1-p)\left(\max\left(S_P - E_V^s, 0\right)\right) = -P_V .$$

K kann die Put-Option ausüben und wird dann gegen Rückverkauf des Unternehmens den Ausübungspreis $S_P$ oder einen Barausgleich erhalten. K erwartet somit die (teilweise) Rückerstattung der gezahlten Barkomponente. Die erwarteten unsicheren Auszahlungen unter dem Kontrakt $\Omega_P$ werden durch K bewertet mit

$$\sum_t G_t^{K,\Omega_P} = -q\left(\max\left(S_P - E_K^g, 0\right)\right) - (1-q)\left(\max\left(S_P - E_K^s, 0\right)\right) = -P_K .$$

Die konkretisierte Transaktionsbedingung für den Kontrakt $\Omega_P$ mit Put-Option entspricht dann $D^{\Omega_P} = \sum_t G_t^{V,\Omega_P} - \sum_t G_t^{K,\Omega_P} = P_K - P_V \geq U_V - U_K = D^U$ .

606 Siehe Abschnitt 3.1.6.

## Anhang B Bewertungsdifferenz im Bereich $E_V^s \leq S_P \leq E_V^g$ und $S_P > E_K^g$

In diesem Bereich bewertet V die Put-Option mit $P_V = (1-p)(S_P - E_V^s) > 0$. Der Käufer K bewertet die Put-Option mit $P_K = S_P - U_K > 0$. Daraus folgt die Bewertungsdifferenz

$$\begin{aligned} D^{\Omega_P} = P_K - P_V &= S_P - U_K - (1-p)(S_P - E_V^s) \\ &= pS_P + (1-p)E_V^s - U_K \\ &= U_V - U_K - p(E_V^g - S_P). \end{aligned}$$

$D^{\Omega_P}$ steigt mit steigendem Ausübungspreis $S_P$ und wird mit dem höchstmöglichen $S_P$ maximiert. Mit $S_P = E_V^g$ entspricht die Bewertungsdifferenz bezüglich des Kontrakts der Bewertungsdifferenz bezüglich U: $D^{\Omega_P} = D^U$.

Ergänzend wird die niedrigste Bewertungsdifferenz untersucht, die bei niedrigstem $S_P = \max(E_V^s, E_K^g)$ auftritt. Dazu ist eine Fallunterscheidung notwendig.

(1) Der Fall $E_V^s > E_K^g$ führt mit $S_P = E_V^s$ und $E_K^g > U_K$ zu $D^{\Omega_P} = U_V - U_K - p(E_V^g - E_V^s) = E_V^s - U_K > 0$ und $D^{\Omega_P} = E_V^s - U_K < U_V - U_K = D^U$. Die Bewertungsdifferenz $D^{\Omega_P}$ ist immer positiv, bleibt aber geringer als die Bewertungsdifferenz bezüglich U, $D^U$.

(2) Der Fall $E_V^s < E_K^g$ führt mit $S_P = E_K^g + \varepsilon$ unter $\varepsilon > 0$ und $\varepsilon \to 0$ aufgrund $E_K^g < S_P \leq E_V^g$ zu $D^{\Omega_P} = p(E_K^g + \varepsilon) + (1-p)E_V^s - U_K < U_V - U_K$. Falls die von K erwartete Zahlung im guten Zustand die Bedingung $E_K^g > E_V^g - \dfrac{U_V - U_K}{p}$ erfüllt, ist die Bewertungsdifferenz bezüglich der Option positiv: $0 < D^{\Omega_P} < D^U$.

(3) Der Fall $E_V^s = E_K^g$ entspricht in der Lösung dem Fall $E_V^s > S_K^g$.

## Anhang C Bewertungsdifferenz im Bereich $S_P < E_V^s$ und $E_K^s \le S_P \le E_K^g$

In diesem Bereich bewertet der Verkäufer V die Put-Option mit $P_V = 0$. Der Käufer K bewertet die Put-Option mit $P_K = (1-q)(S_P - E_K^s) > 0$. Daraus folgt die Bewertungsdifferenz $D^{\Omega_P} = P_K - P_V = (1-q)(S_P - E_K^s) \ge 0$. $D^{\Omega_P}$ steigt mit steigendem Ausübungspreis $S_P$ und wird mit dem höchstmöglichen $S_P$ maximiert.

(1) Der Fall $E_V^s \le E_K^g$ führt mit $S_P = E_V^s$ zu $D^{\Omega_P} = (1-q)(E_V^s - E_K^s) \ge 0$. Falls die von K erwartete Zahlung im schlechten Zustand die Bedingung $E_K^s < E_V^s - \frac{U_V - U_K}{1-q}$ erfüllt, kann die Bewertungsdifferenz bezüglich des Kontrakts die Bewertungsdifferenz bezüglich U übersteigen: $D^{\Omega_P} = (1-q)(E_V^s - E_K^s - \varepsilon) > U_V - U_K = D^U$.[607]

(2) Der Fall $E_V^s > E_K^g$ führt mit $S_P = E_K^g$ zu $D^{\Omega_P} = (1-q)(E_K^g - E_K^s) \ge 0$. Um eine ausreichend hohe Bewertungsdifferenz bezüglich des Kontrakts zur Kompensation der Bewertungsdifferenz bezüglich des Unternehmens U zu erreichen, müsste gelten $(1-q)(E_K^g - E_K^s) \ge U_V - U_K$. Das ist jedoch nur unter der Bedingung $E_K^g \ge U_V$ möglich, die hier aufgrund von $E_V^s > E_K^g$ nicht erfüllt sein kann. Daher gilt in diesem Fall immer $D^{\Omega_P} < U_V - U_K = D^U$.

Die Bewertungsdifferenz $D^{\Omega_P}$ wird mit dem niedrigsten $S_P$ minimiert. Mit dem niedrigsten $S_P = E_K^s$ liegt keine Bewertungsdifferenz vor: $D^{\Omega_P} = P_K - P_V = 0$.

[607] Die Bedingung $E_K^s < E_V^s - \frac{U_V - U_K}{1-q}$ entspricht $q(E_K^g - E_V^s) > p(E_V^g - E_V^s)$.

## Anhang D Bewertungsdifferenz im Bereich $E_V^s \leq S_P \leq E_V^g$ und $E_K^s \leq S_P \leq E_K^g$

In diesem Bereich bewertet V die Put-Option mit $P_V = (1-p)(S_P - E_V^s) > 0$. K bewertet die Put-Option mit $P_K = (1-q)(S_P - E_K^s) > 0$. Daraus folgt die Bewertungsdifferenz

$$\begin{aligned} D^{\Omega_P} = P_K - P_V &= (1-q)(S_P - E_K^s) - (1-p)(S_P - E_V^s) \\ &= (1-p)E_V^s - (1-q)E_K^s + (p-q)S_P \\ &= U_V - U_K + p(S_P - E_V^g) + q(E_K^g - S_P) \\ &= U_V - U_K + (q-p)(E_V^g - S_P) - q(E_V^g - E_K^g). \end{aligned}$$

Die höchste Bewertungsdifferenz bezüglich des Kontrakts wird beim Maximum des Terms $(q-p)(E_V^g - S_P)$ erreicht und in der folgenden Fallunterscheidung untersucht.

(1) Im Fall $p < q$ maximiert diesen Term ein möglichst niedriges $S_P = \max(E_K^s, E_V^s)$.

(1a) Für $E_K^s > E_V^s$ folgt mit $S_P = E_K^s$ eine negative Bewertungsdifferenz $D^{\Omega_P} = (1-p)(E_V^s - E_K^s) < 0$.

(1b) Für $E_K^s < E_V^s$ ergibt sich mit $S_P = E_V^s$ eine positive Bewertungsdifferenz $D^{\Omega_P} = (1-q)(E_V^s - E_K^s) > 0$, die bei einer von K ausreichend hoch erwarteten Zahlung im guten Zustand $E_K^g \geq \frac{U_V - (1-q)E_V^s}{q} = E_V^s + \frac{p}{q}(E_V^g - E_V^s) > E_V^s$ die Bewertungsdifferenz bezüglich U erreicht oder übersteigt: $D^{\Omega_P} = (1-q)(E_V^s - E_K^s) \geq U_V - U_K = D^U$.

(1c) Für $E_K^s = E_V^s$ ergibt sich keine Bewertungsdifferenz: $D^{\Omega_P} = 0$.

(2) Im Fall $p > q$ maximiert die Bewertungsdifferenz ein möglichst hohes $S_P = \min(E_K^g, E_V^g)$.

(2a) Der Fall $E_K^g < E_V^g$ führt mit $S_P = E_K^g$ zu $D^{\Omega_P} = pE_K^g + (1-p)E_V^s - U_K < U_V - U_K$. Falls K eine ausreichend hohe Zahlung im guten Zustand $E_K^g > \frac{U_K - (1-p)E_V^s}{p}$ erwartet, ist eine positive Bewertungsdifferenz gemäß $0 < D^{\Omega_P} < D^U$ gegeben.[608]

---

[608] Um die Bedingung $D^U = U_V - U_K > 0$ zu erfüllen, muss auch gelten $E_V^g > \frac{U_K - (1-p)E_V^s}{p}$. Die hier geforderte Bedingung $E_K^g > \frac{U_K - (1-p)E_V^s}{p}$ ist daher unter $E_K^g < E_V^g$ erreichbar.

(2b) Der Fall $E_K^g > E_V^g$ führt mit $S_P = E_V^g$ zu $D^{\Omega_P} = U_V - U_K + q\left(E_K^g - E_V^g\right) > U_V - U_K = D^U$. Die Bewertungsdifferenz bezüglich der Option übersteigt die Bewertungsdifferenz bezüglich U.

(2c) Der Fall $E_K^g = E_V^g$ führt mit $S_P = E_K^g = E_V^g$ zu $D^{\Omega_P} = U_V - U_K = D^U$. Die Bewertungsdifferenz bezüglich des Kontrakts entspricht der Bewertungsdifferenz bezüglich U.

(3) Der Fall $q = p$ führt zu $D^{\Omega_P} = (1-p)\left(E_V^s - E_K^s\right)$. Die Bewertungsdifferenz ist unabhängig von $S_P$. Falls V eine höhere Auszahlung im schlechten Zustand erwartet als K ($E_V^s > E_K^s$), liegt eine positive Bewertungsdifferenz vor: $D^{\Omega_P} > 0$.

Auf die explizite Analyse der niedrigsten Bewertungsdifferenz wird hier verzichtet, da in Abhängigkeit der Parameter die höchste Bewertungsdifferenz negativ ist.

## Anhang E Einigungsbereich unter $\Omega_P$ bei „besonders niedriger Zahlungsausprägung"

Die Erwartungskonstellation „besonders niedrige Zahlungsausprägung" ist durch $E_K^s < E_K^g < E_V^s$ charakterisiert. Der Käufer K erwartet im guten Umweltzustand eine niedrigere Zahlung als der Verkäufer V im schlechten Umweltzustand. Daraus folgen fünf Bereiche des Ausübungspreises $S_P$, die zur Untersuchung der Eignung von $\Omega_P$ betrachtet werden (siehe Abbildung 87). Dabei wird jeweils direkt auf die Bewertungsdifferenzen aus Abschnitt 3.3.4 zurückgegriffen.

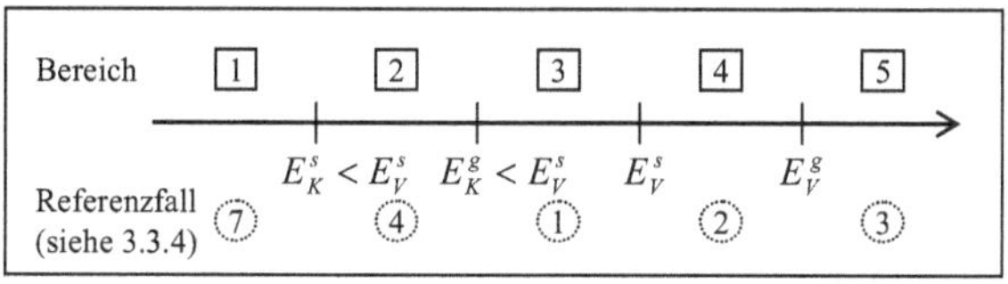


**Abb. 87:** Betrachtete Bereiche bei „besonders niedriger Zahlungsausprägung"

(1) Im ersten Bereich gemäß $S_P < E_K^s$ besteht zwischen K und V keine Bewertungsdifferenz bezüglich des Kontrakts $\Omega_P$: $D^{\Omega_P} = 0$.[609] Der Einigungsbereich wird nicht verändert und bleibt negativ: $EB^{\Omega_P} = D^{\Omega_P} - D^U = -D^U = EB^U < 0$.

(2) Im zweiten Bereich gemäß $E_K^s \leq S_P \leq E_K^g$ gilt $D^{\Omega_P} = (1-q)(S_P - E_K^s) \geq 0$.[610] Der Einigungsbereich kann verbessert werden, bleibt aber wegen $D^{\Omega_P} < U_V - U_K = D^U$ negativ.[611]

(3) Im dritten Bereich gemäß $E_K^g < S_P < E_V^s$ gilt $D^{\Omega_P} = S_P - U_K > 0$.[612] Der Einigungsbereich kann verbessert werden, bliebt aber wegen $D^{\Omega_P} < U_V - U_K$ negativ.

(4) Im vierten Bereich gemäß $E_V^s \leq S_P \leq E_V^g$ gilt $D^{\Omega_P} = U_V - U_K - p(E_V^g - S_P)$.[613] Nur mit $S_P = E_V^g$ ist ein nichtnegativer Einigungsbereich $EB^{\Omega_P} = 0$ erreichbar.

609 Das entspricht Fall 7 aus Abschnitt 3.3.4.
610 Das entspricht Fall 4 aus Abschnitt 3.3.4.
611 Siehe dazu auch Anhang C.
612 Das entspricht Fall 1 aus Abschnitt 3.3.4.
613 Das entspricht Fall 2 aus Abschnitt 3.3.4.

(5) Im fünften Bereich gemäß $S_P > E_V^g$ besteht unabhängig von der Wahl des Ausübungspreises $S_P$ eine positive Bewertungsdifferenz: $D^{\Omega_P} = U_K - U_K > 0$.[614] Beide Akteure erwarten die sichere Rückabwicklung der Transaktion. Der Einigungsbereich ist nichtnegativ: $EB^{\Omega_P} = D^{\Omega_P} - D^U = 0$.

Für die fünf Bereiche des Ausübungspreises $S_P$ wurden die Bewertungsdifferenzen mit ihrer Wirkung auf den Einigungsbereich untersucht. Eine Übersicht der Ergebnisse zum Kontrakt $\Omega_P$ bei „besonders niedriger Zahlungsausprägung" enthält Tabelle 9.

| **Untersuchungsbereich** | **Bewertungsdifferenz $D^{\Omega_P}$, Einigungsbereich $EB^{\Omega_P}$ und ausreichende Kontrakte $\Omega_P$** | **Einfluss von $S_P$ auf $EB^{\Omega_P}$** |
|---|---|---|
| (1) gemäß $S_P < E_V^s$ | $D^{\Omega_P} = 0$,<br>$EB^{\Omega_P} = -D^U < 0$<br>Kein Kontrakt $\Omega_P$ ist ausreichend. | neutral |
| (2) gemäß $E_K^s \le S_P \le E_K^g$ | $D^{\Omega_P} = (1-q)(S_P - E_K^s) < D^U$,<br>Kein Kontrakt $\Omega_P$ ist ausreichend. | positiv |
| (3) gemäß $E_K^g < S_P < E_V^s$ | $D^{\Omega_P} = S_P - U_K < D^U$,<br>Kein Kontrakt $\Omega_P$ ist ausreichend. | positiv |
| (4) gemäß $E_V^s \le S_P \le E_V^g$ | $D^{\Omega_P} = U_V - U_K - p(E_V^g - S_P)$<br>Ein Kontrakt $\Omega_P$ mit $S_P = E_V^g$ ist ausreichend und optimal: $EB^{\Omega_P} = 0$. | positiv |
| (5) gemäß $S_P > E_K^g$ | $D^{\Omega_P} = D^U > 0$<br>Alle Kontrakte $\Omega_P$ sind ausreichend: $EB^{\Omega_P} = 0$. | neutral |

**Tab. 9:** Ergebnisse zu $\Omega_P$ bei „besonders niedriger Zahlungsausprägung"

Bei „besonders niedriger Zahlungsausprägung" ist unter $\Omega_P$ nur mit einem Ausübungspreis $S_P \ge E_V^g$ ein nichtnegativer Einigungsbereich erreichbar. In Abbildung 88 ist der Einigungsbereich in Abhängigkeit vom Ausübungspreis $S_P$ schematisch dargestellt. Auf ein numerisches Beispiel wird hier verzichtet.

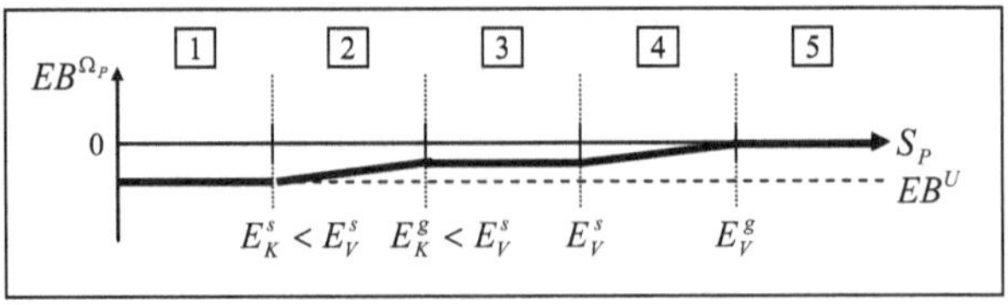


**Abb. 88:** Einigungsbereich unter $\Omega_P$ bei „besonders niedriger Zahlungsausprägung"

[614] Das entspricht Fall 3 aus Abschnitt 3.3.4.

## Anhang F Herleitung der konkretisierten Transaktionsbedingung für $\Omega_C$

Ausgangspunkt der konkretisierten Transaktionsbedingung für $\Omega_C$ ist die allgemeine Transaktionsbedingung $D^{\Omega} = \sum_t G_t^{V,\Omega} - \sum_t G_t^{K,\Omega} \geq U_V - U_K = D^U$.[615]

Unter $\Omega_C$ nimmt K eine Stillhalter-Position ein und wird bei Ausübung der Call-Option durch V gegen Rückverkauf des Unternehmens die Zahlung $S_C$ erhalten bzw. muss einen Barausgleich zahlen. K erwartet somit zusätzliche Zahlungen. Die erwarteten unsicheren Zahlungen unter dem Kontrakt $\Omega_C$ werden durch K bewertet mit

$$\sum_t G_t^{K,\Omega_C} = q\left(\max\left(E_K^g - S_C, 0\right)\right) + (1-q)\left(\max\left(E_K^s - S_C, 0\right)\right) = C_K.$$

V kann die Call-Option ausüben und muss dann gegen Rückverkauf des Unternehmens den Ausübungspreis $S_C$ zahlen bzw. wird einen Barausgleich erhalten. K erwartet somit zusätzliche Zahlungen. Die erwarteten unsicheren Zahlungen unter dem Kontrakt $\Omega_C$ werden durch V bewertet mit

$$\sum_t G_t^{V,\Omega_C} = p\left(\max\left(E_V^g - S_C, 0\right)\right) + (1-p)\left(\max\left(E_V^s - S_C, 0\right)\right) = C_V.$$

Die konkretisierte Transaktionsbedingung für den Kontrakt $\Omega_C$ mit Call-Option entspricht dann $D^{\Omega_C} = \sum_t G_t^{V,\Omega_C} - \sum_t G_t^{K,\Omega_C} = C_V - C_K \geq U_V - U_K = D^U$.

[615] Siehe Abschnitt 3.1.6.

## Anhang G Bewertungsdifferenz im Bereich $S_C > E_K^g$ und $E_V^s \leq S_C \leq E_V^g$

In diesem Bereich bewertet der Verkäufer die Call-Option mit $C_V = p\left(E_V^g - S_C\right)$. Der Käufer K bewertet die Call-Option mit $C_K = 0$. Daraus folgt die nichtnegative Bewertungsdifferenz $D^{\Omega_C} = p\left(E_V^g - S_C\right) \geq 0$. $D^{\Omega_C}$ sinkt mit steigendem Ausübungspreis $S_C$ und wird mit dem niedrigsten $S_C = \max\left(E_V^s, E_K^g\right)$ maximiert.

(1) Im Fall $E_V^s \geq E_K^g$ gilt $S_C = E_V^s$ und damit $D^{\Omega_C} = p\left(E_V^g - E_V^s\right) = U_V - E_V^s > 0$. Wegen $E_V^s \geq E_K^g > U_K$ gilt $D^{\Omega_C} < U_V - U_K = D^U$.

(2) Im Fall $E_V^s < E_K^g$ gilt $S_C = E_K^g$ und damit $D^{\Omega_C} = p\left(E_V^g - E_K^g\right) \geq 0$. Um $D^{\Omega_C} \geq D^U$ zu erreichen, muss gelten $p\left(E_V^g - E_K^g\right) \geq U_V - U_K$. Diese Bedingung wird genau dann erfüllt, wenn $E_K^g \leq \frac{U_K - (1-p)E_V^s}{p}$ gilt, was $pE_K^g + (1-p)E_V^s \leq U_K$ entspricht.[616] Ein nichtnegativer Einigungsbereich ist demzufolge nur unter $E_K^g < E_V^g$ erreichbar.

[616] Die Bedingung $U_V > U_K$ entspricht allgemein $E_V^g > \frac{U_K - (1-p)E_V^s}{p}$.

**Anhang H Bewertungsdifferenz im Bereich $E_V^s \le S_C \le E_V^g$ und $E_K^s \le S_C \le E_K^g$**

In diesem Bereich bewertet der Verkäufer V die Call-Option mit $C_V = p\left(E_V^g - S_C\right)$. Der Käufer K bewertet die Call-Option mit $C_K = q\left(E_K^g - S_C\right)$. Daraus folgt die Bewertungsdifferenz

$$\begin{aligned} D^{\Omega_C} = C_V - C_K &= p\left(E_V^g - S_C\right) - q\left(E_K^g - S_C\right) \\ &= U_V - U_K + (1-q)E_K^s - (1-p)E_V^s + (q-p)S_C \\ &= U_V - U_K + q\left(S_C - E_K^s\right) + p\left(E_V^s - S_C\right) + E_K^s - E_V^s \\ &= U_V - U_K + (q-p)\left(S_C - E_V^s\right) + (1-q)\left(E_K^s - E_V^s\right). \end{aligned}$$

Die höchste Bewertungsdifferenz $D^{\Omega_C}$ wird beim Maximum des Terms $(q-p)S_C$ erreicht und in der folgenden Fallunterscheidung untersucht.

(1) Im Fall $p < q$ maximiert diesen Term ein möglichst hohes $S_C = \min\left(E_K^g, E_V^g\right)$.

(1a) Für $E_K^g > E_V^g$ folgt mit $S_C = E_V^g$ eine negative Bewertungsdifferenz $D^{\Omega_C} = q\left(E_V^g - E_K^g\right) < 0$.

(1b) Für $E_K^g < E_V^g$ folgt eine positive Bewertungsdifferenz $D^{\Omega_C} = p\left(E_V^g - E_K^g\right) > 0$ mit $S_C = E_K^g$. Unter der Bedingung $E_K^g \le \frac{U_K - (1-p)E_V^s}{p}$, die zu $pE_K^g + (1-p)E_V^s \le U_K$ umgeformt werden kann, erreicht oder übersteigt sie die Bewertungsdifferenz bzgl. des Unternehmens U: $D^{\Omega_C} \ge D^U$.

(1c) Für $E_K^g = E_V^g$ ergibt sich keine Bewertungsdifferenz $D^{\Omega_C} = 0$.

(2) Im Fall $p > q$ maximiert diesen Term ein möglichst niedriges $S_C = \max\left(E_K^s, E_V^s\right)$.

(2a) Für $E_K^s > E_V^s$ folgt mit $S_C = E_K^s$ eine positive Bewertungsdifferenz $D^{\Omega_C} = U_V - U_K + (1-p)\left(E_K^s - E_V^s\right) > U_V - U_K = D^U$.

(2b) Für $E_K^s < E_V^s$ folgt mit $S_C = E_V^s$ die Bewertungsdifferenz $D^{\Omega_C} = U_V - U_K + (1-q)\left(E_K^s - E_V^s\right) < U_V - U_K = D^U$.

(2c) Für $E_K^s = E_V^s$ entspricht die Bewertungsdifferenz $D^{\Omega_C} = U_V - U_K = D^U$.

(3) Im Fall $p = q$ beträgt die Bewertungsdifferenz $D^{\Omega_C} = p(E_V^g - E_K^g)$ und ist unabhängig von $S_C$. Falls V eine höhere Zahlung im guten Zustand erwartet als K ($E_V^g > E_K^g$), liegt eine positive Bewertungsdifferenz vor: $D^{\Omega_C} > 0$.

Auf die explizite Analyse der niedrigsten Bewertungsdifferenz wird hier verzichtet, da in Abhängigkeit der Parameter die höchste Bewertungsdifferenz negativ ist.

## Anhang I Einigungsbereich unter $\Omega_C$ bei „besonders niedriger Zahlungsausprägung“

Die Erwartungskonstellation „besonders niedrige Zahlungsausprägung“ ist durch $E_K^s < E_K^g < E_V^s$ charakterisiert. Der Käufer K erwartet im guten Umweltzustand eine niedrigere Zahlung als der Verkäufer V im schlechten Umweltzustand. Zur Untersuchung von $\Omega_C$ werden fünf Bereiche des Ausübungspreises $S_C$ betrachtet (siehe Abbildung 89). Dabei wird jeweils direkt auf die Bewertungsdifferenzen aus Abschnitt 3.4.4 zurückgegriffen.

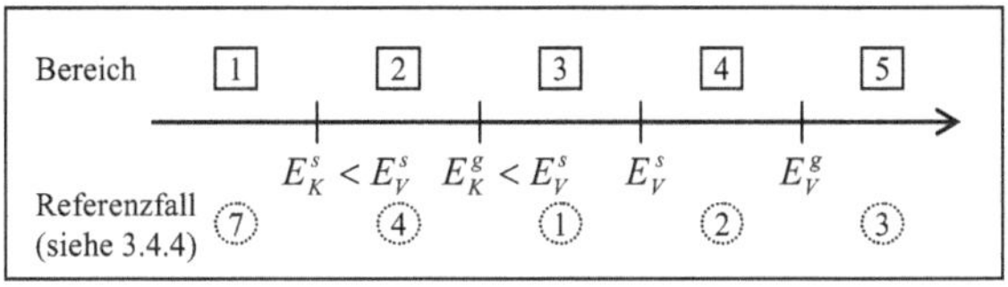


**Abb. 89:** Betrachtete Bereiche bei „besonders niedriger Zahlungsausprägung“

(1) Im ersten Bereich gemäß $S_C < E_K^s$ besteht unabhängig vom Ausübungspreis $S_C$ eine positive Bewertungsdifferenz: $D^{\Omega_C} = U_V - U_K > 0$.[617] Beide Akteure erwarten die sichere Ausübung der Call-Option. Der Einigungsbereich ist nichtnegativ: $EB^{\Omega_C} = D^{\Omega_C} - D^U = 0$.

(2) Im zweiten Bereich gemäß $E_K^s \leq S_C \leq E_K^g$ gilt $D^{\Omega_C} = U_V - qE_K^g - (1-q)S_C$.[618] Der Einigungsbereich beträgt $EB^{\Omega_C} = (1-q)(E_K^s - S_C)$ und sinkt mit steigendem $S_C$. Mit $S_C = E_K^s$ gilt $D^{\Omega_C} = U_V - U_K = D^U$ und es wird ein nichtnegativer Einigungsbereich erreicht: $EB^{\Omega_C} = D^{\Omega_C} - D^U = 0$.

(3) Im dritten Bereich gemäß $E_K^g < S_C < E_V^s$ gilt $D^{\Omega_C} = U_V - S_C > 0$.[619] $D^{\Omega_C}$ sinkt mit steigendem Ausübungspreis $S_C$. Der Einigungsbereich kann zwar verbessert werden, allerdings bleibt er wegen $U_K < E_K^g < S_C$ immer negativ $EB^{\Omega_C} < 0$.

(4) Im vierten Bereich gemäß $E_V^s \leq S_C \leq E_V^g$ liegt eine nichtnegative Bewertungsdifferenz $D^{\Omega_C} = p(E_V^g - S_C) \geq 0$ vor.[620] Die Bewertungsdifferenz sinkt mit steigendem $S_C$. Der

[617] Das entspricht Fall 7 aus Abschnitt 3.4.4.
[618] Das entspricht Fall 4 aus Abschnitt 3.4.4.
[619] Das entspricht Fall 1 aus Abschnitt 3.4.4.
[620] Das entspricht Fall 2 aus Abschnitt 3.4.4.

Einigungsbereich kann zwar verbessert werden, allerdings bleibt er wegen $U_K < E_K^g < S_C$ immer negativ $EB^{\Omega_C} < 0$.

(5) Im fünften Bereich gemäß $S_C > E_V^g$ besteht zwischen K und V keine Bewertungsdifferenz bezüglich des Kontrakts $\Omega_C$: $D^{\Omega_C} = 0$.[621] Der Einigungsbereich wird nicht verändert und bleibt negativ: $EB^{\Omega_C} = -D^U < 0$.

Für die fünf Bereiche des Ausübungspreises $S_C$ wurden die Bewertungsdifferenzen mit ihrer Wirkung auf den Einigungsbereich untersucht. Eine Übersicht der Ergebnisse zum Kontrakt $\Omega_C$ bei „besonders niedriger Zahlungsausprägung“ enthält Tabelle 10.

| **Unter-suchungs-bereich** | **Bewertungsdifferenz $D^{\Omega_C}$, Einigungsbereich $EB^{\Omega_C}$ und ausreichende Kontrakte $\Omega_C$** | **Einfluss von $S_C$ auf $EB^{\Omega_C}$** |
|---|---|---|
| (1) gemäß $S_C < E_V^s$ | $D^{\Omega_C} = D^U > 0$<br>Alle Kontrakte $\Omega_C$ sind ausreichend: $EB^{\Omega_C} = 0$. | neutral |
| (2) gemäß $E_K^s \le S_P \le E_K^g$ | $D^{\Omega_C} = U_V - qE_K^g - (1-q)S_C$,<br>$EB^{\Omega_C} = (1-q)(E_K^s - S_C)$<br>Ein Kontrakt $\Omega_C$ mit $S_C = E_K^s$ ist ausreichend. | negativ |
| (3) gemäß $E_K^g < S_P < E_V^s$ | $D^{\Omega_C} = U_V - S_C > 0$,<br>$EB^{\Omega_C} < 0$<br>Kein Kontrakt $\Omega_C$ ist ausreichend. | negativ |
| (4) gemäß $E_V^s \le S_P \le E_V^g$ | $D^{\Omega_C} = p(E_V^g - S_C) \ge 0$,<br>$EB^{\Omega_C} < 0$<br>Kein Kontrakt $\Omega_C$ ist ausreichend. | negativ |
| (5) gemäß $S_C > E_K^g$ | $D^{\Omega_C} = 0$,<br>$EB^{\Omega_C} = -D^U < 0$<br>Kein Kontrakt $\Omega_C$ ist ausreichend. | neutral |

**Tab. 10:** Ergebnisse zu $\Omega_C$ bei „besonders niedriger Zahlungsausprägung“

Bei „besonders niedriger Zahlungsausprägung“ ist unter $\Omega_C$ nur mit einem Ausübungspreis gemäß $S_C \le E_K^s$ ein nichtnegativer Einigungsbereich erreichbar. In Abbildung 90 ist der Einigungsbereich in Abhängigkeit von $S_C$ schematisch dargestellt. Auf ein numerisches Beispiel wird hier verzichtet.

[621] Das entspricht Fall 3 aus Abschnitt 3.4.4.

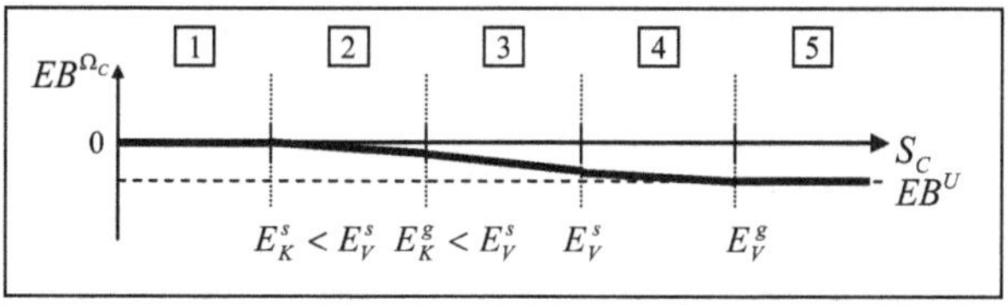


**Abb. 90:** Einigungsbereich unter $\Omega_C$ bei „besonders niedriger Zahlungsausprägung“

## Anhang J Einigungsbereich bei ausfallbedrohtem Fremdkapital

Hier werden die Wirkungen von ausfallbedrohtem Fremdkapital $N > \min\left(E_V^s; E_K^s\right)$ unter einem Kontrakt $\Omega_F$ auf den Einigungsbereich untersucht. Für den Bereich $N \geq E_V^g$ wurde bereits gezeigt, dass die Transaktionsbedingung erfüllt ist und damit ein nichtnegativer Einigungsbereich vorliegt.[622] Für die Untersuchung des Bereiches $N < E_V^g$ ist eine differenzierte Betrachtung erforderlich.

(1) Für $N \geq \max\left(E_V^s; E_K^s\right)$ ist eine Fallunterscheidung bzgl. $E_K^g$ notwendig.

(1a) Falls $E_K^g < N$ gilt, folgt zunächst $E_K^g < N < E_V^g$ und die Bewertungsdifferenz bzgl. $\Omega_F$ beträgt $D^{\Omega_F} = pN + (1-p)E_V^s - qE_K^g - (1-q)E_K^s = pN + (1-p)E_V^s - U_K$. $D^{\Omega_F}$ ist positiv, falls $N > \dfrac{U_K - (1-p)E_V^s}{p}$ gilt. In diesem Fall wird der Einigungsbereich verbessert. Falls ein niedrigeres Fremdkapitalvolumen angeboten wird, bleibt der Einigungsbereich unverändert oder verschlechtert sich.

(1b) Falls $E_K^g > N$ gilt, beträgt die Bewertungsdifferenz bzgl. $\Omega_F$ $D^{\Omega_F} = pN + (1-p)E_V^s - qN - (1-q)E_K^s$. Die Bewertungsdifferenz $D^{\Omega_F}$ ist positiv, falls $(p-q)N > (1-q)E_K^s - (1-p)E_V^s$ gilt. In diesem Fall wird der Einigungsbereich verbessert. Falls die Bedingung nicht erfüllt wird, bleibt der Einigungsbereich unverändert oder verschlechtert sich.

(2) Für $N < \max\left(E_V^s; E_K^s\right)$ ist ebenfalls eine Fallunterscheidung notwendig.

(2a) Falls $E_K^s < E_V^s$ gilt, folgt zunächst $E_K^s < N < E_V^s$ und die Bewertungsdifferenz bzgl. $\Omega_F$ ist positiv: $D^{\Omega_F} = pN + (1-p)N - qN - (1-q)E_K^s > 0$. Der Einigungsbereich wird verbessert.

(2b) Falls $E_K^s > E_V^s$ gilt, folgt zunächst $E_V^s < N < E_K^s$ und die Bewertungsdifferenz bzgl. $\Omega_F$ ist negativ: $D^{\Omega_F} = pN + (1-p)E_V^s - qN - (1-q)N < 0$. Der Einigungsbereich wird verschlechtert.

In Abhängigkeit der Parameter ist durch den Einsatz von ausfallbedrohtem Fremdkapital ein positiver oder negativer Einfluss auf den Einigungsbereich möglich.

---

[622] Siehe dazu Abschnitt 3.5.1.

## Anhang K Äquivalenz der Bewertungsdifferenzen von $\Omega_{BF}$ und $\Omega_P$

Die Bewertungsdifferenz unter einem Kontrakt $\Omega_{BF}$, der die Kaufpreiszahlung durch ausfallbedrohtes Fremdkapital mit Nennwert $N$ und Barzahlung beinhaltet, entspricht $D^{\Omega_{BF}} = p\min(N;E_V^g) + (1-p)\min(N;E_V^s) - q\min(N;E_K^g) - (1-q)\min(N;E_K^s)$.[623]

Der Term $\min(N;E_V^g)$ entspricht $N - \max(N - E_V^g;0)$. Bei entsprechender Überführung der weiteren enthaltenen Terme kann die Bewertungsdifferenz dargestellt werden als:

$$\begin{aligned} D^{\Omega_{BF}} &= p(N - \max(N - E_V^g;0)) + (1-p)(N - \max(N - E_V^s;0)) \\ &\quad - q(N - \max(N - E_K^g;0)) - (1-q)(N - \max(N - E_K^s;0)) \end{aligned}.$$

Das entspricht auch:

$$\begin{aligned} D^{\Omega_{BF}} &= q\max(N - E_K^g;0) + (1-q)\max(N - E_K^s;0) \\ &\quad - p\max(N - E_V^g;0) - (1-p)\max(N - E_V^s;0) \end{aligned}.$$

Die Bewertungsdifferenz bezüglich eines Kontraktes $\Omega_P$ mit Put-Option beträgt:

$$\begin{aligned} D^{\Omega_P} = P_K - P_V &= q(\max(S_P - E_K^g,0)) + (1-q)(\max(S_P - E_K^s,0)) \\ &\quad - p(\max(S_P - E_V^g,0)) - (1-p)(\max(S_P - E_V^s,0)) \end{aligned}.$$ [624]

Die Bewertungsdifferenz unter einem Kontrakt $\Omega_{BF}$ mit ausfallbedrohtem Fremdkapital im Nennwert $N$ entspricht somit der Bewertungsdifferenz unter einem Kontrakt $\Omega_P$ mit einem Ausübungspreis der Put-Option in Höhe von $S_P = N$.

[623] Siehe dazu Abschnitt 3.5.2.

[624] Siehe dazu Abschnitt 3.3.

## Anhang L Bewertung des Kontrakts $\Omega_{FA}$ durch V und K

Der Verkäufer V bewertet die erwarteten Zahlungen unter einen Kontrakt $\Omega_{FA}$ mit $FA_V = p(\min(N;E_V^g) + \alpha\max(E_V^g - N;0)) + (1-p)(\min(N;E_V^s) + \alpha\max(E_V^s - N;0)) + \alpha X_V$.[625]

Der Ausdruck $\min(N;E_V^g)$ entspricht dem Ausdruck $E_V^g - \max(E_V^g - N;0)$. Eine entsprechende Umformung des Terms $\min(N;E_V^s) = E_V^s - \max(E_V^s - N;0)$ führt zu $FA_V = p(E_V^g - (1-\alpha)\max(E_V^g - N;0)) + (1-p)(E_V^s - (1-\alpha)\max(E_V^s - N;0)) + \alpha X_V$. Nach Umformung folgt $FA_V = U_V - (1-\alpha)(p\max(E_V^g - N;0) + (1-p)\max(E_V^s - N;0)) + \alpha X_V$.

Der Käufer K bewertet die erwarteten zu leistenden Zahlungen unter $\Omega_{FA}$ mit $FA_K = q(\min(N;E_K^g) + \alpha\max(E_K^g - N;0)) + (1-q)(\min(N;E_K^s) + \alpha\max(E_K^s - N;0)) + \alpha X_K$.[626]

Der Ausdruck $\min(N;E_K^g)$ entspricht dem Ausdruck $E_K^g - \max(E_K^g - N;0)$. Eine entsprechende Umformung des Terms $\min(N;E_K^s) = E_K^s - \max(E_K^s - N;0)$ führt zu $FA_K = q(E_K^g - (1-\alpha)\max(E_K^g - N;0)) + (1-q)(E_K^s - (1-\alpha)\max(E_K^s - N;0)) + \alpha X_K$. Nach Umformung folgt $FA_K = U_K - (1-\alpha)(q\max(E_K^g - N;0) + (1-q)\max(E_K^s - N;0)) + \alpha X_K$.

[625] Siehe dazu Abschnitt 3.5.3.

[626] Siehe dazu Abschnitt 3.5.3.

## Anhang M Bewertungsdifferenz der impliziten Call-Option

Unter den Kontrakten $\Omega_{FA}$ und $\Omega_{BFA}$ werden durch V implizit Call-Optionen mit Ausübungspreis $S_C = N$ an den Käufer gewährt.[627] An dieser Stelle wird untersucht, wann diese Call-Option durch den Verkäufer V niedriger bzw. nicht höher bewertet wird als durch den Käufer K.

Die betrachteten Optionen sind europäische Optionen, da lediglich zu einem Zeitpunkt am Ende der Laufzeit (im Zeitpunkt $t = 2$) die Ausübung möglich ist. Bei Anwendung der Put-Call-Parität folgen mit $S_P = N$ und $S_C = N$ die Relationen $U_V + P_V^N = N + C_V^N$ und $U_K + P_K^N = N + C_K^N$.[628] Diese beiden Relationen lassen sich zusammenfassen zu: $U_V + P_V^N - C_V^N = U_K + P_K^N - C_K^N$.

Daraus folgt $C_V^N - C_K^N = U_V + P_V^N - U_K - P_K^N = -EB_{S_P=N}^{\Omega_P} = -EB_N^{\Omega_{BF}}$.

Die implizit gewährte Call-Option wird durch den Verkäufer V genau dann niedriger bzw. nicht höher bewertet als durch den Käufer K, wenn ein Kontrakt $\Omega_{BF}$ mit gleichem Fremdkapitalnennwert $N$ einen positiven bzw. nichtnegativen Einigungsbereich ermöglicht.

---

627 Siehe dazu Abschnitte 3.5.3 und 3.5.4.

628 Zur Put-Call-Parität vgl. HULL, J. C. (2006), S. 212ff. An dieser Stelle soll keine weitere Vertiefung erfolgen.

## Anhang N Anpassung des Grenzpreises durch K – Fall 1

An dieser Stelle wird gezeigt, dass der Käufer K ohne Anpassung seines Grenzpreises für U bei Einsatz spezifischer Fähigkeiten durch V unter $\Omega_{EO}$ eine suboptimale Entscheidungsregel implementieren würde. Es wird der Fall betrachtet, in dem nur der Verkäufer V über spezifische Fähigkeiten verfügt.[629]

(1) Die Ausgangssituation ist dann folgende:
Vs Grenzpreis für U beträgt: $U_V\left(f_V;e_V^*\right)-w_V\left(e_V^*\right)$.
Ks Grenzpreis für U beträgt: $U_K(0;0)$.
Die Bewertungsdifferenz beträgt $D^U=U_V\left(f_V;e_V^*\right)-w_V\left(e_V^*\right)-U_K(0;0)>0$.
Der Einigungsbereich bezüglich des Wertes von U ist somit negativ.

(2) Durch Einführung des Kontrakts folgt zunächst:
K bewertet den Kontrakt mit $EO_K=B+\beta U_K\left(f_V;e_V^e\right)$
Ohne Anpassung seines Grenzpreises beträgt Ks Gesamtposition bei Kauf von U unter diesem Kontrakt dann $U_K(0;0)-B-\beta U_K\left(f_V;e_V^e\right)$.
Somit entspräche die Partizipationsbedingung von K ohne Anpassung seines Grenzpreises $U_K(0;0)-B-\beta U_K\left(f_V;e_V^e\right)\geq 0$.

(3) Beurteilung des Ergebnisses ohne Anpassung des Grenzpreises
K wird unter diesem Kontrakt aufgrund seines reduzierten Arbeitseinsatzes dem Unternehmen U jedoch den Wert $U_K\left(f_V;e_V^e\right)$ beimessen. Dieses Kalkül berücksichtigt K bereits in der Bewertung des Kontraktes. K würde ohne Anpassung seines Grenzpreises somit auch Kontrakte ablehnen, die für ihn vorteilhaft sind, da $U_K\left(f_V;e_V^e\right)>U_K(0;0)$. Ohne Anpassung seines Grenzpreises implementiert K somit eine suboptimale Entscheidungsregel.

(4) Anpassung des Grenzpreises von K
K berücksichtigt bei der Bewertung des Kontrakts $\Omega_{EO}$ bereits die Wirkung von Vs Arbeitseinsatz auf den Unternehmenswert von U. K erwartet unter dem Kontrakt $\Omega_{EO}$ den Unternehmenswert $U_K\left(f_V;e_V^e\right)$. Ks Grenzpreis für U beträgt somit $U_K\left(f_V;e_V^e\right)$.[630] Ks Gesamtposition nach Transaktion beträgt dann $U_K\left(f_V;e_V^e\right)-B-\beta U_K\left(f_V;e_V^e\right)$. Somit

[629] Siehe dazu Abschnitt 3.6.2.
[630] Für den Fall $\beta=0$ entspricht das seinem ursprünglichen Grenzpreis $U_K(0;0)$.

entspricht die Partizipationsbedingung von K unter einem Kontrakt $\Omega_{EO}$ $U_K(f_V;e_V^e)-B-\beta U_K(f_V;e_V^e)=(1-\beta)U_K(f_V;e_V^e)-B\geq 0$. Der Käufer K akzeptiert dann alle Kontrakte, unter denen der von ihm erwartete Wert seines Anteils $(1-\beta)U_K(f_V;e_V^e)$ den zu zahlenden Basispreis übersteigt.

## Anhang O Anpassung des Grenzpreises durch K – Fall 2

An dieser Stelle wird gezeigt, dass der Käufer K ohne Anpassung seines Grenzpreises für U bei Einsatz spezifischer Fähigkeiten durch K unter $\Omega_{EO}$ eine suboptimale Entscheidungsregel implementieren würde. Es wird der Fall betrachtet, in dem nur der Käufer K über spezifische Fähigkeiten verfügt.[631]

(1) Die Ausgangssituation ist dann folgende:
Vs Grenzpreis für U beträgt: $U_V(0;0)$.
Ks Grenzpreis für U beträgt: $U_K(f_K;e_K^*)-w_K(e_K^*)$.
Die Bewertungsdifferenz beträgt $D^U = U_V(0;0)-U_K(f_K;e_K^*)+w_K(e_K^*)>0$.
Der Einigungsbereich bezüglich des Wertes von U ist somit negativ.

(2) Durch Einführung des Kontrakts folgt zunächst:
K bewertet den Kontrakt mit $EO_K = B+\beta U_K(f_K;e_K^\beta)$.
Ohne Anpassung seines Grenzpreises beträgt Ks Gesamtposition bei Kauf von U unter diesem Kontrakt dann $U_K(f_K;e_K^*)-w_K(e_K^*)-B-\beta U_K(f_K;e_K^\beta)$.
Somit entspräche die Partizipationsbedingung von K ohne Anpassung seines Grenzpreises $U_K(f_K;e_K^*)-w_K(e_K^*)-B-\beta U_K(f_K;e_K^\beta)\geq 0$.

(3) Beurteilung des Ergebnisses ohne Anpassung des Grenzpreises
K wird unter diesem Kontrakt aufgrund seines reduzierten Arbeitseinsatzes dem Unternehmen U jedoch nur den Wert $U_K(f_K;e_K^\beta)-w_K(e_K^\beta)$ beimessen. Dieses Kalkül berücksichtigt K bereits in der Bewertung des Kontraktes. K würde ohne Anpassung seines Grenzpreises somit auch Kontrakte akzeptieren, die für ihn nicht vorteilhaft sind, da $U_K(f_K;e_K^*)-w_K(e_K^*)>U_K(f_K;e_K^\beta)-w_K(e_K^\beta)$. Ohne Anpassung seines Grenzpreises implementiert K somit eine suboptimale Entscheidungsregel.

(4) Anpassung des Grenzpreises von K
K berücksichtigt bei der Bewertung des Kontrakts $\Omega_{EO}$ bereits die Wirkung seines reduzierten Arbeitseinsatzes auf den Unternehmenswert von U. Zur Erreichung des Unternehmenswertes $U_K(f_K;e_K^\beta)$ muss K jedoch Kosten seines Arbeitseinsatzes in Höhe $w_K(e_K^\beta)$ eingehen. Ks Grenzpreis für U beträgt unter dem Kontrakt $\Omega_{EO}$ somit

[631] Siehe dazu Abschnitt 3.6.3.

$U_K(f_K;e_K^\beta)-w_K(e_K^\beta)$.[632] Ks Gesamtposition bei Kauf von U unter $\Omega_{EO}$ beträgt dann $U_K(f_K;e_K^\beta)-w_K(e_K^\beta)-B-\beta U_K(f_K;e_K^\beta)$. Somit entspricht die Partizipationsbedingung von K: $U_K(f_K;e_K^\beta)-w_K(e_K^\beta)-B-\beta U_K(f_K;e_K^\beta)=(1-\beta)U_K(f_K;e_K^\beta)-w_K(e_K^\beta)-B\geq 0$. K akzeptiert dann alle Kontrakte, unter denen der von ihm erwartete Wert seines Anteils $(1-\beta)U_K(f_K;e_K^\beta)$ die Summe aus seinen Arbeitseinsatzkosten und dem zu zahlenden Basispreis übersteigt.

632 Für den Fall $\beta=0$ entspricht das seinem ursprünglichen Grenzpreis $U_K(f_K;e_K^*)-w_K(e_K^*)$.

## Anhang P Bewertung eines Kontrakts $\Omega_{CP}$ mit $S_P = S_C$

Hier wird der Einfluss eines Kontrakts $\Omega_{CP}$ mit einer Kombination von Call- und Put-Option mit identischen Ausübungspreisen $S_P = S_C$ auf den Einigungsbereich untersucht.

Die betrachteten Optionen sind europäische Optionen, da lediglich zu einem Zeitpunkt am Ende der Laufzeit (im Zeitpunkt $t = 2$) die Ausübung möglich ist. Bei Anwendung der Put-Call-Parität folgen mit $S_P = S_C$ zunächst die Relationen $U_V + P_V = S_C + C_V$ und $U_K + P_K = S_C + C_K$.[633] Diese beiden Relationen lassen sich zusammenfassen zu: $(P_K - P_V) + (C_V - C_K) = U_V - U_K$.

Daraus folgt die Bewertungsdifferenz bezüglich des Kontrakts mit $D^{\Omega_{CP}} = D^U$. Der Einigungsbereich beträgt $EB^{\Omega_{CP}} = D^{\Omega_{CP}} - D^U = 0$.

[633] Zur Put-Call-Parität vgl. u.a. HULL, J. C. (2006), S. 212ff. An dieser Stelle soll keine weitere Vertiefung erfolgen.

## Anhang Q Bewertung eines Kontrakts $\Omega_{CP}$ mit $S_P > S_C$

Hier wird der Einfluss eines Kontrakts $\Omega_{CP}$ mit einer Kombination von Call- und Put-Option untersucht, bei dem der Ausübungspreis der Put-Option über dem Ausübungspreis der Call-Option liegt ($S_P > S_C$). Insbesondere wird der Fall betrachtet, wenn der Ausübungspreis der Put-Option mindestens der höchsten erwarteten Unternehmenszahlung und der Ausübungspreis der Call-Option maximal der niedrigsten erwarteten Unternehmenszahlung entspricht. Dann gelten $S_P \geq \max\left(E_V^g; E_K^g\right)$ und $S_C \leq \min\left(E_V^s; E_K^s\right)$.

Die Bewertungsdifferenz bezüglich der Put-Option beträgt $D^U$.[634] Die Bewertungsdifferenz bezüglich der Call-Option beträgt ebenfalls $D^U$.[635]

Daraus folgt die Bewertungsdifferenz bezüglich des Kontrakts mit $D^{\Omega_{CP}} = 2D^U$. Der Einigungsbereich unter $\Omega_{CP}$ ist positiv und beträgt $EB^{\Omega_{CP}} = D^{\Omega_{CP}} - D^U = D^U = -EB^U$.

[634] Siehe Abschnitt 3.3.4.
[635] Siehe Abschnitt 3.4.4.

**Literaturverzeichnis**

ABAHOONIE, E. J./HERZ, R. H. (1986): Alphabet Stocks and CPUs (innovative but complex), in: Mergers and Acquisitions 1986, vol. 21, S. 24-28.

ACHLEITNER, A.-K. (2002): Handbuch Investment-Banking, 3. Auflage, Wiesbaden 2002.

ADMATI, A. R./PFLEIDERER, P. (1994): Robust Financial Contracting and the Role of Venture Capitalists, in: Journal of Finance 1994, vol. 49, Nr. 2, S. 371-402.

AGHION, P./BOLTON, P. (1989): The financial structure of the firm and the problem of control, in: European Economic Review 1989, vol. 33, S. 286-293.

AGHION, P./BOLTON, P. (1992): An Incomplete Contracts Approach to Financial Contracting, in: Review of Economic Studies 1992, vol. 59, S. 473-494.

AKERLOF, G. A. (1970): The Market for „Lemons" (Quality Uncertainty and the Market Mechanism), in: Quarterly Journal of Economics 1970, vol. 84, S. 488-500.

ALCHIAN, A. A./DEMSETZ, H. (1972): Production, information costs, and economic organization, in: American Economic Review 1972, vol. 62, issue 5, S. 777-795.

ALETH, F./PICOT, G. (2004): Insolvenzrecht, in: Picot, G. (Hrsg.) (2004): Unternehmenskauf und Restrukturierung (Handbuch zum Wirtschaftsrecht), München 2004, S. 1131-1277.

ALLEN, F. (1990): The market for information and the origin of financial intermediation, in: Journal of Financial Intermediation 1990, vol. 1, Nr. 1, S. 3-30.

AMIHUD, Y./LEV, B./TRAVLOS, N. G. (1990): Corporate control and the choice of investment financing (the case of corporate acquisitions), in: Journal of Finance 1990, vol. 45, S. 603-616.

ANG, J. S./KOHERS, N. (2000): Earnouts in Mergers: Agreeing to disagree and agreeing to stay, in: Journal of Business 2000, vol. 73, Nr. 3, S. 445-476.

ANSOFF, H. I. (1966): Management-Strategie, München 1966.

ARMGARDT, M. (2004): §162 BGB, in: jurisPK-BGB, 2. Auflage 2004, §162.

ARZAC, M. G. (1998): Takeovers and equity derivatives, in: American Economic Review 1998, vol. 42, Nr. 1, S. 101-107.

BAECKER, P. N./HOMMEL, U./LEHMANN, H. (2003): Marktorientierte Investitionsrechnung bei Unsicherheit, Flexibilität und Irreversibilität (Eine Systematik der Bewertungsverfahren), in: Baecker, P./Hommel, U./Scholich, M. (Hrsg.) (2003): Reale Optionen (Konzepte, Praxis und Perspektiven strategischer Unternehmensfinanzierung), Berlin, Heidelberg 2003, S. 16-35.

BARK, C. B. (2002): Integrationscontrolling bei Unternehmensakquisitionen (Ein Ansatz zur Einbindung der Post-Merger-Integration in die Planung, Steuerung und Kontrolle von Unternehmensakquisitionen), Frankfurt 2002.

BARTELS, E./KOCH, T. (2005): Mergers & Acquisitions (Schnittstelle zwischen Unternehmen und Kapitalmärkten), in: Picot, G. (Hrsg.) (2005): Handbuch Mergers & Acquisitions (Planung, Durchführung, Integration), 3. Auflage, Stuttgart 2005, S. 409-425.

BAUMS, T. (1993): Ergebnisabhängige Preisvereinbarungen in Unternehmenskaufverträgen („Earn-outs“), in: Der Betrieb 1993, Heft 25, S. 1273-1276.

BEARD, D. R. (2004): The Mitigation of Asymmetric Information Through the Use of Earnouts, Lousiana State University 2004.

BEITEL, D. (2004): Investmentbanken in M&A-Transaktionen (Mandatsvergabe und Erfolgsbeitrag aus Sicht deutscher Käuferunternehmen), Wiesbaden 2004.

BEITEL, P. (2002): Akquisitionen und Zusammenschlüsse europäischer Banken (Wertsteigerung durch M&A-Transaktionen), Wiesbaden 2002.

BERENS, W./STRAUCH, J. (2005): Herkunft und Inhalt des Begriffes Due Diligence, in: Berens, W./Brauner, H. U./Strauch, J. (Hrsg.) (2005): Due Diligence bei Unternehmensakquisitionen, 4. Auflage, Stuttgart 2005, S. 3-23.

BERGLÖF, E. (1994): A Control Theory of Venture Capital Finance, in: Journal of Law, Economics, and Organization 1994, vol. 10, Nr. 2, S. 247-267.

BERGMANN, H. (2005): Zusammenschlusskontrolle, in: Picot, G. (Hrsg.) (2005): Handbuch Mergers & Acquisitions (Planung, Durchführung, Integration), 3. Auflage, Stuttgart 2005, S. 353-406.

BERKOVITCH, E./KIM, E. H. (1990): Financial Contracting and Leverage Induced Over- and Underinvestment Incentives, in: Journal of Finance 1990, vol. 45, Nr. 3, S. 765-794.

BERKOVITCH, E./NARAYANAN, M. P. (1990): Competition and the medium of exchange in takeovers, in: Review of Financial Studies 1990, vol. 3, S. 153-174.

BIEG, H./KUßMAUL, H. (2000): Investitions- und Finanzierungsmanagement (Band 1 - Investition), München 2000.

BÖHRINGER, A./BUKOWSKY, I./EBERS, M./MAURER, I. (2006): Herausforderungen grenzüberschreitender M&A, in: Wirtz, B. W. (Hrsg.) (2006): Handbuch Mergers & Acquisitions Management, Wiesbaden 2006, S. 131-156.

BONDUELLE, Y./SCHMOLDT, I./SCHOLICH, M. (2003): Anwendungsmöglichkeiten der Realoptionsbewertung, in: Baecker, P./Hommel, U./Scholich, M. (Hrsg.) (2003): Reale Optionen (Konzepte, Praxis und Perspektiven strategischer Unternehmensfinanzierung), Berlin, Heidelberg 2003, S. 3-13.

BONENFANT, M. A. (2005): The Challenge of Earnout Provisions in Acquisition Agreements, Los Angeles 2005.

BOOT, A./THAKOR, A. V. (1993): Security Design, in: Journal of Finance 1993, vol. 48, S. 1349-1378.

BÖRSENSACHVERSTÄNDIGENKOMMISSION (1995): Übernahmekodex der Börsensachverständigenkommission, in: Die Aktiengesellschaft 1995, vol. 40, S. 572-575.

BÖRSENSACHVERSTÄNDIGENKOMMISSION (2002): BSK setzt Übernahmekodex außer Kraft (Pressemitteilung vom 4. März 2002), Frankfurt 2002.

BOSE, M. (1992): Earn-outs or burn outs?, in: Directors 1992, April 1992, S. 42-46.

BOUCHON, M./MÜLLER-MICHAELS, O. (2005): Erwerb börsennotierter Unternehmen, in: Hölters, W. (Hrsg.) (2005): Handbuch des Unternehmens- und Beteiligungskaufs, 6. Auflage, Köln 2005, S. 965-1057.

BOUWMAN, C./FULLER, K./NAIN, A. (2003): The Performance of stock-price driven acquisitions, Michigan 2003.

BRADLEY, M./DESAI, A./KIM, E. H. A. (1988): Synergistic gains from corporate acquisitions and their division between the stockholders of target and acquiring firms, in: Journal of Financial Economics 1988, vol. 21, Nr. 1, S. 3-40.

BRAUNSCHWEIG, P. V. (2002): Variable Kaufpreisklauseln in Unternehmenskaufverträgen, in: Der Betrieb 2002, Heft 35, S. 1815-1818.

BREALEY, R. A./MYERS, S. C. (2000): Principles of corporate finance, 6. Auflage, Boston 2000.

BRESSMER, C./MOSER, A. C./SERTL, W. (1989): Vorbereitung und Abwicklung der Übernahme von Unternehmen, Stuttgart 1989.

BROWN, D. T./RYNGAERT, M. D. (1991): The mode of acquisitions in takeovers (taxes and asymmetric information), in: Journal of Finance 1991, vol. 46, S. 653-669.

BRÜHL, V. (2003): Mergers & Acquisitions - Trends und Strategien, in: Finanzbetrieb - Zeitschrift für Unternehmensfinanzierung und Finanzmanagement 2003, Nr. 1, S. 23-27.

BRUNER, R. F. (2002): Does M&A Pay? (A Survey of Evidence for the Decision-Maker), in: Journal of Applied Finance 2002, sping/summer 2002, S. 48-68.

BRUNER, R. F. (2004): Applied Mergers and Acquisitions, New Jersey 2004.

BRUSKI, J. (2005): Kaufpreisbemessung und Kaufpreisanpassung im Unternehmenskaufvertrag, in: Betriebs-Berater 2005, Beilage 17, Heft 30, S. 19-29.

BÜLOW, S. (2005): Das Zukunftsrisiko teilen („Earn-out"-Regelungen bei der Unternehmensübergabe), in: Unternehmer Magazin 2005, Heft 3, S. 48-49.

CAIN, M. D./DENIS, D. J./DENIS, D. K. (2006): Earnouts (A study of financial contracting in acquisition agreements), West Lafayette 2006.

CAMPBELL, T. (1979): Optimal investment financing decisions and the value of confidentiality, in: Journal of Financial and Quantitative Analysis 1979, vol. 14, Nr. 5, S. 913-924.

CAMPBELL, T./KRACAW, W. (1980): Information Production, Market Signalling, and the Theory of Financial Intermediation, in: Journal of Finance 1980, vol. 35, Nr. 4, S. 863-882.

CHAN, Y.-S. (1983): On the Positive Role of Financial Intermediation in Allocation of Venture Capital in a Market with Imperfect Information, in: Journal of Finance 1983, vol. 38, Nr. 5, S. 1543-1568.

CHANG, S./SUK, D. Y. (1998): Failed Takeovers, Methods of Payment, and Bidder Returns, in: Financial Review 1998, vol. 33, S. 19-34.

CHATTERJEE, S./YAN, A. (2003): Contingent Value Rights (Theory and Empirical Evidence), New York 2003.

CLEVER, H. (1993): Post-Merger-Management, Stuttgart 1993.

COPELAND, T./KOLLER, T./MURRIN, J. (2000): Valuation (Measuring and Managing the Value of Companies), 3. Auflage, New York 2000.

COX, J./ROSS, S./RUBINSTEIN, M. (1979): Option Pricing (A simplified Approach), in: Journal of Financial Economics 1979, Nr. 7, S. 229-263.

CRAIG, B./SMITH, A. (2003): The art of earnouts, in: Strategic Finance 2003, Juni, S. 44-47.

CUMPELIK, C./WÖHLER, C. (2006): Orchestrierung des M&A-Transaktionsprozesses in der Praxis, in: Wirtz, B. W. (Hrsg.) (2006): Handbuch Mergers & Acquisitions Management, Wiesbaden 2006, S. 451-469.

DA SILVA ROSA, R./LIMMACK, R./SUPRIADI/WOODLIFF, D. (2004): The Equity Wealth Effects of Method of Payment in Takeover Bids for Privately Held Firms, in: Australian Journal of Management 2004, vol. 29, special issue 2004, S. 93-110.

DATAR, S./FRANKEL, R./WOLFSON, M. (2001): Earnouts (The effects of adverse selection and Agency Costs on Acquisition techniques), in: Journal of Law, Economics, and Organization 2001, vol. 17, S. 201-238.

DEIBERT, V. (2003): Unternehmensnachfolge unter der Lupe (langwierig und komplex), in: Venture Capital 2003, Heft 3, S. 8-13.

DIAMOND, D. W. (1984): Financial Intermediation and Delegated Monitoring, in: Review of Economic Studies 1984, vol. 51, S. 393-414.

DIAMOND, D. W. (1989): Reputation Acquisition in Debt markets, in: Journal of Political Economy 1989, vol. 97, Nr. 4, S. 828-867.

DIAMOND, D. W. (1991): Monitoring and reputation (the choice between bank loans and directly placed debt), in: Journal of Political Economy 1991, vol. 99, Nr. 4, S. 689-721.

DIBELIUS, A. (2005): Mergers & Acquisitions (Schnittstelle zwischen Unternehmen und Kapitalmärkten), in: Picot, G. (Hrsg.) (2005): Handbuch Mergers & Acquisitions (Planung, Durchführung, Integration), 3. Auflage, Stuttgart 2005, S. 41-67.

DILL, C. (2004): Risikofaktor Unternehmenspreis (Kaufpreisanpassungsklauseln in der Praxis), in: Venture Capital 2004, Sonderausgabe „M&A 2004“, S. 48-49.

DONG, M./HIRSHLEIFER, D./RICHARDSON, S./TEOH, S. H. (2006): Does Investor Misvaluation Drive the Takeover Market?, in: Journal of Finance 2006, vol. 61, Nr. 2, S. 725-762.

DRUKARCZYK, J. (2003): Unternehmensbewertung, 4. Auflage, München 2003.

ECKBO, E./GIAMMARINO, R./HEINKEL, R. (1990): Asymmetric Information and the medium of exchange in takeovers, in: Review of Financial Studies 1990, vol. 3, S. 651-675.

ECKBO, E./LANGOHR, H. (1989): Information Disclosure, Method of payment and takeover premiums, in: Journal of Financial Economics 1989, vol. 24, S. 363-403.

EILERS, S. (2005): Steuerliche Strukturierung der Transaktionen, in: Picot, G. (Hrsg.) (2005): Handbuch Mergers & Acquisitions (Planung, Durchführung, Integration), 3. Auflage, Stuttgart 2005, S. 69-117.

EILERS, S./RÖDDING, A. (2004): Steuerrecht, in: Picot, G. (Hrsg.) (2004): Unternehmenskauf und Restrukturierung (Handbuch zum Wirtschaftsrecht), München 2004, S. 673-769.

ELSCHEN, R. (1991): Gegenstand und Anwendungsmöglichkeiten der Agency-Theory, in: Zeitschrift für betriebswirtschaftliche Forschung 1991, vol. 43, S. 1002-1012.

ELDER, J./JAIN, P. K./KIM, J.-C. (2005): Do tracking stocks reduce information asymmetries? (An analysis of liquidity and adverse selection), in: Journal of Financial Research 2005, vol. 28, Nr. 2, S. 197-213.

ELTON, E. J./GRUBER, M. J. (1995): Modern portfolio theory and investment analysis, 5. Auflage, New York 1995.

ERNST, D./HAUG, M./SCHMIDT, W. (2004): Realoptionen (Spezialfragen für eine praxisorientierte Anwendung), in: Richter, F./Timmreck, C. (Hrsg.) (2004): Unternehmensbewertung (Moderne Instrumente und Lösungsansätze), Stuttgart 2004, S. 397-419.

EWERT, R./WAGENHOFER, A. (2004): Economic Effects of Tightening Accounting Standards to Restrict Earnings Management, Frankfurt/Graz 2004.

FABER, P. L./ROSENBLOOM, A. H. (1987): A spur to greater use of earn-outs and bonuses, in: Mergers and Acquisitions 1987, Jan./Feb., S. 50-51.

FACCIO, M./MASULIS, R. W. (2005): The Choice of Payment Method in European Mergers and Acquisitions, in: Journal of Finance 2005, vol. 60, issue 3, S. 1345-1388.

FAMA, E. F. (1980): Agency Problems and the Theory of the Firm, in: Journal of Political Economy 1980, vol. 88, Nr. 2, S. 288-307.

FAMA, E. F./JENSEN, M. C. (1983a): Separation of Ownership and Control, in: Journal of Law and Economics 1983, vol. 26, S. 301-325.

FAMA, E. F./JENSEN, M. C. (1983b): Agency Problems and Residual Claims, in: Journal of Law and Economics 1983, vol. 26, S. 327-349.

FEIL, S. M./WEISER, M. F. (2004): Die Earnout-Methode zur Überwindung divergierender Werteinschätzungen im Rahmen von M&A-Transaktionen , in: Mergers and Acquisitions Review 2004, Heft 12, S. 512-518.

FISCHER, J./HOLZKÄMPER, H. (2003): Der Markt für Rating Advisory, in: Finanzbetrieb - Zeitschrift für Unternehmensfinanzierung und Finanzmanagement 2003, Nr. 3, S. 146-154.

FISCHER, P. E./VERRECCHIA, R. E. (1998): Reporting Bias, Philadelphia 1998.

FISCHER, P. E./VERRECCHIA, R. E. (2000): Reporting Bias, in: Accounting Review 2000, vol. 75, nr. 2, S. 229-245.

FISHMAN, M. (1988): A Theory of preemptive takeover bidding, in: Rand Journal of Economics 1988, vol. 19, S. 88-101.

FISHMAN, M. (1989): Preemptive Bidding and the Role of the medium of Exchange in Acquisitions, in: Journal of Finance 1989, vol. 44, S. 41-57.

FRANCK, E./MEISTER, U. (2006): Vertikale und horizontale Unternehmenszusammenschlüsse (Ökonomische Grundlagen der Entscheidung über die Unternehmensgrenzen), in: Wirtz, B. W. (Hrsg.) (2006): Handbuch Mergers & Acquisitions Management, Wiesbaden 2006, S. 79-107.

FRANKEL, M. E. S. (2005): Save that deal using earn-outs, in: Journal of Corporate Accounting & Finance 2005, vol. 16, issue 2, S. 21-26.

FREIBURG, M./TIMMRECK, C. (2004): Fundamentalmultiples, in: Richter, F./Timmreck, C. (Hrsg.) (2004): Unternehmensbewertung (Moderne Instrumente und Lösungsansätze), Stuttgart 2004, S. 381-396.

FRITZ, K.O. (2006): Gibt es eine Notwendigkeit für feindliche Übernahmen in Deutschland?, in: Wirtz, B. W. (Hrsg.) (2006): Handbuch Mergers & Acquisitions Management, Wiesbaden 2006, S. 109-130.

FULLER, K. P. (2003): Why some firms use collar offers in mergers, in: Financial Review 2003, vol. 38, S. 127-150.

FULLER, K. P./NETTER, J./STEGEMOLLER, M. (2002): What do returns to acquiring firms tell us? (Evidence from firms that make many acquisitions), in: Journal of Finance 2002, vol. 57, Nr. 4, S. 1763-1793.

GASTEYER, T. (2001): Die Rolle der Berater, ihre Auswahl und ihre Honorierung, in: Semler, J./Volhard, R. (2001): Arbeitshandbuch für Unternehmensübernahmen - Band 1 (Unternehmensübernahme, Vorbereitung-Durchführung-Folgen, Ausgewählte Drittländer), München 2001, S. 117-151.

GAUGHAN, P. A. (1999): Mergers, Acquisitions, and Corporate Restructuring, 2. Auflage, New York 1999.

GEIBEL, S. (2004): Abwehrmaßnahmen gegen öffentliche Übernahmeangebote, in: Triebel, V. (Hrsg.) (2004): Mergers & Acquisitions (Strategie, Steuern, Recht), Heidelberg 2004, S. 159-183.

GERDS, J./SCHEWE, G. (2006): Post Merger Integration (Unternehmenserfolg durch Integration Excellence), 2. Auflage, Berlin/Heidelberg 2006.

GERSTEIN, M. D. (2004): Earnouts (An outline of key issues), Chicago 2004.

GIBSON, S./POVEL, P./SINGH, R. (2006): The information content of put warrant issues, Williamsburg 2006.

GIEBELER, R. (2003): Übernahme aller Aktien durch den Hauptaktionär, in: Semler, J./Volhard, R. (2003): Arbeitshandbuch für Unternehmensübernahmen - Band 2 (Das neue Übernahmerecht), München 2003, S. 391-404.

GILSON, R. J. (1984): Value creation by business lawyer (Legal skills and asset pricing), in: Yale Law Journal 1984, vol. 94, Nr. 2, S. 239-313.

GILSON, R. J./SCHWARTZ, A. (2005): Understanding MACs (Moral Hazard in Acquisitions), in: Journal of Law, Economics, and Organization 2005, vol. 21, Nr. 2, S. 330-358.

GOMPERS, P. A. (1995): Optimal Investment, Monitoring, and the Staging of Venture Capital, in: Journal of Finance 1995, vol. 50, Nr. 5, S. 1461-1489.

GOMPERS, P. A./LERNER, J. (1996): The Use of Covenants (An empirical Analysis of Venture Partnership Agreements), in: Journal of Law and Economics 1996, vol. 39, S. 463-498.

GORNY, C. (2002): Unternehmensbewertung in Verhandlungsprozessen (Ansätze zur Lösung der Argumentationsfunktion), Wiesbaden 2002.

GREVE, M./HALBERKAMP, T. (2002): Squeeze-out und Barabfindung, in: Finanzbetrieb - Zeitschrift für Unternehmensfinanzierung und Finanzmanagement 2002, Nr. 10, S. 580-589.

GROSSMAN, S. J./HART, O. D. (1980): Takeover Bids, the Free-Rider Problem, and the Theory of the Corporation, in: Bell Journal of Economics 1980, vol. 11, S. 42-64.

GROSSMAN, S. J./HART, O. D. (1983): An Analysis of the Principal-Agent Problem, in: Econometrica 1983, vol. 51, S. 7-36.

GROSSMAN, S. J./HART, O. D. (1986): The Costs and Benefits of Ownership (A Theory of Vertical and Lateral Integration), in: Journal of Political Economy 1986, vol. 94, S. 691-719.

GROSSMAN, S. J./HART, O. D. (1988): One Share - One Vote and the market for corporate control, in: Journal of Financial Economics 1988, vol. 20, S. 175-202.

HAARMANN, W./WILDBERGER, J. (2006): Die Rolle des Anwalts in M&A-Transaktionen, in: Wirtz, B. W. (Hrsg.) (2006): Handbuch Mergers & Acquisitions Management, Wiesbaden 2006, S. 179-201.

HAAS, G. (1975): Die Earn-out-Methode bei der Unternehmensbewertung, in: Betriebs-Berater 1975, Heft 4, S. 182.

HAMILTON, A. H./METCALF, B. W./WALTON, L. (2004): Earnouts and other Purchase Price Provisions (Practical Approaches), Annual Meeting of the American Bar Association 2004 in Atlanta/Georgia, Nashville/Tennessee 2004.

HANSEN, R. (1987): A Theory for the choice of exchange medium in Mergers and Acquisitions, in: Journal of Business 1987, vol. 60, S. 75-95.

HARRIS, M./RAVIV, A. (1979): Optimal Incentive Contracts with Imperfect Information, in: Journal of Economic Theory 1979, vol. 20, S. 231-259.

HARRIS, R. (2002): Caution (Earnout ahead), in: CFO Magazine 2002, June 2002, S. 33-34.

HART, O. (2001): Financial Contracting, in: Journal of Economic Literature 2001, vol. 39, S. 1079-1100.

HART, O./MOORE, J. (1988): Incomplete Contracts and Renegotiation, in: Econometrica 1988, vol. 56, issue 4, S. 755-785.

HART, O./MOORE, J. (1990): Property Rights and the Nature of the Firm, in: Journal of Political Economy 1990, vol. 98, Nr. 6, S. 1119-1158.

HART, O./MOORE, J. (1995): Debt and Seniority (An Analysis of Hard Claims in Constraining Management), in: American Economic Review 1995, vol. 85, S. 567-585.

HART, O./MOORE, J. (1999): Foundations of Incomplete Contracts, in: Review of Economic Studies 1999, vol. 66, S. 115-138.

HARTMANN-WENDELS, T. (1989): Principal-Agent-Theorie und asymmetrische Informationsverteilung, in: Zeitschrift für Betriebswirtschaft 1989, vol. 59/7, S. 714-734.

HAUSCH, D. P./SEWARD, J. K. (1999): Mitigating the corporate valuation problem in the reorganization of Financially Distressed Firms (Transferable Put Rights and Contingent Value Rights), Madison 1999.

HAWAWINI, G./VIALLET, C. (2002): Finance for Executives (Managing for Value Creation), 2. Auflage, Southwestern Publishing 2002.

HEALY, P. M./PALEPU, K. G. (2001): Information asymmetry, corporate disclosure, and the capital markets (A review of the empirical disclosure literature), in: Journal of Accounting and Economics 2001, vol. 31, S. 405-440.

HECHT, C. L. (1967): Earn-outs, in: Mergers and Acquisitions 1967, vol. 2, S. 2-12.

HEIDEL, T. (2006): Schreiben an den deutschen Bundestag vom 4. Mai 2006 (Kommentar im Rahmen der öffentlichen Anhörung zu dem Gesetzentwurf der Regierung betreffend Übernahmerichtlinie-Umsetzungsgesetz), Bonn 2006.

HINTZE, S. (1992): Paretooptimale Vertragsgestaltung beim Unternehmenskauf, Hamburg 1992.

HIRSCHOFF, J. T./MELVILLE, J. C./WHITTAKER, S. (2005): Membership Subcommittee, in: Deal Points (The Newsletter of the Committee on Negotiated Acquisitions) 2005, vol. 10, issue 2, S. 16-20.

HIRSHLEIFER, D./PNG, I. P. L. (1989): Facilitation of Competing Bids and the Price of a Takeover Target, in: Review of Financial Studies 1989, vol. 2, Nr. 4, S. 587-606.

HOLMSTRÖM, B. (1979): Moral Hazard and Observability, in: Bell Journal of Economics 1979, vol. 10, S. 74-91.

HÖLTERS, W. (2005): Mergers&Acquisitions, in: Hölters, W. (Hrsg.) (2005): Handbuch des Unternehmens- und Beteiligungskaufs, 6. Auflage, Köln 2005, S. 2-73.

HÖLTERS, W. (HRSG.) (2005): Handbuch des Unternehmens- und Beteiligungskaufs, 6. Auflage, Köln 2005.

HOLZAPFEL, H.-J./PÖLLATH, R. (2005): Unternehmenskauf in Recht und Praxis (Rechtliche und steuerliche Aspekte), 12. Auflage, Köln 2005.

HOUSTON, J. F./RYNGAERT, M. D. (1997): Equity Issuance and adverse selection (a direct test using conditional stock offers), in: Journal of Finance 1997, vol. 52, S. 197-219.

HULL, J. C. (2006): Options, Futures, and other Derivatives, 6. Auflage, New Jersey 2006.

HUSSEY, R. (1990): Earn-outs (Motivation and conflict), in: Accountancy 1990, vol. 105, issue 1160, S. 104-107.

IDW (2005): IDW Standard: Grundsätze zur Durchführung von Unternehmens-bewertungen (IDW S1), in: Die Wirtschaftsprüfung (Der Berater der Wirtschaft) 2005, Heft 23, S. 1303-1321.

JANATKA, D. A./SHERMAN, S. J. (1992): Engineering Earn-outs to get deals done and prevent discord, in: Mergers and Acquisitions 1992, Sep./Okt., S. 26-31.

JANSEN, S. A. (2001): Mergers & Acquisitions (Unternehmensakquisitionen und -kooperationen), 4. Auflage, Wiesbaden 2001.

JANSEN, S. A. (2004): Empirische und modelltheoretische Überlegungen zur Bestimmung von Integrations- und Synergieerzielungskosten für die Unternehmensbewertung bei Zusammenschlüssen, in: Richter, F./Timmreck, C. (Hrsg.) (2004): Unternehmens-bewertung (Moderne Instrumente und Lösungsansätze), Stuttgart 2004, S. 263-282.

JANSEN, S. A. (2005): Trends, Tools, Thesen und empirische Tests zum Integrations-management bei Unternehmenszusammenschlüssen, in: Picot, G. (Hrsg.) (2005): Handbuch Mergers & Acquisitions (Planung, Durchführung, Integration), 3. Auflage, Stuttgart 2005, S. 525-559.

JENSEN, M. C. (1986): Agency Costs of Free Cash Flow, Corporate Finance, and Takeovers, in: American Economic Review 1986, vol. 76, Nr. 2, S. 323-329.

JENSEN, M. C. (1994): Self-interest, Altruism Incentives & Agency Theory, in: Journal of Applied Corporate Finance 1994, vol. 7, Nr. 2, S. 40-45.

JENSEN, M. C./MECKLING, W. H. (1976): Theory of the Firm (Managerial Behavior, Agency Costs and Ownership Structure), in: Journal of Financial Economics 1976, vol. 3, S. 305-360.

KENNEDY, T. H. (1993): The Lure of Targeted Stock, in: International Financial Law Review 1993, vol. 12, Nr. 3, S. 24-26.

KLEINERT, M. H. (2004): Reporting Bias and Informativeness in Capital Markets with Noise Traders, Tübingen 2004.

KLEY, C. R. (2004): Ratingsysteme (Intransparente Unternehmen und ihre Anfälligkeit für Finanzierungsprobleme), in: Finanzbetrieb - Zeitschrift für Unternehmensfinanzierung und Finanzmanagement 2004, Nr. 7-8, S. 515-525.

KNOLL, L. (2005): Wachstum und Ausschüttungsverhalten in der ewigen Rente (Probleme des IDW ES 1 n.F.? - Anmerkungen zu Schwetzler und Wiese), in: Die Wirtschaftsprüfung (Der Berater der Wirtschaft) 2005, vol. 58, S. 1121-1125.

KOCH, W./WEGMANN, J. (2003): Standpunkt: Benötigt der Mittelstand Ratingagenturen?, in: Finanzbetrieb - Zeitschrift für Unternehmensfinanzierung und Finanzmanagement 2003, Nr. 4, S. 227-237.

KÖNIG, S./OPPENHOFF, S. (2006): Öffentliche Übernahmen, in: Wirtz, B. W. (Hrsg.) (2006): Handbuch Mergers & Acquisitions Management, Wiesbaden 2006, S. 645-704.

KORN, E. (2004): Voluntary dislosure of partially verifiable information, in: Schmalenbach Business Review 2004, vol. 56, S. 139-163.

KORN, E./KORN, R. (1999): Optionsbewertung und Portfolio-Optimierung (Moderne Methoden der Finanzmathematik), Braunschweig/Wiesbaden 1999.

KRUSCHWITZ, L. (2004): Finanzierung und Investition, 4. Auflage, München 2004.

KRUSCHWITZ, L. (2005): Investitionsrechnung, 10. Auflage, München 2005.

KUHNER, C. (2001): Financial rating agencies: Are they credible? (Insights into the reporting incentives of rating agencies in times of enhanced systematic risk), in: Schmalenbach Business Review 2001, vol. 53, Januar 2001, S. 2-26.

KÜPPERS, C. (2004): Verkauf und Kauf von Unternehmen (Details der steuerlichen Gestaltung), in: Triebel, V. (Hrsg.) (2004): Mergers & Acquisitions (Strategie, Steuern, Recht), Heidelberg 2004, S. 399-433.

KÜRSTEN, W. (1994): Finanzkontrakte und Risikoanreizproblem (Missverständnisse im informationsökonomischen Ansatz der Finanztheorie), Wiesbaden 1994.

KÜRSTEN, W. (2003): Synergetische Merger, Co-Insurance und Shareholder Value, oder: „Wer profitiert von wertschaffenden Fusionen", Jena 2003.

LABBÉ, M. (2004): Earn-out-Ansatz als Option zur preislichen Gestaltung von Unternehmenstransaktionen, in: Finanzbetrieb - Zeitschrift für Unternehmensfinanzierung und Finanzmanagement 2004, Nr. 2, S. 117-121.

LACHER, J./POPPE, H. (1988): Unternehmenskauf nach der Methode des „realisierten" Ertragswerts, in: Der Betrieb 1988, vol. 41, S. 1761-1765.

LAMINET, J. (2003): Finanzierung von Unternehmensakquisitionen bei asymmetrischer Information, Frankfurt 2003.

LANDWEHRMANN, S./SIEGERT, T. (2004): Die Finanzierung von M&A-Transaktionen, in: Triebel, V. (Hrsg.) (2004): Mergers & Acquisitions (Strategie, Steuern, Recht), Heidelberg 2004, S. 31-63.

LANGE, K. W. (2006): Unternehmenskauf und Kartellrecht, in: Wirtz, B. W. (Hrsg.) (2006): Handbuch Mergers & Acquisitions Management, Wiesbaden 2006, S. 611-643.

LEITHNER, S./LIEBLER, H. (2003): Die Bedeutung von Realoptionen im M&A-Geschäft, in: Baecker, P./Hommel, U./Scholich, M. (Hrsg.) (2003): Reale Optionen (Konzepte, Praxis und Perspektiven strategischer Unternehmensfinanzierung), Berlin, Heidelberg 2003, S. 219-241.

LELAND, H. E./PYLE, D. H. (1977): Information Asymmetries, Financial Structure, and Financial Intermediation, in: Journal of Finance 1977, vol. 32, Nr. 2, S. 371-387.

LINDSTÄDT, H. (2006): Ziele, Motive und Kriterien für Unternehmenszusammenschlüsse, in: Wirtz, B. W. (Hrsg.) (2006): Handbuch Mergers & Acquisitions Management, Wiesbaden 2006, S. 57-78.

LINDSTÄDT, H./HAUSER, R. (2004): Strategische Wirkungsbereiche des Unternehmens (Spielräume und Integrationsgrenzen erkennen und gestalten), Wiesbaden 2004.

LÖHNERT, P. G./BÖCKMANN, U. J. (2002): Multiplikatorverfahren in der Unternehmensbewertung, in: Peemöller, V. H. (Hrsg.) (2002): Praxishandbuch der Unternehmensbewertung, 2. Auflage, Herne/Berlin 2002, S. 401-426.

LUBATKIN, M. (1988): Value creating merger (Fact or Folklore?), in: Academy of Management Executive 1988, vol. 2, Nr. 4, S. 295-302.

LÜDENBACH, N./VÖLKNER, B. (2006): Abgrenzung des Kaufpreises von sonstigen Vergütungen bei der Erst- und Entkonsolidierung (Unternehmenskaufverträge als Mehrkomponentengeschäfte), in: Betriebs-Berater 2006, vol. 61, Heft 26, S. 1435-1441.

MAJLUF, N. S./MYERS, S. C. (1984): Corporate Financing and Investment Decisions When Firms Have Information That Investors Do Not Have, in: Journal of Financial Economics 1984, vol. 13, S. 187-221.

MANDL, G./RABEL, K. (2002): Methoden der Unternehmensbewertung, in: Peemöller, V. H. (Hrsg.) (2002): Praxishandbuch der Unternehmensbewertung, 2. Auflage, Herne/Berlin 2002, S. 47-85.

MATSCHKE, M. J. (1976): Der Argumentationswert der Unternehmung (Unternehmensbewertung als Instrument der Beeinflussung in der Verhandlung), in: Betriebswirtschaftliche Forschung und Praxis 1976, vol. 28, S. 517-524.

MATSCHKE, M. J./BRÖSEL, G. (2005): Unternehmensbewertung (Funktionen, Methoden, Grundsätze), Wiesbaden 2005.

MECKL, R. (2006): Organisation und Steuerung des Akquisitionsprozesses, in: Wirtz, B. W. (Hrsg.) (2006): Handbuch Mergers & Acquisitions Management, Wiesbaden 2006, S. 405-428.

MEERKATT, H./ROOS, A./WIELAND, A. (2004): Strategische Aspekte von M&A-Transaktionen, in: Triebel, V. (Hrsg.) (2004): Mergers & Acquisitions (Strategie, Steuern, Recht), Heidelberg 2004, S. 3-30.

MEINCKE, S./NEKAT, K./NIPPEL, P. (2005): Aktienrückkauf, Kapitalverwässerung und die Bedeutung von Transferable Put Rights, Kiel 2005.

MEISSNER, M. H. (2005): Die Veräußerung von Teilen eines GmbH-Geschäftsanteils in Erfüllung von Earn-out-Klauseln, in: GmbH-Rundschau 2005, Heft 12, S. 752-756.

MERTENS, R. (2003): Moral Hazard, Risikoteilung und Earn-out bei der Unternehmensnachfolge im Mittelstand, Kiel 2003.

MERTENS, R. (2004): Effiziente Gestaltung der familienexternen Unternehmernachfolge, Hamburg 2004.

MERTON, R. (1973): Theorie of rational option pricing, in: Bell Journal of Economics and Management Science 1973, vol. 4, Nr. 1, S. 141-183.

MEULI, H. M. (1996a): Earn-out-Methode als Instrument der Preisgestaltung bei Unternehmensverkäufen (Ansatz, Preisermittlung, steuerliche Implikationen), Zürich 1996.

MEULI, H. M. (1996b): Preisgestaltung bei Verkäufen von KMU (Earn-out-Methode als mögliche Alternative), in: Der Schweizer Treuhänder 1996, Heft 11, S. 941-946.

MILGROM, P. (1981): Good news and bad news (Representation theorems and applications), in: Bell Journal of Economics 1981, vol. 12, S. 380-391.

MOELLER, S. B./SCHLINGEMANN, F. B./STULZ, R. M. (2005): Wealth Destruction on a Massive Scale? (A Study of Acquiring-Firm Returns in the Recent Merger Wave), in: Journal of Finance 2005, vol. 60, issue 2, S. 757-782.

MOSER, U./PRÜHER, M. (2002): Vorteilhaftigkeit von Squeeze-outs am deutschen Markt, in: Finanzbetrieb - Zeitschrift für Unternehmensfinanzierung und Finanzmanagement 2002, Nr. 6, S. 361-366.

MÜLLER, H. M. (1999): Why Tender Offers Should be Financed with Debt, Mannheim 1999.

NARAYANAN, M. P. (1985): Managerial incentives for short term results, in: Journal of Finance 1985, vol. 40, S. 1469-1484.

NATUSCH, I. (1995): „Tracking stock“ als Instrument der Beteiligungsfinanzierung diversifizierter Unternehmen, Köln 1995.

NATUSCH, I. (1997): Neue Wege der Beteiligungsfinanzierung deutscher Unternehmen durch die Ausgabe von „Tracking Stocks“?, in: Der Betrieb 1997, vol. 50, Nr. 5, S. 1141-1148.

NIPPEL, P./MERTENS, R. (2002): Tracking Stocks (Ein Beispiel für Risiken und Nebenwirkungen komplexer Strukturen in der Unternehmensfinanzierung), Kiel 2002.

OFFICER, M. S. (2006): The market pricing of implicit options in merger collars, in: Journal of Business 2006, vol. 79, S. 115-136.

PEEMÖLLER, V. H. (2002): Wert und Werttheorien, in: Peemöller, V. H. (Hrsg.) (2002): Praxishandbuch der Unternehmensbewertung, 2. Auflage, Herne/Berlin 2002, S. 1-14.

PEEMÖLLER, V. H./KUNOWSKI, S. (2002): Ertragswertverfahren nach IDW, in: Peemöller, V. H. (Hrsg.) (2002): Praxishandbuch der Unternehmensbewertung, 2. Auflage, Herne/Berlin 2002, S. 199-261.

PENTTILA, C. (2005): Corporate Earnout, in: Entrepreneur 2005, November 2005, S. 106-107.

PICOT, G. (2004a): Vertragsrecht, in: Picot, G. (Hrsg.) (2004): Unternehmenskauf und Restrukturierung (Handbuch zum Wirtschaftsrecht), München 2004, S. 1-246.

PICOT, G. (2004b): Die Bewertung von Unternehmen und Aktien als Akquisitionswährung in der Rechtsprechung, in: Richter, F./Timmreck, C. (Hrsg.) (2004): Unternehmensbewertung (Moderne Instrumente und Lösungsansätze), Stuttgart 2004, S. 283-302.

PICOT, G. (2005a): Wirtschaftliche und wirtschaftsrechtliche Parameter bei der Planung der Mergers&Acquisitions, in: Picot, G. (Hrsg.) (2005): Handbuch Mergers & Acquisitions (Planung, Durchführung, Integration), 3. Auflage, Stuttgart 2005, S. 3-39.

PICOT, G. (2005b): Wirtschaftsrechtliche Aspekte der Durchführung von Mergers & Acquisitions, insbesondere der Gestaltung des Transaktionsvertrages, in: Picot, G. (Hrsg.) (2005): Handbuch Mergers & Acquisitions (Planung, Durchführung, Integration), 3. Auflage, Stuttgart 2005, S. 121-286.

PICOT, G. (HRSG.) (2004): Unternehmenskauf und Restrukturierung, 3. Auflage, München 2004.

POPP, M. (2006): Squeeze-out-Abfindung bei Beherrschungs- und Gewinnabführungsverträgen, in: Die Wirtschaftsprüfung (Der Berater der Wirtschaft) 2006, Heft 7, S. 436-448.

PORTER, M. E. (1987): From Competitive Advantage to Corporate Strategy, in: Harvard Business Review 1987, vol. 65, Nr. 3, S. 43-59.

RAGOTZKY, S. (2003): Unternehmensverkauf und asymmetrische Information, Frankfurt, Berlin, Bern, Brüssel, New York, Oxford, Wien 2003.

RAPPAPORT, A. (1998): Creating shareholder value (a guide for managers and investors), 2. Auflage, New York 1998.

RATHAUSKY, U. (2004): Empirische Untersuchung zur Frage der ökonomischen Vorteilhaftigkeit des Squeeze-out in Deutschland, in: Finanzbetrieb – Zeitschrift für Unternehmensfinanzierung und Finanzmanagement 2004, Nr. 2, S. 107-114.

RAUSCH, R. (1999): Realoptionen in der strategischen Unternehmensbewertung, Frankfurt 1999.

RAYNEY, P. (1989): Making Earn-outs pay, in: Accountancy 1989, vol. 103, issue 1149, S. 94-97.

REIMANN, M./BRETTEL, M./SCHILKE, O. (2006): International Post-Meger Integration (Diagnosis and Management of National Cultures), in: Wirtz, B. W. (Hrsg.) (2006): Handbuch Mergers & Acquisitions Management, Wiesbaden 2006, S. 931-956.

REINER, G. (2003): Übernahme aller Aktien durch den Hauptaktionär, in: Semler, J./Volhard, R. (2003): Arbeitshandbuch für Unternehmensübernahmen - Band 2 (Das neue Übernahmerecht), München 2003, S. 193-322.

REPULLO, R./SUAREZ, J. (2004): Venture capital finance (A security design review), in: Review of Finance 2004, vol. 8, S. 75-108.

REUM, W. R./STEELE, T. A. (1970): Contingent payouts cut acquisition risks, in: Harvard Business Review 1970, Mar./Apr., S. 83-91.

RICHTER, F. (2005a): Mergers & Acquisitions (Investmentanalyse, Finanzierung und Prozessmanagement), München 2005.

RICHTER, F. (2005b): Unternehmensbewertung, in: Picot, G. (Hrsg.) (2005): Handbuch Mergers & Acquisitions (Planung, Durchführung, Integration), 3. Auflage, Stuttgart 2005, S. 321-351.

RICHTER, F./TIMMRECK, C. (2003): M&A-Optionen sind Real(e) Optionen (Wirtschaftlichkeitsanalyse von M&A-Transaktionen dargestellt am Beispiel von Vendor Loans), in: Baecker, P./Hommel, U./Scholich, M. (Hrsg.) (2003): Reale Optionen (Konzepte, Praxis und Perspektiven strategischer Unternehmensfinanzierung), Berlin, Heidelberg 2003, S. 243-255.

RICHTER, R./FURUBOTN, E. (1996): Neue Institutionenökonomik (Eine Einführung und kritische Würdigung), Tübingen 1996.

RITTMEISTER, M. (2004): Gewährleistung beim Unternehmenskauf, Frankfurt 2004.

RITZER-ANGERER, P. (2004): Angemessenheit von Barabfindungen beim Squeeze-out, in: Finanzbetrieb - Zeitschrift für Unternehmensfinanzierung und Finanzmanagement 2004, Nr. 4, S. 285-293.

ROCK, H. (2001): Checkliste „Earn-out in Gestalt der kombinierten Call/Put-Option“, in: Mergers and Acquisitions Review 2001, Heft 2, S. 51-54.

ROLL, R. (1986): The hubris hypothesis of Corporate Takeovers, in: Journal of Business 1986, vol. 59, Nr. 2, S. 197-216.

ROSS, S. A. (1973): The economic Theory of Agency (The principal's problem), in: American Economic Review 1973, vol. 63, Nr. 2, S. 134-139.

ROTHSCHILD, M./STIGLITZ, J. (1976): Equilibrium in Competitive Insurance Markets (An Essay on the Economics of Imperfect Information), in: Quarterly Journal of Economics 1976, vol. 90, S. 629-649.

SAHLMAN, W. A. (2001): Aspects of Financial Contracting in Venture Capital, in: Bhidé, A./Roberts, M. J./Sahlman, W. A./Stevenson, H. H. (Hrsg.) (2001): The Entrepreneurial Venture, 2. Auflage, Boston 2001, S. 304-325.

SALGER, H.-C. (2004): Internationales privat- und Verfahrensrecht, in: Triebel, V. (Hrsg.) (2004): Mergers & Acquisitions (Strategie, Steuern, Recht), Heidelberg 2004, S. 435-462.

SCHMIDT, R. H. (1988): Property Rights (Anwendungen), Wiesbaden 1988.

SCHMIDT, R. H. (1989): Agency Costs are not a „Flop", in: Bamberg, G./Spremann, K. (Hrsg.) (1989): Agency Theory, Information and Incentives, 2. Auflage, Heidelberg u.a. 1989, S. 495-509.

SCHNEIDER, D. (1989): Agency Costs and Transaction Costs (Flops in the Principal-Agent-Theory of Financial Markets), in: Bamberg, G./Spremann, K. (Hrsg.) (1989): Agency Theory, Information and Incentives, 2. Auflage, Heidelberg u.a. 1989, S. 481-494.

SCHOLES, M./BLACK, F. (1973): The Pricing of Options and Corporate Liabilities, in: Journal of Political Economy 1973, vol. 81, S. 637-654.

SCHRELL, T. (2004): Öffentliche Übernahmen in Deutschland nach dem Wertpapiererwerbs- und Übernahmegesetz, in: Triebel, V. (Hrsg.) (2004): Mergers & Acquisitions (Strategie, Steuern, Recht), Heidelberg 2004, S. 295-312.

SCHULMERICH, M. (2003): Einsatz und Pricing von Realoptionen (Einführung in grundlegende Bewertungsansätze), in: Baecker, P./Hommel, U./Scholich, M. (Hrsg.) (2003): Reale Optionen (Konzepte, Praxis und Perspektiven strategischer Unternehmensfinanzierung), Berlin, Heidelberg 2003, S. 63-96.

SCHULTZE, W. (2003): Methoden der Unternehmensbewertung (Gemeinsamkeiten, Unterschiede, Perspektiven), 2. Auflage, Düsseldorf 2003.

SCHULZ, S. (2004): Earn-out-Mechanismen bei M&A-Transaktionen (Hilfreiches Instrument zur Überwindung unterschiedlicher Kaufpreisvorstellungen), in: Going Public 2004, Heft 6, S. 42-43.

SCHUSTER, S./ZSCHOCKE, C. O. (1996): Übernahmerecht - Takeover Law (Texte und Erläuterungen zum deutschen Übernahmekodex sowie zum Übernahmerecht der europäischen Union, der Schweiz und des Vereinigten Königreiches), Frankfurt 1996.

SCHUSTER, S./ZSCHOCKE, C. O. (HRSG.) (2003): Bad Homburger Handbuch zum Übernahmerecht, Heidelberg 2003.

SCHWETZLER, B. (2003a): Probleme der Multiple-Bewertung, in: Finanzbetrieb – Zeitschrift für Unternehmensfinanzierung und Finanzmanagement 2003, Heft 2, S. 79-90.

SCHWETZLER, B. (2003b): Die Bewertung von Wachstumsunternehmen mit Multiples, in: Baecker, P./Hommel, U./Scholich, M. (Hrsg.) (2003): Reale Optionen (Konzepte,

Praxis und Perspektiven strategischer Unternehmensfinanzierung), Berlin, Heidelberg 2003, S. 399-429.

SCHWETZLER, B. (2005a): Halbeinkünfteverfahren und Ausschüttungsäquivalenz (Die Übertypisierung der Ertragswertbestimmung), in: Die Wirtschaftsprüfung (Der Berater der Wirtschaft) 2005, Heft 11, S. 601-617.

SCHWETZLER, B. (2005b): Ausschüttungsäquivalenz, inflationsbedingtes Wachstum und Nominalrechnung in IDW ES 1 n.F. (Replik zum Beitrag von Knoll), in: Die Wirtschaftsprüfung (Der Berater der Wirtschaft) 2005, vol. 58, S. 1125-1129.

SCHWETZLER, B./ADERS, C./SALCHER, M./BORNEMANN, T. (2005): Die Bedeutung der Fairness Opinion für den deutschen Transaktionsmarkt, in: Finanzbetrieb - Zeitschrift für Unternehmensfinanzierung und Finanzmanagement 2005, Heft 2, S. 106-116.

SEDEMUND, J. (2005): Kartellrecht, in: Hölters, W. (Hrsg.) (2005): Handbuch des Unternehmens- und Beteiligungskaufs, 6. Auflage, Köln 2005, S. 747-869.

SEMLER, F.-J. (2005): Der Unternehmens- und Beteiligungskaufvertrag, in: Hölters, W. (Hrsg.) (2005): Handbuch des Unternehmens- und Beteiligungskaufs, 6. Auflage, Köln 2005, S. 649-745.

SERVAES, H. (1991): Tobin's Q and the gains from takeovers, in: Journal of Finance 1991, vol. 46, S. 409-419.

SEWARD, J. K. (1990): Corporate Financial Policy and the Theory of Financial Intermediation, in: Journal of Finance 1990, vol. 45, Nr. 2, S. 351-377.

SHEARER, B. (2005): Ticking Time Bombs for Unwary Buyers, in: Mergers and Acquisitions 2005, vol. 40, issue 4, S. 34-40.

SHERMAN, S. J. (2004): Getting Deals done in today's markets, in: Journal of Corporate Accounting & Finance 2004, vol. 15, Nr. 2, S. 9-13.

SHLEIFER, A./VISHNY, R. W. (1988): Value maximization and the acquisition process, in: Journal of Economic Perspectives 1988, vol. 2, Nr. 1, S. 7-20.

SHLEIFER, A./VISHNY, R. W. (2003): Stock market driven acquisitions, in: Journal of Financial Economics 2003, vol. 70, S. 295-311.

SIEBEN, G./MALTRY, H. (2002): Der Substanzwert der Unternehmung, in: Peemöller, V. H. (Hrsg.) (2002): Praxishandbuch der Unternehmensbewertung, 2. Auflage, Herne/Berlin 2002, S. 375-399.

SMITH, C. W./WARNER, J. B. (1979): On Financial Contracting (An Analysis of Bond Covenants), in: Journal of Financial Economics 1979, vol. 7, S. 117-161.

SOULE, A. (2005): 2 Bay State execs prevail in 'earn-out' lawsuit, in: Boston Business Journal vom 9. Dezember 2005.

SPENCE, M. (1973): Job Market Signalling, in: Quarterly Journal of Economics 1973, vol. 87, S. 355-374.

SPREMANN, K. (1988): Reputation, Garantie, Information, in: Zeitschrift für Betriebswirtschaft 1988, Heft 5/6, S. 613-629.

SPREMANN, K. (1989): Agent and Principal, in: Spremann, K./Bamberg, G. (Hrsg.) (1989): Agency Theory, Information and incentives, Berlin u.a. 1989, S. 3-37.

SPREMANN, K. (1990): Asymmetrische Information, in: Zeitschrift für Betriebswirtschaft 1990, Heft 5/6, S. 561-586.

SPREMANN, K. (2002): Finanzanalyse und Unternehmensbewertung, München 2002.

STAWOWY, J. (2001): Vorfeldvereinbarungen und Vertragsverhandlungen beim Unternehmenskauf, Neuried 2001.

STORCK, J. (1993): Mergers & Acquisitions (Marktentwicklung und bankpolitische Konsequenzen), Wiesbaden 1993.

STRASSER, B. (2000): Informationsasymmetrien bei Unternehmensakquisitionen, Frankfurt 2000.

STRUNZ-HAPPE, A. (2005): Ein Ordungsrahmen für Rating-Agenturen (Bericht über die internationalen und nationalen Bestrebungen), in: Betriebswirtschaftliche Forschung und Praxis 2005, Heft 3, S. 231-245.

SÜßMANN, R. (2003): Anwendungsprobleme des WpÜG, in: WM Wertpapiermitteilungen - Zeitschrift für Wirtschafts- und Bankenrecht 2003, Heft 30, S. 1453-1465.

TRAUTWEIN, F. (1990): Merger Motives and Merger Prescriptions, in: Strategic Management Journal 1990, Nr. 11, S. 283-295.

TRAVLOS, N. (1987): Corporate Takeover Bids, Method of Payment, and biding firms' stock returns, in: Journal of Finance 1987, vol. 42, S. 943-963.

TRESTER, J. J. (1998): Venture capital contracting under asymmetric information, in: Journal of Banking and Finance 1998, vol. 22, S. 675-699.

TRIEBEL, V. (2004): Das Haftungssystem beim Unternehmenskauf nach neuem Schuldrecht, in: Triebel, V. (Hrsg.) (2004): Mergers & Acquisitions (Strategie, Steuern, Recht), Heidelberg 2004, S. 113-158.

VERRECCHIA, R. E. (2001): Essays on Disclosure, in: Journal of Accounting and Economics 2001, vol. 32, S. 97-180.

VISCHER, M. (2002): Earn out-Klauseln in Unternehmenskaufverträgen, in: Schweizerische Juristenzeitung 2002, vol. 98, Nr. 21, S. 509-517.

WAGENHOFER, A. (1988a): Die Bestimmung von Argumentationspreisen in der Unternehmensbewertung, in: Zeitschrift für betriebswirtschaftliche Forschung 1988, Heft 4, S. 340-359.

WAGENHOFER, A. (1988b): Der Einfluß der Erwartungen auf den Argumentationspreis in der Unternehmensbewertung, in: Betriebswirtschaftliche Forschung und Praxis 1988, Heft 6, S. 532-552.

WAGENHOFER, A. (1990): Voluntary Disclosure with a strategic opponent, in: Journal of Accounting and Economics 1990, vol. 12, issue 4, S. 341-363.

WAGENHOFER, A. (2000): Disclosure of proprietary information in the course of an acquisition, in: Accounting and Business Research 2000, vol. 31, Nr. 1, S. 57-69.

WANSLEY, J. W./LANE, W. R./YANG, H. C. (1987): Gains to bidder firms in cash and securities transactions, in: Financial Review 1987, vol. 22, Nr. 4, S. 403-414.

WEBER-REY, D. (2006): Organisational issues in cross-border transactions (The view of an M&A lawyer), in: Wirtz, B. W. (Hrsg.) (2006): Handbuch Mergers & Acquisitions Management, Wiesbaden 2006, S. 429-449.

WETZLER, C. F. (2005): Internationaler Unternehmenskauf, in: Hölters, W. (Hrsg.) (2005): Handbuch des Unternehmens- und Beteiligungskaufs, 6. Auflage, Köln 2005, S. 1173-1245.

WIDMANN, B. (2005): Bewertung, in: Hölters, W. (Hrsg.) (2005): Handbuch des Unternehmens- und Beteiligungskaufs, 6. Auflage, Köln 2005, S. 75-215.

WIESE, J. (2005): Wachstum und Ausschüttungsannahmen im Halbeinkünfteverfahren (IDW ES 1 n.F.), in: Die Wirtschaftsprüfung (Der Berater der Wirtschaft) 2005, Heft 11, S. 617-623.

WIESE, J. (2006): Das Nachsteuer-CAPM im Mehrperiodenkontext, in: Finanzbetrieb - Zeitschrift für Unternehmensfinanzierung und Finanzmanagement 2006, vol. 8, S. 242-248.

WILLIAMSON, O. E. (1979): Transaction-Cost Economics (The Governance of Contractual Relations), in: Journal of Law and Economics 1979, vol. 22, Nr. 2, S. 233-261.

WIRTZ, B. W./SCHILKE, O. (2006): Struktur und Ablauf des Acquisitionsmanagements, in: Wirtz, B. W. (Hrsg.) (2006): Handbuch Mergers & Acquisitions Management, Wiesbaden 2006, S. 317-337.

WIRTZ, B. W./WECKER, R. M. (2006): Struktur und Ablauf des Post Merger Integrationsmanagements, in: Wirtz, B. W. (Hrsg.) (2006): Handbuch Mergers & Acquisitions Management, Wiesbaden 2006, S. 707-731.

WÖGINGER, H. (2004): Bewertung von Synergien bei Mergers & Acquisitions (Das Synergy-Value-Konzept), in: Richter, F./Timmreck, C. (Hrsg.) (2004): Unternehmensbewertung (Moderne Instrumente und Lösungsansätze), Stuttgart 2004, S. 235-262.

WUNSCH, T. (2004): Bewältigung von Interessenkonflikten bei Tracking Stock Aktiengesellschaften, in: Finanzbetrieb - Zeitschrift für Unternehmensfinanzierung und Finanzmanagement 2004, Nr. 1, S. 76-81.

ZIEREN, W. (2005): Steuerrechtliche Fragen, in: Hölters, W. (Hrsg.) (2005): Handbuch des Unternehmens- und Beteiligungskaufs, 6. Auflage, Köln 2005, S. 391-451.

**Verzeichnis der Gesetze**

| | |
|---|---|
| AktG | Aktiengesetz vom 6. September 1965 (BGBl. I S. 1089), zuletzt geändert durch Artikel 1 des Gesetzes vom 22. 9.2005 (BGBl. I S. 2802). |
| BGB | Bürgerliches Gesetzbuch vom 18. August 1896 (RGBl. 1896, S. 195), zuletzt geändert durch Artikel 123 des Gesetzes vom 19.4.2006 (BGBl. I S. 866). |
| GmbHG | Gesetz betreffend die Gesellschaften mit beschränkter Haftung vom 20. April 1892 (RGBl. 1892, S. 477), zuletzt geändert durch Artikel 12 des Gesetzes vom 22. 3.2005 (BGBl. I S. 837). |
| WpHG | Gesetz über den Wertpapierhandel (Wertpapierhandelsgesetz) vom 9. September 1998 (BGBl. I S. 2708), zuletzt geändert durch Artikel 10a des Gesetzes vom 22. Mai 2005 (BGBl. I S. 1373). |
| WpPG | Gesetz über die Erstellung, Billigung und Veröffentlichung des Prospekts, der beim öffentlichen Angebot von Wertpapieren oder bei der Zulassung von Wertpapieren zum Handel an einem organisierten Markt zu veröffentlichen ist (Wertpapierprospektgesetz) vom 22. Juni 2005 (BGBl. I S. 1698). |
| WpÜG | Wertpapiererwerbs- und Übernahmegesetz vom 20. Dezember 2001 (BGBl. I S. 3822), zuletzt geändert durch Artikel 2 Absatz 3 des Gesetzes vom 22. September 2005 (BGBl. I S. 2802). |

FSC
www.fsc.org
MIX
Papier | Fördert gute Waldnutzung
FSC® C083411

Kolibri 360 GmbH
Ferdinand-Jühlke-Straße 7
99095 Erfurt, Deutschland
produktsicherheit@kolibri360.de